ACADEMIC NAVI
アカデミックナビ

政治学

田村哲樹　近藤康史　堀江孝司

keiso shobo

はじめに

　新しく，政治学の教科書を作った。政治学の中にもさまざまな分野があり，近年では，その分野ごとの教科書も多く出版されるようになっている。「さまざまな分野」というのは，たとえば政治過程論（政策過程論），比較政治，行政学，政治史，政治思想（政治理論，政治哲学），国際政治などである。本書は，こうした分野ごとの教科書ではない。政治学の全体をカバーする目的で作られた本である。大学の講義名でいうと，「政治学原論」「政治学概論」「政治学（入門）」といった講義での使用を念頭に置いている。

　それでは，「政治学原論」「政治学概論」「政治学（入門）」といった講義の目的は何だろうか。この問いへの答えは，さまざまでありうる。ただし，この本の筆者たちは，その目的は，単に政治学の各分野の知識あるいは実際の政治現象そのものを包括的に解説することではないと考えた。そうではなく，本書が伝えようとするのは，「政治学的」なものの見方・考え方である。単に，政治現象を見たり知ったりするだけでは，それを「政治学的」に見ることができるようになったとは言えない。政治現象を「政治学的」に見ることができるようになるには，「『政治学的』とはどういうことか」についての基本的理解が必要なのである。

　しかし，同時に本書の筆者たちは，「政治学的」なものの見方は一つではない，ということも伝えたいと考えた。近年の政治学教科書の中には，政治学的なものの見方・考え方を伝えるために，特定の理論的立場を，教科書全体を貫く導きの糸として採用するものもある。たしかに，このような方式にすれば，政治学が政治現象をどのように見るのか・考えるのかについて，一貫した立場から「わかりやすく」示すことができるかもしれない。しかし，本書では，このような形で「政治学的」なものの見方・考え方を特定のそれへと縮約するのではなく，それが実際には複数存在することを示そうと努めた。それは筆者たちが，政治学の専門化がますます進む中でも，なおもさまざまな「政治学的」なものの見方・考え方があることを伝えたいと思っているからである。本書で勉強した後，読者のみなさんは，いずれは特定の見方・考え方に基づいて政治学の勉強を進めることになるだろう。その時，さまざまな「政治学的」なもの

の見方・考え方の中からどれを選ぶかは，読者の一人ひとりに委ねられている。

「政治学的」なものの見方・考え方を提示するとともに，その多様性も伝えるためにはどうすればよいかと考えた結果，本書は，次のような構成となった。全体は，二部構成となっている。前半の第Ⅰ部「政治学を考える」は，政治学の全体像を提供する。「政治とは何か」を解説する第1章に続いて，政治が行われる場（第2章），政治の制度（第3章），政治の登場人物（アクター）（第4章）について，順に解説した。

全体として，第Ⅰ部は，政治学の教科書として比較的オーソドックスな内容の中に，本書独自の内容も込めたものとなった。とくに，第1章「政治の境界」は，少なくとも近年の教科書に比べれば，やや異例な内容と分量となっている。ここでは，政治を政治以外のもの（経済，社会，法）と付き合わせることを通じて，「政治とは何か」についての理解を深めるとともに，政治を「政治学的」に扱うとはどういうことかについてもわかってもらえるように努めた。第2章の「政治の場」には，親密圏・家族および国家を超える政治の場も含めた。第3章「政治の制度」には，国家を超える統治機構も含めた。第4章「政治の登場人物」では，社会運動についてもページを割いて説明した。第Ⅰ部全体を通して読めば，「政治学を考える」ことになり，読者があらかじめ持っていた「政治」や「政治学」のイメージが少し（かなり？）変わるはずである。

後半の第Ⅱ部「政治学で考える」は，より独自性のある構成となっている。ここでは，章ごとに特定のテーマを選び，それぞれのテーマについて複数の「政治学的」な見方・考え方を解説している。選んだテーマは，民主主義（第5章），福祉国家（第6章），経済（第7章），ジェンダー（第8章），文化（第9章）の五つである。実際に読んでいただければわかるが，これらはどれも，政治学の重要テーマである。そして，これらのテーマのそれぞれについて，本書では，「記述」「説明」「規範」という，政治学の三つの基本的考え方に基づいて解説することにした。

この三つの基本的考え方の意味と違いについては，第Ⅱ部の「はじめに」で詳しく説明する。ここでは，本書第Ⅱ部が，「記述」「説明」「規範」のそれぞれの考え方に依拠した場合に，各章のテーマがどのように異なって扱われることになるのかを示すように作られている，ということを述べておきたい。たとえば，第5章を読めば，同じ「民主主義」というテーマ──いかにも「政治学的」なテーマ──であっても，複数の勉強・研究の仕方があるのだということを，さらには政治学の多様性を理解することができるはずである。第Ⅱ部のタ

イトル「政治学で考える」は，読者がこのようなところに到達することを願って，つけられている。

　本書では，読みやすさや学修のための工夫も行った。各章はさらに節に分かれているが，（章ごとではなく）節ごとに「まとめ」をつけ，内容を復習し理解を深めることができるように配慮した。「コラム」欄を原則として各節ごとに設け，学修の「息抜き」となりそうな話題や発展的な内容について取り上げた。各章末には，「文献ガイド」を設け，勉強をさらに進めたい読者への道案内とした。また，重要な用語・人名はゴチックで示し，巻末の「用語・人名解説」でもそれぞれ取り上げた。

　筆者の一人が，本書についての相談を初めて受けたのは，2013 年の早春のことである。それ以来，数年にわたって各自が草稿を書いては執筆者会議で検討することを繰り返した。執筆者の 3 人は，互いの研究と性格を熟知していた。そのため，執筆者会議では毎回遠慮なく意見を言い合うとともに，電子メールでのやり取りも含め，互いのよさを活かすべく共同で思索と検討を重ねることができた。その結果，本書は，著者 3 名の完全な共著として刊行されることになった。そんな長くて短い執筆期間のあれこれを，少し懐かしく思い起こす。

　最後に，勁草書房編集者の上原正信さんにお礼を申し上げたい。上原さんは，本書の立ち上げに尽力されるとともに，執筆者会議のすべてに出席し，時には遠慮のないコメントを寄せられた。もちろん，編集・校正においても，細心の注意を払っていただいた。自信を持って本書を送り出すことができるのは，こうした上原さんの熱意と努力のおかげである。

著者一同

目　次

はじめに

第Ⅰ部　政治学を考える

第**4**章　政治の登場人物 ……………………………………………… *125*
　　　　──誰が「アクター」なのか──

第Ⅱ部　政治学で考える

第5章　民主主義 ……………………………………………………………185

第6章　福祉国家 ……………………………………………………………219

コラム

第 I 部

政治学を考える

◉ 第Ⅰ部はじめに

第Ⅰ部「政治学を考える」は，本書のいわば基礎編である。ここでは，政治学の基本的なものの見方，つまり「政治学的」な政治の見方について解説する。目標は，政治学が「政治」をどのように取り扱おうとしているのかについて，基本的な理解を獲得することである。

そのためには，各章の内容を，単に「知識」として頭に詰め込もうとする読み方は，お勧めできない（それが必要な時もあることは否定しない）。そうではなく，読者自身が持っている「政治」や「政治学」のイメージと照らし合わせながら読み進めることをお勧めしたい。

「政治学的」な政治の見方を理解するために，第Ⅰ部の内容は，次の四つの問いに答える形で組み立てられている。つまり，「政治とは何か」「政治はどこで行われるのか」「政治の制度はどのようなものか」「政治の登場人物は誰か」である。

「政治とは何か」を扱うのは，第1章「政治の境界」である。この問い自体は，政治学の教科書で真っ先に取り上げられるものである。ただし，この問いに答える時に，本書では，やや迂回的な筋道をたどることにした。つまり，第1章では，「政治ではないもの」との比較検討を通じて，政治とは何かを考えていく。「政治ではないもの」とは，「経済」（第1節），「社会」（第2節），「法」（第3節）である。いずれも，政治と密接に関連しているように見える。それでも，政治は，経済，社会，法のいずれとも異なる独自性を持っている。では，何が異なるのだろうか。政治の独自性とは何だろうか。第1章の最初の3節では，三つの「政治ではないもの」と「政治」とを突き合わせることで，「政治とは何か」という問いにじわじわと迫っていく。そのことを通じて，社会全体のあり方をイメージしつつ，その中で「政治」が果たす役割とは何かについて，考えを深めてほしい。

ただし，この筋道はやや迂回的なものである。だから，やや気が早い読者は，まず第4節「政治とは何か」から読み始めるのがよいかもしれない。第4節では，「政治」を「集合的に拘束する正統な意思決定」（集合的決定）と定義している。この定義を頭に入れた上で，第1～3節に戻っていただいても構わない。

「政治はどこで行われるのか」という問いを扱うのは，第2章「政治の場——政治はどこにあるのか」である。この問いに対する本書の答えは，「政治はさまざまな場にありうる」というものである。しかし，「さまざまな場」とはどこか。政治の場として，もちろん国家は重要な場である。だから，本章ではま

ず国家というテーマを取り上げる（第1節）。しかし，市民社会（第2節）や国家を超える場（第4節）も，政治の場でありうる。いずれの政治の場も，あくまで国家を中心に置いたままで考えることもできる。しかし，これらの政治の場を，国家と同じものとして理解することも可能である。たとえば，市民社会においても，いったん問題や紛争が発生した場合は，それを解決するために集合的決定としての「政治」が行われうる。

　さらに本書では，親密圏（第3節）についても，独立した節を設けている。これは，一見政治とは関係がなさそうな親密圏も「政治」の場として理解することができる，ということを伝えるためである。「政治」を選挙や政治家とだけ関連づけて理解していると，親密圏を政治の場として理解することは難しい。しかし，本書の集合的決定としての「政治」という定義に立ち返るならば，きっと親密圏も政治の場であるということの意味がわかってくるだろう。「政治に興味がある」とか「政治には興味がない」と言う時，その場合の「政治」とはいったいどこで行われる政治なのか。そんなことを考えながら，第2章を読んでいただければと思う。

　「政治の制度はどのようなものか」という問いには，第3章「政治の制度──どこにどのような仕組みがあるのか」で答える。政治の実際のあり方は，さまざまな制度によって支えられている。第2章では「政治」をさまざまな場にありうるものとしてかなり広く捉える見方を紹介したが，本章では，いったん比較的オーソドックスな政治のイメージに立ち返る。その上で，さまざまな政治の制度について解説していく。第1節では，国家レベルの政治制度や組織の総体としての「政治体制」を取り上げる。ここでは，自由民主主義体制と非民主主義体制とを区別した後に，とくに自由民主主義体制を構成する制度として，議会，議会と執政府との関係，そして連邦国家について概説する。続く第2節では，扱う制度そのものは第1節とも重なりつつ，一般の市民が政治に参加する際の制度について，選挙制度を中心としつつ，それ以外の諸制度についても説明する。最後に，第3節では，国家を超えるさまざまな統治機構を取り扱う。

　最後の問い「政治の登場人物は誰か」に答えるのは，第4章「政治の登場人物──誰が『アクター』なのか」である。本章では，政治の主要なアクターとして，まず，政治家と政党（第1節），官僚（第2節），利益集団・圧力団体（第3節）について解説していく。続く第4節で取り上げる社会運動は，（皆無ではないが）政治学の教科書では比較的まとまって取り上げられることが少なかったアクターである。最後に第5節では，マスメディアについて，そのアク

ターとしての側面も含めて概観している。なお，独立した節は設けてはいない
が，私たち一人ひとりが，国家，市民社会，親密圏，そして国境横断的なさま
ざまな政治の場（第2章）の「登場人物」であることも，忘れないようにした
い。

　以上の見取り図を頭に入れた上で，いよいよ政治学の世界に進んでいこう。

政治の境界
──どこまでが政治なのか──

　「政治って何ですか」と聞かれたら，どのように答えるだろうか。選挙を思い浮かべる人もいれば，政治家の姿を思い浮かべる人もいるだろう。では，「政治」と聞いてなぜ選挙や政治家を思い浮かべるのか，と聞かれたらどうだろうか。「それらが政治に関わることだから」と答えると，最初の質問に戻ってしまう。

　あるいは，「政治」と聞いて，「少子高齢化の中での社会保障制度のあり方」とか，「経済活性化のための取り組み」とか，「よりよい教育制度への改革」などを思い浮かべる人もいるかもしれない。しかし，後に本章第4節で述べるように，これらは「政治」ではなく「政策」の話である。

　このように，「政治とは何か」という問いに答えることは，意外と難しい。だからこそ，本書ではまず，この問題を取り扱うのである。

◉　はじめに

　本書の最初の章である本章では，全体として「政治とは何か」という問題を扱う。一般に政治学を学ぶ際には，「政治とは何か」について知ることが求められる。しかし，とりわけ本書にとって，この問題は重要である。なぜなら，本書では第 2 章で詳しく見ていくように，「政治」が行われる場を，国家に限らず市民社会や親密圏も含めたものとして，かなり幅広く捉えているからである。このことは本書の特徴である。しかし，このように政治の場を幅広く見ていく姿勢は，結局のところ何が政治なのかがわからない，という不満をもたらすことにもなりかねない。だからこそ，本章において，「政治とは何か」についてきちんと取り組んでおくことが必要なのである。

　本章では，「政治ではないもの」との比較検討を通じて，「政治とは何か」という問題に接近していく。「政治ではないもの」として比較検討の対象となるのは，経済，社会，そして法である。このような接近方法を採用することで，政治の場を幅広く捉えつつも，「政治」そのものについては明確に捉えることができるはずである。

　まず第 1 節では，経済との関係で，政治とは何かを考える。政治と経済は，密接に関連し，時には融合しているように見える。しかし，だからこそ経済のメカニズムに還元できない政治の固有の役割について考えていかなければならない。その際には，政治における権力や正統性の重要性を理解することが必要となる。また，経済における人間像と政治における人間像との違いも，政治と経済の違いを理解するための重要なポイントである。

　次に第 2 節では，社会との関係で，政治とは何かを考える。政治と社会の区別は，しばしば政治とは国家のことであり，国家と社会は空間的に区別できると理解される。しかし，本節では，このように国家と社会を空間的に区別して，それを政治と社会との区別とすることは適切ではないことを説明していく。むしろ，社会の中にも政治を見出すことができるのである。

　さらに第 3 節では，法との関係で，政治とは何かを考える。政治と法は，社会における問題解決のための営為という点で共通性を持つ。また，両者は，相互に関係している。ここから，「司法政治」など，政治学の立場からの法研究もありうることも理解できる。しかし，政治と法には緊張関係も存在する。両者の緊張関係を浮かび上がらせる「立憲主義と民主主義」などの議論において，政治と法の違いは最も端的な形で表れている。

　政治は，経済とも社会とも法とも異なる。それでは，いったい政治とは何な

のだろうか。この問題に最終的に答えるのが第4節である。ここでは，政治とは「集合的に拘束する正統な意思決定」を行うことだという，本書での政治理解が示される。このような意味での政治は，自分とは異なる他者との間に発生する問題を解決し，協力していく道を見つけるために，必要不可欠なものである。

このように本章は，経済，社会，法と対比しながら「政治」についての理解を次第に深め，最後に第4節で「政治」そのものを解説するという流れになっている。ただし，最初に第4節を読んで本書の「政治」理解を頭に入れたほうが理解しやすいという読者もいるかもしれない。その場合は，まず第4節から読み，その後で第1節から第3節に戻っていただいても差し支えない。

1. 政治と経済

(1) 経済とは異なる政治の固有の役割とは

古くはアメリカのフランクリン・ローズヴェルト大統領の「ニュー・ディール政策」や池田勇人首相の「所得倍増計画」のように，また最近では安倍晋三首相の「アベノミクス」のように，経済政策がその政権の代名詞になることがある。これらの例は，政治のあり方が経済に対しても大きな影響を与えたためと考えることができる。また，逆の場合もある。2010年以降のユーロ危機で，ギリシャやイタリアなどの国々は，緊縮財政と，それを実行できる政権の編成を EU から迫られた。これらは，経済のあり方が政治に対して大きな影響を与えた事例と言える。

このように，政治→経済という向きからも，経済→政治という向きからも，政治と経済とは密接に関連し，時には融合しているように見える。したがって，政治と経済の両面からアプローチできる問題も多い。しかし，このことは同時に，それらの問題を政治の観点から見ることには，経済の観点から見た場合と比べて，どのような違いや利点があるのか，より意識して考える必要があることも意味している。そして，この問題に答えるために，「経済とは異なる，政治の固有の役割は何か」を考える必要が出てくる。

この問いに対してなされる最も標準的な回答は，市場（しじょう）の失敗から出発するものである（市場については第7章も参照）。市場では，対価を支払うことで財を入手する。しかし，市場は，私たちに必要な財をすべて供給できるだろうか。答えは「できない」である。なぜなら，市場が供給できない，**公共財**と呼

ばれる財が存在するからである。公共財は，非排除性と非競合性という性質を持つ。非排除性とは，対価を支払わない人を排除できないということである。つまり，対価を支払わなくてもその財を手に入れることができることを指す。非競合性とは，ある人が多く消費しても他の人の消費がその分減ることがないことを意味する。公共財の具体例としては，灯台や国防がよく挙げられる。

　これらの特徴を持つ公共財に対して，自己の利益だけを考えるならば，私たちは対価を支払わないだろう。なぜなら，対価を支払わなくても手に入れることができ（非排除性），かつ，自分の取り分が減るわけでもなければ（非競合性），それをタダで手に入れようとするのが，利益の点から見て合理的な行動だからである。このような行動を取る人を「**フリーライダー（ただ乗りする人）**」という。しかし，もしもすべての人がフリーライダーになったらどうなるだろうか。その場合，誰も対価を支払わなくなるため，結局はその財を生産しようとする者がいなくなってしまう。だから，市場によってこれらの公共財を供給することはできず（これを市場の失敗という），政府によって供給される必要が生じる。ここに政治の役割が登場する。

　これと同様の論理は，「共有地の悲劇」という例で示されることもある。たとえば，多くの魚が生息し，誰でも好きなだけその魚を獲ることができる湖（共有地）があるとしよう。この場合，利益の点から見て合理的な行動は，できるだけたくさんの魚を獲ってしまうことである（自分で食べられない分は売ればよい）。しかし，すべての人がこのような行動を取れば，乱獲によって魚は激減し，ついには獲れなくなってしまうだろう。つまり，個人の利益を最大化しようとする行動が，最終的にはその共有地を何の利益も得られない場所にしてしまうのである。したがって，この場合には，将来的にも魚の量が維持されるように，漁獲量を制限するような「規制」が必要となる。ここにもまた，政治の役割が生じる。

　これらの背景にあるのは，**集合行為**という問題である。自己の利益をまず考えるという経済的人間像だけを前提にした場合には，公共財を生み出したり共有地を守ったりするために，人々が協力して行動するという集合行為は想定できない。だから，これらの集合行為を成立させるためには，何らかの政治的な関わりが必要となる。ここに政治の固有の役割がある。その役割は，公共財の供給や規制だけにとどまらない。集合行為の範囲はより広く，人々の間でいかに秩序を形成し，公共善を実現するかという問題にも関わる。

　とはいえ，政治の力をもってしても，集合行為を成立させることは簡単とは

言えない。どのようにしたら，人々の協力や同意を取り付け，集合行為を成立させることができるだろうか。最も根本的には，これこそが政治の場で日々取り組まれている課題であり，また政治学において探究され続けている問題なのである。

(2) 政治と経済との融合傾向

このように政治には，経済とは異なる固有の役割がある。しかし，両者が密接に関連していることも確かである。そのため，政治と経済とを融合させたり，あるいは経済的論理によって政治を飲み込もうとしたりするような議論もまた，歴史的に繰り返し登場してきた。ここでは，歴史的な理論と現代的な理論の二つを，その典型例として取り上げてみよう。

歴史的に見た場合の代表格は，マルクス主義である。マルクス主義の特徴の一つは「政治に対する経済の規定性」にある。これは，経済の働きこそが社会の基礎にあり，政治のあり方も経済によって決まってしまうという考え方である。マルクス主義をよく知らない人でも，「唯物論（史的唯物論）」という言葉は聞いたことがあるかもしれない。これは，社会においては，生産のあり方や生産手段の所有のあり方，つまりは経済こそが土台であり，これが政治のみならず，法やイデオロギーのあり方も規定しているとする考え方である。その中で政治は上部構造として位置づけられる。これは，政治が上位にあるという意味ではない。むしろその逆で，下部構造（土台）たる経済の論理に規定される形で，政治は動いているという見方である。マルクスが主張した資本主義から共産主義への変化やプロレタリアート革命は，経済法則によって必然的に起こるものであり，そこに政治が介在する余地も必要もない。

マルクス主義は，「経済が政治を規定する」という形で，政治をもっぱら経済の論理で解明できるとする考え方の典型である。ただし，マルクス主義の中でも，次第に政治の固有性に配慮するような理論的変化が生じてきた（→第2章第1節）。他方，現在でも，マルクス主義とは全く異なった形であるが，「経済が政治を規定する」という発想に基づく議論を目にすることは多い。たとえば，「グローバルな経済競争に勝つためには，各国政府は法人税を下げるほか選択肢はない」といった主張を聞くことはないだろうか。この場合，国家の政治はグローバル経済の動向に規定されるものとして捉えられている。

一方現代では，政治的な事象を，経済的な論理や手法に基づいて分析しようとする理論が新たに登場し，アメリカを中心に政治学を席巻している。それは，

合理的選択論あるいは**公共選択論**と呼ばれる。

　合理的選択論では，人々は効用（満足の度合い）の最大化を追求するという意味で，合理的に行動すると想定する。多くの場合，効用の内容として想定されるのは，自己利益である。つまり，人々はそれぞれの自己利益の最大化を目指し，いくつかの選択肢に直面した場合には，どの程度の自己利益が満たされるかを基準にして，それらの間に優先順位（選好）をつけて行動するだろう。合理的選択論では，そのように行動する人々の間での利益がつり合った点が，政治的結果になると考える。この場合，市場と政治の間には，根本的な違いはない（Hindmoor 2006: 165）。

　では，政治に関わる人々はどのような自己利益を持つと想定されるのだろうか。たとえば政治家は，いかに高邁な理想を掲げようと，選挙で当選しなければ「ただの人」である。だから政治家にとっての自己利益はまず，当選に向けて得票を最大化することである（Fenno 1973）。また，官僚の場合は，自らの関わる事業や組織への予算を最大化することや，自分の属する組織や権益の維持・拡大を目指すと想定される（Niskanen 1973）。

　このように合理的選択論は，「得票最大化」や「予算最大化」という形でアレンジを加えながらも，個人が自己利益に基づいて行動すると想定する点で，経済学的視点から政治を分析するアプローチである。そのメリットは，経済学がしばしば主張するような分析の客観性や科学性を，政治学でも実現することができる点にある。しかも，これらの合理的選択論に基づく見方は，学問的な分析理論としての枠を越え，現実の政治に大きな影響を与えている面もある。

　たとえば政治家は，「得票最大化」のためには，自らの票田となる地域や業界に利益誘導を行い，これらの集団に特権的な利益を与えようとするだろう。合理的選択論はこのような特権的利益を「レント」と呼び，それを追求する「レント・シーキング」（Tullock 1967）の行動が，政治に不公平や無駄を生み出す要因となっていると論じる。このような見方は，マスメディアの報道を通じて一般的に目にする政治家像だろう。

　また，合理的選択論によれば，官僚は予算最大化を追求する。しかしこの行動パターンは，民間の経営者とは対照的である。なぜなら，民間企業では，利益を最大化するためには，予算（コスト）をできるだけ抑えたほうがよいからである。しかし官僚は，予算を最大化しようとし，また，それ自体が目的化する。そのため，官僚は，その事業にどのような効果があったかについてはあまり関心を持たない。そのような官僚の行動もやはり無駄を生み出す。このよう

な官僚像も，マスメディアを通じて一般的に目にするものだろう。

　これらの見方は，現実の政治にも影響しつつある。政治家や官僚の行動はつねに無駄を生み出すという見方は，相当程度一般化している。この見方は，その無駄を排するためには，これまで政府の領域にあったものを「民営化」したり，行政に民間的な手法を導入したりすべきだという議論や提言の基礎になった（ヘイ 2007=2012: 131-134; ストーカー 2006=2013: 178-184）。日本で見られる「官から民へ」というスローガンはその典型である。

　前の項で，「市場の失敗」が経済とは異なる政治の役割を生み出すという議論を見た。しかし，合理的選択論に基づく議論では，全く逆のことが生じている。合理的選択論は，政治を経済的手法によって分析し，「政府の失敗」の側面を照らし出した。そのことで，政治の領域を最小限にし，できるだけ市場の役割に任せることを主張する議論に対して理論的な根拠を与えた。政治を経済の論理で分析する見方は，政治を最小化する方向に作用し，両者の間の境界を変化させたのである。このように，政治と経済との境界は，可変的である。

(3) 融合への批判

　しかし，政治を経済の論理で飲み込み，政治の領域を最小化するような議論に対しては，政治の固有の役割や性質を見失ったり，過小評価したりしているのではないかという立場から，多くの批判も展開されている。これらの批判を見ることは，「経済とは異なる政治の固有性とは何か」という問題をさらに掘り下げる上で，重要な手がかりとなるだろう。

　その一つは，マルクス主義への批判である。政治には経済に規定されるだけではない，自律的な役割があるとする批判である。詳しくは第2章第1節で取り上げるが，この批判を受け，経済から自律した政治の固有性についての探究が，マルクス主義の内部でも進められた。

　現代的な観点からより重要なのは，合理的選択論に対する批判である。合理的選択論に対してはさまざまな批判が展開されているが，政治の固有性を重視する立場からは，以下の2点が重要だろう。一つは，合理的選択論が前提とする，経済的人間像に対する批判である。合理的選択論は，人々は自分の自己利益を追求して行動すると想定して理論を組み立てる。しかし，政治の場において，人々はそれとは異なる動機で行動することもあるのではないだろうか。たとえば，ある福祉政策を支持する場合，自分の利益になるかどうかはわからなくても，貧困にある人への同情や共感，あるいは生存権や社会権の保障といっ

た望ましい社会の実現という規範意識に突き動かされる場合もある。つまり，政治の場において人々は，他者への共感や規範意識に基づき，利他的に行動することもあるのではないか（小田中 2010: 221; Hindmoor 2006: 165）。

　第 2 の批判は，本節（1）で政治の根本的課題として示した，集合行為（の成立）問題に関わる。経済的利益の観点から人間がどのように行動するかを考えた場合，フリーライダーの存在ゆえに集合行為が形成されないという事例が多発するだろう。それにもかかわらず，なぜ現実にさまざまな集合行為は成立しているのだろうか。それが人々の利益のつり合う点だったから，という説明はあるかもしれない。しかし，集合行為をつねに人々の相互利益の観点から捉えてよいものだろうか。

　集合行為が成立するには，そこに参加する人々の間での決定が必要となる。この決定は，複数の人々に関わるという意味で「集合的」決定である（→本章第 4 節（3））。集合的決定を行う場合，投票の場合はもちろん，話し合いによって決める場合でも，最終的には，自分の意見が十分に取り入れられた人，部分的に取り入れられた人，そしてほとんど取り入れられなかった人が生じる可能性が高い。すべての人の利益を同時に満たすことは困難だからである。いかに民主的な制度・仕組みにおいても，多くの場合，決定に大きな影響を与えることのできた「勝者」と，「勝者」による決定を受け入れることを求められる「敗者」とが存在するのである（Moe 2006: 38）。

　「敗者」や不利益をこうむる者，決定に不満を抱える者が存在するにもかかわらず，集合行為が成立するのはどうしてだろうか。その一つの要因は，権力にある。ここでは，権力のさまざまな定義の中から，**ロバート・ダール**の「AがBに対して，そうでなければ行わなかったであろうことを行わせることができる程度に応じて，A はB に対して権力を有する」（Dahl 1957）という定義を参照しよう（→本章第 4 節（2））。集合的決定やそれに基づく集合行為の形成が可能になるのは，このような権力の作用を通じてである。ところが，合理的選択論のように自己利益の均衡や相互利益に基づく協力といった経済的観点のみから捉えると，これらの権力の作用が覆い隠されてしまうのである。その意味で，政治の根本問題の一つである集合行為の形成に関しては，「協力」と並んで「権力」が，本質的な役割を果たしていると見る必要がある（Moe 2006: 45）。

　とはいえ，不当な権力による集合的決定は，反発を受け，集合行為を瓦解させる可能性が高い。よって，安易に権力に頼って勝者になろうとするだけでは不十分である。それだけではなく，人々の自発性に基づく合意や協力を探るこ

コラム 1-1　人々はなぜ投票に行くのか

　選挙での投票は，民主政治への最も基本的な参加である。しかし，「人々は利己的である」という前提に立つと，人々は投票に行くだろうか。

　大学生のＡさんは，選挙権を手にして初めての投票日を迎えた。しかしＡさんはふと思った。「私が一票を行使しようがしまいが，結果に変わりはないのでは？」考えてみれば，一票差で当選／落選が決まることはほとんどない。つまり，自分の投じた一票によって当選／落選が決まるということはまずない。ならば，自分が投票しても投票しなくても結果は同じだ。ということは，投票に行ったところで得られる利益は何も変わらない。

　ところが，投票に行くのには一定のコストがかかる。投票所に行くのにも，往復で結構な時間がかかるし，多少は疲れるだろう。明日はレポートの提出日なのに，それに取り組む時間とエネルギーを削られることになる。投票のコストはこのようにあるのに，投票から得られる利益はない。こう考えると，利益の観点からは，Ａさんは「投票しない」ことが合理的になる。

　しかし，結局Ａさんは投票に行った。利益の観点からは意味がなくても，民主政治の担い手として「投票に行くべきだ」という規範意識は働いたし，たとえ結果にはつながらなくても，自分の意思を表明すること自体に意義を見出したからだ。

　投票に行くことは合理的な行動ではないかもしれない。それでもＡさんのように投票する人は一定数いる。なぜだろうか。この問題についてはさまざまな議論がなされているが，よく言われるのは，規範や，投票自体を目的として投票に行くのだというものである。「なぜ投票に行くのか」という問題を考えると，人々が政治的行動に参加する場合には，自己利益以外の動機も絡んでいることがうかがえるのである。

とも重要となる。次に述べるように，これは正統性の問題である。

（4）権力と正統性

　このように考えてくると，経済とは異なる政治に固有の性質が，より明確な形で表れてくる。ここまでの議論を手がかりにして，以下では，権力と人間像の二つの側面から，政治固有の性質について考えよう。ここでは権力について

扱い，人間像については（5）で扱う。

　まず権力について，それを政治の本質とする見方は広く見られる。たとえば，**マックス・ウェーバー**は，「政治が意味するのは……，権力を分有しようとする，あるいは権力の配分に影響を及ぼそうとする努力」（ウェーバー 1919=2018: 93）であると述べた。丸山眞男もまた，「権力は政治学にとって唯一ではないにしても最も基本的な範疇の一つ」（丸山 1954=2014: 203）と論じている。本書では，権力を政治そのものではなく，政治に伴う重要な要素の一つとして理解している（→本章第4節（3））が，政治学においては，権力の存在をつねに意識する必要がある。

　では，どのように意識すればよいのだろうか。政治に権力が伴うのは，政治には対立や紛争，意見の相違がつきものだからである。**カール・シュミット**は，「政治的な行動や動機の基因として考えられる，特殊政治的な区別とは，友と敵という区別である」（シュミット 1932=1970: 15）と述べているが，これは，対立もまた政治の本質であることを示している。その対立に決着をつけ，決定を行うためには，権力が必要になるのである。

　たとえば，経済政策について考えてみよう。経済学者がいかに専門的な知見を駆使して考えたとしても，「正しい経済政策」とは何か，意見が完全に一致することはない。「政治」とは，この異なる意見の中から特定の意見を「政策」として採用する営みであるが，その際には，その特定の意見に反対する人々にも採用する政策を受け入れさせなければならない。それを可能にするのが権力である。また，複数の意見の中から特定の経済政策を採用・実行した場合，その政策で「得をする」人と「損をする」人とが出てくる。たとえば，デフレ脱却のために金融の量的緩和政策を行った場合，それによって生じる円安によって輸出産業が利益を得る一方で，輸入産業や輸入品を買う消費者にとっては損になる部分もある。このように，意見の相違や対立，あるいは勝者と敗者とが存在するため，すべての人にとって利益になるという理由で協力関係が生まれるとは想定しづらい。だからこそ，何らかの決定が行われた場合には，どのように権力が作用して一定の結果に結びついたのかを，つねに念頭に置いておくべきなのである。

　しかし，権力が政治に伴う要素の一つだとしても，権力だけで政治を理解することはできない。集合的決定が不当な権力行使に基づくと見なされる場合，その決定は，抵抗や異議申し立てに遭うことになるだろう。そうなれば，その決定を通じて形成された秩序は安定せず，結局は瓦解してしまう可能性もある。

したがって，政治における集合的決定は，権力によるだけでなく，人々が納得して自発的に同意できるものでなければならない。これが，政治における「正統性」の側面である（→本章第4節（3））。

この正統性は，どのようにして得られるのだろうか。この問いも，つねに意識しなければならないものである。それは，一定のルール（選挙など）を踏まえた結論だから正統性があるのだという，手続きの正統性から生まれるかもしれない。あるいは，より実質的な話し合いの上で得られた人々の合意に基づくかもしれない。さらには，利益の観点からは対立しているけれども，規範的な観点からは人々が納得した結果かもしれない。いずれにしろ，どのような過程を経て，その権力や支配が正統性を得ているのかも，政治学に固有かつ不可欠な視点である。

また，権力を考える場合には，集合行為に参加する人々の持つ権力は対等ではない，ということを認識する必要もある。参加する人々の利益がつり合って協力するのだとする場合には，しばしば参加者がすべて対等であると想定される。しかし，政治においては，参加者が同等の権力を持っていることのほうがまれである。当然，より強い権力を持つ者のほうが，政治による決定に強い影響力を行使することができ，「勝者」になりやすい。つまり，誰にどのように権力が与えられているかによって，集合的決定や集合行為のあり方も変わってくるのである。

だからこそ政治学においては，権力構造や権力分配のあり方に注目することが重要となってくる。そのための一つの方策は，政治に関わる人や集団，すなわち「アクター」に焦点を当てることである。先に権力概念の定義を紹介したダールは，政治分析のためにまず，それぞれのアクターが持つ権力に注目した。しかし，権力自体は直接には観察できない。そこでダールは，その代わりに，権力の基礎となる資源に注目する必要があるとした。権力の資源になりうるものは，金銭や名声，支持者の数などさまざまなものがある。また，もともと持っている資源の種類や量だけでなく，それを有効に利用する戦略の巧拙によって，参加者が及ぼしうる権力や影響力に違いが生まれる。その違いによって，生じる政治的結果も左右されるのである（ダール 1991=2012）。

権力分配を見定めるもう一つの方策は，「政治制度」に注目することである。たとえば，**大統領制**と**議院内閣制**とでは，リーダー（大統領や首相）の持つ権力が異なる。また，同じ議院内閣制においても，連立政権に基づく国と単独政権の国とでは，それぞれの首相の持ちうる権力には違いがあるだろう。このよ

うな制度的差異は，リーダーシップのあり方や，諸勢力間での権力の分配のあり方の違いを生み出し，それぞれの国家に固有の権力構造を生み出す。したがって，ある国で実現した政策が別の国でも可能になるとは限らないし，政策が決定される過程にも大きな違いが生まれる。それゆえ，政治学の観点から考えるという場合には，さまざまな制度への理解も重要となる。

(5) 政治的人間像と「意見」

次に，想定する「人間像」に移ろう。本節 (3) で見たように，経済学とは異なり政治学では，人々は自己利益だけでなく，他者への共感や望ましい社会を探求する規範意識に基づき，利他的に行動する面も見るべきとされる。

しかし，だからといって政治において人々がつねに利他的であると想定することもできない。政治において人間は利己的か利他的かを考えるとき，最も適切な答えは，「両方ある」，より正確には「両方を結びつける」というものだろう。政治は権力に関わるが，いくら権力を持っているからといって正統性を欠いていれば，人々の同意を得られない。だから，政治において人々は，自己利益をむき出しにするのではなく，それを利他性と結びつけ，自分の利益と規範の両面から，人々を納得させることが必要になる。

たとえば，自己利益を追求するために形成された利益集団（→第 4 章第 3 節）を考えてみよう。日本医師会はしばしば診療報酬の値下げに反対する。しかし，「自分の所得が減るから」と自己利益をむき出しにすれば，周りから反発を受けるだろう。そうではなく，「医療の質が落ち患者のためにならない」「医療の発展を阻害し，社会のためにならない」といった形で，利他的で規範的な主張と結びつける。そのことによって，自らの主張の正当性を得ようとしているのである。

もちろん，規範的主張が自己利益の正当化のためのレトリックにすぎない場合もあれば，その規範性そのものが重視される場合もある。その間のバランスはさまざまであるが，自己利益と規範との結びつきが人々の「意見」を構成しており，その正当性が他者によって判断される点では同じである。他者に正しいと見なされたものは支持され（同意され），そうでないものは支持されない。その意味で，政治においては「意見」が重視される。ヤン・エルスターはこの点に，政治と経済との違いを見出す。彼によれば，経済の場は「市場」であるが，政治の場は「フォーラム」である。市場は人々の「自己利益」が主導するが，フォーラムでは人々が「意見」をたたかわせることが主な原動力となる。

このような違いが生じるのは，政治と経済では目的が異なるからである。政治は，経済のように非効率性を排除することだけでなく，正義（公共善といってもよい）を生み出すことを目的とする（Elster 1986）。だからこそ，「意見」の正当性が問われるのである。

　ここで，レント・シーキングの議論を思い出してみよう。合理的選択論は，政治家や官僚などの政治的アクターの行動はレントを生み出し，それは無駄を生み出す，つまり経済的に見て非効率だとする。しかし，政治と経済との違いを踏まえるならば，経済的に見れば非効率であっても，政治的には不必要とは言えない場合もあることに気づく。業界への規制は市場競争の観点からはレントを生み出すかもしれないが，その業界の生み出す製品の安全性の面からは，必要と判断されるかもしれない。貧困層に福祉を提供することは，働かずに福祉に依存する人を生み出し，非効率性につながるかもしれないが，人々の生存権や社会権を保障すべきだとすれば，必要と判断されるだろう。もちろん，すべてのレントが許容されるわけではない。非効率性のほうが勝ると判断されればレントは排除されるべきだし，維持すべき安全性や社会権の程度に関しても，議論の余地は残る。しかしこれらのことはまさに，人々の「意見」に基づいて決められる。それが，経済の世界と政治の世界との違いである。

！ 要点の確認

・政治と経済とは密接に関連している。しかし，政治の観点から経済問題を見る場合には，経済の観点から見るのとどのような違いがあるのかという問題を意識して，「経済とは異なる政治に固有の役割とは何か」を考える必要がある。
・政治と経済との違いの一つは，政治には「権力」が伴うことにある。政治を理解しようとする場合には，人々の間での権力の構造や配分について目を配る必要がある。
・政治と経済の間の違いは，それが前提とする人間像にもある。政治では，自己利益と規範とが結びついた「意見」が，重要な要素となる。

---

2. 政治と社会

　本節では，「政治」と「社会」との境界を考えてみたい。直感的なレベルでは，政治と社会は別のものということになりそうである。実際，「日本の政治」と言われて思い浮かべることと，「日本の社会」と言われて思い浮かべることとは，たいていの場合，異なっているだろう。

　しかし，少し考えると，わからないことが出てくる。たとえば，「政党」は

「政治」を行うものだが，「社会」の中で形成される集団であり，かつ，議会などの「政治」の場だけではなく「社会」の中でも活動している。第 4 章で述べるように，「利益集団」や「社会運動」などのアクターでは，このことがより当てはまる。つまり，これらは議会に直接登場するわけではないが，しばしば「政治」的な活動を行っていると見なされる。別の例として，学問の世界を眺めてみよう。学問の世界にもさまざまな分野がある。この教科書は，その学問分野の一つである「政治学」について，「政治学者」が書いている。しかし，だからといって，政治学者が「政治」を研究して，社会学者が「社会」を研究している，とも限らない。政治学者も利益集団や非営利組織などの「社会」集団や市民「社会」を研究するし，社会学者も国家や政党について研究する。このように見てみると，当初は明確に思われた「政治」と「社会」との区別も，実は思ったほどには明確ではないのではないかという気がしてくる。

　そういうわけで，本節では，「政治」と「社会」の区別の仕方についてのいくつかの考え方を概観することを通じて，政治の境界を考えることにしたい。あらかじめ述べておくと，この節の到達点は，政治と社会を空間的に区別することはそれほど簡単ではない，というところまでである。最終的に政治とは何かという問題には，本章第 4 節で答える。

(1) 国家と社会という区別

　政治と社会を区別する一つの方法は，「国家」と「社会」との区別から考えることである。これは恐らく，政治と社会を区別する最も一般的な方法である。

　とはいえ，歴史的に見ると，国家と社会の区別は必ずしも自明ではない。現在のような意味での国家と社会の区別がない社会も存在した。たとえば，古代ギリシャの都市国家（ポリス）においては，国家と社会という区別は存在しなかった。ポリスに生きる「市民」は，「政治社会」としてのポリスを統治するために，人々の共通の事柄について思考し議論する存在であった。政治社会としてのポリスは，「自由で平等な市民による自発的な秩序」で支えられ，それが対比されるのは，「社会」ではなく，支配者と被支配者が固定された「家（オイコス）」であった。「家（オイコス）」は，当時の「非自由人」である奴隷や女性によって担われるものとされた（古賀 2004: 172-173）。「社会」はあくまで「政治」社会であり，その政治社会とは都市国家であった。古代ギリシャの「政治社会」という考え方は，今日のような意味での国家と社会との区別とは異なる考え方だったのである。

　国家と社会の区別が明確に認識されるようになったのは，近代以降になってからのことである。とりわけ，**自由主義（リベラリズム）**と呼ばれる思想において，国家と社会の区別が強調されるようになった。近代以降，国家は，「主権」を有する存在として考えられるようになった。主権とは，対内的には他のあらゆる下位の勢力にも優越する最高の決定権限であり，対外的には国内問題に対するいかなる外部からの干渉をも排除する権限を意味する（→第3章第1節）。このような主権を有する国家同士が互いの主権を相互承認することで，当時のヨーロッパで深刻な問題であったキリスト教の宗派的対立に由来する内戦を克服することができると考えられた（川出・山岡 2012: 71）。こうして国家は，主権を有する「絶対的な」存在として理解されるようになる。他方で，この国家による強制・介入から「社会」は守られなければならないという考えも発展した。**ジョン・ロック**が『統治二論』において，私的所有権を基礎に，国家による恣意的な権力行使から人々の権利を擁護しようとしたことは，その一例である（ロック 1690=2010）。その場合の「社会」とは，基本的には経済活動の領域のことであった。経済活動の領域における「自由」を守るためにも，国家と社会の区別が必要とされたのである。

　以上のように，近代において，いったんは社会全体の秩序を国家によって形成できるし，そうするべきだと考えられるようになった。しかし，次第に経済が発展すると，国家とは異なる自立した領域として経済社会が考えられるようになった。国家はなおも経済に対して規制・介入を行おうとするが，自立した部分システムとしての経済は，そのような国家によるコントロールに服さない。こうして，国家と（経済社会という意味での）社会とが分離したのである。

　この「国家と社会」という区別は，政治学あるいは広く社会科学全般において，「国家＝政治」という理解と重なっていた。以下では，20世紀の三つの重要な議論を通じて，そのことを確認しておきたい。

　一つ目は，ドイツの社会科学者**マックス・ウェーバー**による，国家と政治に関する議論である。前節でも見たように，ウェーバーは「政治」を，「権力を分有しようとする，あるいは権力の配分に影響を及ぼそうとする努力」と定義する（ウェーバー 1919=2018: 93）。この定義では，ウェーバーは政治とは権力に関わるものと言っているだけで，それを国家と結びつけているわけではない。それにもかかわらず，最終的にはウェーバーは「政治」を，「正統な物理的暴力の独占」を特徴とする「国家」に関わるものとする。彼は，強制力の正統な独占という国家の特徴を，「政治」の不可欠な要素と見る。そのため，政治イ

コール国家となるのである。つまり，ウェーバーは，いったんは「政治」を社会のあちこちに表れうるものとして定義するが，最終的には，それを「国家」に回収してしまうのである。

　二つ目は，**集団理論**の政治観である。集団理論とは，アーサー・ベントレー（1908=1994）に端を発し，1950年代にデヴィッド・トルーマンなどが発展させた理論である（Truman 1951）。集団理論は，「政治」現象を，「社会」集団の相互作用，「圧迫と抵抗」のプロセスとして理解する。集団理論は政治学を，国家（政府）の諸制度について静態的に研究する学問から，国家外部の社会集団（とりわけ利益集団）（→第4章第3節）の行為を動態的に研究する学問へと変化させた。

　集団理論の枠組みでは，「社会」集団の活動こそが政治と考えられているように見える。しかし，集団理論においても，政治とは，最終的には国家との関係で理解されるべきものであった。第1に，集団理論において，社会集団の活動が国家に関わるものであることは，理論の前提である。別の言い方をすれば，集団理論は，「社会」集団のあらゆる側面ではなく，あくまで国家に関わる側面にのみ注目する。つまり，政治学が社会集団について研究するとは，社会集団を通じてどのように人々の利益が表出され，組織化され，そして最終的には国家へと媒介されるのか，という側面について研究することである。第2に，そのことは，集団理論においても，「国家」という形で政治秩序が存在していることは説明や分析の前提であったことを意味する。集団理論においても，集団の相互作用とその結果としては説明できないことがあることは認められていた。その説明できない部分は，「政治システム」と名づけられた。しかし，それが意味する内容は，国家と大きく異なるものではなかった（バーテルソン 2001=2006: 165-172）。

　最後に取り上げるのは，社会学者タルコット・パーソンズの議論である（パーソンズ 1969=1974; 田口 1993: 第2章）。パーソンズは，「社会」はどのようにして成り立つのか，なぜ「社会」なるものが崩壊しないで成立しているのかという問題に取り組んだ。その答えが，AGIL図式である。つまり，パーソンズは，「適応」（A: Adaption），「目標達成」（G: Goal attainment），「統合」（I: Integration），「パターンの維持」（L: Latency）という四つの機能がうまく担われる時，社会は社会として成り立つと考えた。「政治」とは，これらのうちの「目標達成」（集合的目標を集合的に追求する）の機能を担う，社会の下位システムである。

　この場合の「政治」とは「国家」のことだろうか。パーソンズは，「目標達成」機能を担う「政治」を「国家」といった特定の制度や構造と同一視してはならない，と述べている。「政治」とはあくまで，人々のさまざまな行為の中で，「目標達成」という機能に関係する側面のことである。そうだとすれば，政治は，国家に限らず，あらゆる集団や組織に見られるものということになる。この限りでは，パーソンズの理論は，社会成立のために必要な「機能」という概念を導入することで，政治と国家の同一視を回避している。

　しかし，パーソンズにも，やはり「国家＝政治」と見る傾向が存在する。パーソンズは，四つの機能のうち政治機能を優位とするタイプの集合体と，それ以外の機能を優位とするタイプの集合体を区別した（パーソンズ 1969＝1974: 266-268）。その上で，彼は，政治の機能を優位として成り立つ集合体は「政府」のみであり，それ以外の社会に存在する集合体は，政治以外の機能を優位として成り立つ集合体であるとする。たしかにパーソンズは，「政府」を中央政府・国家に限定しているわけではない。しかし，このような区別の導入は，彼の理論でも，「政治」が基本的に国家ないし「政府」に関わるものであったことを意味する。

(2) 社会の中の政治

　ウェーバー，集団理論，パーソンズと，「国家と社会」という区別を再考する手がかりとなりそうな議論を概観した。しかし，いずれの場合も，最終的には「国家と社会」という区別は「国家＝政治」という理解と重なっている。たしかに，国家と政治を同一視する一方で，「社会」を非政治的あるいは前政治的なものとして特徴づけることは，政治学・社会科学において通例化している（バーテルソン 2001＝2006: 20）。しかしながら，国家と社会を区別することが，必然的に「国家＝政治」，「社会＝非政治」という区別を持ち込むことを意味するのだろうか。

　「国家＝政治」，「社会＝非政治」という区別を問い直す議論の代表的なものとして，市民社会論がある。1980 年代以降，国家と市場から区別された空間を「市民社会」と呼び，その市民社会における「政治」の役割を重視する考え方が広まった（→第 2 章第 2 節）。その場合の「政治」として主に念頭に置かれていたものは，国家とは区別された空間としての市民社会における自由と権利を守ることや，政党・利益集団・既存の労働運動とは異なるアクターとしての**新しい社会運動**による，国家に対する抗議活動であった（小野 2000; Cohen

コラム 1-2　政治学における社会学の意義

　かつて，ある政治学者は，政治学における理論的要素を追求していくと，経済学か社会学に行き着くと述べた（大嶽 1994/2013）。たしかに，近年の政治学では，合理的選択論（→本章第 1 節）を典型として，経済学的な発想の影響力が強まっている。では，社会学のほうはどうだろうか。

　経済学が合理的選択を行う個人を基礎に据えた分析を志向する（方法論的個人主義）とすれば，社会学は，個人を超える構造や間主観的に共有された意味を基礎に据えた分析を志向すると言われる（方法論的全体主義）。社会学のこの特徴は，社会全体の中で政治そのものの役割や場を考え直すための手がかりを提供する。たとえば，本文で言及したパーソンズの社会システム理論は，社会全体の中で「政治」という下位システムが果たすべき機能を特定することで，政治の独自性を確定しようとする試みであった。同じく本文で言及したベックのサブ政治論は，社会構造の今日的変容を踏まえつつ，そこでの政治の変容を把握しようとするものであった。また，アンソニー・ギデンズは，家族などの親密圏においても，国家などの公的領域と同じ民主主義の定義が当てはまると主張している（→第 2 章第 3 節）。

　このコラム冒頭の政治学者とは別の政治学者は，「『政治的なるもの』をマクロな全体社会像の中でいかにして切りとるかという問題」が「政治学にとって切実な問題」であると言う（川崎 2010: 82）。社会学における政治論は，このような「問題」に取り組もうとする時に，政治学に豊かな知見とヒントを提供してくれることだろう。

and Arato 1992）。そのような政治のあり方は，国家における政治と区別するために「非制度的政治」と呼ばれることもある（Offe 1985）。

　「社会における政治」という理解を最も明確に述べたものとして，社会学者**ウルリッヒ・ベック**の「サブ政治」論を挙げることができる（ベック 1994=1997）。ベックによれば，これまで人々は，国家，議会，政党，労働組合などの巨大な利益集団などの制度やアクターに，「政治」を見出そうとしてきた。しかし，それは「政治と国家を同一視すること」による誤りである。現在では，これまで「非政治的」であったものが「政治的」になりつつあると見なければ

ならない。これまで「非政治的」であったものとしてベックが挙げているのは，民間セクター，仕事，科学，都市・町，人々の日常生活などである。今日では，これらの「社会」に属するような場所・分野で，さまざまな「政治的」紛争が起こり，「政治的意思決定」が求められるようになっている，というわけである。このようなベックのサブ政治論は，本章第4節で詳しく述べる意味での「政治」が社会においても存在しうることを指摘するものである。

(3) すべてが政治なのか

　「社会にも政治がある」という議論に対しては，次のような疑問が生じるかもしれない。すなわち，もしも社会にも政治の存在を認めてしまうと，「あらゆるものが政治」になってしまうのではないか，という疑問である。それは，日常生活の中に「政治」が入り込むことを意味する。しかし，果たしてそれは望ましいことだろうか。生活のあらゆる場面に「政治」があると言われると，監視，管理，プライベートへの介入といった事柄を連想する人もいるかもしれない。ジョージ・オーウェルの小説『1984年』で描かれる世界は，まさにその点で究極的な，そして救いのない監視社会であった（オーウェル 1949=2009）。あるいは，隣人，職場の同僚，友人，家族と日常的に対立し紛争が起こっている状態を思い浮かべるかもしれない。そのような，いつももめごとに巻き込まれている生活は遠慮願いたいと思う人のほうが多いだろう。

　このような疑問に対しては，次の三つの応答が考えられる。第1の応答は，好むと好まざるとにかかわらず，「政治」は社会の中にすでに存在してしまっているのだ，というものである。この立場の最も典型的な表現は，フェミニズムによる「個人的なことは政治的である」という命題である（→第8章第2節・第3節）。1960年代以降に台頭したラディカル・フェミニズムにおいては，これまで「私的」と見なされてきた空間においてこそ「政治」が存在していると主張された。たとえば，ケイト・ミレットは，いくつかの著名な小説を分析することを通じて，「私的」とされる男女関係にある種の「政治」を見出している（ミレット 1970=1985）。ミレットは，ウェーバーの権力概念を援用して，小説における男女の性的な関係の描き方が，男性の女性に対する支配的関係を表現していることを明らかにしている。支配と服従によって特徴づけられるような権力関係は，このようにして「私的な」領域においても存在する。これがミレットにおける「個人的なことは政治的である」の意味であった。

　ミレットの場合，「政治」とは，支配-服従関係という意味での権力現象で

ある。このような意味で政治を理解することが妥当かどうかについては，本章第4節で述べる。ここでは，彼女の議論が，視点を変えれば社会生活の中にすでに「政治」が入り込んでいることが見えてくる，ということを示すものであることに注目しておきたい。ミレットの立場から見れば，女性にとっては自らの「私的な空間」は，そこに入り込んだある種の「政治」によってすでに奪われた状態にあるのである。その意味で，女性にとっては，社会はすでに「息苦しい」ものなのである。

　第2の応答は，社会における「政治」はむしろもっと必要とされている，というものである。社会の中には，好むと好まざるとにかかわらず，さまざまな問題とそれをめぐる紛争が日々発生している。問題や紛争は，それを放置するのでなければ解決されなければならない。そして，その解決を行うことこそ，「政治」の役割だというわけである。社会において紛争が発生した時，私たちは，政治ではなく司法・訴訟によってそれを解決することもできる。この意味では，政治と法を，社会問題を解決するための機能的に等価な異なる方法と理解することもできる（→本章第3節）。

　第3の応答は，「政治」を明確に定義すれば，社会という空間の中で「政治」と政治ではない行為とを区別することができる，というものである。つまり，社会のすべてが「政治」なのではなく，社会の中で発生する，ある特定の活動が「政治」なのだ，というわけである。

　この場合のポイントは，空間と行為とを明確に区別することである。同じ空間の中で，「政治」的行為が発生することも，そうではない行為が発生することもある。つまり，「政治」はあらゆる空間で発生しうるが，かといって，あらゆる行為が「政治的」というわけではない。「経済的」あるいは「文化的」な行為もありうる。別の言い方をすれば，ある社会現象は，「経済的」な観点からも「文化的」な観点からも，そして「政治的」な観点からも見ることができる（川崎・杉田 2012: 7-8）。

　このような形で政治と社会を区別する試みの一つは，エルネスト・ラクラウのものである（ラクラウ 1990=2014）。ラクラウは，同じ出来事についての異なる二つの状態を，「社会的なるもの」と「政治的なるもの」という呼び方で区別する。「社会的なるもの」とは，現在の状態がそれしかありえない，当然のものと見なされている状況のことである。言い換えれば，もともとは別の選択肢・可能性もあったはずなのに，そう見なされなくなっている状態である。これに対して，「政治的なるもの」とは，そのような当然に見える状態が偶然に

すぎないことが，（しばしば対立や敵対性の発生を契機とした）別の選択肢・可能性の発見を通じて明らかになることを指す。ラクラウは，「社会的なるもの」と「政治的なるもの」の定義を明確に区別することで，同じ対象が，「社会的」でも「政治的」でもありうると論じたのである。

　「社会的なるもの」と「政治的なるもの」の区別を，家族を例として説明しよう。家族の中で，「男女の役割分担」というジェンダー規範が当然のものとして受け入れられ，家族メンバーが男女別に役割を分担している場合，この家族の状態は「社会的」である。しかし，ある女性の家族メンバーがこの男女の役割分担に疑問を持ち，「どうして私がいつも料理をしなければならないのか」と主張したとしよう。この時，男女の役割分担というジェンダー規範は当然のものではなくなっている。男性が料理をするなどの別の選択肢・可能性もありうることが明らかになる。この状態は「政治的」である。家族メンバーは，家族における今後の役割分担をどうするかという問題を，何らかの形で解決しなければならない（→第2章第3節，第8章第3節）。

　以上の「すべてが政治なのか」への三つの応答を読んでも，「結局『政治』や『政治的』が何を意味するのかまだよくわからない」と思われるかもしれない。「結局，政治とは何か」という問いへの答えは，最終的には本章第4節で明らかになる。ただし，ここまでの記述で，本書が「政治」を紛争の発生とその解決に関わる活動として理解していることは，ある程度明らかになっているはずである。一般的には，紛争はできれば避けたいものかもしれない。しかし，紛争が発生することは，次の二つの意味で政治学にとっては重要である。第1に，それは，人々の間に意見や立場の違いがあるということを意味する。第2に，それは，現状とは異なる別の可能性があることを示唆する。もっとも，紛争が存在するだけでは政治とは言えない。その紛争を解決する試みが政治なのである。「政治」をこのように考えることで，社会という空間の中のさまざまな活動の中で「政治」を他の活動と区別して把握することができるようになるのである。

要点の確認

・政治と社会の違いを，国家と社会との区別という形で空間的に把握することは，近代以降の政治学において標準的であった。この場合，国家＝政治，社会＝非政治となる。
・しかし，社会の中に政治を見出すことも可能である。この場合には，「すべてが政治」とならないように，社会という空間のさまざまな活動の中で「政治」を他の活

動と明確に区別して把握することが必要である。

3. 政治と法

(1) 何が同じで，何が違うのか

　本節では，経済（第1節），社会（第2節）に続いて，政治と「法」との関係を扱う。法は，社会や経済と比べると，政治と直接的な結びつきが深いという印象を持つ人もいるかもしれない。たしかに，法が法として制定されるのは，議会においてそれが法として決定されるからである。しかし，もちろん法と政治が同一というわけではない。たとえば，国家の統治機構の中で法を司るのは司法（裁判所）であり，立法（議会）ではない。ここからうかがわれるように，法と政治の関係も，単純に理解できるものではない。

　本節では，法と政治について，その共通性と違いを説明していく。その目的は，法との関係を考えることを通じて，「政治」とは何か（あるいは，何ではないか）についての理解を深めることである。以下では，両者の関係について，共通性，相互関係，そして緊張関係の順番で説明していく。

(2) 政治と法の共通性

　政治と法には，ある共通性がある。それは，いずれも，社会において発生する問題解決の方法だという点である（小野 2007; 2010; 2011）。社会に生きる人々の間には，利害や信条の違いから紛争が生じる。その紛争は，ある場合には法によって，別の場合には政治によって解決される。法による解決として典型的に想起されるのは，訴訟すなわち司法である。政治による解決として典型的に想起されるのは，議会における立法である。司法は，人々の間に発生した紛争を，法の解釈と適用によって解決しようとする。立法は，人々の間に発生した紛争を，新たな法の制定または政策の形成を通じて解決しようとする。このように見れば，政治と法は，社会における問題解決の技法として共通点を有していることがわかる。

　政治と法の共通性は，「政治」と「法」を，通常想定されるよりも広く定義しても当てはまる。法による問題解決は，訴訟によってのみ図られるわけではない。訴訟手続きによらない紛争解決手段として，「調停」や「仲裁」がある。これらは，「裁判外紛争解決（ADR）」と呼ばれる。この裁判外紛争解決も，法による問題解決の一例なのである。他方，政治による問題解決も，議会におけ

る立法に限られるわけではない。たとえば，**コーポラティズム**（→第4章第3節）と呼ばれる仕組みがある。これは，労働組合の頂上団体，経営者団体の頂上団体，そして政府の代表の三者によって，主に賃金や雇用などについて協議する仕組みのことを指す（シュミッター／レームブルッフ編 1979=1984; レームブルッフ／シュミッター編 1982=1986）。コーポラティズムにおける問題解決の場は，議会ではなく，労働・経営・政府の三者の代表が協議する場である（もちろん，そこでの協議の結果が，最終的に議会において政策として決定されることもある）。**利益集団**（→第4章第3節）による圧力行使活動やアドボカシー活動，あるいは社会運動（→第4章第4節）による抗議・異議申し立て活動も，その活動を向ける相手は，政治家や官僚である場合が多いとしても，それが行われる場そのものは，議会の外部である。このように，法や政治による問題解決の場を広く理解しても，両者には問題解決のための営為という点で共通点が存在するのである。

　この方向で「政治」と「法」の概念をさらに拡張しても，政治と法の共通性を指摘することができる。近年の法学と政治学の動向を見るならば，政治ないしは法と国家との結びつきを見直すような問題提起がなされている。そして，たとえ国家との結びつきを見直しても，政治と法を社会における問題解決のための営為として理解し続けることは可能なのである。

　まず，法学における国家と法の結びつきの再検討として，**法多元主義**の考え方がある（浅野 2015）。法多元主義とは，2種類以上の「法」体系が併存している状況を事実として把握するとともに，それを「望ましいもの」として規範的にも支持する考え方である。

　どこに多元性を見出すかによって，法多元主義を，さらに二つの考え方に区別することができる。第1は，テリトリアル（領土的）な法多元主義である。これは共同体的法多元主義とも呼ばれるが，特定の領土における，国家法以外のいくつかの「法」，たとえば超国家的なレベルにおいて制定された法や部族・民族共同体の法などの併存状況に注目する。第2は，機能的な法多元主義である（藤谷 2015）。これは，人々の活動領域（経済，人道的支援，スポーツ，インターネット，環境など）ごとに，非国家法や自主規制が形成され，規範として効力を発揮している状況に注目する。二つの法多元主義に共通するのは，法を国家によって制定される法律に限定せずに考えていこうとする姿勢である。一方のテリトリアルな法多元主義は，国家によって制定された法律以外のさまざまな「法」が同じ空間において効力を有しうることに注目する。他方の機能

的な法多元主義は，機能分化した社会の各領域において，国家という単位とは必ずしも関わりのない形で，人々の間に利害が共有され，それに対応するための何らかの「法」を通じた統治の作用が発展していることに注目する。いずれの場合も，国家のレベルにおいて制定される法律のみが問題解決の方策だとする考え方を相対化することにつながる。

　政治学における国家と政治の結びつきの再検討の一つは，**ガバナンス論の展開**である。ガバナンスとは，「統治」という活動を，国家ないしは政府が市民に対して行う活動としてのみではなく，企業，地域，家族などあらゆる場で見られる活動として把握するための概念である（ベビア 2012=2013）。また，本書では，市民社会（→第2章第2節）や親密圏（→第2章第3節）でも「政治」を考えることができることを説明する。つまり，市民社会や親密圏においても，もしも複数の人々に関わる問題について集合的決定が行われていれば，そこに政治の存在を指摘することができるのである（田村 2015）。このように，国会外の場においても，ガバナンスや政治の存在を指摘することができるならば，政治をもっぱら国家に結びつける必然性はなくなる。

　以上のように，「法」や「政治」の概念を国家以外のものにまで拡張して考えたとしても，社会における問題解決の営為としての政治と法の共通性を確認することができるのである。

(3) 政治と法の相互関係

　政治と法は共通の特徴を有するだけではない。両者は相互に関係してもいる。一方で，政治は法を作り出す。すなわち，法は，最終的に政治のプロセスにおいて承認・決定されることで制定される。したがって法とは，「政治が生み出す中心的なものの一つ」であり，また，「多くの政治的闘争が行われる目的である」（Whittington *et al.* 2009）。他方で，法は政治を規制する。政治のあり方，具体的には議会・立法府や行政・執政府のあり方は，憲法や行政法などの公法によって定められている。言わば，法が政治を作り上げるという側面があるのである。このような両者の相互関係は，究極的には「立憲主義と民主主義の緊張関係」という論点を生むが，この点については次項で述べることにしよう。

　このように政治と法が相互関係にあることは，政治学の立場から法を研究することもありうるということを意味する。以下では，政治学における法の研究として，司法政治と「政治の司法化」という二つの視点を説明する。そのことを通じて，政治と法の相互関係をより具体的に示すことにしたい。

◉ 司法政治

　まず，**司法政治**とは，司法におけるあるいは司法をめぐる政治に注目する視座のことである。通常，司法・裁判は，法学の研究対象である。しかし，もしも司法・裁判の中に「政治」を見出すことができれば，それは十分に政治学の研究対象となるはずである。ここでは，マーク・ラムザイヤーによる説明（ラムザイヤー 2011）を例として，司法政治について解説する。

　ラムザイヤーが取り組むのは，「司法（裁判官）の独立」は法規定のみで確保されうるか，という問題である。この問題についてラムザイヤーは，個人と（その評価のための）制度の相互作用に注目するならば，そうとはいえないと主張する。ここで彼が依拠するのは，**合理的選択制度論**という理論的立場である。この立場によれば，特定の制度下にある個人は，その制度のもとで最も「合理的」であるような行動を取る。「司法の独立」問題において，個人（裁判官）の行動を決める「制度」は，裁判官の定期的な異動と，キャリアを形成する上での異動先の魅力である。つまり，裁判官には，定期的な異動があるが，その場合に魅力的なポストとそうではないポストがある。これが，各裁判官がそのもとに置かれる制度の状況である。そして，裁判官の異動を決定するアクター（この場合は最高裁事務総局）は，異動という手段を通じて裁判官たちのインセンティブをコントロールすることができる。つまり，魅力的なポストへの異動は「報酬」であり，そうではないポストへの異動は「制裁」である。

　ラムザイヤーの関心は，このような制度状況と各個人（裁判官）の行動原理とが，日本の裁判所の判決にどのような影響を及ぼしているかである。まず，民事訴訟については，裁判官は個別の訴訟を「迅速にかつ安価に解決」しようとする。なぜなら，それが「優秀さ」の証明になるからであり，ゆえに「報酬」となるような異動を獲得することができるからである。そのため，日本の民事訴訟においては，前例踏襲的な判決が多いとされる。次に，比較的政治性の高い訴訟については，与党（とくに長期与党）の立場と相容れない判断は，「合理的」ではないとされる傾向がある。そのような判断は，与党の自民党の政治的選好を支持する判断と比べた場合に，「キャリアの上で損失を被」ることを意味するからである（ラムザイヤー 2011: 199）。実際，与党の立場と相容れない判断を下した裁判官には，制裁として「魅力的ではない」異動が見られた。公職選挙法第138条の戸別訪問の禁止規定に，現職優位の規定として違憲判断を下した裁判官の例や，1960年代の「青年法律家協会」（青法協）所属裁判官の例が，それにあたる。最後に，ただし刑事訴訟については，裁判官のインセ

ンティブのコントロールからは説明できないとされる。

　ラムザイヤーはまた，日本とアメリカの司法の比較分析にも取り組んでいる。両国の司法の創造性の違いをどのように説明できるのかが，ここでの問題である。一般に，アメリカの裁判官が革新的，創造的であるのに対して，日本の裁判官は保守的，大勢順応的である。では，なぜそうなるのだろうか。ラムザイヤーは，両国裁判官の行動の違いを，大統領制と議院内閣制の違いから説明する。議院内閣制の日本では，執政府と立法府の政治的立場が一致しているため，与党リーダーは，司法府による望ましくない判例に対抗する立法を行うことが比較的容易である。そのため，司法は，政治にあまり影響を持たないし，持とうともしない。これに対して，大統領制のアメリカでは，執政府（大統領）と立法府の政治的立場が不一致である可能性がある上に，立法府自体も上院と下院で多数派が異なる可能性がある。このように，アメリカでは拒否点（veto point）が多いため，政治家が望ましくない判例を立法で覆すのは困難である。したがって，司法は，立法による対抗を意識することなく，より創造的で立法的な判決を行いやすい。

◉ 政治の司法化

　次に，「政治の司法化」とは，重要な問題を解決するために，政治による決定ではなく，司法・法的手段に依拠するようになることを指す（Hirschl 2009: 253）。これは，司法による政治の置き換えと見ることができる。しかし，このような政治の司法化がどのように，あるいはなぜ生じているのかを研究することも，政治学の研究課題となりうる。

　政治の司法化の第1の側面は，「社会の司法化（ないしは法制化）」である。これは，法的な言説や手続きが社会内の政治・政策形成の領域に浸透することを指す。とりわけ，これまで慣例あるいは関係者の間での実質的な調整や交渉によって解決されていた問題が，明確に定められた法的な手続きに則って解決されるようになることを指す。たとえば，町内会やＰＴＡの参加問題について，従来は慣例的に当然とされていた参加が，参加についての法的な根拠がないことを理由として不参加も認められるようになる場合などが，これに相当する。

　政治の司法化の第2の側面は，公共政策形成の司法化である。これは，司法が公共政策を決定する範囲が拡大することを意味する。具体的には，行政による公共政策形成・実施について，司法がそのデュー・プロセス（適正な手続き），機会均等の確保，透明性，アカウンタビリティなどを監視することで，実質的に決定権限を有するようになることを指す。公共政策形成の司法化は，

とりわけ国家を超えるレベルで進行している。たとえば，国際司法や準司法的な諸機関による，人権，超国家的ガバナンス，通商，貨幣などに関する問題の解決が見られるようになっている。

　政治の司法化の第3の側面は，「メガ政治」における裁判所の判断への依拠である。ここで「メガ政治」とは，ある**政治体制**のあり方の根本に関わっており，そうであるがゆえに，しばしば当該政治体制の中に在住する人々の間に分断をもたらすような，根本的な政治的論議のことを指す。第1に，選挙に関して，特定の政党の不認可，大統領など重要役職の任期・再選の延長承認，選挙結果の確定などについて，裁判所の判断に従って「決定」がなされる場合である。第2に，過去に行われた人種差別や大規模虐殺などの重大で深刻な不正義にどのように取り組んでいくのかという問題（「移行期正義（transitional justice）」や「修復的正義（restorative justice）」と呼ばれる）において，司法ないし準司法的の機関が大きな役割を果たす場合である。具体的には，南アフリカにおける人種隔離政策（アパルトヘイト）をめぐる「真実究明委員会」や，国際刑事裁判所や国際戦犯法廷などが挙げられる。第3に，政治体制そのものの定義をめぐる論議・紛争において，司法による判断への依拠が高まる場合である。たとえば，宗教と政治（世俗）の関係について，特定の宗派を基盤とする政党を禁止したり宗教教義の適用範囲を確定する場合，あるいは，国家間の統合や分離の是非が司法によって判断される場合がこれに当てはまる（Hirschl 2009）。

　政治学から見た場合の，「政治の司法化」をめぐる論点は，「政治の司法化」を通じて「政治」による問題解決の範囲が狭まりかねないことをどう評価するかである。たとえば，「社会の司法化」が進むことは，さまざまなレベルにおける「政治」を通じた問題解決ではなく，一律に法律の適用による問題解決が行われることを意味する。もしも町内会やPTAにおける「政治」の結論と実定法に基づく司法判断とが食い違った場合，後者が優先されることになるだろう。それは，それぞれの場における「政治」が，国家レベルで制定された「法」によって置き換えられることを意味しうる。

　あるいは，公共政策形成の司法化についても，司法が政治に取って代わる可能性がある。網谷龍介が指摘するEUの事例を見てみよう（網谷2011）。EU加盟諸国においては，二つの問題解決の仕組みの衝突が見られる。一方は，各国ごとの従来的なコーポラティズム的な仕組みによる政策形成であり，これは「集団主義的秩序」と呼ばれる。他方は，欧州司法裁判所（ECJ）による判決で

あり，これは「個人的権利」（の擁護）と呼ばれる。問題は，後者のECJによる「個人的権利」擁護の判決が，前者の「集団主義的秩序」を脅かしていく可能性である。すなわち，ECJはその判決において，各国の集団主義的秩序，つまり関係団体間の交渉を通じて成立していた労働者・労働組合保護措置を認めず，商品・資本・サービス・人の移動の自由という「四つの自由」を「個人的権利」として優先する判決を下している。個人の権利が裁判所の判断によって保障されることは，もちろん重要である。しかし，ECJの判断は，結果的に各国レベルの「集団主義的秩序」として成立していた政治を，問題解決の仕組みとして重視しないことを意味している。その結果として，法が政治に取って変わっていく可能性があるのである。

　このように，政治の司法化の進展は，「政治」そのものの役割の低減を意味している。政治と法の相互関係の中で，次第に法・司法の役割が強まり，従来政治によって決められてきた事柄・領域が法によって決められるようになってきているのである。そうだとすれば，ここには，政治と法の緊張関係が存在すると言える。司法化の進展を「望ましい」と判断するならば，両者の緊張関係はさらに強まる。

(4) 政治と法の緊張関係

　政治と法の緊張関係が最も典型的な形で表れるのは，**立憲主義**と民主主義（の緊張関係）という問題においてである。ここで「立憲主義」とは，「権力＝多数者によっても侵しえないものとしての『人権』という観念と，それを担保するための違憲審査制という装置を内容として持ったもの」を意味する（阪口2001: 2）。注意すべきことは，それは単に「法の支配」を意味するのではないという点である。たしかに，立憲主義は，「すべての権力は制約されねばならない」という伝統的な法の支配の命題を継承している。しかし同時に，立憲主義は，その内実として，人権という価値の確保を伴うものと考えられている。そして，その実質を確保する制度として，違憲審査制（憲法裁判所）が重視されるのである（愛敬2012: 2）。

　「立憲主義と民主主義」という形で問題が立てられる時には，立憲主義が民主主義あるいは政治と緊張関係にあることが想定される。この立場は，「リベラリズム憲法学」とも呼ばれる。ここで**リベラリズム**とは，現代社会における価値の多元性を認め，その維持を擁護する考え方を意味する。リベラリズム憲法学では，リベラリズムの考え方を実現するためには，民主主義に任せるだけ

コラム 1-3 「多数者の専制」は必然か

　本文で述べた「立憲主義と民主主義」の議論，とくにリベラリズム憲法学において，民主主義ないし立法が数の力に基づく「多数者の専制」となり，「間違った」答えを出してしまうことへの懸念が存在していた。この懸念は，いまに始まったものではなく，19世紀の思想家のアレクシ・ド・トクヴィルやジョン・スチュアート・ミルによっても指摘されていた。民主主義ないし立法は，「多数者の専制」への懸念を払拭できるだろうか。

　注目すべき議論の一つは，「集合的英知（collective wisdom）」論である。この議論を最初に提唱したアリストテレスは，多数の人間による判断が，少数の優秀な人間による判断よりも優れたものになる可能性があると説いた。ジェレミー・ウォルドロン（1999＝2003）は，立法における多数決原理に基づく集合的決定を擁護するために，アリストテレスのこの議論に注目した。ウォルドロンは，ある政体が何をなすべきかについて人々の意見が根本的に対立している状態を，「政治の状況」と呼ぶ。彼は，「政治の状況」においてこそ，多数決原理が重要なのだと説く。

　ウォルドロンの議論では，集合的英知は多数決にのみ関わるものに見える。しかし，人々の話し合いを重視する熟議民主主義（→第5章第3節）も，集合的英知を達成するための一つの考え方である。熟議は，①アイディアや情報のプールを拡大し，②良い議論と悪い議論とを区別し，③「最善」または「道理にかなった」解決策への合意に導く，という点で，集合的決定をよりよいものにする性能を有していると考えられる（Landemore 2012）。

　集合的英知論は，民主主義あるいは立法が必然的に「多数者の専制」に陥ると考えることには慎重であるべき，ということを教えてくれる。

では不十分であると考えられる。なぜなら，民主主義には，「**多数者の専制**」を通じて価値の多元性を損なってしまう危険性があるからである。そこで，価値の多元性を確保するために，立憲主義が重要となる。長谷部恭男の表現を用いれば，「釘を打つのに花瓶を使うべきでないように，ネジを回すのに爪先を使うべきでないように，民主主義を使うべきでない場面がある」。社会には，「社会全体としての統一した答えを多数決で出すべき問題と，そうでない問題

がある」のである。立憲主義の役割は，その二つの問題の境界を線引きし，「民主主義がそれを踏み越えないように境界線を警備する」ことに求められる（長谷部 2004: 41）。人権確保という問題は，民主主義＝立法過程の多数者の意思によってではなく，司法過程において扱われるべきなのである。このように考える時，立憲主義（法）と民主主義（政治）は，緊張関係にあるものとして理解されていることになる。

　ただし，憲法学においても，立憲主義と民主主義は必然的に対立すると考えられてきたわけではない。むしろ，両者の間には「内的連関」があると考えられてきた（愛敬 2012: 4）。したがって，憲法学の中には，「民主主義それ自体を鍛えることを通じて憲法理念の実現をめざす」という主張も存在する。（本 2016: 20; 本 2012）。

> **！ 要点の確認**
> ・政治と法は，社会における問題解決の仕組みとして共通性を有している。また，政治と法は，相互に関係している。したがって，法における政治（司法政治）や，政治における法（政治の司法化）を見出すこともできる。
> ・政治と法の違いは，「立憲主義と民主主義」の議論のように，その緊張関係を見る場合に最も浮かび上がる。

4.　政治とは何か

　本章では，経済（第1節），社会（第2節），法（第3節）と，「政治」との違いを述べてきた。その議論を踏まえつつ，ここで最終的に「政治とは何か」という問いに答える。

(1)「政治」と「政策」の違い

　まず，「政治」と「政策」の違いを考えることから始めたい。「政治」と「政策」は同じではなく，したがって，「政治」を勉強・研究することは「政策」を勉強・研究することと同じではない。しかし，政治学を勉強しているはずの人でも，このような「政治」と「政策」の違いを十分に理解できていない場合もあるだろう。

　「政策」を論じる例として，ここでは，男女平等に関する政策を取り上げよう。男女平等を目指す政策の背景には，しばしば少子化対策や経済活性化といった目的もあるとはいえ，近年では日本でも，男女間の性別分業を是正し，女

性がより就業できる社会にするべきだとの意見も大きくなっている。そこで，どのような政策であれば，より女性の就業を促進できるのかが論じられる。もちろん，このテーマに関する政策論議にもさまざまな種類のものがある。育児や雇用に関する個別の具体的な政策について，それが男女平等かどうか，どのような内容であれば男女平等な政策と言えるのか，といった議論もある。あるいは，そもそも「男女平等」とは何かといった，政策の理念をめぐる議論もある。ナンシー・フレイザーによる「総稼ぎ手モデル」「ケア提供者対等モデル」「総ケア提供者モデル」の提起は，このようなレベルでの議論である（フレイザー 1997=2003）（→第8章第3節）。

　注意したいのは，上記の議論は，いずれも「政治」ではなく「政策」に関するものだということである。「男女平等のために，どのような政策が必要なのか（または望ましいのか）」という問いは，基本的には「政策」に関する問いである。政治学の規範的アプローチの中には，このタイプの問いを扱うものもある（第8章第3節 (2)）。しかし，「政策」の望ましさを問い，その理由を検討することは，「政治」そのものを検討することとは異なる。さらに重要なことは，「政治」は，しばしばこのような意味での「政策」論と緊張関係にあることである。ある立場からは「望ましい」政策も，「政治」においては実現しないかもしれない。なぜなら，その政策を「望ましくない」と思う人々も存在するのが政治の世界だからである。そのため，「望ましい」政策を「政治」において実現しようとしたが果たせず，「政治」に幻滅する人も出てくるかもしれない。また，「政治があるから望ましい政策が実現できない」，「望ましい政策を実現するためには，政治などないほうがよいのだ」と考える人も出てくるかもしれない。このように，「政治」と「政策」とは，実は大きく異なっているのである。

(2) 「正しい政策」はなぜ実現しないのか——紛争・権力・偶然性

　政治と政策が異なることから得られる一つの示唆は，政治においては，たとえ「正しい政策」であっても実現しないかもしれない，ということである。それはなぜだろうか。その理由は，政治には，「紛争（conflict）」「権力（power）」「偶然性（contingency）」という三つの要素が伴っているからである。これらの要素を伴うがゆえに，政治において「正しい政策」は必ずしも実現しない。しかし，これらの要素は，政治が必要な理由や存在意義を示すものでもある。

　第1に，紛争についてである。ここで紛争とは，武力行使を伴うものだけを

指すのではない。人々の間に意見・立場・利害の違いがあり，かつ，その違いが単なる「違い」ではなく「問題」となる時，紛争が生じていると考えられる。先に述べた男女平等の事例で言えば，ワーク・ライフ・バランス実現のための政策の導入について，「男女平等実現のために必要」と考える人と，「企業の負担が大きいので反対」と考える人との間には，紛争が存在する。紛争は，国家における政策形成というレベルだけで生じるのではない。たとえば，あるマンションにおいて，どの住人にどれだけの駐車場をどのようにして割り当てるかを考える場合にも，紛争は発生しうる。また，生活をともにする夫婦の間でも，家事や子育てをどのように分担するかをめぐって，紛争は発生しうる。

　紛争の存在は，「正しい政策」が実現しない理由の一つである。紛争の状態にある異なる立場の人々は，いずれも自らの立場を「正しい」と考えていると予想されるからである。しかし，紛争の存在は，だからこそ「政治」が必要であることを示す。どちらが「正しい」と即断できない案件は，政治によって決定するほかないと考えられるからである。

　第2に，権力についてである。その最も単純な定義は，ダールによる「AがBに対して，そうでなければ行わなかったであろうことを行わせることができる程度に応じて，AはBに対して権力を有する」（Dahl 1957: 202-203; 杉田 2015: 6）というものである。権力を伴うために，政治においては，「正しい」政策がそのまま実現するとは限らない。権力の作用によって，必ずしも「正しい」とは言えない政策が決定される可能性も存在するのである。

　同時に，権力は，政治において決定された政策がきちんと実施されるためにも必要なものである。本節（3）で詳しく述べるように，本書では政治を，集合的決定を行うこととして定義する。人々の間でどれほど意見・立場・利害が異なっていても，いったん決定がなされた場合には，それに従ってもらわなければならない。権力は，この局面において政治に不可欠となる。つまり，権力によって，政治による集合的決定に人々を「従わせる」ことが必要なのである。

　なお，「権力とは何か」という問題については，多くの議論がある。先ほどの定義は，最も単純なものである。しかし，このような定義では，より「権力的な」現象を把握できないとする批判も存在する。たとえば，先ほどの定義のような権力観（「一次元的権力」と呼ばれる）を批判して，本当は争点となるはずの問題を争点として顕在化させないような作用こそが，最も「権力的な」作用であるとの主張がなされた（Bachrach and Baratz 1962）。このような権力観は，**非決定権力**あるいは「二次元的権力」と呼ばれる。二次元的権力でも不

十分とする立場からは，三次元的権力という概念も提出されている（ルークス 1974=1995）。この立場によれば，問題は，一次元的権力も二次元的権力も，アクターたちが自らの利害や何が争点かを認識していると想定していることである。しかし，真の（三次元的な）権力的な作用とは，アクターたちに本当の利害や争点が何であるかを認識させないように働くものである。

さらに，その後，ミシェル・フーコーの議論に端を発し，権力を行使する人々自身がある種の権力によって作り出されることに注目する規律訓練権力という概念や（杉田 2015），人工的な建築物（アーキテクチャ）の設計・設置を通じて人々に自動的に特定の行動を取らせることを権力作用として把握しようとする環境管理型権力という概念も提起されている。以上はいずれも，「強制」や「従わせる」といったイメージを喚起するものであるが，そうではなく，権力とは，何かを人々が共同で達成するための能力のことだとする見解もある（アーレント 1972=2000）。しかし，本書では権力を，基本的には人を「従わせる」ような作用として理解しておきたい。

第3に，偶然性についてである。政治において「正しい政策」が必ずしも実現されないことの根本には，偶然性という要素がある。ここで偶然性とは，社会の存立が何か特定の法則や原理によって「必然的にこうなる」と定められているわけではない，ということを意味する。もし社会が偶然的なものであるとすれば，何が「正しい」かも単純には確定できない，ということになる。また，そもそも紛争や権力の存在そのものが，社会の偶然性を示しているとも言える。なぜなら，もしも社会のあり方が「必然的にこうなる」と定められているとすれば，紛争は発生しないだろうし，権力によって誰かを従わせることも必要ないと思われるからである。社会のあり方が「必ずこうなる」とは言えないからこそ，政治によってそのあり方を決めていくことが必要になるのである。

（3）政治とは何か

それでは，「政治」とは何だろうか。この問いに答える方法の一つは，政治を，対立や権力によって定義することである。たとえば，カール・シュミットは，政治の本質とは，友と敵との和解不可能な対立であると言う（シュミット 1932=1970）。また，政治を権力現象として理解する政治学者も存在する。たとえば，**ロバート・ダール**による「コントロール（支配力），影響力，権力，権威をかなりな程度ふくむ人間関係の持続的なパターン」という政治定義は，このような政治理解の典型である（ダール 1991=2012: 6）。

　シュミットやダールの政治定義を通じて，政治には対立や権力といった要素が伴っていることを理解することができる。しかし，本書では，とりわけシュミットの定義は，政治に伴う一つの要素を取り上げるものであると見る。ダールの場合は，たしかに権力に注目しているものの，よく見ると，権力とは「かなりな程度ふくむ」ものであり，それを「ふくむ」「持続的なパターン」そのものは，権力とは別個に想定されているように思われる。つまり，政治には，たしかに対立や権力が伴うかもしれないが，だからといってそれら自体を「政治」と同一視することは適切ではない。

　そこで本書で採用する政治の定義は，「集合的に拘束する正統な意思決定」（あるいは単純に「集合的意思決定」）というものである。第 1 に，「集合的」とは，当該決定が複数の人々に関わるという意味である。逆に言えば，純粋に一人の個人しか関わらない決定は，「集合的」な決定ではなく，したがって「政治」でもない。第 2 に，「拘束する（binding）」とは，当該決定に従うことを人々は強制されるということである。「強制」とは，従わない場合には制裁（サンクション）が待っているということである。国家が制定した法に違反した時に処罰されるのは，その例である。第 3 に，「正統な（legitimate）」あるいは「正統性（legitimacy）」とは，集合的意思決定は「拘束的」も含めて人々が納得して受け入れるものでなければならないことを指す。つまり，単に一方的に押し付けるだけの「決定」は，「政治」ではない。

　このような政治の定義が，対立や権力としての政治の定義とは異なることを確認しておこう。第 1 に，この政治の定義も，人々の間に対立や紛争が存在していることは前提としている。しかし，対立・紛争＝政治というわけではない。政治とは，そのような対立や紛争の存在を前提とした上で，その解決のための集合的決定を行うことだからである。第 2 に，たしかに，「拘束的」という要素が含まれていることから，この政治の定義にも，権力は関わっている。しかし，この定義では，政治＝権力として理解されているわけではない。なぜなら，この意味での政治によって行われる集合的決定は，人々が納得してそれを受け入れるものであること，すなわち「正統な」決定であることが求められるからである。

（4）政治の定義をめぐる論点

　ここで述べた政治の定義についても，その個々の要素については，さらに検討の余地がある。第 1 に，「集合的」について，どのような決定が「集合的」

コラム1-4　政治の独自性をめぐって

　本章では，政治ではないもの（経済，社会，法）との違いの明確化を通じて，それらに還元できない政治の独自性を明らかにしてきた。

　しかし，近年，政治の独自性を強調することに対して批判が提起されている。それは，政治学が政治の独自性を追究するあまり，政治を社会の状況や問題と切り離された形で理解することになり，何のために政治の独自性を追究しようとしていたのかがわからなくなってしまう，という批判である。政治学は，単に政治の独自性を探究するのではなく，それを現実に存在する抑圧や不平等などの社会問題と関連づける方向に進むべきである（森 2014; McNay 2014）。

　この問題提起は重要である。しかし，だからといって具体的な社会問題との関連を強調することは，今度は，政治そのものの意義の不明瞭化をもたらしかねない。たとえば，社会的な不平等や抑圧が明確に存在しており，その解決を目指すのであれば，政治ではなく法（司法）に訴えるほうが確実かもしれない。また，そもそも「何が不平等か」「何が抑圧か」をめぐって社会に生きる人々の間に深刻な見解の相違が存在することこそ，政治が必要とされる理由であった。社会問題との関連の強調は，「何が平等か」「何が抑圧か」への答えをあらかじめ確定されたものとして取り扱うことにならないだろうか。その場合，政治にはどのような存在理由があるのだろうか。

　このように，政治の独自性を明らかにしようとすること自体が，政治学における論争的な問題なのである。

な決定であるかは，「個人（的）」の定義次第という側面がある。たとえば，一見したところではある人の「個人的問題」のように見える問題も，実は他者にも関わる問題かもしれない。「個人的なことは政治的である」というフェミニズムの主張は，政治によって解決されるべき問題が「個人的なこと」の名のもとに隠されてきたことを明らかにするものだった（→第8章第2節・第3節）。あるいは，人間の主体性を問い直すポスト構造主義の影響を受けた政治理論・政治思想において見られるように，そもそも「個人」とは一つの統一的な存在ではなく，複数のアイデンティティから構成されるものだとすれば，どうだろうか（コノリー 1991=1998）。そのような複数のアイデンティティの間で下され

る「決定」もまた、「集合的な」決定とは言えないだろうか。

　第 2 に、「拘束する」については、それをどのように理解するかは、政治の場をどこに見出すかという問題に関わっている。先に、拘束性の一例として、国家レベルで制定される法に対する違反には制裁があることを挙げた。これは単なる例示ではなく、近代以降の政治学が有してきた、ある想定を反映したものでもある。すなわち、近代以降の政治学では、国家による意思決定に、それ以外の場における意思決定とは質的に異なる拘束性を認めることが一般的であった。「主権」という概念は、そのことを示している（→本章第 2 節、第 2 章第 1 節）。しかし、少し考えてみると、それでは国家以外の場における集合的決定は拘束性を全く欠いていると言えるのか、という疑問が生じる。一方では、たとえば EU など、国家を超えるレベルで行われる集合的決定も、一定程度の拘束性を有しているように見える。他方、国家よりも下位のレベルについても、たとえば家族において行われる集合的決定に拘束性が全くないと言えるだろうか。多くの場合に、家族構成員は、家族における集合的決定に従うべきだと考えており、それに従わない場合には、ある種の「制裁」を受けることもありうる。もちろん、従来の考え方では、この「制裁」は公式の法に基づく制裁ではないがゆえに、「私的」なものとされてきた。しかし、集合的決定に従わなければ「制裁」を受けるかもしれないという点では、家族における集合的決定も、国家における集合的決定と同型の構造を有しているのではないだろうか。このように、拘束的な意思決定は、拘束性の程度の差こそあれ、国家の内外のさまざまな場で行われていると考えることができる。もしそうだとすれば、政治をもっぱら国家で行われるものと考える根拠も疑わしくなるはずである。第 2 章では、このような政治理解に基づいて、国家（第 1 節）、市民社会（第 2 節）、親密圏（第 3 節）、国家を超える空間（第 4 節）における「政治」のあり方について見ていくことになる。

　最後に、「正統性」についても、議論の余地がある。ここでは、二つの問題を挙げておこう。第 1 の問題は、どのような場合に、人々はある決定を「正統な」ものとして受け入れるのか、である。この点に関する代表的な議論は、マックス・ウェーバーによるものである。彼は、正統性の三つのタイプとして、「伝統」「法」「カリスマ（的指導者）」を挙げた。人々は、ある集合的決定が、①伝統に則っているか、②法に則っているか、③カリスマ的な指導者によってなされているかのいずれかの場合に、それを受け入れるというのである（ウェーバー 1919=2018）。

　しかし，正統性の条件が彼の挙げているものですべてなのかについては，なおも検討の余地がある。たとえば，政治においては，「コミュニケーション」が重要だとする見解がある（ストーカー 2006=2013: 第4章）。人々の間の多様な意見や利害を互いに考慮に入れることが必要な政治では，コミュニケーションを通じた納得のプロセスが重要というわけである。この見解は，民主主義の核心を話し合いに求める熟議民主主義とも関係がある（→第5章第3節）。ここでは，コミュニケーションや熟議を通じてこそ正統な決定は生まれると考えられているのである。

　正統性をめぐる第2の問題は，「正統性」と「正当性」（正しさ）との異同をどう考えるかである。これには，少なくとも二つの立場が考えられる。一つは，正統性と正当性は異なるという立場である。先に挙げた「政治」と「政策」の違いを思い出してみよう。この違いは，人々が「納得する」こと（正統性）と「正しい」こと（正当性）とは異なる，ということを意味している。たとえば，子育て政策について，ある多国間比較調査を行ったとする。この比較調査の手続きは適切であり，調査の結果，保育所が整備されている国ほど女性の就労率が高いことが明らかになったとする。この場合，保育所の整備は，「正しい」データに基づいているという意味で「正しい」，つまり正当性のある政策である。しかし，だからといって，この政策が正統性をも獲得するかどうかはわからない。「子育ては家庭で」という考えのほうが，人々が抱く社会的通念（規範）に合致しているために，より多くの人に受け入れられる，つまり正統性があるかもしれない。もう一つの考え方は，正統性と正当性は重なるというものである。この考え方によれば，人々が「正統」として受け入れる場合には，何らかの意味での「正しさ」が含まれているはずである。育児政策の例を用いれば，人々が「子育ては家庭で」という考え方を受け入れるのは，そのほうが「正しい」という直観に基づいてのことだ，ということになる。

（5）政治をめぐる疑問

　ここでは，政治に関するこれまでの説明に対する，ありうる疑問を取り上げ，答えておきたい。取り上げる疑問は，三つである。

　第1の疑問は，政治と紛争の関係に関するものである。政治には紛争が伴うものだとすれば，政治が必要ない社会のほうが望ましい状態なのではないだろうか。そのような社会は，紛争のない社会だろうからである。たしかに，紛争のない社会のほうが望ましいというのは，わかりやすい考え方である。しかし，

ここで考えてみるべきことは，そのような社会はどのような社会かということである。紛争が発生しない社会とは，誰もが同じ意見・立場・利害を持っている社会のことである。このような社会については，次の二つの疑問が生じる。第1に，そのような社会が現実にありうるのかということである。比較的同質的な文化を持つように見える社会もあるだろう。しかしだからといって，そこに住む人々が何事についても全く同じ意見・立場・利害を有していると想定することは，難しいだろう。第2に，「紛争のない社会」は本当に望ましい社会なのか，ということである。仮に誰もが同じ意見・立場・利害を有している社会が存在するとすれば，それは「全体主義」と呼ばれる社会である可能性が高い。そこでは，政府によって人々の言動が強力に規制・管理されていることだろう。そのような社会が望ましい社会だろうか。これらの疑問を踏まえるならば，「紛争のない社会」を理想とすることに慎重であるべきことがわかる。

　もちろん，政治の存在理由は，紛争の解決にある。したがって，政治とは，紛争のない社会を作り出そうとする試みであると考えられる。しかし，政治によるそのような試みはあくまでも一時的なものである。政治を通じて一時的に紛争を解決したとしても，いずれまた紛争は生じるであろう。だからこそ政治が必要なのである。

　第2の疑問は，偶然性に関するものである。先ほどの説明のように，政治による紛争の解決は一時的なものである。また，政治による決定の内容も不確実である。本節（1）で述べたように，ある人々が特定の「政策」の実現を望んだとしても，「政治」においてその政策が実現する保証はない。つまり，政治を行っても，社会のあり方について「必ずこうなる」とは言えない。政治には，偶然性が伴っているのである。しかし，もしそうだとすれば，いったい政治にどのような意義があるのだろうか。

　この疑問に対しては，政治に偶然性が伴うことは，政治を通じて社会が「変わりうる」ことを意味しており，そこに政治の意義がある，と答えておきたい。政治学において偶然性の認識は，社会とは人間によって作られたものであり，そうであるがゆえに現状からの変化に開かれていることの認識と結びついてきた。この点をよく示すのは，政治における作為性への注目である。しばしば，政治学においては政治の作為性が強調されてきた。その狙いは，人間の力ではどうにもならないものとの対比で，政治を，人間の力で社会を作っていく営みとして捉えることにある。たとえば，丸山眞男は，自然と作為を対置し，後者を政治と重ねようとした（丸山 1952=1983）。また，コリン・ヘイは，政治と運

命を対比して，「政治は偶発性の領域にあるが，その反対に運命は不可避性と必要性の領域にある」と述べるが（ヘイ 2007=2012: 92），この場合には，政治は偶然性を伴うがゆえに，現状とは異なる他の可能性に開かれていることが含意されている。さらに，エルネスト・ラクラウによる「社会的なもの」と「政治的なもの」との対比も，政治と偶然性の結びつきとともに，それが他の可能性を見出すことであることを強調するものである（ラクラウ 1990=2014）（→本章第2節（3））。ラクラウによれば，「社会的なもの」とは，物事の起源が忘却され，本来はありえたはずの他の選択肢が見えなくなり，もともとの偶然性の痕跡が消え去ることである。その結果，現在の状態は，実際には別の可能性を排除して成立した状態のはずにもかかわらず，そうでしかありえない「客観的」なもののように見える。これに対して，「政治的なもの」とは，そのように客観的に見える現状が偶然のものであることを，新たな敵対性の発生を通じて再発見することである。

　これらの政治学者たちの議論が示すように，政治に偶然性が伴うことは，現状が自明ではなく，政治によって別の状態へと作り直すことができることを意味する。この場合でも，その別の状態が「望ましい状態」である保証はない。したがって，政治と「望ましさ」との関係は，政治学における規範的なアプローチ（第II部の各章第3節がこれにあたる）における大きな論点の一つである。それでも，偶然性の認識を基礎として，政治によって現在とは別の状態を作り出すことができると考えるところに，政治学の一つの特徴を見出すことができる。

　第3の疑問は，権力に関わるものである。政治が権力に関わるものだとすると，政治とは結局のところ「強者による支配」だということにならないだろうか。この問題については，次のように答えることができる。たしかに，政治において「権力」の要素が突出すると，そのような状態が発生しうる。「暴君」や「独裁者」による支配はその典型である。また，学問的にも，政治を権力によって特徴づけることは，「政治とは強者による支配のことだ」という理解と結びつきやすい。第8章で取り上げるフェミニズム，とりわけラディカル・フェミニズムによる家父長制（男性による女性の支配）への批判は，そのような理解の一例である。そこでは，通常は政治が行われるとは考えられていない「私的領域」において，男性による女性の支配・服従が見られることをもって，「政治」と呼ぶことが見られる。

　しかし，注意すべきことは，政治をもっぱら権力によって理解することは政

治における他の諸要素の存在を軽視することになる，ということである。本章で説明してきたように，政治とは，異なる人々の間での「紛争」が存在し，「偶然性」つまり変化可能性のもとで，「正統な」集合的意思決定を行うことである。政治をもっぱら権力の側面から理解するならば，紛争や偶然性の要素を，また，その決定が人々にそれなりに「正統」なものとして受け入れられている可能性を，考慮することができなくなる。そして最終的に，社会には変化可能性があるということを考慮に入れることができなくなってしまう。たしかに政治＝権力としてのみ理解するならば，「強者による支配」もありうる。しかし，政治には他の要素も含まれるのであり，だからこそ，それは単純に「強者による支配」になるとは限らない。実際，政治について真剣に考えれば考えるほど，「人々の間の違い」，決定の「正統性」，社会の偶然性などを真剣に受け止めることになるはずである。

(6) 政治の魅力のなさと望ましさ

　政治とは，必ずしも強者による支配がまかりとおる世界のことではない。それは，現状の社会を自明視せず，別の可能性を模索することと結びついている。そうだとすれば，政治とは，とても魅力的な活動のように見える。

　しかし，実際に人々が政治をどう見ているかというと，必ずしもそれを魅力的なものと見ているようには思われない。政党や政治家などの政治アクターへの不信は，国家の他の諸機関やアクター（たとえば司法）に対する不信よりも強い。いまでは多くの人々が，「政治家は信頼できない」と考えているようである。また，「政治に関心を持つことができない」とする人々の数も増加している。政治とは「魅力のないもの」のようである。

　政治が魅力的なものに見えない理由の一つには，たしかに政治アクター自身の問題もあるかもしれない。アクターにその責任を帰するのを回避したければ，アクターが行動する際の「ゲームのルール」，すなわち選挙制度をはじめとした政治に関する諸制度を考え直し，場合によっては適切に設計することで，政治を魅力的なものにする道もあるかもしれない。あるいは，代表制による政治ではなく，直接的・参加的な政治を実質化していけば，人々は政治に魅力を感じるようになるとする考え方もありうる。

　しかし，政治学には，政治にはそれ固有の原理的な「魅力のなさ」が存在する，という見解も存在する（杉田 2013; ストーカー 2006=2013; Warren 1996）。この見解によれば，政治はそもそも魅力的な活動ではない。なぜなら，政治は，

異なる意見・利害・立場を持った他者とともに行わなければならないものだからである。異なる意見・利害・立場の他者とともに集合的決定を行うということは，その結果の偶然性が高いということである。そして，結果の偶然性が高いということは，政治に関与しても，自分の意に沿わない結果になる可能性も否定できないということである。このことは，経済における消費活動と対照的である。私たちは，個人としての消費・購買活動では，（お金さえあれば）自分の望むものを選択し手に入れることができる。しかし，集合的な活動である政治では，そのようにはいかない（ストーカー 2006=2013）。つまり，政治においては満足できない可能性が高いし，政治に関わることで幻滅する可能性も高い。

　このように，政治は，原理的な次元で魅力的な活動ではない可能性が高い。そうだとすると，政治の存在理由とは結局何なのだろうか。この疑問に対しては，本節で政治における「正統性」や「偶然性」の要素を強調してきたことが，一つの解答となりうる。私たちは異なる意見を持っており，そのような意見の違いは，時として深刻な対立を招くこともある。政治とは，私たちの間のこのような違いを「不必要に深刻なもの」にすることを回避し，「できれば協力の道を見つける」ために必要なものである。つまり，政治とは，たとえ魅力はなくとも，「意見の異なる人間がどうにかこうにか共存する道を見つける作業」であるという点で，望ましいものである（ストーカー 2006=2013: 7）。こうした共存は，たとえ最善の形ではないとしても，そうではない状態，たとえば「万人の万人に対する闘争」（トマス・ホッブズ）の状態よりは望ましいはずである。たとえ魅力がなくても，それでも政治は必要なのである。

！ 要点の確認

・政治とは，「集合的に拘束する正統な意思決定」を行う活動である。政治には，紛争，権力，偶然性が伴う。

・このように定義された政治は，国家ないし政府においてのみ行われるものではない。市民社会や親密圏もまた政治の場であると考えられる。市民社会や親密圏における集合的決定も，一定の拘束性を伴っているからである。

・政治は他者との間での活動であるがゆえに，魅力的なものとは限らない。しかし，他者とともに生きていくために必要なものである。

第 1 章の文献ガイド

川崎修（2010）『「政治的なるもの」の行方』岩波書店。
　　▷とくに第 I 部は，本章第 2 節で取り上げた「社会の中の政治」という視点，著者の
　　　言葉で言えば，「『政治的なるもの』をマクロな全体社会像の中でいかにして切りと
　　　るかという問題」の重要性を教えてくれる。

駒村圭吾・待鳥聡史編（2016）『「憲法改正」の比較政治学』弘文堂。
　　▷憲法あるいは憲法改正について，政治学者と憲法学者がそれぞれの立場からそれぞ
　　　れの国を論じる，という構成を取った論文集。第 3 節で取り上げた法（憲法）とい
　　　う同じ対象に対する，政治学と法学の接近の仕方の異同を学ぶことができる。

杉田敦（2013）『政治的思考』岩波新書。
　　▷政治という活動の難しさと重要性を，いくつかのテーマに即して平易な言葉で説い
　　　ている。

ストーカー，ジェリー（2006=2013）『政治をあきらめない理由——民主主義で世
　　の中を変えるいくつかの方法』山口二郎訳，岩波書店。
　　▷原著のタイトルは『政治はなぜ重要なのか（*Why Politics Matters*）』。第 4 節で述
　　　べたような政治の重要性を，政治の現状や経済活動との対比を踏まえつつ，論じて
　　　いる。

長谷部恭男（2004）『憲法と平和を問いなおす』ちくま新書。
　　▷第 3 節で述べた「立憲主義と民主主義」の緊張関係について，わかりやすくクリア
　　　な筆致で説明している。

ヘイ，コリン（2007=2012）『政治はなぜ嫌われるのか——民主主義の取り戻し方』
　　吉田徹訳，岩波書店。
　　▷先進諸国に共通する「政治不信」や「脱政治化」がなぜ起きているかを論点としな
　　　がら，「政治とは何か」を考えており，政治参加のあり方についても示唆は多い。
　　　またその中で，第 1 節で述べた政治を経済に融合させるような見方に対する批判も
　　　行っている。

ラクラウ，エルネスト（1990=2014）『現代革命の新たな考察』山本圭訳，法政大
　　学出版局。
　　▷やや難解ではあるが，本書における「政治的なるもの」と「社会的なるもの」との
　　　区別の仕方は，第 2 節で紹介した「社会の中の政治」を考える時に示唆に富む。

第2章

政治の場
—— 政治はどこにあるのか ——

　「政治に関心がありますか」と聞かれた時に，どのように答えるだろうか。「関心がある」と答える人は，もちろん政治学を勉強する意欲もあるだろう。でも，「関心がない」と答える人はどうだろうか。政治学を勉強する意欲も湧かないだろうか。

　ここで考えてみたいのは，政治に「関心がある／ない」と答える時に，「政治」として何をイメージしているのか，ということである。多くの人は国家レベルの政治をイメージして，その上で「関心がある／ない」と答えているのではないだろうか。

　でも，そもそも，そのような「政治」イメージで十分なのだろうか。もしかしたら，政治は国家以外のさまざまな場でも行われるものではないだろうか。そうだとすれば，「政治に関心がない」と答えたあなたも，実は「政治に関心があった」ということになるかもしれない。そして，政治学を勉強する意欲も湧いてくるのではないだろうか。

◉ はじめに

　第 1 章での政治についての理解を踏まえ，本章では，政治が行われる場について説明していく。本書では政治を，「集合的に拘束する正統な意思決定」（集合的意思決定）として理解している。一般に政治学において，このような意味での政治は，国家ないし政府において行われるものと考えられてきた。もちろん，政治学が国家以外の場で行われる活動に関心を持つ場合もある。第 4 章で扱う利益集団はその典型である。しかし，その場合でも，政治学の関心は，そうした国家・政府外での活動が国家・政府に関係する局面に向けられてきた。

　これに対して，第 1 章第 4 節でも述べたように，集合的意思決定としての政治は，国家だけでなくさまざまな場において行われうるものだと，本書では考えている。本章では，さまざまな政治の場を政治学的な視点から見ていくことで，このことを示していきたい。とりわけ，**親密圏**をも政治の場の一つとして捉えることは，本書の特徴の一つである。

　まず第 1 節では，国家を扱う。国家以外の場における政治にも注目するとしても，国家はもちろん重要な政治の場の一つである。本節では国家について，権力の場としての特徴，誰が支配しているのか，そして，政治過程の中での位置づけ，という三つの観点から説明していく。

　次に第 2 節では，市民社会を扱う。ここでは，「市民社会」概念のいくつかの意味を確認した上で，政治の場としての市民社会において行われる政治とはどのようなものなのかについて説明する。市民社会における政治には，人々の意見や利益の形成とその国家への媒介という意味での政治と，市民社会における集合的意思決定という意味での政治の二つがある。

　続く第 3 節で扱うのは，親密圏である。政治の場の一つとしての親密圏について，そこでの政治のあり方として，「親密圏〈からの〉政治」と「親密圏〈をめぐる〉政治」という二つのタイプを区別して説明する。

　最後に第 4 節において，国家を超える政治の場を扱う。ここでは，国家の上位の政府が存在しないという，国家を超えるレベルの政治の基本的な前提を確認した上で，そのような前提のもとでの国際秩序の形成をめぐる諸理論の展開が解説される。

1. 国　　家

(1) 権力の場としての国家

　「政治はどこで行われているのか」という問いに対して，真っ先に思いつくのは国家だろう。新聞の政治面で扱われているのは，主に国家レベルでの政策や国会での議論であり，また選挙報道に関しても，国政選挙の扱いは別格である。なぜ，国家は政治の主要な場として捉えられるのだろうか。

　その理由は，国家の役割が集合的で拘束的な決定を行うことであり，その領域内に住む人々が国家の決定に従うことが保証されるからである（Dryzek and Dunleavy 2009: 2）。ではなぜ，国家の決定に人々は従うのか。それは，国家こそが，ある領域内での物理的暴力の正統な行使を独占しているからである。つまり，国家の決定に従わない者は，最終的には罰せられる。しかしそれでもなお，問いは止まらないだろう。なぜこのような特性が国家にのみ認められると考えられるようになったのだろうか。この問題について，歴史的・思想的な面から振り返ってみよう。

　近代国家が備える要素として，領域，主権，国民の三つがある。この中でも物理的暴力の独占にとくに関わるのは主権である。主権を有することによって，国家はその領域内における最高の権威の源となり，対内的な決定とコントロールを行いうるとともに，対外的には，他の国家からの干渉を拒否できる。国家がこの主権性を認められるようになったのは，17世紀に主権国家システムが形成されて以降である。1618年にドイツでの宗教的対立をきっかけとして始まった三十年戦争は，ヨーロッパ全土へと拡大した後，1648年のウェストファリア条約でようやく終結した。この条約では，宗教的対立が三十年戦争のきっかけとなった反省から，各国の王がその領域内の宗教などに関して排他的な決定権を持ち，他国はそれに対して干渉できないことが合意された。このことが，国家が主権を持つようになった契機だが，これはもう一つのことを意味していた。つまり，宗教的な権威によって国家が成立していた中世は終わり，領域内での支配が政治の権力によって行われる時代が来たのである。この主権国家システムの成立によって，国家は，政治権力の主要な場となった。

　この歴史的経緯と並行するように，近代の政治思想においても，権力を主軸として国家を定義する，権力国家観と呼ばれる考え方が出てきた。支配者の倫理性や道徳性よりも，権力的かつ現実的な「支配の技術」の重要性を説いたイ

タリアのニッコロ・マキアヴェリ（16世紀）や，「万人の万人に対する闘争」状態を，国家権力への服従をもって統制することを論じたイギリスのトマス・ホッブズ（17世紀）はその端緒である。しかし，権力国家についての代表的な見方は，19世紀の社会学者であるマックス・ウェーバーの議論にある。ウェーバーは，『仕事としての政治』の中で，「国家とは，ある一定の領域……のなかで，レジティマシー〔正統性〕を有する物理的な暴力行使の独占を要求する（そして，それを実行する）人間の共同体である」と定義した（ウェーバー 1919=2018: 93, 傍点は原文，〔　〕は引用者）。つまり権力，そしてその権力の行使を保証する物理的強制力や暴力の独占をもって，国家が成立するという見方である。

　このような権力国家観は，本節の冒頭で掲げたように，国家の機能が「集合的で拘束的な決定」にあることと結びついている。20世紀後半のドイツの社会学者であるニクラス・ルーマンは，広く社会の中において「政治システム」が持つ固有の機能を，「集合的に拘束力のある決定が行われること」に置き，その決定に「従わせる力」としての権力が，政治そのものの核心であるとした。その上で，それらの権力を可能にする強制手段の有効性は，「国家が全ての物理的暴力を自らの管理のもとに置き，これに従おうとしない一切の暴力行使を犯罪として処理することができる」（ルーマン 2000=2013: 65）ことを前提にしたものであり，それゆえ「国家概念の理解にとっての鍵は，国家暴力の概念のなかにある」としたのである（ルーマン 2000=2013: 238）。

　しかしここで，なぜ国家のみがこの暴力を認められるのか，あるいはどのような国家であっても暴力行使が認められるのかという疑問が生じるだろう。それに対してルーマンは，「国家暴力の概念は，正統な暴力と正統でない暴力との区別をもたらし，そのうえで，国家暴力にのみ正統性を仮定する」（ルーマン 2000=2013: 239）と答える。つまり，国家が暴力を独占できるのはそれが「正統」であると考えられているからである。逆に言えば，国家がその暴力を行使する場合，「正統性」を必要とする。国民の視点から言えば，この正統性があるからこそ，彼／彼女らは自発的な同意のもとで，国家に従うのである。では，その正統性はどこから来ているのか。実はこの点が，権力の観点から国家を考える際の鍵となってくるのである。

　以上のように，国家は権力，そしてそれに基づく支配と切り離せないものである。また，その根拠となる正統性をめぐって，国家は主要な政治の場となった。

(2) 誰が支配しているのか

　国家が支配の正統性をめぐる権力の場だとすると，いったい誰が，国家を，あるいは国家を通じて国民を支配しているのだろうか。

　18世紀から19世紀にかけてのドイツの哲学者**ゲオルク・ヘーゲル**は，市民社会は各個人の特殊な利害でしか構成されておらず，国家があって初めて，その間に共通する普遍性を打ち立てることができるとした。したがって，国家が市民社会の上に立つべきであり，国家なしでは市民社会は存在しえないと考えた。しかし，その後**カール・マルクス**は，このようなヘーゲルの主張を「転倒」させる。マルクスは，市民社会における資本家と労働者からなる階級関係こそが，国家に反映されると考えたのである（本章第2節 (2)）。階級関係が国家に反映されているなら，階級関係において支配している資本家が，国家でも支配していることになる。マルクスの議論では，国家は資本家によってコントロールされる装置とされた。

　ただし，マルクスは体系的な形で国家を論じたわけではなく，どのようにして階級関係が国家に反映され，資本家支配につながるのか十分に理論化したわけではない。この課題は，1960年代後半以降のネオ・マルクス主義と呼ばれる潮流によって取り組まれた。その代表的論者の一人であるラルフ・ミリバンドは，道具主義という観点から国家を論じた（ミリバンド 1969=1970）。国家そのものはもともと中立的だが，資本家が，自らの階級の利害に有利なように操作し，舵取りする道具として，国家を利用しているとしたのである。これに対してニコス・プーランツァスは，国家は決してもとから中立的ではなく，資本主義的な生産関係における支配−従属関係が，政治に反映されるように構造化されていると考えた（プーランツァス 1978=1984）。このような考え方は，ネオ・マルクス主義の中でも構造主義と呼ばれる。

　しかし，このように構造主義的な見方をするのであれば，国家は階級関係という経済における支配−従属関係にあらかじめ規定され，国家自体は何ら自律性を持たないことになる。この構造主義の考え方は，政治が経済に規定されてしまう，つまり政治はその独自の動態を持たないとする議論へとつながる（→第1章第1節）。それに対し，たしかに国家は資本家の支配と結びつきやすいがそれは必然ではなく，そこには一定の政治的自律性が存在するのではないか，という批判が提起された。

　その論争の一つの到達点と言えるのが，ボブ・ジェソップによる「戦略−関係」アプローチである（ジェソップ 1990=1994）。国家においては，一定の権力

関係が，たとえば資本家階級に優位な形で構造化されているが，そのことによって支配が確定してしまうわけではない。誰が支配的になるかは，構造的な有利／不利があるとしても，最終的にはそこに属するアクターの政治的戦略が成功するか否かにかかっている。また，構造的に不利な立場にあったアクターの戦略の成功が積み重なれば，将来的にはその構造自体が変化する可能性もあるだろう。このようにしてジェソップは，国家における支配関係は，経済における階級関係を単に反映するわけではなく，政治に固有の動態によって生み出されることを論じた。

　とはいえ，ネオ・マルクス主義の国家論は，資本家‐労働者間の階級関係を国家における支配関係の軸に置く傾向を脱しきれていない（ラクラウ／ムフ 1985=2012）。その意味で，「ネオ」ではあってもマルクス主義なのである。しかし，この学派が取り組んできた問題は，政治を動かしているのは経済などの「構造」か，あるいは政治的「行為者」かという，広く「構造‐行為者」問題に関わっている。これはマルクス主義を超えて，政治学全体に関わる論点でもある（Hay 2006）。この問題は，「誰が支配しているのか」を考える上でも不可欠な視点でもあり，この点においてネオ・マルクス主義は，他の政治学理論とも接点を持っている。

　以上のように，ネオ・マルクス主義の国家論は，「誰が支配しているのか」という問題を階級関係に還元してしまう傾向があった。しかし，資本家とは限らなくても，特定の政治的エリートが国家を支配しがちなのではないだろうか。このように考えたのが，**エリート主義論**である。エリート主義（elitism）論は，知識エリートであればその専門的知識，経済的エリートであればその富，世襲エリートであればその社会的地位をもって，経済的・政治的・社会的権力をコントロールしていると考える。そのため，すべての有権者が平等に投票できる民主主義国家でも，一部のエリートが支配する状況が生まれるとする。

　しかし，民主主義国家においては，一般の大衆のほうが数の上ではエリートに勝るはずである。それにもかかわらず，なぜエリート支配が生まれるのだろうか。イタリアの政治学者であるガエターノ・モスカは，「組織化」をその理由に挙げる。一般大衆は組織化されていないため，数では勝っても，権力を集合させることができない。それゆえに，エリート以外の市民は国家の政策にあまり影響力を及ぼすことができないのである（Mosca 1939）。

　また，ドイツの政治学者であるロベルト・ミヘルスも，組織の観点からエリート支配が生まれるロジックを提起した。ある程度の規模の組織を，その組織

に属する下位メンバーが直接運営することは，メンバーの数が多すぎて事実上不可能である。そのため，運営をつかさどる官僚や執行部が必要不可欠となる。しかしそれが発展していくと，次第に下部メンバーからの統制が及ばなくなる。ミヘルスはこれを寡頭政の鉄則と名付け，いかなる組織にも当てはまるとした（ミヘルス 1911=1974）。国家も一つの組織であり，この寡頭制の鉄則のために，一部のエリートが支配するようになる。

　これらの古典的な，またヨーロッパに起源を持つエリート主義論の系譜を受け継ぎつつ，アメリカのC・ライト・ミルズは，パワー・エリート論を展開した。政府，軍部，企業のそれぞれのトップの密接な結びつきから成るパワー・エリートが，彼ら自身の目的に適合するように国家の政策を形成しており，その意味で国家を支配していると論じたのである（ミルズ 1956=1969）。

　ここまで見てきた議論は，マルクス主義における階級支配であれ，あるいはエリート主義論であれ，一部の固定的な階層が国家を支配しているという議論であった。しかし，つねに支配層にある決まった支配者など存在するのだろうか。このような問題提起を行ったのが，**ロバート・ダール**らによって展開された**多元主義論**である。多元主義（pluralism）は，政治システムすべてをコントロールできるような，単一の組織的利益や政党，階級，地域，民族集団は決して存在しないと考えた。国家の政策は，多様なアクター間の交渉や説得を通じて形成されると見るのである（ダール 1991=2012）。

　多元主義は，さまざまな集団の政治的役割に焦点を当てるところから始まったが（ベントリー 1908=1994），ダールはそれを一定の理論として発展させた。彼はその主著『統治するのはだれか』において，「ほとんど全ての人が投票はするが，知識，富，社会的地位，役職への接近及び他の資源は不平等にしか配分されていない政治制度にあっては，誰が実際に統治しているのだろうか」という関心に基づき，アメリカの都市において調査を行う。その結果，影響力を行使したアクターは政策ごとに異なり，どの政策にも影響力を行使しうる固定的なエリートは存在しないことを突き止めたのである（ダール 1961=1988）。

　多元主義の見方からすれば，国家に固定的な支配者など存在しない。政策争点ごとに，異なる人や集団がさまざまな形で影響力を行使しようとし，それに勝利した者やその連合が支配者となる。このような多元主義論に対してもさまざまな批判が突きつけられた。多元主義は国家を，さまざまな集団が競い合う中立的な競技場のように捉えている。しかし国家を，すべてのアクターにとって中立的な競技場（アリーナ）として考えていいのだろうか。この点について，

コラム2-1　日本におけるエリート主義論と多元主義論

　日本でも，一部のエリートが国家を支配しているという議論と，さまざまなアクターや団体が国家という競技場（アリーナ）で活動しているという視点から分析をする議論の二つが存在してきた。

　日本におけるエリート主義論に相当するものが，官僚優位論であろう。戦後間もない時期において行政学者の辻清明は，戦前に天皇に与えられていた統治権を実質的に担当していた官僚が，戦後改革によって民主化を果たした後もその特権的な地位を保持しているとした。それに対して政党勢力は，専門的な政策を立法化し，その実施過程を監視するだけの政治指導力を備えていない。そのため，日本では官僚が優位な形で支配していると論じたのである（辻 1969）。

　しかし1980年代になると，アメリカで発展した多元主義論が，日本政治分析にも導入されていった。これらの議論は，上記のような官僚中心に日本政治を見る議論を批判し，政党や政治家の優位性を主張するとともに，さまざまな利益団体や企業などが，政治の場において，いかなる権力を持ち，どのようにそれを行使しているかという視点から，日本政治を分析していったのである（大嶽 1996; 村松ほか 1986）。

二つの点からの問題提起がなされた。

　一つは，国家自体もまた，より自律的なアクターとして自らの志向する政策を追求しているのではないかとする，ネオ・ステイティストと呼ばれる研究者たちからの批判である。たとえば，アジアやラテンアメリカの国々における経済発展は，国家主導の開発主義によってもたらされたと言われるが，これは，まとまりのある国家エリートのもとで可能になった。またヨーロッパなど先進諸国においても，戦後に見られたケインズ主義的なマクロ経済管理への経済政策の変化は，やはり官僚など国家アクター主導で行われたのである（Evans *et al.* 1985：10）。このように見れば，国家自体が自律的アクターとして政治を主導し，一定の社会経済的機能を遂行していると考えることができる。このネオ・ステイティストの議論に基づけば，国家には固定的な支配者はいないかもしれないが，多元主義が想定するように「国家＝中立的な競技場」とも言えない。国家自体が主体的かつ積極的で，さらには多大な権力を持ったアクターと

して支配的になりうるのである。

　また，国家が自らの利害を追求するとは言えないまでも，何らかの形で，志向が合うようなアクターに有利な権力分配を行っているということも考えられる。ここから，多元主義に対する第2の批判が導かれる。国家はたしかに競技場であるかもしれないが，あるアクターには有利に，別のアクターには不利な形で作られているのではないだろうか。たとえば，政治家に対する企業献金を禁止している国より禁止していない国のほうが，企業の政治的影響力は大きくなるだろう。こういった議論は，国家は資本家有利に構造化されているとしたネオ・マルクス主義とも重なるが，必ずしも階級関係だけに限られるわけではない。国家の制度はさまざまなアクター間の権力関係を構造化するように形作られており，この点からして必ずしも中立的とは言えない。この問題提起は，アクターに対して制度が及ぼす影響を重視する**新制度論**と呼ばれる考え方につながっていく（マーチ／オルセン 1989=1994）。

　以上のように，国家に関して「誰が支配しているのか」，あるいはその中で国家はどのような役割を果たしているのかについては，さまざまな論争が政治学の中でも展開されてきたし，現在も続いている。では，このような論争を踏まえ，国家における決定の過程は，どのような視点から見るべきなのだろうか。この点について，次項で考えてみよう。

(3) 政治過程と制度

　ここまで検討してきたように，国家は集合的で拘束的な決定を行う。またその決定をめぐっては，さまざまな社会的アクターのみならず，官僚のような国家アクターも参入し，その影響力を行使し合う。政治学ではこの動きを分析する分野をとくに「政治過程論」と呼ぶ。また，国家レベルの政治がその分析対象となる場合が多い。

　この政治過程について，デイヴィッド・イーストンの政治システム論を参考にし，とくに国家レベルを想定して，その構図を考えてみよう（イーストン 1965=1980）。図2-1のように，この構図の中で，国民は国家にさまざまな要求を，国家に対するインプットという形で行う。その要求を踏まえて国家内で決定がなされ，その決定は，さまざまな政策として国民に対してアウトプットされる。そのアウトプットは国民に対して拘束的なものとして働くが，国民の側もそのアウトプットを評価し，それが要求にかなうものであれば国家を支持する。

図 2-1　国家の政治過程

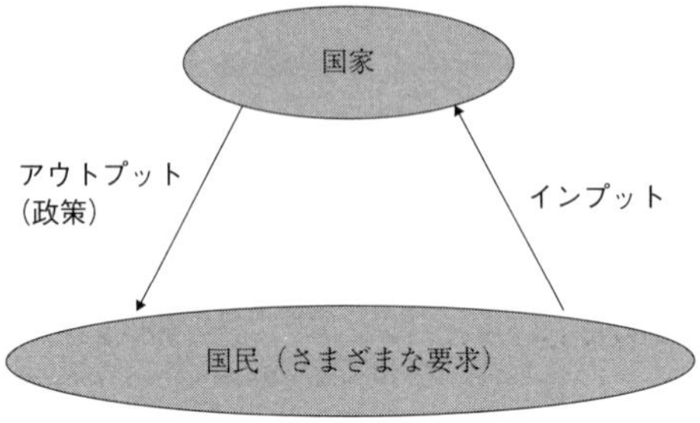

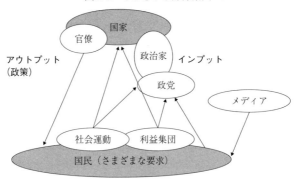

図 2-2　さまざまな媒介集団

　　ただし，国民は国家に対して直接的に要求を行うわけではないし，多くの場合，それはできない。そのため，国民の要求を代替して国家に伝える，さまざまな媒介集団が登場する（図 2-2）。民主主義体制下において，国民がその要求をインプットできる手段の一つが選挙であり，その要求を媒介する組織として，政党が存在する。また個別の利害に基づいて，多様な利益集団が形成され，それらが国家に対して要求を行うこともある。さらに，社会運動やデモが，議会外で要求や抗議を行う場合もあるだろう。政党，利益集団，社会運動といったさまざまな集団が，国民の要求を国家に伝える媒介的な役割を果たすのである。ただし，国家はこれらのアクターが競い合う単なる競技場ではない。国家内のアクターとしての官僚が，そこでの政策決定に関与するだろう。これらのアクターはそれぞれの政治的役割を担っており，その点については第 4 章「政治の登場人物」のテーマとなる。

　　さて以上のような形で，国民の側にあるさまざまな要求は国家へと伝わり，

国家内で決定が下る。その結果，拘束力ある決定として，国民へと向けてアウトプットされるのである。このインプットから政策決定，そしてアウトプットへと至る一連の過程は，一定の手続きとして制度化されており，その手続きを瑕疵（かし）なく踏むことによって，その決定に正統性が与えられるのである。たとえば，最初の段階である選挙という手続きにおいて不正が行われていたり，不正が疑われたりすれば，その選挙によって選ばれた代表者の正統性にも疑義が生じる。その結果，それら代表者が行った決定の正統性も揺らぐだろう。また官僚は，法という一般的ルールに基づいて働くことをもって正統性を担保されている。にもかかわらず，官僚が自身の私的利害のために働いていたり，ルールを逸脱していたことが明るみに出た場合にも，その決定の正統性は揺らぐ。

　また，国民→国家→国民という形での，インプット－アウトプットの連鎖として進む国家の政治過程を，いくつかの段階に切り分けて見ることもできる。第1に，国民からの要求が，国家での検討の対象となるかを決める段階，つまり議題設定過程である。いわば国家での政策決定への入り口とも言えるが，この入り口を通すか否か，あるいはどのような争点として通すかという点で，すでに激しい政治的駆け引きは始まっている。あるアクターにとって望ましくない政策がある場合，まず「課題として設定させない」形で権力が行使される場合がある。これらの権力は，決定に対して影響力を及ぼそうとして行使されるわけではなく「決定させない権力」として働くため，**非決定権力**と呼ばれる（→第1章第4節）（Bachrach and Baratz 1962）。

　また，新聞やテレビといったマスメディアの役割がよく発揮されるのも，この段階である（→第4章第5節）。ある問題が社会に存在するだけでは，政治的争点ともならないし，ましてや国家の検討課題にも上らない。マスメディアは，社会にどのような問題があるかを掘り起こし，それがどのような問題であるかを定義しつつ人々の関心を引き付けることによって，政治的争点として拡大する機能を持つ。その結果，その争点を国家にインプットしようとするアクターが現れ，それが拡大すれば，それは議題として設定されることになるであろう。

　したがって，議題設定段階から政治的なやり取りは始まっている。その入り口を通過した後，その問題は政策決定段階へと至ることとなる。この部分が，政治過程の最も中心的な段階である。さらに，そのようにして産出された決定は，第3の段階，つまり政策実施段階に到達し，国民に対してアウトプットされることになる。

　しかし，実行されただけでは，政治過程は完結しない。最後に，政策評価段階がある。国家がアウトプットした政策は，国民の要求にかなうものだったのか，目的通りの効果を持ったのかなど，さまざまな観点から評価される。肯定的な評価を受ける政策を産出している国家に対しては国民は支持をして，その正統性は高まる。その結果，その政治システムに関して安定的なサイクルが形成されるだろう。逆に，国民の側に不満が蓄積する結果となれば，国家の正統性は揺らぎ，このサイクルは不安定化する。民主主義国家であれば政権交代が生じて新たな政府が形成されるであろうし，非民主主義国家であれば革命などを通じて体制転換が生じる場合もある。

　このように考えると，国家の正統性の源には 2 種類あることがわかってくるだろう。一つは，決まった手続きに沿って国民の要求が国家へと伝わっているかどうかで決まる正統性であり，これをインプット的正統性と呼ぶことができる。しかしその一方で，その国家が，国民の要求にかなう政策を産出できているかどうか，つまり国家のアウトプット能力をめぐる正統性もある。これはアウトプット的正統性と呼ぶことができる（Scharpf 2000）。国家の正統性は，インプットとアウトプットの両面から，つねに問われ続けるのである。

　また，国家の政治過程を支える手続きは，すべてのアクターにとって中立的であるわけではない。政治過程の手続きは一定の「制度」としてルール化されている。これは，それらの制度がアクター間での権力分配のあり方を規定しているからである。つまり，制度は，あるアクターにはより多くの権力を与え，その他のアクターにはあまり権力を与えない形で作用している（Mahoney and Thelen 2009: 8）。たとえば，国民から国家へのインプットの手続きである選挙の場合でも，その制度のあり方によって，権力分配のあり方が異なってくる。小選挙区制のもとでは大政党に埋没して議席を取れない少数政党であっても，比例代表制のもとでは，一定の議席数を獲得することが可能になる。この場合，選挙制度のあり方が，少数政党への権力分配に関して重要な鍵となっている。また，**大統領制**か**議院内閣制**かによって，そのリーダー（大統領や首相）に与えられた権力は異なるし，それぞれの制度内でも細かな違いがありうる。その結果，リーダーシップの強さにも違いが生じる。

　異なる国家で同じような要求が国民に広がっている場合であっても，それぞれの国家の制度が異なればその効果によってアウトプットされる政策に違いが生じることがある。また，手続き的制度における権力分配のあり方が歪んでいるために，国民の要求が適切にインプットされていない，あるいはそのインプ

ットを有効な形でアウトプットに転換しえていないと評価される場合には，その制度自体の正統性が問われ，制度改革が必要になる場合もある。このように，制度への視点も，国家の政治過程を考える際には不可欠となるのである。この点については，主に第3章のテーマとして引き継ぎ，より詳しく考えることとしたい。

⚠ 要点の確認

- 国家が政治の主要な場として捉えられるのは，それが集合的で拘束的な決定を行い，権力をもってその決定に人々を従わせることができるためである。
- 誰が国家を支配しているのかという問題は論争が続いてきたテーマであり，資本家が支配するというネオ・マルクス主義論，一部のエリートが支配するというエリート主義論に並んで，国家という競技場の中で多様な集団が争っているという多元主義論などが生まれた。
- 国家の政治過程は，インプットとアウトプットとの連鎖によって進むが，その両面から，国家の決定の正統性がつねに問われ続ける。

---

2. 市民社会

(1) 社会における政治？

市民社会という用語には，「社会」という言葉が含まれている。それにもかかわらず，ここでは市民社会を「政治」の場の一つとして扱う。「社会であるのに政治」とは，奇妙に聞こえるかもしれない。

しかし，これは奇妙なことではない。第1章第2節で，「政治」と「社会」は，必ずしも国家＝「政治」，「社会」＝非政治という形で空間的に分けられるものではないと述べた。「社会」という場においても，集合的決定という意味での「政治」は発生しうる，というのがそこでのポイントだった。では，政治の場としての市民社会とはどのようなものだろうか。本節では，そのイメージを具体化する形で説明する。

なお，市民社会と類似した概念として**公共圏**がある。両者はほぼ同義で用いられる場合もあれば，区別される場合もある。後者の例として，**ユルゲン・ハーバーマス**は，「公共圏」を空間・場と捉え，「市民社会」をその空間・場におけるアクターとして，区別して理解している。そのアクターとして念頭に置かれているのは，自発的に形成された団体・結社・運動である（ハーバーマス1992＝2002/2003）。ただし，本書では，このように厳格に公共圏と市民社会を

区別する理解は採用せず，空間とアクターの両方の意味を含むものとして，市民社会を理解しておく。

(2) 市民社会の三つの考え方

　歴史的に見ると，市民社会という用語には，いくつかの異なる理解が見られる。そこで，まずこれらの異なる「市民社会」理解について見ておきたい。その際のポイントは，政治との関係である。つまり，以下で述べる三つの市民社会理解の違いは，政治と市民社会との関係をどのように理解するかの違いに基づいている。

　第 1 は，「社会」と「政治」の間に区別は存在しないという理解である。この理解では，国家と社会との区別も存在しない。この場合，市民社会は「政治社会」と同義である。典型的には，古代ギリシャのポリスがこれに相当する（→第 1 章第 2 節）。そこでは，「市民」とはポリスという政治共同体の運営に共同で関わる者のことであった。したがって，市民社会とは，ポリスとしての政治社会のことを指していたのである。この市民社会＝政治社会と区別されるのは，経済活動と家族の領域である。それらは「オイコス」と呼ばれた。一方の政治社会＝市民社会は，自由で対等な「市民」の参加によって構成される。単にポリスに居住しているだけでは「市民」ではない。そうではなく，ポリスの政治に実際に参加することを通じて，人々は市民になると考えられた。他方の「オイコス」の領域は，支配 − 服従の関係によって構成されると考えられた。それは，市民たる主人とその妻，親と子，そして主人と奴隷という三つの関係である（川出・山岡 2012: 56-57）。

　第 2 は，市民社会を，政治とも国家とも分離された，市場ないし経済の領域と見なす理解である。この理解では，市民社会は，国家とは明確に異なる領域であり，かつ政治の場でもない。市民社会は，独立した個人が自己利益を実現するために自由に財の交換を行う場として捉えられ，「ブルジョワ社会」と呼ばれる性格を持つ。19 世紀ドイツの哲学者ゲオルク・ヘーゲルは，そのような市民社会を「欲望の体系」と呼び，それがもたらす貧困などの社会問題は，国家によって解決されるべきだと考えた。さらに，同じくドイツの哲学者・経済学者であるカール・マルクスは，経済の領域としての「市民社会」の問題性をより根源的に批判した。マルクスにとって，市民社会における一見自由に見える財の交換は，実際には，資本家による労働者の搾取に基づく本質的に不平等な交換である。このような市民社会（としての資本主義経済）は，道徳的に

望ましくないばかりでなく，その発展の内的メカニズムゆえに最終的には破綻せざるをえないものと考えられた（→本章第1節（2））。

　第3は，「市民社会」を，人々の自由な活動の中で形成される関係や領域として考える見解である。この場合，市民社会は，国家とも市場とも異なる領域である。19世紀フランスの思想家アレクシ・ド・トクヴィルが当時のアメリカにおいて発見した，自発的結社（アソシエーション）を通じたコミュニティの自治は，この第3の「市民社会」の一つのイメージを提供している。また，現代ドイツの哲学者ユルゲン・ハーバーマスは，その著作『公共性の構造転換』で，近代ヨーロッパにおいて，カフェ，サロン，夕食会などに集まる人々の自由な対話の中から社会や政治に対する批判的な「公論」が生まれてきたと論じた（ハーバーマス 1990=1994）。そのような公論を生み出す人々の言動も，第3の意味での「市民社会」の一つのイメージを提供する。

　以上のように，市民社会という概念にはいくつかの考え方がある。ただし，今日，政治学で市民社会が論じられる場合，その中心は第3の意味でのそれである。ハーバーマス自身，第2の意味での市民社会概念との違いを意識して，「市民社会という語には，労働市場・資本市場・財貨市場をつうじて制御される経済の領域という意味はもはや含まれていない」のであり，「『市民社会』の制度的な核心をなすのは，自由な意思にもとづく非国家的・非経済的な結合関係である」（ハーバーマス 1990=1994: xxxviii）と述べている。そのような「非国家的・非経済的な結合関係」としてハーバーマスが挙げているのは，教会，文化的なサークル，学術団体，独立系メディア，スポーツ団体，レクリエーション団体，弁論クラブ，市民フォーラム，市民運動，同業組合，政党，労働組合などである。

　このように，「非国家的・非経済的」な市民社会を，人々の間で自発的に形成された集団（自発的結社，アソシエーション）を中心に定義することは，第3の意味での市民社会論において，よく見られる。たとえば，マイケル・ウォルツァーも，市民社会を「強制によらない人間によるアソシエーションの空間」とその空間を満たす「一連の関係のネットワーク」とを意味するものであると述べている（ウォルツァー 2007=2012: 216）。彼が具体的に挙げるのも，組合，教会，政党，運動，協同組合，近隣住民関係，学派などである。また，社会関係資本（ソーシャル・キャピタル）と呼ばれるものも，その内容は，この意味での市民社会と重なっている（→第5章第2節，第9章第2節，第9章第3節）。たとえばロバート・パットナムらは，社会関係資本を「さまざまな社

会的ネットワークと，それらに関わる相互依存の規範」と定義した上で，人々が所属するさまざまな組織・団体について，イギリス，アメリカ，フランス，ドイツ，スペイン，スウェーデン，オーストラリア，そして日本の比較研究を行っている（パットナム編 2002=2013）。

　ただし，市民社会をもっぱら「自発的に形成された集団」の観点からのみ理解するだけでは不十分であるとも考えられる。実際，先に見たハーバーマスの議論でも，自由な対話から形成される公論という要素に重点が置かれている。つまり，今日市民社会を特徴づける上では，人々の相互行為が権力（国家）や貨幣（市場）ではなく，自由なコミュニケーションによって媒介されるという点も重視される（ハーバーマス 1981=1987; Cohen and Arato 1992）。

(3) 市民社会に注目する理由

　近年，とくに国家とも市場とも異なる領域として，市民社会が政治学でも注目されるようになった理由は，少なくとも二つある。第1に，権威主義体制に対する民主化運動と，その中での市民社会への注目である（Cohen and Arato 1992）。とりわけ注目されたのは，社会主義体制下の東ヨーロッパにおける反体制運動であった。1970 年代から 80 年代のポーランド，（旧）チェコスロバキア，ハンガリーといった国々において，当時の共産党政権に対して自由や民主化を求める運動が活発化した。その運動を担ったのは，教会や労働組合など，自発的に形成された人々の組織などであった。これらの運動は，東欧諸国においてそれ以前に起こった（そして結局，旧ソ連の軍事的介入を伴う形で鎮圧された）反政府抵抗運動とは異なり，社会主義体制や共産党政権そのものの変革・打倒を目指さなかった。その代わりに，国家から自立した領域としての市民社会における一定の自由の保障や民主化を求めたのである。

　第2に，西ヨーロッパにおける福祉国家批判の中で市民社会が注目された。東欧諸国とは異なり，西欧諸国においては，普通選挙と複数政党制に基づく代表制民主主義が存在した。しかし，とりわけ 1960 年代以降，福祉国家と既存の大政党に対する批判が強まった。福祉国家に対しては，国家による社会保障が社会的権利の保障ではなく，受給者の監視・管理につながっているとの批判がなされた（ハーバーマス 1985=1995）（→第 6 章第 3 節）。政党に対しては，得票最大化を追求した結果，個々の人々や集団の利益や要求が十分に顧みられなくなり，政党が社会における利益表出・媒介の機能を十分に果たすことができていないと批判されるようになった。

　このような福祉国家と政党に対する批判は，市民社会への注目をもたらした。まず，国家の活動には限界があり，したがって，国家の制度や政策をどのように改革するかだけではなく，それとは区別された市民社会そのものを民主的にしていくことも重要であるとの認識が強まった。市民社会そのものの民主化の重要性を表現するために，国家と市民社会の「二重の民主化」（ヘルド 1996=1998）や，民主化の範囲を市民社会に（あえて）限定するという意味で「自己制限的ラディカリズム」（Cohen 1985）といった言葉が用いられた。

　それと並んで，市民社会のアクターとしての「**新しい社会運動**（new social movements）」も注目されるようになった。「新しい社会運動」は，労働運動以外のさまざまな社会運動の総称である。具体的には，男女平等，環境保護，平和・反戦，反原子力，少数者保護などのテーマを掲げる運動がこれに含まれる（→第4章第4節）。「新しい社会運動」は，既存の政党や労働運動が十分に対応しようとしない利益や要求を，代表制民主主義の外部での抗議活動を通じて政治過程に表出する。またそれだけでなく，人々の集合的アイデンティティ形成にも重要な役割を果たすとされた（Cohen 1985）。ハーバーマスもまた次のような点で新しい社会運動を重視した。人々のコミュニケーションによって統合される「生活世界」は，国家と市場の「システム」によって「植民地化」されており，それこそが現代社会の問題となっている。「新しい社会運動」は，この「生活世界の植民地化」に抵抗し，「危機にさらされた生活様式の防御と再建」を目指すものとして捉えられた（ハーバーマス 1981=1987）。以上のように，福祉国家と政党政治に関する批判も，市民社会への注目をもたらした理由の一つなのである。

（4）どのような政治なのか

　以上のように，市民社会は政治学においても重視されるようになってきたが，それはどのような意味で「政治の場」として捉えられるのだろうか。市民社会における政治のあり方は，大まかには次の二つに区別することができる。一つは，国家へと媒介される意見や利益が形成される場という意味である。もう一つは，市民社会それ自体が集合的意思決定の場だという意味である。以下で順に述べよう。

◉ 意見や利益の形成と媒介

　市民社会は，最終的に国家・議会において意思決定されるべき利益や意見が形成・表出・媒介される場であり，かつ，そのような役割を担うアクターが行

動する場として捉えられる。このような役割を果たすアクターの代表格は，政党や利益集団である。そのため，市民社会のアクターとして利益集団が取り上げられる場合もある（丹羽 2017）。しかしここでは，先の第 3 の意味での市民社会概念との関係で，利益集団の活動とは異なる，次の二つの政治活動を取り上げておきたい。

　第 1 は，「抗議」である。ここで「抗議」とは，代表制民主主義の通常の政治過程の外部から利益や要求を形成・表出することを通じて，影響力を行使しようとする試みを指す。抗議の具体的な形態には，街頭でのデモンストレーション（デモ），パレード，集会，ストライキなどが含まれる。抗議は，まさに「新しい社会運動」をはじめとするさまざまな社会運動が行ってきたものである。市民社会概念との関係で言えば，抗議も二つの意味を持つ。一方で，それは，代表制民主主義の通常の意思決定プロセスの外部からではあるが，国家における政策形成に対して影響力を行使しようとする試みである。しかし，他方でそれは，市民社会において生活を営んでいる人々の意識や認識に訴えかけ，社会における「常識」を変化させようとする試みでもある。抗議を行うということは，従来，多数の人々にとって「当たり前」であったことを「問題」として再認識するよう，訴えかけることでもある。

　第 2 は，「意見形成」である。ここで「意見形成」とは「意思決定」と区別されるものであり，意思決定に先立って，決定されるべき意見が形成されるプロセスを指している（ハーバーマス 1992=2002/2003）。民主主義的な政治にとって，国家における意思決定に媒介される，社会からの利害や意見は重要である。しかし，そのような利害や意見に問題がないとは限らない（フィシュキン 2009=2011: 13-21）。まず，人々の政治や政策に関する知識や情報は，たいていの場合，不十分である（が，現代社会の多忙さのため，十分な知識や情報を得るための時間は十分に確保されていない）。また，人々は「意見」と呼べるほどの意見を必ずしも持っているわけではない。知らないもの・存在しないものをあたかも知っている・存在しているかのように話すことや，意見というよりは「思いつき」に近いものも多々存在する。それらに加え，たとえ人々が政治や政策について語り合うことがあるとしても，自分と似た意見や立場の人に偏りがちである。さらには，人々の意見は，しばしば操作されやすい。

　そこで市民社会を，「生の世論」ではなく，より「洗練された世論」形成の場として考えるという発想が生まれる。その代表は，**熟議民主主義**論である。熟議民主主義とは，熟慮と議論を通じた人々の意見・選好の変容を重視する考え

方である（田村 2008）（→第5章第3節）。その熟議民主主義を制度化する試みとして，ミニ・パブリックス（mini-publics）がある（→第3章第2節(5)，第5章第3節(4)）。これは，主に無作為抽出で選ばれた人々が集まって，特定のテーマについて，1日から数日間議論をする仕組みの総称である。具体的には，市民討議会，討論型世論調査，プランニング・セル，市民陪審，コンセンサス会議などがある（ギャスティル／レヴィーン編 2005=2013; 篠原 2004; 篠原編 2012; フィシュキン 2009=2011; Dryzek 2010: chap 8）。それぞれのミニ・パブリックスの制度が国家における意思決定との関係でどのような役割を担うのか，あるいは，担うべきなのかは，各制度によって異なっている。その点を留保した上で一般的に言えば，ミニ・パブリックスとは，まさに「意見形成」のための制度であり，そこでの熟議を通じて「洗練された世論」（フィシュキン）を作り出すことが期待されるものである。

　ここまで取り上げてきた「抗議」と「意見形成」には，共通点と相違点がある。まず，共通点として，どちらも市民社会から国家への意見や利益の表出・媒介の役割を果たす，という点が挙げられる。次に，相違点としては，抗議が共通の意見・利益を有する人々を組織し動員する活動であるのに対して，意見形成は，異なる意見・利益を有する人々が集まって行われるものだという点が挙げられる。この違いは，政治における「情念」（抗議）と「理性」（意見形成）との差異として特徴づけられることもある。抗議においては，強い感情に基づく集合的同一化が求められる。これに対して，ミニ・パブリックスにおける意見形成において求められるのは，冷静で理性的な熟議である。その結果として，人々の間の差異が明確化することもあるだろう（Mutz 2006）。簡単に言えば，抗議が集団としての参加であるのに対して，意見形成は個人としての参加である。ただし，このような対比は，一面的という考えもある。情念と理性との関係はそれほど単純ではないし（田村 2017: 第4章），個人として抗議に参加する場合もある。とりわけ，近年の抗議活動の特徴として，集団としての参加よりも個人としての参加が増えていることが挙げられることもある（五野井 2012）。

◉ 市民社会における集合的意思決定

　次に，市民社会において発生する問題・紛争の，集合的意思決定を通じての解決についてである。市民社会においても，そこで行動し生活する人々の間で問題や紛争が発生する。それらの問題・紛争のすべてが国家へと媒介されるわけではない。多くの問題・紛争は，市民社会において解決される。そうだとす

れば，市民社会における政治には，そこでの集合的意思決定を通じた問題解決という意味での「政治」も含まれることになる（→第 1 章第 4 節）。たしかに，政治学の標準的な考え方では，集合的意思決定は国家において行われるものである。しかし，もしも「主権」という発想を相対化できれば（→第 1 章第 2 節），国家以外の場においても集合的意思決定は行われると見ることができるようになる。

　実際，町内会や自治会であれ，サークルやクラブであれ，職場であれ，複数の人々に関わる形で問題や紛争が発生し，その解決に取り組むことは，しばしば見られる。そのような活動を，市民社会における問題解決のための集合的意思決定の作成，つまり「政治」として理解することは可能である。市民社会は，このような意味でも政治の場の一つなのである。

(5) 市民社会をめぐる論点

　最後に，市民社会をどのように理解するかに関わる二つの論点を提示しておきたい。第 1 に，「良い」市民社会と「悪い」市民社会との区別をどうするのかという問題がある。本節を読み，市民社会への注目やその活性化が無条件に「良い」ことであるかのように記述されている，という印象を持つ読者もいるかもしれない。たしかに本節では，市民社会における政治が，（自己限定的とはいえ）権威主義的・管理主義的な国家による政治のオルタナティブとなりうる側面について述べてきたし，市民社会における二つの意味での「政治」もその意義を強調する形で記述してきた。

　しかし，市民社会における政治のすべてが「良い」ものであるとは限らない。たとえば，市民社会において活動する結社・団体の中には，差別的な主張を掲げるものも存在しうる（パットナム編 2002=2013: 序論）。第一次世界大戦と第二次世界大戦の間の時期のファシズム台頭は，市民社会における結社・団体の活発化と関係があるという研究も存在する。すなわち，市民社会の政治そのものが，必然的に民主主義や自由の実現をもたらすとは限らないとする指摘には説得力がある（粕谷 2014: 46）。したがって，市民社会のより経験的な研究を目指す立場から，市民社会の概念そのものはできるだけニュートラルなものとして定義するべきとの提案も行われている（坂本 2017）。

　ただし，市民社会を擁護する議論が述べていることが，「市民社会が民主化や自由をもたらす」という因果関係なのかどうかは，検討を要する問題である。むしろ，それらの研究者たちが述べようとしているのは，「もしも民主的ない

し自由な政治体制が存在するとすれば，それは市民社会の民主化ないし自由化という契機を含むべきだ」ということであろう。もしも人々が民主的ないし自由な政治体制のもとで暮らしたいと思うならば，そこでは市民社会もまた民主的ないし自由であるべきなのである。

　第2に，市民社会と権力・支配の契機との関係をどう考えるかという問題がある。たとえば，**新自由主義**批判の立場からは，市民社会論は国家批判を強調する一方で市場に由来する権力関係を軽視しており，その結果，新自由主義的な国家批判と歩調を合わせることになった，という批判がある。市民社会論と新自由主義とは，「小さな政府」を肯定する点で共通しているとされるのであ

コラム 2-2　市民社会と親密圏

　本書では，政治の場として市民社会（本節）と親密圏（次節）とを区別している。しかし，実は親密圏が市民社会の中に含まれるかどうかについては，異なる見解が存在する。親密圏と市民社会とを区別する場合には，各領域に属する人々の関係が，慣れ親しんだ人々の間の関係か（具体的あるいは非公式），それとも，必ずしもそうではない人々の間の関係か（一般的・匿名的あるいは公式），という区別が重視される（齋藤 2000; 坂本 2017）。しかし，他方で，親密圏を市民社会の中に含める見解も存在する（Cohen and Arato 1992）。

　このような異なる見解を統一的に理解することは可能だろうか。ここでは，市民社会とされる領域と親密圏とされる領域とを区別すること自体は適切であるが，それにもかかわらず，親密圏が「市民社会的」になることもありうる，と考えてみたい。ポイントは，本文中の言葉を用いれば，「自由なコミュニケーション」である。つまり，もしもそこで行為する人々の間で自由なコミュニケーションが成り立つならば，その時，親密圏は「市民社会的」になっていると考えるのである。もちろん，親密圏におけるコミュニケーションは，「親密な」関係であるがゆえの問題に直面する可能性も高い。たとえば，親密圏の一つである家族において，妻が家事や子育ての役割分担のあり方に悩んでいるものの，夫の状況を慮るがゆえにその見直しについて声を上げることを控える，といったことがありうる。それでも，親密圏が「市民社会的」になる可能性は，理論的には存在するのである。

る。また，「統治性（governability）」論の立場からは，市民社会への注目は，人々の自発性や能動性を利用した新たな統治の一環である，という批判がなされる。かつては，国家がその政策を通じて直接的に人々の生活に介入することで統治が行われていた。しかし，今では，市民社会における人々の自発性や能動性を利用した間接的な統治が見られるとされる。一見したところ，人々は，自由で自発的に行動しているように見えるが，その実，このような間接的な統治に利用されているのだ，というわけである（Dean 1999; 齋藤 2008）。

　市民社会論の立場からは，次のような応答がありうる。まず，新自由主義との共通性という批判に対しては，市民社会論は，国家だけではなく市場に対しても批判的な立場から提案されていると見るべきである。先に紹介したハーバーマスの「システム」と「生活世界」の対抗モデルでは，「システム」に属するのは国家と市場であり，「生活世界」（とそこにあると想定される市民社会）は，この両者に対して「防衛」されるべきものであった。このモデルを発展させたコーエンとアラートは，国家＋市場と市民社会との間に「政治社会」（政党，各種政治組織，議会など）と「経済社会」（企業，労働組合，労使の団体交渉制度，協同組合など）が存在していると考え，この二つの「社会」を経由して，国家と市場に対して市民社会からの影響力を及ぼし，これらを調整することが重要であると論じている（Cohen and Arato 1992）。このように，市民社会論は，国家による権力行使とともに市場原理のコントロールという視点も有している（山口 2004: 152-153）。

　次に，統治性論からの批判に対しては，市民社会論の立場からは，市民社会論は権力や支配に対する抗争・抵抗の視点も含めたものである，との反論がなされるだろう。すでに述べたように，今日の市民社会論は，東ヨーロッパの抵抗運動や西ヨーロッパの「新しい社会運動」など，既存の政治や秩序に対する異議申し立ての活動からも着想を得ている。本節でも，市民社会における政治として「抗議」というスタイルがあることを指摘した。しかし，このような異議申し立てや抗議の契機が，「市民社会」的なものが語られる時に後景に退いている場合もありうる（野口 2012）。統治性論からの批判は，市民社会の概念が抗議の契機を含めて構想されるべきであることを伝えていると言える。

！　要点の確認

・現代的な市民社会論は，国家とも市場とも区別された自由なコミュニケーションの空間として，市民社会を理解するものである。

・市民社会における政治は，意見や利益の国家への媒介と集合的意思決定という二つ
の意味で理解することができる。

---

3. 親 密 圏

(1) 親密圏とは何か

　親密圏（intimate sphere）は，政治学ではあまりなじみのない概念である。親
密圏は，一般的には，（性的な関係も含めた）愛情によって特徴づけられるこ
とが多い。たとえば，**アンソニー・ギデンズ**は，とりわけ男女間の愛情を中心
に親密性を研究している（ギデンズ 1992=1995）。

　しかし，親密圏は，必ずしも愛情だけによって定義されるものではない。齋
藤純一によれば，親密圏とは，「具体的な他者の生／生命への配慮・関心によ
って形成・維持される」場のことである（齋藤 2000: 92. 傍点は原文）。ここでは，
「具体的な他者の生／生命」という箇所が強調されているのだが，これは，本
章第2節で述べた市民社会との対比においてのことである。

　この対比を踏まえた「具体的」の意味として，次の二つがある（齋藤 2000:
92-93）。第1に，親密圏における他者は，見知らぬ他者（抽象的な他者）では
ない，という意味である。もちろん，市民社会においても見知った人に出会っ
たりともに行動したりすることはある。しかし，市民社会は，誰に対しても開
かれた場である。したがって，見知らぬ人と出会ったりともに行動したりする
ことも多いし，また，そもそも見知った／見知らぬという区別が適用されるべ
きではない場である。たとえば，市民討論会やデモに参加する時，そこにいる
他の参加者は私が知らない人々であろう。第2に，親密圏における他者は，身
体性を備えた他者だという意味である。ここで「身体性を備えた」とは，上記
の引用箇所にあったとおり，親密圏においてはそこで出会う人々の「生／生命
への配慮・関心」がコミュニケーションにおいて考慮されざるをえない，ある
いは，そのような配慮・関心こそが人間関係を形成する側面がある，というこ
とである。「生／生命への配慮・関心」には，たとえば異性愛夫婦間や異性愛
以外の性愛関係にある成人間のそれもあるだろうが，子どもの世話や高齢者の
介護なども含まれる。すなわち，親密圏とは，人々が互いに依存し，またされ
るような関係にあり，それゆえに「配慮（ケア）」が重要になるような場のこ
とである（岡野 2012）。

　本節の最後に述べるように，親密圏の区分の仕方については疑問も提示され

ている。それにもかかわらず，本書では，親密圏を市民社会とは異なる特徴を持つ場として理解する。その上で，政治の場として親密圏を見るための考え方を説明する。

その最も大きな理由は，政治学において親密圏という場はそもそも，後述する政治的社会化論やジェンダー論の影響を受けた研究を除いて，依然として研究対象とは見なされていない，ということである。本書では，親密圏も政治の場でありうることを述べることで，それが政治学の研究対象となりうることを示す。

もう一つの理由として，親密圏概念を用いることで，市民社会における関係や活動とは言いがたいが，かといって，通常の意味での「家族」とも言いがたいような，さまざまな関係や活動を視野に入れることができる，という点が挙げられる。たとえば，アルコールや薬物依存，心身の障碍・疾患，犯罪被害や被虐待，不登校などの経験を持つ人々が同じような経験を持つ人々とともに集まり，お互いの経験（の困難）を語り合い聞き合うような関係（セルフヘルプ・グループ）も，親密圏の一つと考えられる。また，友人関係や議論・雑談を楽しむ「サロン」的な関係も，親密圏に含めることができる。これらは「家族」とは言いがたいし，「公共圏」と呼ぶには慣れ親しみがあり，互いに見知っている関係である。そのような，互いに見知った「具体的な他者」との関係の中で一定の「生／生命への配慮・関心」が示されるならば，そのような関係も親密圏として理解することができるのである（齋藤 2000: 94）。

(2) どのような政治なのか①——親密圏〈からの〉政治

親密圏もまた政治の場の一つであるとして，それでは，そこで行われる政治はどのような政治なのだろうか。ここでは，親密圏における政治を二つのタイプに分ける。一つは「親密圏〈からの〉政治」であり，もう一つは「親密圏〈をめぐる〉政治」である（田村 2017: 第4章）。ここでは，「親密圏〈からの〉政治」について扱い，「親密圏〈をめぐる〉政治」については次項で述べる。

「親密圏〈からの〉政治」とは，国家・政府へと媒介されるべき利益や意見などが，親密圏から発する，あるいは，親密圏において最初に形成されることを指す。この種の政治を考える時にまず挙げられるべきは，**政治的社会化**における親密圏の役割である。

政治的社会化とは，人々が政治に関する知識，慣習，価値観・イデオロギーなどを獲得ないし内面化していくプロセスを意味する。政治的社会化について

の研究は，たとえば，人々がどのようにして国家に対して一体感を持つようになるのか，政治参加の意識が強い人と弱い人との違いはなぜ生じるのか，人々はどのようにして特定の集団に関与したり特定のイデオロギーを支持したりするようになるのか，といった問いを扱う（石田 1978; ドーソンほか 1977=1989; 秦 2013）。

　政治的社会化の研究では，親密圏，その中でもとりわけ家族が政治的社会化に果たす役割の重要性が指摘されてきた。政治的社会化に限らず一般に人が社会化する際に，家族は重要な役割を果たす。その理由の第 1 は，家族はこれから社会化していく個人に接触する頻度が高いからである。とりわけ，初期の人格形成期には，家族の接触の度合いは，他の人々や組織のそれよりも圧倒的に高いと言える。第 2 に，家族構成員の間の絆は，一般に非常に強いと考えられるからである。集団への一体感や集団内における個人的な絆が強力であるほど，その集団からの影響力も強くなるだろう（ドーソンほか 1977=1989: 173-174）。こうして政治的社会化論においては，家族あるいは親密圏が，政治体制への帰属意識，政治集団への帰属・支持意識，その他の政治に関する見解の形成に影響を及ぼす重要な要因と考えられているのである。

　政治的社会化論における，このような家族／親密圏の取り扱い方は，本節で言う「親密圏〈からの〉政治」の代表的な例である。なぜなら，政治的社会化論の見方を採用すれば，政治に関する人々のあり方・考え方は，家族／親密圏から大いに影響を受けており，したがって，人々が表出する利益・意見・要求はある程度は家族／親密圏に端を発するものと考えられる，ということになるからである。

　「親密圏〈からの〉政治」の例は，民主主義論においても見られる。たとえば，パメラ・コノーヴァーらは，アメリカとイギリスでのグループ単位でのインタビュー調査に基づき，親密圏における「日常的な政治論議（everyday political talk）」（Conover *et al.* 2005）が，熟議民主主義（→第 5 章第 3 節）を活性化する可能性を指摘する。彼女たちによれば，親密圏などの「私的な」場で「日常的な政治論議」が行われることは，より「公的な」場で発言し議論に参加するための必要条件である（Conover *et al.* 2002）。もちろん，「私的な」場で議論するからといって，「公的な」場でも必ず議論するとは限らない。しかし，少なくとも，「私的な場では政治的論議を行わないが，公的な場では行う」という人は，彼女たちの調査によれば，アメリカでもイギリスでもほとんどいない。つまり，「私的な」場で議論しない人は，「公的な」場でも議論しない。

「私的な」場での政治論議は、「リハーサル」ないし「社会化」機能を果たす。なぜなら、発言する人に対して、家族や親密な友人たちなどからの支援の姿勢があり、相対的に「安全な」世界において自らの議論を発展させ練習するための機会を提供するからである（Conover *et al.* 2002）。このようなコノーヴァーたちの研究は、家族などの親密圏における「日常的な政治論議」をより「公的な」場での民主主義に参加するための前提条件として理解するものであり、したがって、「親密圏〈からの〉政治」の一つの可能性を提示するものと言える。

　民主主義論における「親密圏〈からの〉政治」のもう一つの例として、**ナンシー・フレイザー**による**サバルタン対抗公共圏**の議論を紹介しておきたい（フレイザー 1997=2003: 123-125）。「サバルタン」は、社会的に従属的な立場にある人々を表す言葉である。サバルタン対抗公共圏は、女性、労働者、民族的少数者、性的少数者などが、自分たちだけで集まることにより、自分たちのアイデンティティ、利益、ニーズについて、その外部のより広範な市民社会に表出・媒介させるのに適合的な言説を見つけるための場である。たとえば、アメリカのフェミニストたちは、学習会や集会、大学の講座、地域の集会所から、雑誌、書店、映画配給ネットワークなどに至るまで、自分たちが集う「サバルタン対抗公共圏」において、「セクシズム」、「ダブル・シフト」（女性が職場での仕事とそれが終了した後に家庭での「仕事」という形で二重の仕事に関わらざるをえない状況を表現する用語）、「セクシュアル・ハラスメント」、「デート・レイプ」などといった「社会的現実を記述するための新しい言葉」を発見した（フレイザー 1997=2003: 124）。フレイザー自身は「公共圏（publics）」という用語を使用しているが、これらのつながりや集まりを、親密圏として理解することは可能である。本節（1）では、セルフ・グループもまた親密圏でありうることを述べた。フレイザーの言う「サバルタン対抗公共圏」も同様に、親密圏における集まりから始めて、その外部のより広範な市民社会へと自らの主張を表出・媒介していく場として理解することができる。

(3) どのような政治なのか②──親密圏〈をめぐる〉政治

　次に、「親密圏〈をめぐる〉政治」とは、親密圏において発生する問題・争点を解決するために、親密圏においてその構成員が行う集合的決定のことである。「親密圏〈からの〉政治」との違いは次の点にある。すなわち、「親密圏〈をめぐる〉政治」とは、たとえその政治の結果が公共圏・市民社会あるいは国家など親密圏の外部へと媒介されなくても、ある固有の政治のあり方として

理解されるべきものである（田村 2015; 2017: 第8章；Tamura 2014）。この意味での「政治」は，第1章第4節で述べた「政治」のことである。

　「国家や市民社会へと媒介されなくても構わない」と言われると，それを政治とは呼べないのではないか，という疑問が生じるかもしれない。このような疑問が生じるのは，政治の場が国家のみであることを前提とする場合である。たしかに，政治学において政治の場＝国家という理解は長く自明視されてきた。それは，国家における集合的決定の拘束性が，それ以外の場における集合的決定の拘束性とは，質的に異なると考えられてきたからである。「主権」は，その最も典型的な表現であった（→第1章第2節）。しかし，もしもこの前提が自明ではないとすればどうだろうか。つまり，国家を含むさまざまな場における集合的決定の拘束性の違いは，質的なものではなく，程度の問題だとすればどうだろうか。多くの場合，親密圏における集合的決定にも，拘束性は認められる。もしも拘束性の違いが程度の問題だとすれば，「親密圏〈をめぐる〉政治」も，国家と同じくさまざまな「政治」の一つの形態として理解できるようになるはずである（→第1章第4節）（なお，第8章第3節（1）における「私的領域における政治」も，「親密圏〈をめぐる〉政治」と同じものである）。

　たとえば，ある親密圏において子どものケアをしなければならない状況を考えてみよう。この場合の親密圏は，夫婦と子どもから成る家族の場合もあれば，そうではない場合（たとえば，婚姻関係にはない複数の大人たちが子どものケアを継続的に行っているような場合）もある。いずれにせよ，複数の人々が子どものケアを行う場合には，どのようにケアを分担するのかという問題について，これらの人々の間で集合的決定を行わなければならない。あるいは，高齢者の介護についても，たとえば当事者と（家族やソーシャル・ワーカーなどの）援助者，さらには地域の住民も含めて，どのように進めていくのかを検討し決定しなければならない（小野 2014）。さらには，友人関係にある人々が，自分たちの関係がどうなっているのか，今後どのようなものでありうるのか（あるべきか）について確認し合うような場合も，これらの人々の間でのある種の集合的決定と捉えることができる（Steinberger 1999）。これらは一見したところでは，通常想起されるような集合的決定の手続きには見えないかもしれない。しかし，複数の人々の間に発生する問題・争点について，当事者たちの間で決定が行われているという意味では，これらもまた集合的決定の一種である。このような意味での政治を，「親密圏〈をめぐる〉政治」と呼ぶ。

　「親密圏〈をめぐる〉政治」に関する研究者たちの議論をいくつか紹介して

おこう。第1は，ギデンズの議論である。ギデンズは，公的領域における民主主義の定義は家族や親密圏においても当てはまるとした上で，そのような家族や親密圏を，「民主的家族」や「民主主義としての親密性」と呼ぶ。その「民主主義」の構成要素としては，「コミュニケーションによる意思決定」や，権威や強制力の恣意的な行使によらず構成員一人ひとりが自分たちの関係性をめぐる決定に深く関わることなどが挙げられている（ギデンズ 1992=1995; 1998=1999）。

　第2は，エリーザベト・ベック＝ゲルンスハイムによる「ポスト家族的家族」論である（Beck-Gernsheim 1998）。ベック＝ゲルンスハイムによれば，親密圏としての家族を構成する人々は，今では「分離した個人」になっている。各自は，家族としてではなく，各自にとっての「自分自身がやること」を持っている。そのため，家族はもはや，かつてのように自明な規則や家族像に則って存立することはできない。そうではなく，構成員の間の「互いに引き裂き合う傾向にある人生の歩みをまとめるために」，家族構成員の間で交渉・調整・決定が必要となる。これが「ポスト家族的家族」の意味である。

　最後に，ジェーン・マンスブリッジによる「日常的な話し合い」論である（Mansbridge 1999）。「日常的な話し合い」とは，その言葉の通り，家族，職場，友人たちが集まる場などにおける，その場に居合わせる人々の間での日常生活における話し合いのことである。ここで話し合われる問題は，国家が解決に関わるようなものではない。しかしそれは，関係する人々の間に発生する問題として，集合的に解決される必要があるものである。マンスブリッジが挙げるのは，ある女性が親戚たちの集まる夕食会に夫婦で参加した時に起こった出来事についての，その女性の発言である。その夕食会で，他の親戚夫婦の妻たちは，それぞれの夫の料理を取りに行くためにキッチンに向かった。彼女の夫も彼女に料理を取りに行ってくれるかと尋ねた。その夫の発言に対して彼女は，「私は自宅ではあなたの料理を持ってくることはしない。それなのに，どうしてここではそれをやらなければならないのか」と尋ね返した。彼女の発言の結果，それを聞いた他の女性たちも，料理を運んでくるのをやめた。マンスブリッジは，このようなやり取りを「日常的な話し合い」と呼ぶ。その結果は，その場（夕食会）に同席した他の人々の行動にも影響を及ぼしたのである。

(4) 親密圏は「親密」か

　以上のように，親密圏をも政治の場と考えることができるとすると，一つの

疑問が生じる。それは，政治の場でもあるような空間を，なおも「親密」圏と呼び続けることは適切か，という疑問である。政治が行われるということは，その空間がもはや親密性によっては特徴づけられない空間になっているということなのではないだろうか。

　この疑問は，親密性という特徴を空間的な区別と重ねることが果たして適切なのか，という問題にもつながる。たとえば，市民社会から親密圏を区別することは，公的領域（としての市民社会）と私的領域（としての親密圏）という，空間的な区別の再生産をもたらしかねない（上野 2009: 7）。このような公的領域と私的領域の区別は，とくにフェミニズム・ジェンダー論の観点からは問題

コラム 2-3　息苦しい親密圏？

　「親密圏にも政治がある」と言うと，「親密圏に政治を持ち込むことには反対だ」という意見に出会うことがある。親密圏は，政治を免れた「私的な」領域として存在しているからこそ意味がある，もし親密圏も政治の場となればそこは息苦しい場となってしまう，というわけである。

　このような意見は，「政治とは国家のことである」という理解に基づいてなされる時もある。つまり，国家権力が私的な人間関係に介入することを警戒するのである。これは公的領域と区別された私的領域の独自の意義を擁護するリベラリズムの立場と言える。他方，本節で述べた「親密圏〈をめぐる〉政治」についても，「息苦しい」という感覚は生じうる。それは，政治の「魅力のなさ」のためである（→第1章第4節）。ただでさえ面倒な政治という活動を，どうしてわざわざ親密な関係にまで持ち込まなければならないのだろうか。

　この問いに対する本書の答えは，たとえ親密な関係であっても，もっぱら権力行使による「強者による支配」ないし紛争の発生可能性があるから（→第1章第4節），というものである。たとえば，夫婦という親密な（とされる）関係において，夫が妻を暴力によって支配している場合には，両者の関係は「強者による支配」である。また，家事・育児分担のあり方に妻が不満を持っている場合，そこには紛争の可能性がある。これらの場合には，親密圏はすでに「息苦しい」状態になっている。したがって，むしろその「息苦しさ」を除去するためにこそ，政治が必要なのである。

である（→第8章第3節）。また，特定の空間を親密圏として把握することで，親密性が空間横断的な性質を持つことを理解できなくなる可能性もある。たとえば，子どもや高齢者などのケアを必要とする人々は，たとえ「親密ではない」他者に対してでも，「依存しなければ生きていくことができない存在」である（上野 2009: 7）。この場合，ケアは親密圏という空間に固有の要素とは言えない。

以上の問題に答えるための一つの方策は，親密性の空間的な区別をやめることである。ピーター・スタインバーガーは，「公的」と「私的」を「活動様式」として区別することを提案している（Steinberger 1999）。つまり，公的「領域」と私的「領域」ではなく，公的「活動様式」と私的「活動様式」とがあるというわけである。活動様式によって公私区分を行うことで，空間的には「私的」と見える場にも「公的」活動様式が，空間的には「公的」と見える場にも「私的」活動様式が，それぞれ存在しうると言えるようになる（田村 2009: 第3章）。この考え方は，「私的」を「親密性」に，「公的」を本書の「政治」と置き換えても当てはまる。すなわち，空間的には「親密」な空間に見える場（親密圏）にも集合的決定を行う活動様式としての「政治」は存在しうるし，空間的には公共的と見える場（市民社会あるいは国家）にも「親密な」活動様式は存在しうる。親密性をこのように考えるならば，親密圏という空間的な概念は，最終的には必要ないものとなるかもしれない。

> ### ⚠ 要点の確認
> ・「具体的な他者」から成る親密圏も，政治の場の一つである。親密圏における政治のあり方は，「親密圏〈からの〉政治」と「親密圏〈をめぐる〉政治」とに区別することができる。
> ・親密圏にも政治はあるとする見方は，親密圏を親密性によって特徴づけることへの疑問を生む。この疑問に対しては，親密性を空間的にではなく活動様式として理解することで答えることができる。

4. 国家を超える政治の場

(1) 国家レベルの政治との違い

現代では，政治の争点がグローバル化し，国境を越えた対処が必要な課題も増えている。たとえば，地球温暖化を止めるためには，二酸化炭素排出量を抑えることが必要だとされるが，一国レベルでの対応には限界がある。ある国家

だけが二酸化炭素の排出量をいくら抑えたとしても，他の国家もそうしなければ，グローバルなレベルでの効果は低いからである。この問題について，国際的レベルでの「集合的に拘束する正統な意思決定」が必要となる。

　しかしここで問題は，国家を超えたレベルにおいては，国家に相当するような「政府」が存在しないことである。国際的な対応が必要な問題があったとしても，それに対する集合的決定のメカニズムは国家ほどには確立されていない。また，何らかの決定が行われたとしても，その決定が持つ拘束力も，国家レベルにおける拘束力よりは弱くなる。

　近年，中国とその周辺国との間では，海洋における領有権をめぐって対立が深まり，その件に関してフィリピンは，中国を相手取って国際常設仲裁裁判所に提訴を行った。2016 年に仲裁裁判所は，フィリピンの主張を認める判決を下したが，中国はそれを受け入れてなかった。もしも国家内での出来事だったらどうだろうか。家と家との間の境界をめぐって裁判となり，裁判所が一定の判決を出したならば，それがどのような結論であれ，両家にその判決に従わせる強制力を，国家は持つ（→第 2 章第 1 節）。しかし，これが国家内ではなく国家間の争いとなると，そのような強制力を備えた機関は存在しない。ここに，国家レベルの政治と国家を超える場における政治との大きな違いがある。

　このことから，国家を超える政治は，しばしばアナーキー（無政府状態）として特徴づけられる。国家を超える政治がアナーキーな場において行われるとすると，それは国家における政治とはまた異なった性格をまとうだろう。このような場において，グローバルに広がる政治的争点は，いかに解決しうるのだろうか。これは，国家を超えた秩序形成がいかにして可能かという問題でもある。この問題に対し，国際関係に関するさまざまな理論が答えを提示してきた。本節では，それらの展開を中心に見ていくことにしよう。

(2) アナーキーと国家間協力

◉ リアリズム

　上で見たように，国家を超える場での政治を，アナーキーとして捉える立場がある。この前提を最も重視して国際関係を考えるのが，**リアリズム**（現実主義）と呼ばれる理論である。かつて**トマス・ホッブズ**は，政治社会が存在せずただ個人からなる自然状態を，「万人の万人に対する闘争」として定義した。このような状況を避けるために，国家が形成されるとしたのである。リアリズムは，国際関係もこの「万人の万人に対する闘争」に近いものとして想定する

が，その際，国際関係には国家より上位の政府組織は存在しえないと考える。その中で，どのようにして国際的秩序は形成され，また維持されるのだろうか。

このような闘争状態の中では，各国家は，他国に負けることなく自らの国益を実現するために，軍事力を中心とする「力」を追求しようとする。この中で，自国は他国より「力」を持つようにし，他国は自国より「力」を持たないようにすることが，各国家の行動原理となる。そのような国家からなる国際関係は，国家間の「力」の競争として描かれる。しかしリアリズムによれば，このような「力」の競争は，やがて国家間の勢力均衡をもたらす。この均衡状態においては，「力」に大きな差はないのであるから，国家間対立の解決のために武力に訴えても，一方的に勝利することはできず，一定の被害を受けることが想定される。そのため，「力」に訴えた場合には，利益よりも不利益のほうが大きくなる可能性が高いので，戦争はむしろ減るだろう。このようにしてリアリズムは，国家を超えた政府が存在しない国際関係においても，国家間の競争に基づく勢力均衡から，平和という国際秩序が維持されると考えたのである。

ここに見られるようにリアリズムは，国際関係におけるアクターは国家だけだと想定する。つまり国家より上位の政府は存在せず，また国家より下位にあるさまざまな組織も想定しない。国際関係をあくまで国家間の関係として捉えた上で，その国家は軍事力を背景に国益を追求する。国際関係における秩序を生み出すのは，このような国家による「競争」であり，国家と国家との間での「協力」ではないのである（モーゲンソー 1978=2013）。

リアリズムは，その名の通り，「現実」を直視することを何よりも重視し，理想主義を批判する。平和という「理想」を掲げるだけでは，平和という秩序は形成も維持もされない。とくに，第一次世界大戦後の国際連盟は，そのような理想に基づいて設立されたが，その後に生じたのは第二次世界大戦というさらに苛烈な戦争状態であり，その理想は打ち砕かれてしまった。国家は自国の国益を実現するために「力」を追求して行動するという「現実」を見据えた上で，その中においてもどのように秩序が形成・維持されうるかを考える点に，リアリズムの特徴がある（カー 1945=2011）。

◉ リベラリズム

リアリズムが前提とするように，国際関係においては国家より上位の政府は存在せず，国家が主要なアクターとなるかもしれない。しかしそうだとしても，国家というアクターを，他の国家とは切り離された，それぞれ孤立した存在として考えることは妥当なのだろうか。また，国家間には「競争」だけではなく，

何らかの「協力」も存在することはないのだろうか。

たとえば第二次世界大戦後の西ヨーロッパでは，とくにドイツとフランスの間で戦争の原因となることの多かった石炭と鉄鉱石について，国家間の共同管理とするために，欧州石炭鉄鋼共同体（ECSC）が設立された。これは国家間協力の一つといえよう。第3章第3節でも見るように，ECSCは現在では欧州連合（EU）へと発展を遂げている。EUの国家間協力は，市場や共通通貨など幅広い領域へと拡大すると同時に，さまざまな国際交渉においても，EUという単一のアクターとして参加する場合が増えた。

このことは，リアリズムの観点からは説明できないような，「協力」に基づく国際秩序の形成がありうることを示している。このような国家間の「協力」に注目して，国際関係のあり方を考えようとしたのが**リベラリズム**と呼ばれる理論である。リベラリズムによれば，たしかに国際関係における主要なアクターは国家だが，国家と国家とはつねに対立関係にあるわけではない。経済の領域を中心として，国家と国家とは相互に依存関係にある。たとえば日本は，天然資源に関してはさまざまな産出国からの輸入に頼っており，それらの国々に依存している。逆に，日本からの工業輸出品に依存している国もあるだろう。

このような相互依存関係が国家の間にあるならば，たとえ国家間で対立が生じたとしても，その関係を簡単に断ち切ってしまうほうが国益を損なうかもしれない。また逆に，その相互依存関係を深め，互いに協力し合ったほうが，国益を実現できるという場合もある。したがって各国家は，相互依存関係にある他の国家との間での調整や交渉を通じて，協力を形成しようとする。このように国家間の協力に基づいて，国家より上位の政府がない国際関係においても，一定の秩序形成が可能になるとリベラリズムは考えるのである（コヘイン／ナイ 2001＝2012）。

このような国家間協力に基づく理論は，リアリズムに比べれば理想主義的に見えるかもしれない。しかし，リベラリズムは単純な理想主義ではない。それぞれの国家は，あくまで自国の国益を追求するが，その国益にとって有利になるからこそ，相互に協力すると考えるのである。このことは，経済の領域においてはむしろ現実に近いだろう。リアリズムの理論が安全保障における競争を中心に据えたのに対して，経済における相互依存もまた国際関係において重要であることを，リベラリズムは示したのである。

◉ マルクス主義の国際関係理論

経済の観点も含めて見るとき，市場で生じる格差や支配‐従属関係が反映さ

れる形で，国際関係も構造化されているという見方がある。第1章第1節「政治と経済」や第2章第1節「国家」で取り上げたマルクス主義の考え方は，国際関係論においても展開された。

　その代表的なものが**従属論**である。1950年代以降，多くの国々が植民地支配から脱却し独立を果たした。しかしこれらの国々は経済的に低開発状態が続き，自立的な発展が困難であった。このことが先進国と途上国との間での経済格差や，支配 - 従属関係を生む要因となったのである。従属論はこの要因を，各国の能力の違いではなく，世界的な資本主義システムによって諸国家が中心（センター）と周辺（ペリフェリー）へと構造化されている点に求める（フランク 1969=1976）。

　その中で周辺諸国は，鉱物資源などの原料や食料といった一次産品を中心諸国に供給する立場に置かれる。中心諸国はその一次産品から工業製品を作って輸出し，豊かになっていく。しかし周辺諸国は，一定の原料や食料の生産に特化したモノカルチャー経済になりがちな上に，それらの生産物の価格は市場の影響を受けやすい。その結果，周辺諸国は「低開発」の状態に留め置かれ，中心 - 周辺の間に，支配 - 従属関係も形成されるのである。

　従属論は「中心 - 周辺」への着目によって，国際関係における格差の固定化と支配 - 従属関係の構造化を導き出した。しかしその後，これまで低開発の状態に置かれていた周辺諸国の中からも，経済発展に成功する国家が登場した。これはどのように説明できるのだろうか。「半周辺」という概念を加えることでこの問題を解決し，このような国際関係の構造化を国家の枠組みを超えた一つの「世界システム」として特徴づけたのが，**世界システム論**である（ウォーラーステイン 1974=1981; 1983=1985）。

　世界システム論によれば，金融と商工業の中心地としての「中心」と，一次産品の供給地としての「周辺」に加えて，その中間である「半周辺」が存在し，世界は三層からなるシステムとして構造化されている。周辺諸国における労働搾取によって中心諸国では資本蓄積が進むという構造が世界レベルで形成されるが，周辺から半周辺へとステップ・アップすることが可能でもあるため，周辺諸国はこの構造の中に深く取り込まれるのである。

　世界システム論において国際関係を規定するのは，世界規模に広がった資本主義的市場経済である。多国籍企業などの資本家は，国家の枠を超えて活動することで世界システムを強化していく。その意味で世界システム論は，国家という存在を相対化し，その他のアクターに注目して世界レベルでの国際関係を

理論化した点に重要な特徴を持つ。その一方で，世界システム論は，資本主義的市場経済が国家を超えた政治を規定するという理論構成を取っており，政治学の観点からすれば，第1章第1節「政治と経済」でも触れたような，「経済が政治を規定する議論」であるとして批判を受けることにもなった。

(3) 国際制度とレジーム

◉ 国際レジームという見方

　ここまで取り上げてきた議論は，主に安全保障や経済に焦点を当てた，やや古典的な国際関係理論であった。しかし，グローバル化が加速する現代において国際的な対応が求められる問題は，安全保障や経済だけではなく，地球温暖化のような環境問題や，子どもや女性，難民の人権保護など，多岐にわたる。また安全保障でも，内戦やテロなど，国家単位で対処できない問題が頻発している。経済においても，国家間のFTA（自由貿易協定）が広がりを見せるとともに，金融規制なども国家を超えた争点となっている。

　これらの多様化する諸問題に対し，一元的に対応しうるような世界政府は存在しないということは，現代でも変わりがない。しかし，地球温暖化や難民保護といったそれぞれの問題ごとに，国家間協力に基づく仕組みを作ることで対応する流れが，現代の「国家を超える政治」における一つの傾向となっている。

　このような，個々の問題ごとにおける国際制度の形成に着目して登場したのが，**国際レジーム論**である。スティーヴン・クラズナーによれば，レジームとは「ある特定の問題領域において，アクターの期待がそこに収斂するような，暗黙または明示的な原理や規範，ルール，決定手続き」を指す（Krasner 1983: 2）。ここで重視されているのは，一つは上述のように問題領域ごとの対応という点である。もう一つは，その問題に対応する国際協力の制度として，成文化はされていないが各国が遵守せざるをえないような，規範やルールなども含めている点である。「レジーム」はたしかに国際制度を指すが，暗黙のルールやインフォーマルな協力体制なども含む「やわらかな制度」（マーチ／オルセン 1989=1994）として考えられている。

　このような国際レジームとして，安全保障では核不拡散レジームなど，経済ではIMF（国際通貨基金）といった国際通貨レジームなど，環境であれば地球温暖化防止レジーム，人権であれば国際難民レジームなどがある。ここで問題となるのは，このような「レジーム」としての国際制度は，なぜ，どのように形成されうるのかということである。この点が，近年の国際関係論における

大きな課題となっている。

◉ ネオ・リアリズム

　国家間の協力に基づく国際制度はどのように形成されるかという論点を前に，国際関係をあくまで国家間の「競争」から捉え，「協力」には否定的なリアリズムの理論は，どのような展開を見せたのだろうか。リアリズムは，国家間の勢力均衡から国際秩序が生まれるとした。この前提を維持しつつも，国際関係を一つのシステムとして捉え，それによって国際的な公共財が生み出されるという考え方が登場した。これらは**ネオ・リアリズム**と呼ばれる。

　その代表的論者であるケネス・ウォルツは，リアリズムの前提に立つとき，国際関係には多極システムと２極システムがありうると考えた（ウォルツ 1979＝2010）。前者は「力」が多くの国々に分散している状態であり，後者は「力」が二つの超大国に集中している状態である。ウォルツはこの二つの中でも，２極システムのほうが，安定した国際秩序が得られるとした。２極システムにおいては，ある超大国にとって真正面から対立しうるのはもう一方の超大国しかないため，自国が力を増強しようとすれば，その情報は相手国にすぐに伝わってしまう。その場合，相手国も力を増強する事態を招くことが予想できる。二つの超大国は，お互いにこの予想状態に置かれるため，両国ともが軍備増強には慎重になり，勢力均衡が保たれるとしたのである。この議論は，ちょうどアメリカとソ連との間の冷戦期に展開された。

　しかし冷戦はその後，終焉に向かった。その頃に新たに登場したのが，覇権安定論である。ロバート・ギルピンは，リアリズムの前提にのっとり，国家は力の拡大を目指して行動するが，それに成功し，他国を圧倒する力を持つ国が登場すると，それは覇権国となるとした。この覇権国は，自身に対抗できる国家がもはやないため，自国に有利な形で国際秩序を形成することができる。しかしそのことによって，たとえば同盟国に対する安全保障など，さまざまな国際公共財も提供できるようになる（ギルピン 1987＝1990）。

　このほかにもネオ・リアリズムにはさまざまな議論がある。しかし少なくともその一部は，国際秩序が形成・維持されるメカニズムを明らかにしようとした。これらの議論は，国家間の協力によって国際制度やレジームが形成されるという見方には，依然として否定的である。国際制度やレジームは形成されたとしても，大国によって左右されるものであり，国家間の協力とは言えない。とはいえ，ネオ・リアリズムが提起した「国際的な公共財の提供」という視点は，国際制度の形成を重視するリベラリズムの論者にも影響を与えている。

◉ ネオ・リベラリズム

国際関係における制度の重要性という観点から，その理論化に対して大きな貢献をしたのは，リベラリズムの側である。国際レジームへの注目も，主にリベラリズムの系譜から登場した。これらの議論は，成文化されたフォーマルな制度から，行動規範などを含む「やわらかな制度」まで「制度」の範囲を拡大して捉えた。その上で，各課題に対応した国際制度が交錯し，トータルとして国際秩序が形成・維持されると考えたのである。それらは**ネオ・リベラリズム**，あるいはネオ・リベラル制度論と呼ばれる。

これらの理論の特徴は，国際制度の役割を強調するだけでなく，制度がどのようにして国家間の協力を生み出すかについて，より洗練された議論を提示した点にある。たとえばロバート・コヘインは，国際制度を通じて国家間での情報交換が生まれ，一定の目的へと向けた協力や，裏切りを防ぐような相互監視が可能になるとした（コヘイン 1984＝1998）。彼は，制度に基づく国家間協力に基づき，覇権国のような超大国がなくても，一定の国際的公共財の提供や国際秩序の形成・維持が可能となると考えたのである。

ここまでの議論にも顕著に表れているように，ネオ・リアリズムとネオ・リベラリズムは，国家間の競争か協力かという点で，リアリズム対リベラリズムの対立を継承している。しかしその発展の中で，互いに共通する点も見出されるようになった。その一つは，国家は自己の「利益」に基づいて行動すると想定する点である。国家はその利益に基づいて競争し相互に裏切ろうとするので，その間に協力は形成されないとするのが，ネオ・リアリズムの議論である。それに対しネオ・リベラリズムは，相互に国益を追求しても，その間に情報のやり取りが可能であれば，そこには協力が生まれうるという論理を取る。たしかにそこには，競争か協力かという点で結論の違いはある。しかし国家の行動を，国家の利益を中心にした「合理性」の側面から考える点では，両者は同じ前提に立つのである（これら両者の共通点が見出されたことを「ネオ・ネオ統合」という）。

しかし，国家間の政治は，国家の利益の観点からのみ論じられるものなのだろうか。この点から（ネオ・）リアリズムと（ネオ・）リベラリズムの両方ともを批判し，規範の重要性を提起する形で登場したのが，**コンストラクティヴィズム**である。

◉ コンストラクティヴィズム

国際制度の一つとして，たとえば地球温暖化防止レジームを考えよう。この

レジームは，国家の利益にかなうだろうか。地球温暖化を防止するためには，二酸化炭素の排出量を制限することが必要である。しかし国家がそれを受け入れた場合，経済発展にとっては足かせとなる可能性があり，短期的には必ずしも利益になるとは言えない。つまり，国家の利益だけに基づけば，このレジームの形成は説明が難しい。また，地球温暖化防止レジームには，アメリカが積極的ではなく，覇権国が主導したとも言えない。覇権国が国際的公共財を生み出すとするネオ・リアリズムの観点からも，説明できない現象である。

　しかし，現実には地球温暖化防止レジームは形成されている。それはなぜなのだろうか。そこで注目されるのが「規範」の役割である。地球温暖化を抑えることは，地球の未来にとって「望ましい」だろう。この「望ましい」とする規範が拡大した場合には，二酸化炭素排出量の抑制は，長期的かつ地球的な視点から利益になるという認識が広まるかもしれない。また，この規範を受け入れなければ，後進的だというレッテルを貼られて国益を損なうかもしれない。このように規範的な「望ましさ」を追求して，あるいはそのような規範によって各国の利益が変化することで，国際制度やレジームの形成が可能となることもある。

　このように「規範」の役割を重視して国際関係を考える理論が，コンストラクティヴィズム（構成主義）である。その代表的論者であるアレクサンダー・ウェントによれば，国際関係は**間主観性**，つまりアクター間での共通理解から成り立っている。たとえばリアリズムは，「国際関係はアナーキーであり，その中で国家は国益を追求して競争する」と考える。しかしコンストラクティヴィズムは，このような国際関係の構造は，「国際関係はアナーキーであり，その中で国家は国益を追求して競争する」という「理解」が国家間で共有され，あたかも客観的に存在するかのように見なされることで実現していると考える。つまり，そのような国際関係は，客観的に存在するのではなく，間主観的に構成されている（Wendt 1999）。

　コンストラクティヴィズムによれば，国際関係のアクターの行動やアイデンティティも，またそれらのアクターから生み出される国際構造も，間主観的に構成されている。このことは一つの重要な意味を持つだろう。なぜならこのように捉えた場合，国家のアイデンティティや，国家間での共通理解が変化すれば，国際構造は「変化」しうることになるからである。このようにしてコンストラクティヴィズムは，リアリズムの硬直性を批判する。

　しかし，コンストラクティヴィズムはリアリズムだけでなく，リアリズムと

リベラリズムの両者が持つ合理主義的想定，つまり国家はその利益に基づいて行動するという想定自体を批判する。なぜなら，国家が何を利益と考えるか自体，間主観的に構成されており，リアリズムやリベラリズムが想定するような客観的な国益は存在しないからである。国家の行動を左右するのは，その利益を形成するアイデンティティや規範であり，「何が望ましいか」を規定する**適切性の論理**である。このようにコンストラクティヴィズムは，規範やアイディア，アイデンティティなどに注目して，国際関係を理解する。

　コンストラクティヴィズムはさまざまな議論へと発展しており（大矢根2013），その一部は国際関係の「理解」を目指すだけではなく，国際レジームはどのようにして形成されたのかについて，規範の観点から「説明」する理論に結びついた（→第9章第2節）。また，このように規範の役割に注目するならば，国際関係において役割を果たすアクターは国家だけとは限らない。国際組織やNGO（非政府組織）が，このような規範の発生や拡散に関して重要な役割を担うこともある。このように，国家以外のアクターの役割に光を当てた点にも，コンストラクティヴィズムの特徴がある。

　このように捉えると，「国家を超える政治」は，国家より上位か下位かを問わず，国家以外のアクターが役割を果たしうる場でもある。だとすれば，国際レベルでの秩序は，国家だけではなく，多様なアクターによって統治されていると見ることができる。このような視点から，国家を超える政治を広く「**ガバナンス**」として捉える議論も登場する。

(4) グローバル・ガバナンス

　ここまで見てきたように，「国家を超える政治」における最大の課題は，国家より上位の政府が存在しない中で，いかにして国際的秩序を形成できるかという点にある。その探求の中で注目を集めるようになってきたのは，国家以外のアクターの役割である。規範の拡散という点から見れば，NGOなどの役割は見逃せない。また，多国籍企業は，世界的な政治経済システムの形成に重要な役割を持つ。政治経済システムの形成という点からは，世界貿易機関（WTO）やIMFといった国際制度・組織が果たす機能もある。

　このように現代の国際関係においては，国家だけでなく，国家より上位には国際組織や地域組織，国家より下位にはNGOなど，さまざまなアクターがそれぞれの役割を担いながら，グローバルなレベルでの秩序形成に寄与している。このような秩序形成・維持のあり方を，**グローバル・ガバナンス**と呼ぶことが

ある。そもそも**ガバナンス**とは，政府（ガバメント）以外のアクターも一定の役割を担い，それらのネットワークに基づいて統治が行われることを意味する。国家より上位の政府が存在しない国際関係において，このガバナンスこそが，統治の実態に近いと考えられたのである。

足立研幾は，このグローバル・ガバナンスを，「一定の原理の下，多様なアクターが，レジームを含む多様な方法によって，グローバルな共通の問題群を管理運営する態様」と定義する（足立 2009: 9）。ここには，主に二つのことが含意されている。一つはアクターの多様性であり，とくに非国家的・非政府的なアクターの役割への注目である。もう一つは，争点や課題ごとの対応だけでなく，そのような争点や課題を横断する形で統治や管理運営がなされる点である。各争点に対応する諸レジームが束となり，トータルなガバナンスが可能となる点が強調されるのである（Rosenau 1995）。

グローバル・ガバナンス論は，国際関係を水平的なネットワークとして捉え，一定の秩序形成・維持が可能になると考える点に特徴がある。第 2 章第 1 節で述べたように，国家レベルの政治においては政府を頂点としたヒエラルヒー的

コラム 2-4　グローバル市民社会論

国家を超える政治の場を考える場合，リアリズムやリベラリズムの理論も含めて，かつてはそこに参入できるアクターとしては国家のみが想定されてきた。しかし近年においては，さまざまな市民社会のアクターの役割が拡大している点に注目する議論が登場しており，これらはグローバル市民社会論などと呼ばれる。その代表的論者であるメアリー・カルドーをはじめとして，グローバル市民社会論が想定する非国家的アクターは，グローバル社会運動，国際 NGO，トランスナショナルな市民ネットワークといったものから，民族主義運動や宗教運動まで幅広い。

グローバル市民社会論の特徴は，これらの市民社会組織をアクターとして想定し，一部の国家的エリートだけではなく，グローバルな問題に関心のある諸個人が，政策決定者に対して直接に声を届かせ，影響力を行使するチャンネルが開かれる可能性に注目する点にある（カルドー 2003=2007）。

（階層的）な秩序形成・維持が前提となるが，国際関係においてはそのような上位の政府がないからこそ，このような水平的な捉え方もできる。

　しかしこのように捉えるなら，グローバル・ガバナンスの様式は，単に水平的であるだけではない。そこには，グローバル−レジーム（国際制度）−国家−ローカルと連なるような，垂直的かつ多層的なガバナンスも想定されている。「国家を超える政治」においては国家だけが統治の主体になるのではなく，水平的・垂直的に網の目のように結びつけられたネットワークによって秩序形成・維持が行われている。

　グローバル・ガバナンス論にも，批判は提起されている。政治を**集合行為**として捉えるならば，国際関係の場においてどのように集合行為は形成され維持されるのか。また，そこに形成された一定のルールや秩序について遵守を迫ることは，政府なき国際関係の場において，どの程度可能なのか。これらの問題に対して，グローバル・ガバナンス論は明確な理論を持たないという批判がある（Pierre 2015）。しかしこれらの問題こそ，さまざまな理論が取り組んできた問題でもある。リアリズムは勢力均衡に，リベラリズムは国家間の協力や制度形成に，そしてコンストラクティヴィズムは規範の役割に，その回答を求めてきた。今後もこの問題の追求が続けられることになるだろう。

✏ 要点の確認

・国家における政治の場を考える際には，国家の上位に政府が存在しないという点が前提となる。そのような中で，どのように国際的秩序はいかに守られるか。この問題が，さまざまな国際関係の理論を生み出す論点となった。
・この問題に対して，リアリズムは国家間の競争を，リベラリズムは国家間の相互依存と協力関係を，そしてコンストラクティヴィズムは国際関係における規範の役割を重視して，その理論を組み立てている。

🐾 第2章の文献ガイド

ウェーバー，マックス（1919＝2018）『仕事としての学問　仕事としての政治』野口雅弘訳，講談社学術文庫。
　　▷ウェーバーの二つの講演を収録。第1節で述べたように，「仕事としての政治」は権力や支配との関係の中で国家を定義するが，そこから出発して，政治の本質に迫り，政治に関わる者に課される倫理的要求をも導き出す。
久保田裕之（2009）『他人と暮らす若者たち』集英社新書。
　　▷「他人」とのシェアハウジングについて，「自分たちの生活について自分たちで議

論し，決定し，決定に従うという意味での民主主義」（同書，189-190 頁）という視点を重視して分析した本。第 3 節でいう「親密圏〈をめぐる〉政治」の事例として。

齋藤純一（2000）『公共性』岩波書店。
　　▷タイトルにある「公共性」についての考察で定評のある著作だが，後半では親密圏についての検討も公共圏との対比で行われている。

坂本治也編（2017）『市民社会論——理論と実証の最前線』法律文化社。
　　▷市民社会のさまざまな側面について包括的に取り扱ったテキスト。「市民社会」への多様な接近の仕方を学ぶことができるが，とくに実証的な研究の知見を体系的に紹介している点に特徴がある。

山口定（2004）『市民社会論——歴史的遺産と新展開』有斐閣。
　　▷日本と欧米の両方における市民社会についての過去と現在の議論について包括的に学ぶことができる。

吉川直人・野口和彦編（2015）『国際関係理論（第 2 版）』勁草書房。
　　▷国際政治理論の展開について，第 4 節で扱うことのできなかった批判的国際理論なども含め，より詳しく学ぶことができる。また，国際政治を分析する際の方法についても論じられている。

第 3 章

政治の制度

──どこにどのような仕組みがあるのか──

　日本ではしばしば「決められない政治」が槍玉に挙げられ，その原因として首相の決断力のなさが標的にされる場合がある。しかし決断力のある首相なら，「決められる政治」になるわけではない。いかに決断力があっても，それを実現する権力を首相が持たなければ，国家の決定にはつながらないからである。

　首相にどの程度の権力を与えるのか。逆に，首相以外のアクターにどの程度の権力を与えるのか。それを規定するのが政治制度である。「決められる政治」になるかどうかは，首相などのアクターのパーソナリティを超えて，政治制度によって左右されている。したがって「決められる政治」を求めるなら，それを実現できる政治制度を考える必要がある。

　政治制度の役割は重要である。なぜなら，いったんそのような制度が作られたならば，好むと好まざるとにかかわらず，どんな政治家が首相になっても，「決められる政治」が行われうるということも意味しているからである。制度は，単なるルールという以上に，政治を大きく左右するのである。

◉　はじめに

　政治において，なぜ制度が重要になるのだろうか。

　新聞やテレビでの報道からわかるように，政治という場では，政治家や政党，首相，官僚といったさまざまなアクターが活躍する。政治が人間の営みである以上，政治において最終的な結果を生み出すのもこれらのアクターである。しかし，アクターは平等な権力を持つわけではない。より多くの権力を与えられたアクターは，政治に及ぼす影響力の面で優位になりうるし，より少ない権力しか与えられていないアクターはその逆となるだろう。このような権力分配のあり方は，政治制度によって規定されている面が大きい。

　政治制度のあり方によって，その国家の政治や市民社会，国際組織の特徴も異なってくる。また政治制度に注目すれば，それらの特徴を単にバラバラに把握するだけではなく，一定の類型に整理し，その中に位置づけることも可能となる。本章ではこのような政治制度について，第 2 章で行った「場」の分類にしたがって，国家（第 1 節），市民（第 2 節），国際関係（第 3 節）に分けて考えることにしよう。

　まず第 1 節では，国家における政治制度について扱う。主に民主主義体制として特徴づけられる諸国家の間でも，採用する制度によって，さまざまな違いが生まれる。ここでは，そのような違いを生み出す制度として，議会，執政－議会関係，中央－地方関係を主に取り上げる。とくに，それらの制度がどのように権力分配を規定しているかに注目しながら，国家における政治制度の類型や，それが持つ意味について考えていきたい。

　制度によって権力のあり方を規定されるのは，国家において政治に関与するアクターだけではない。一般の市民がどの程度参加し，またどのような形で政治に影響力を及ぼしうるかも，制度に左右される部分が大きい。第 2 節では，このような市民参加の制度について考えていく。最も包括的な政治参加の制度である選挙制度を中心としながら，近年広がりつつある国民投票・住民投票なども取り上げる。

　本章の最後に扱うのは，国家を超える政治の制度である。第 2 章でも見たように，国際社会において国家と同等の機能を持った政体を想定することは難しい。しかし，政治的争点がグローバルに広がる中で，さまざまな国際組織や制度が生み出されてきたこともまた事実である。第 3 節では，これらの国際組織・制度として，政府間組織と超国家組織を取り上げ，それぞれ国際連合と欧州連合（EU）という具体的な事例にフォーカスしながら，その特徴と可能性

について考える。

1. 政治体制と統治機構

(1) 政治体制とその類型

　本節では，国家に関わる政治制度について考えよう。第2章第1節で，国家とはある領域内における支配機構であり，その支配を成立させるためには，権力の正統化が重要であることを見た。しかし，権力の正統性を確保したり持続させるあり方は，国家によってさまざまである。それを実現する制度や政治組織の総体を**政治体制**という（山口 1989）。

　政治体制は，政治学の中でも最も重要な論点の一つである。古くは古代ギリ

コラム 3-1　非民主主義体制の分類

　本章の議論は，民主主義体制が中心となるので，非民主主義体制についてここで触れておこう。非民主主義体制とは民主主義体制の特徴を持たない体制であるが，どの程度その特徴が欠けているかによって，そのありようは異なる。ユアン・リンスとアルフレッド・ステパンは，非民主主義体制の類型として，権威主義，全体主義，ポスト全体主義，スルタン主義の四つを挙げている。この中で最も民主主義に遠いのが全体主義であり，経済的・社会的・政治的な多元主義が存在せず，公式政党が権力を独占している。また，体制が創出した義務的組織への広範な動員を求めるとともに，政治的リーダーに対する制約は不明確であるという特徴を持つ。

　他方，この中で最も民主主義に近いのが権威主義体制であり，限定的ではあるが政治的多元主義が存在している点に主な特徴がある。この両者を両極としつつ，全体主義と同様な特徴を持つもののその強度が弱いポスト全体主義，そして個人的独裁の性格が強いスルタン主義があるとされる（リンス／ステパン 1996=2005 99-100）。このような類型は，その非民主主義性の程度の違いを示すだけではなく，それらの国に民主化が起こった場合に，民主主義への移行経路やその後の安定性の違いを生む原因ともされている（→第5章第2節）。

シャの**アリストテレス**が，王政，貴族政，国政，僭主政，寡頭政，民主政から成る6政体論を展開し，各々の長所と短所を論じた。その後も，望ましい政体をめぐる議論は，政治思想の重要なテーマとされてきた。

　現在の世界において，最も大きな視点からの政治体制の分類は，民主主義体制と非民主主義体制を分けるやり方である。「民主主義」がどのような意味を持つのかについては第5章のテーマとなるが，ここではさしあたってユアン・リンスとアルフレッド・ステパンによる定義に基づき，民主主義体制の特徴を見ておこう。民主主義体制とは，①責任能力ある政治的多元主義が存在し，②異議申し立てのための手続き的規則と市民権に対する広範なコミットメントがあり，③自律的に発生した市民社会の組織と，競合する諸政党を通じた参加が保障され，④最高指導部が自由選挙によって形成され，その権限は憲法の制約と法治国家の枠内で行使されなければならないとする政治体制である（リンス／ステパン 1996=2005: 99-100）。

　このような体制は，自由民主主義体制と言いかえることもできる。つまり，個人の自由の保障を軸とする自由主義と，人々の政治参加の保障を軸とする民主主義という，二つの原理が結びつけられているのである。ただし権力という観点からみると，この二つの原理は対立する側面もある。民主主義が，人々の参加に基づいて政治権力を生み出すのに対し，自由主義は，個人の自由を守るために政治権力を制限することに重点を置くからである。とくに自由主義の立場からすると，民主主義が生み出しかねない「多数者の専制」には警戒せざるをえない（→第1章第3節）。したがって人々の政治参加を，主に選挙への投票に限定する**代議制民主主義**を基盤として，自由民主主義体制は編成されてきた。

　ただし一言で自由民主主義体制と言っても，そのあり方は国家によって異なる。その多様性をどのように分類できるかも，政治学の重要な論点の一つとなってきた。**アレンド・レイプハルト**は，社会の構造が同質的か多元的か，またエリートの行動が協調的か対立的かという二つの軸によって，民主主義体制を四つに分類した（表3-1）。彼はこの中でも，社会は同質型だがエリートは対立的な求心型民主主義と，社会は多元的だがエリート協調的な**多極共存型民主主義**が，体制の安定性に結びつきやすいとした。前者の代表国がアメリカやイギリスであり，後者を取る国としてはベルギーやオランダが挙げられる。

　言語や宗教などによる分断がある多元的な社会の場合，競争的な制度にすると集団相互の対立が深まったり，少数派がつねに不利な状態に留め置かれて不

表 3-1　レイプハルトによる民主主義体制の 4 類型

		社会の構造	
		同質型	多元型
エリート行動	協調型	非政治型民主主義	多極共存型民主主義
	対立型	求心型民主主義	遠心型民主主義

出所：レイプハルト (1977=1979: 139)

満を高めたりする可能性がある。したがって，それぞれの集団の代表者として
エリートが協調する制度に基づいたほうが，その国家は安定しやすい。逆に，
そのような分断のない同質的な社会から成る場合には，対立があってもエリー
トが競争する制度のほうが，その国家はより安定する。つまり，安定性の観点
から見て望ましい民主主義体制は単一に構想できるものではなく，社会のあり
方によって，より適切な民主主義体制は異なることが示されたのである。

　さらにレイプハルトはその後，欧米だけではなく世界 36 カ国へと分析の範
囲を広げながら，自由民主主義体制のあり方は「多数決型」と「コンセンサス
型」の二つに分類できるという形へと，その議論を発展させている（→第 5 章
第 1 節）。一人でも多い多数派による統治を行うのが多数決型民主主義であり，
多数派に権力を集中させるような制度によって編成されている。それに対して，
コンセンサス型民主主義は，できるだけ多くの勢力に統治への参加を認め，そ
の間で権力を分散させるような制度から形成される（レイプハルト 2012=2014:
1-2）。レイプハルトは，この二つの相違はその国家の統治機構をなす公式の政
治制度の違いによって生み出されているとした。つまり，制度の中に権力分配
のあり方が構造化されており，それらの組み合わせによって，異なった性質を
持つ民主主義的な政治体制が形成されているのである。

　それでは，国家の統治機構にはどのような制度があり，それはどのように権
力を分配しているのだろうか。以下では，議会，執政府と議会との関係，中
央 – 地方関係を取り上げ，制度による違いについて考えてみよう。

(2) 議　　会

　自由民主主義体制の最も基軸となる制度は議会であるが，議会にもさまざま
なタイプがある。日本の国会中継で，首相と野党党首による「党首討論」を見

たことのある人もいるだろう。これはイギリス議会における「クエスチョンタイム」をモデルとして導入されたものである。イギリスの議会は，互いの政党が丁々発止に議論する対決型としての性格を持ち，クエスチョンタイムはその象徴でもある。しかし，イギリス議会では活発な討論が行われるが，政府が提出した法案がそこで修正されることは多くない。対決型の討論によって法案の修正を目指すというよりも，各政党が自らの立場や政策をアピールする性格が強い。そのため，イギリス議会は「アリーナ（競技場）型」であると言われることがある。その一方で，アメリカの議会では，与野党のやり取りの中で実質的に法案が修正されていく。そのためアメリカ議会は，イギリスとは対照的に「変換型」として位置づけられる（Polsby 1975）。

　各国の議会にはさまざまな性格の違いがあるが，この違いは，議会に関係するさまざまな制度によって生み出されている。それらの制度によって，議会で活動するアクターに対する権力の分配が変わってくるからである。たとえば，議会内の多数派に大きな権力を与えている国と，少数派にも一定の権力を認めている国とでは，その議会の性格に大きな違いが出てくるだろう。

　このような権力分配の違いを生む制度としてまず取り上げるべきは，一院制か二院制かという違いである。たとえば日本は，衆議院と参議院からなる二院制の議会である。世界の3分の1は二院制であると言われているが（Tsebelis and Money 1997: 1），それらの国で二院制が採用された主な理由は，一つの議院の暴走を防ぐためである。たとえば，イギリスにおける上院（貴族院）は首相などから任命された終身議員からなり，選挙で選ばれた下院（庶民院）に対するブレーキ役としての役割を，歴史的には持っていた。大日本帝国憲法下の日本も貴族院と衆議院の二院制であったが，同様の役割が期待されていたと言ってよい。しかし民主主義の進展とともに，選挙で選ばれない上院（貴族院）が強い権限を持つことへの批判もあり，二院制から一院制へと変化した国もある。また，二院制を保っていても，議員を選挙で選ぶようになったり（日本の参議院），権限が縮小されたり（イギリスの上院）するなどした例がほとんどである。

　権力分配の点から問題になるのは，二院制議会での上院と下院との間の権力分配である。まず，下院に強力な権限が認められている場合がある。その典型はイギリスである。イギリスでは，上院は下院の決定に対して反対であっても，その法案を廃案にすることはできず，その成立を最長で1年遅らせることができるだけである。このようにイギリスでは，下院が優位である。

　上院に多くの権限が分配されている国もあり，下院と対等である場合もある。その代表例がアメリカである。アメリカの上院は州ごとに選挙によって選ばれた議員で構成され，下院とほぼ同様の立法権を有する。したがって，アメリカの議会に提出された法案は，上下両院で可決されなければ成立しない。また，アメリカほどではないが，上院に強い権限が与えられている国はほかにもある。ドイツの議会は，国民の直接選挙で選ばれた議員から成る連邦議会と，各州の代表者からなる連邦参議院から構成されるが，州に関連する法案を中心に一部の法案（同意法案と呼ばれる）は，連邦参議院の同意がなければ成立しない。

　アメリカやドイツにおいて上院が強い権限を持つのは，この両国が連邦制を取っている点とも関連がある（→本節 (4)）。この両国で上院は，州単位で選ばれた地域代表という性格を持ち，下院とは異なる固有の機能を持つと認識されている。上院には，州の自治を必要以上に侵すような決定がなされないようブレーキをかける役割が期待されているのである。つまり，これらの国では，上下院の間で権力が分有され，その間での合意が必要な制度となっている。

　日本の二院制においても，上院たる参議院は比較的強い権限を持つ。予算や条約締結に関して「衆議院の優越」が認められているとはいえ，一般の法律に関しては，参議院が否決した法案を衆議院で再可決するために衆議院の3分の2以上の賛成が必要である。このハードルは，決して低くはない。したがって，国家間比較の中に位置づけた場合には，両院が対等な権限を持つ類型により近い（レイプハルト 2012=2014: 166）。イギリスの上院とは異なり，参議院議員も直接選挙で選ばれるという民主的性格が，参議院の強い権限の根拠となっている。しかし，アメリカやドイツの上院が地域代表性としての固有の性格を掲げているのとは異なり，日本の参議院の性格は曖昧である。そのため，参議院は廃止すべきだというものから，衆議院とは異なる固有の性格を持たせるべきだというものまで，さまざまな意見があり論争の対象となっている。

　さて，各国の議会の性格は，政党間の関係を示す**政党システム**によっても異なる。二大政党制の国と多党制の国では，議会における諸政党への権力分配にも違いが生じ，それが議会の性格の違いへとつながる。二大政党制の国では，どちらかの政党が議席の過半数を占めることが多く，単独の政党によって政権が形成される場合がほとんどである。選挙で多数を占めた単一の政党に権力が集中するため，その政党システムは多数決型民主主義を構成する要素の一つとなる。先に，イギリス議会が対決型でアリーナ型であると述べたが，その背景にはこの二大政党制がある。単一の政党に権力が集中するのであれば，与党は

修正を受け入れる必要はなく，野党にとっては，次回の選挙に向けて自らの対決姿勢をアピールすることが重要になるからである。

　多党制の国は，これとは対照的である。議会に議席を持つ政党の数が多ければ，一つの政党が単独で過半数を得ることは困難になる。その場合，考えの近い複数の政党で過半数を構成する連立政権が常態化するだろう。たとえばドイツにおいては，1960年代以降は3から6の政党が議席を持つ「穏健な多党制」であるため，つねに連立政権が形成されてきた。このような場合には，議会における権力は複数の政党に分散され，よりコンセンサス志向的な議会運営が行われることになる。ベルギーやオランダといった，かつて多極共存型民主主義に位置づけられた国においては，社会の分断線に沿って政党も編成されている場合が多く，議会もコンセンサス型の性格がさらに強まる。

　ただし，これらの政党システムは近年では変化しつつある面もある。イギリスでは多党化が進む一方，ドイツやベルギー，オランダでも，近年は政党システムのあり方が変わってきている。

　日本の場合は特殊な位置づけとなる。かつての日本は，三つ以上の政党が議席を持ったものの，自民党が過半数の議席を占めることが続き，一党優位制と呼ばれた。ただし自民党は，内部に派閥があり，政策的にもそれらの間での調整が不可欠であったため，コンセンサス型の性格も有していたと言われる。1990年代以降は，二大政党化に向けた流れができるが，現在では多党化も見られるなど政党システムは流動的であり，その特徴も位置づけにくい。

　このように，政党システムも議会の特徴に影響を与える重要な要素であるが，それは法律によって規定された公式の制度ではなく，あくまで自発的に形成された政党の競争の結果として生まれたものである。それにもかかわらず，各国の政党システムは，一定の安定性を維持してきた。政党システムは，自由な競争の結果でありながら，なぜ安定的に形成されたのだろうか。その要因の一つは，選挙制度にある。

　選挙制度と政党システムとの関係を示す議論で，最もよく知られているのは**デュヴェルジェの法則**である（デュヴェルジェ 1951＝1970）。この法則によれば，小選挙区制の国では，二大政党化が進む。その理由はいくつかあるが，小選挙区制では各選挙区で1人の候補者しか当選しないため，1対1の競争が中心となり，第3党が過少代表されたり埋没したりする点が挙げられる。その典型は，単純小選挙区制のイギリスである。もっともイギリスにも，保守党と労働党の二大政党以外にも議会に議席を有する政党が存在し，近年その勢力は増してい

る。しかし，第3位以下の政党の議席数は，全国的な得票率に比べて著しく過少になっており，小選挙区制が二大政党化に向けた圧力を生むことは確かである。それに対し比例代表制では，各政党への得票率がそのまま議席数に反映するため，多党制につながりやすい。ドイツのように，5%以上の得票率がなければ議席を認めないという条項を持つ場合には（→本章第2節），政党数を減少させる効果が生じるため穏健な多党制となる。

　現在の日本の政党システムが流動的である要因の一つも，選挙制度に求めることができる。日本では1994年以降，小選挙区比例代表並立制が採用されている（→本章第2節）。小選挙区制と比例代表制という異なる選挙制度が組み合わせられた制度のため，「二大政党制への変換」と「多党制への反映」が入り混じった結果が生じる。このような状況を，「選挙制度効果の汚染」と呼ぶ。

　さてこのように，「二院間の関係」「政党システム」「選挙制度」と見てくると，各国の議会には，権力分配の観点から一貫した特徴が生まれている場合が多いことがわかるだろう。たとえばイギリスでは，下院の優越，二大政党制，小選挙区制の組み合わせにより，多数派に大きな権力が集中する制度になっており，「多数決型」の典型に位置づけられる。それに比べてドイツでは，上院たる連邦参議院が一定の権限を有するのに加え，比例代表制に伴う穏健な多党制のため，さまざまな政党に権力が分散する。決定を行うためには政党間での合意が必要であり，「コンセンサス型」に位置づけられるのである（→第5章第1節）。

　このような観点から見ても，日本の国会の特徴はやはり曖昧である。二院制の観点からは，権力を分散させる制度が取られているが，政党システムの観点からは権力の集中が可能な二大政党制が目指されている。しかし選挙制度は，権力の集中をもたらす制度（小選挙区制）と分散させる制度（比例代表制）が並立しているのである。そのため，日本の国会が多数決型なのかコンセンサス型なのか，またどちらを目指しているのかについて見通しにくい状況となっている。

(3) 執政府と議会との関係

　日本の首相のリーダーシップを高めるべきだという主張を耳にしたことのある人も多いだろう。その方策の一つとして，首相公選制が唱えられる場合もある。首相公選制にした場合には，国家のリーダーを国民が直接選ぶ点で，大統領制に近い制度となる。しかし大統領制になれば，一概にリーダーシップが強

くなると言えるのだろうか。

　ここで，アメリカの**大統領制**を考えてみよう。アメリカにおいて大統領は，任期が 4 年に固定されており，その間は，弾劾の場合を除いては議会から解任されることはないなど，リーダーシップを発揮できる制度的権限を持つ。しかし同時に，大統領の権限に関しては制約されている面も多い。たとえばアメリカ大統領には，議会に対する法案の提出権が与えられていないため，自らの望む法案に関して，議会に直接介入することはできない。そのためアメリカにおいて，大統領が望む法案が議会でなかなか可決されないということが，しばしば起こる。

　それに比べると，日本と同じ**議院内閣制**であるイギリスの首相のほうが，実はリーダーシップを発揮できているのではないかと感じる場面も多い。イギリスの首相（内閣）は，自らが望む法案を，議会に直接提出することができる。しかも，首相の属する政党が議会でも過半数を占めることがほとんどなので，このような政府提出法案が成立する比率も 100% に近い。自らの望む法案を実現させられるかという点に関しては，イギリス首相のほうがアメリカ大統領よりも，よりリーダーシップを発揮できているようにも見える。

　このような議論において鍵となるのは，執政府と議会との関係であり，その間での権力の配分を定める制度である。大きく言えば，現在の民主主義諸国において，執政制度は議院内閣制と大統領制との二つに分けられる。議院内閣制では，国民が直接選ぶのは議会の議員であり，その議会の信任の上に首相が選任され，執政府である内閣が組織される。議会によって内閣は選ばれるが，議会は内閣に不信任を突きつけることもできる。逆に内閣は，議会に対して予算案や法案を提出できる。このように議院内閣制においては，内閣と議会とは権力的に融合しており，時にそれは緊張関係をも生み出す。この原型はイギリスであり，日本も議院内閣制を採用している。また，ドイツやイタリアなどでは大統領と首相の両方が存在するが，大統領は政治的権限をほとんど持たないため，議院内閣制に位置づけられる。

　これに対して大統領制は，執政の長である大統領と議会とが，国民から別々に選出される制度であり，二元代表制とも呼ばれる。したがって大統領と議会の権力基盤は別々であり，権力が分立している。議会は大統領を選ぶことはできないし，解任するためにはハードルの高い弾劾手続きを必要とする。また，アメリカにおける法案提出権のように，大統領が議会に介入する権限も制約されている場合が多い。大統領制の典型はアメリカだが，韓国などもこの制度を

取っている。さらに、大統領と首相が、それぞれ政治的権限を持つ国もある。フランスが代表的であり、このような制度を**半大統領制**と呼ぶ。

議院内閣制において、執政府の権力の源泉は議会にあり、そのため執政府は議会に対して責任を負う（レイプハルト 2012=2014: 91）。しかし大統領制においては、執政府は議会から独立しており、その権力の源泉は国民にある。このことは、大統領に権力が集中するという特徴を生むと同時に、議会との間で権力が分立される側面も示している。したがって大統領は、議会に左右されない権力を持つ点でリーダーシップが強くなるとも言えるが、議会を左右する権限が限られる点でリーダーシップが制約される面もある。

ただし、執政府と議会との権力分配に関しては、同じ議院内閣制または大統領制を取っていても、国によって大きな違いがある。議院内閣制の国でも、内閣の権力の源泉たる議会の性格によって、相違が生じる。イギリスのように、議会において単独過半数を占める政党から首相が選出されることの多い国であれば、内閣に権限は集中し、リーダーシップは高まるかもしれない。しかしドイツのように、議会では連立政権が常態化し、そこから首相が選ばれる国は、執政府と議会との関係もコンセンサス型に近づくだろう。また議会が二院制を取る場合には、首相は下院から選出されることが原則のため、上院に強い権力を認めていれば、やはり執政府と議会との関係もコンセンサス型に近づくと考えられる。上下院で多数派の党派が異なる時（たとえば日本のねじれ国会）はとくにこの性格が強まるが、そうではなくても、上院が地域代表としての性格の強い場合には、州などの地域の代表者の同意も得なければならないということになる。

また、大統領制における執政府-議会関係も、主に大統領に与えられている権限の観点からさまざまである。先にも述べたようにアメリカの大統領は、議会への法案提出権を持たないが、韓国やロシアのように、大統領に法案提出権を認めている国もあり、この場合は大統領の権限はより強い。またアメリカのように、議会の可決した法案に対して大統領が拒否権を行使できる国もあり、その場合は、大統領の権限はより強くなるだろう。マシュー・シュガートとスティーヴン・ハガードは、法案提出権や拒否権など、大統領が議会に対して持ちうる権限を点数化し、大統領制の中でも強い大統領制から弱い大統領制まであることを示している（Shugart and Haggard 2001）。

このように見てくると、執政府と議会との関係においては、議院内閣制か大統領制かという統治機構の形式上の問題よりも、執政府-議会間における権力

表 3-2　権力の統一／分立と目的の統一／分立

		権力	
		統一	分立
目的	統一	イギリス	メキシコ，台湾
	分立	日本，チェコ	アメリカ，アルゼンチン

出所：Haggard and McCubins（2001：表 1-1）より筆者作成

　分配が本質的であるという考え方もできる。この点に関してレイプハルトは，議院内閣制と大統領制との区別は重要ではあるものの，それが議会と執政府との間の権力関係を直接規定しているわけではないとする。その上で，内閣（政権）の存続期間を重要な指標として，各国における執政府の議会に対する優越度を測定した（レイプハルト 2012=2014: 第 7 章）。大統領制であるアメリカにおける執政府の優越度は，議院内閣制であるイギリスよりも低く，日本やドイツと同程度である。しかし，大統領制である韓国における執政府の優越度はイギリスと同程度に位置づけられる。そして，執政府の優越度が高い国ほど多数決型民主主義義型に近づき，優越度が低い国ほどコンセンサス型民主主義に近くなる。以上のことを，レイプハルトは，統計的に示している。

　また，スティーヴン・ハガードとマシュー・マッカビンズは，執政府と議会との間の関係を考える場合，議院内閣制と大統領制との間を分ける「権力の統一（議院内閣制）か分立（大統領制）か」という問題だけではなく，執政府と議会との間で目的が統一されているか否かという点にも着目する必要があるとする。たとえば，連立政権だったり，与党が単一政党であっても内部対立の多い政党だったりした場合には，執政府とそれを権力的に支える与党の間で目的が統一されていないことも多く，執政府はリーダーシップを制約される。逆に，執政府と議会与党との間で目的が統一されていれば，執政府と議会は同じ方向を向くことになるので，執政府のリーダーシップは高まる。この「目的の統一／分立」を分けるのは，政党システムや，政党内部の一体性といった政党組織の問題である。彼らは，この「権力の統一／分立」と「目的の統一／分立」を軸として表 3-2 のような分類を示し，なぜ同じ議院内閣制（または大統領制）でも強い首相（大統領）と弱い首相（大統領）があるのかという問題に回答を与えた（Haggard and McCubins 2001; 待鳥 2012）。

(4) 単一国家と連邦国家（連邦制）

　権力分配という点から政治体制を見た場合，国家内での中央 - 地方関係もまた見逃すことのできない要素である。日本でも地方分権が叫ばれるようになって久しいし，近年では道州制への提言を耳にする機会もある。地方に権限を委譲しながら，国家としてのまとまりも維持することは，どうすれば可能であろうか。この問題を前に，**連邦国家（連邦制）**が注目されるようになった。

　連邦国家は，少なくとも二つの層からなる政府（たとえば連邦政府と州政府）から構成され，その間での立法権や行政権，財政的権限などの分配が，憲法によって公式に規定されている国家のことである（Watts 2008: 9）。連邦制が近年あらためて注目されているとして，二つの点が重要である（Erk and Swenden 2010: 3-4）。一つは，連邦制の持つ紛争管理能力の観点である。国家内に複数の民族や宗教，言語などを抱えるマルチ・ナショナル国家においては，その集団間の対立から国家内で紛争が生じたり，国家がバラバラになったりすることを防ぐ必要が高まっている。たとえばヨーロッパにおいては，イギリス，ベルギー，スペインなどで，地域の自治独立を求める動きにいかに対応するかという問題が生じている。また，イラクなどの国家建設において，内部の多様性を踏まえた新たな**ガバナンス**の構築が模索されてきた。このような文脈で，連邦制への注目が集まっている。

　もう一つは，経済財政を中心とした公共政策の観点からの注目である。近年のグローバル化や社会的多様化の中で，中央集権的で画一的な政策運営は，「中央政府の過剰負担」や非効率性を生むと指摘されるようになった。そのため，地域に政策の決定・実施やそのための財政運営の権限を委譲し，地域の主体性を活かすとともに，国家には「小さな政府」をもたらすことが期待され，連邦制もその文脈の中で注目されるようになった。日本における道州制の提言は，主にはこのラインに沿ったものである。

　連邦制・連邦国家の特徴を掘り下げてみよう。単一国家と連邦国家とを分ける指標は，立法権が集中しているか分割されているかという点にある。単一国家においては，中央政府のみが立法権を持つ。たとえば日本では，立法権は国家に集中しており，地方自治体は国家が定めた法律の範囲内で条例を制定できるだけである。したがって，日本は単一国家に位置づけられる。それに対して連邦国家においては，中央政府と地方政府との間で立法権が分割されており，地方政府は，各国家で定められた分野について，独自の立法を行うことができる。その意味で，単一国家では中央政府が地方政府に対して優越しているが，

連邦国家では，中央政府と連邦を構成する地方政府とは，対等の関係にある。

　ただし，曖昧な位置づけになる国も存在する。たとえばイギリスにおいては，スコットランド議会などの地域議会に一定の立法権が与えられており，この点では連邦制的な特徴が見出される。しかし，スコットランドが立法権を認められている分野でも，イギリス議会はその立法を覆すこともできるし，またイギリス議会はスコットランド議会を廃止する権限も持っている。この意味では中央が地方に優越しているので，イギリスは単一国家の位置づけとなる。このように，単一国家と連邦国家との境界は曖昧さを残しており，何が連邦国家に固有な特徴なのかについては，研究者の間でも論争が続いている。

　また，連邦制に括られる国の間でも，その権限配分のあり方などがきわめて多様であり，そのことが連邦国家を一括りに特徴づけることを難しくしている。しかしこのことは同時に，さまざまな観点から連邦国家の類型化を行うことで，それらの間での比較分析を可能にしようとする試みが広がる要因ともなった。

　アルフレッド・ステパンは，連邦制が採用される場合には，「集合（come together）」と「統一（hold together）」の二つのパターンがあるとする。「集合」とは，個々の政体を持つ集団が，共通の外敵に対処するために，それぞれの主権をプールし，一つの国家へと連邦化したものである。それに対し，もともと単一国家だが，内部の領域ごとに異なる言語や民族集団を含む国（マルチ・ナショナル国家）で，国家としての「統一」を保つために連邦化したケースもある。前者の典型がアメリカ，後者の典型がベルギーである。同じ連邦国家でも，その形成のプロセスを見ることで，連邦化の目的の違いを見出すことができるのである。

　また，一部の州にのみ多大な権限移譲が行われている場合がある。これは，非対称的連邦制と呼ばれる。その例としてベルギーやカナダ，スペインが挙げられる。それらの国に共通する特徴は，地域ごとに言語が異なっていたり，あるいは言語的なマイノリティを抱えたりしたマルチ・ナショナル国家であることである。アメリカやドイツなど，そのような特徴を持たない国においては，どの州にも同じような権限が付与される対称的連邦制が取られる場合が多い。内部に地域的多様性があり，それが少数派の権利の侵害や集団間の対立へと発展しかねない国では，非対称的連邦制を取ることで，その自治や保護を図る場合があるのである。

　さらに，連邦国家の中でも，より集権的なタイプとより分権的なタイプがある。中央議会における多数派が下した決定に対して，連邦を構成する州がスト

ップをかけることが制度的に認められていれば，中央に対して州の権限がより強く分権的となる。これは，連邦を構成する各州の代表からなる上院が存在するかどうか，その上院が下院の決定に対して拒否権を持つか，また上院が扱える政策の範囲がどの程度か，などによって決まる。たとえば上院が地域代表としての性格を持つために権限が強いアメリカやブラジルは，より分権的である。このように分類すれば，連邦制の議論は二院制のあり方の問題へと密接に結びついている。連邦制はさまざまな制度の組み合わせとして捉える必要があるのである。

　このように連邦制は，立法権を中心として，中央−地方の二層の政府間での権力分配の方法を定める政治制度である。そしてその分配のあり方はさまざまであるが，目指す目的によって，望ましい分配のあり方は変わってくる。連邦制の類型化を通じて，単に連邦制が望ましいかどうかだけではなく，その国の状況や目的を踏まえて「どのような連邦制がふさわしいのか」が探求されているのである。

要点の確認

・国家が，その権力の正統性を確保・持続させるあり方はさまざまであり，それを実現する制度や政治組織の総体を政治体制という。自由民主主義体制として特徴づけられる国の間でも，それを構成する制度の性格の違いによって，さまざまな類型が生まれる。

・各国の議会の性格の違いは，一院制か二院制か，上院と下院との間での権力分配（二院制の場合），政党システム，選挙制度などによって生まれる。

・執政府と議会との関係は，大統領制か議院内閣制かによってまず異なる。しかしそれだけではなく，大統領制や議院内閣制それぞれの内部でも違いがある。その違いを生み出すのは，執政府と議会との間での権力分配を規定する制度である。

・中央−地方関係に注目すると，単一国家か連邦国家という分類ができる。しかし連邦国家の中でも，目的や権力分配の違いによって，さまざまな類型化が可能である。

2. 市民参加の制度

(1) 政治参加とは

　政治の制度には，前節で見たような統治のための制度に加え，政治のプロではない一般の市民が政治に参加するための制度も存在する。何が「政治」であるかはそれ自体論争的だが（→第1章，第8章），本節では多くの読者が通常

イメージするであろう狭義の「政治」に，市民が参加するための制度について論じる。

　まず，政治参加にはどのようなものがあるかを見ておこう。**シドニー・ヴァーバ**らは，政治参加を投票，選挙活動，地域活動，個別接触，暴力に分類している。これらは，参加のコストが増大する，つまり容易には参加できなくなる順に並んでいる（ヴァーバほか 1978=1981）。政治参加のタイプを，制度的－非制度的，直接的－間接的，合法的－非合法的，国レベル－自治体レベルなど，多様な観点から整理することも可能である。たとえば，選挙は制度的で間接的，住民投票は制度的で直接的，といった具合である（篠原 1977; 坪郷 2009a）。非制度的な政治参加は，「社会運動」の項（→第4章第4節）に譲り，本節では制度的な参加の仕組みを概観する。

　選挙は，しばしば主要な政治参加のあり方と考えられてきた（蒲島 1988）。それは，私たちが選挙以外の政治参加の方法を，使いこなしていないということでもある。2010年から2014年に行われた国際比較調査では，投票以外の政治参加を経験した日本人の割合は，請願書署名（28.0%，48カ国中9位）が比較的多いものの，ボイコット（1.4%，47カ国中44位），デモ（3.6%，同42位），ストライキ（3.5%，同33位）の経験者は少ない（山田 2016）。他国においても選挙が圧倒的であるが，とくに日本人は選挙以外の参加には消極的である（西澤 2004）。他の形態の政治参加は投票よりコストが高い一方，選挙に高い**政治的有効性感覚**（political efficacy）を感じる人が多いせいでもあろう。政治的有効性感覚とは，自分の行動が政治的決定に影響を与えているという感覚や信念のことである。2013年の調査では，「デモや陳情，請願」などが国の政治に（「強い」または「やや強い」）影響を及ぼしていると考える人は23%だが，選挙は49%であった（NHK放送文化研究所 2015）。

(2)　なぜ政治家は選挙で選ばれるのか

　政治家と並び政策決定において重要な役割を果たす官僚（→第4章第2節）は，選挙で選ばれるわけではなく，日本では採用試験を経て職に就く。なぜ政治家は選挙で選ばれるのであろうか。選挙はいったい，何のために行われるのだろうか。その理由は，選挙がない（または実質を伴わない形式的な選挙しかない）社会のことを考えると見えてくる。独裁国家に関するニュースを見れば，あのような指導者を人々が自ら選んだわけではないことは想像できよう。そうした非民主主義体制とは異なり，日本などは民主主義体制（自由民主主義体

制）である。体制としての民主主義のメルクマールの一つとして，しばしば複数の政党による競争的な選挙が挙げられる（→本章第1節）。人々の支持が正統性の源泉となる民主主義体制のもとでは，支持を失った政権を別の政権と取り換える機会を，複数の政党が参加する競争的な選挙が提供している。

　民主主義のもとでは，独裁者や専制君主ではなく，主権者である一人ひとりの市民が，社会的な決定に対し自分たちの意見を反映させることができる。その一つの手段は，主権者が自ら決定に参加する**直接民主主義**である。アテネなど古代ギリシャのポリスで，直接民主主義が行われていたことはよく知られている。スイスでは今でも，約80％の自治体で，住民が直接集まって討論し意思決定する住民総会を開催している。ただし，総会には有権者であれば誰でも参加できるが，参加率は低く10〜20％程度がほとんどだという。また，人口2万人を超える都市自治体の多くでは，住民総会ではなく議会が置かれている（岡本 2014）。

　ましてや，数百万，数千万，または億といった単位の人口からなる巨大国家で，そのような手段を取れるであろうか。古代ギリシャのポリスでも，直接民主政に参加できたのは男性の市民だけであり，そこには女性や奴隷は含まれていなかった（→第1章第2節）。そのため，アテネの民会は数千人の規模だった（定足数は6000人）（橋場 1997）。日本の有権者9300万人が一堂に集まるには，東京ドームの2000倍の広さが必要で，その全員が5分ずつ話すと900年近くかかるので，直接民主主義は困難だとの説明がなされたこともある（小林 1994: iii-iv）。こうした物理的な条件は，インターネットの普及により変化しているが，議会と同じ密度での議論や意思決定を，現代の巨大国家で行いえないことは確かであろう。

　しかし，代議制により積極的な意味を込めることもできる。古代よりはるかに複雑になった社会で，すべての人があらゆる政策に通暁することは不可能である。また古代ギリシャでは，経済活動は奴隷によって担われ，市民は政治活動に専念する時間を持てたが，現在の市民の多くは，それぞれの職業に多くの時間を取られ，政治に向き合う時間は少なくならざるをえない。アテネの民会は年に40回ほど開かれたが（橋場 1997），社会の仕組みがはるかに複雑で，政府の活動範囲と仕事量が格段に増えた現在では，ずっと多くの時間を必要とするであろう。そのため，複雑な政治問題を専門に担う人を置くのは，直接民主主義が実現不可能だからというよりは，むしろ積極的にそうしていると考えることもできる（上田 2011）。この立場を突き詰めると，政治における市民の役

割は，代表者を選ぶことに限定されるが（シュンペーター 1942=2016），これは
民主主義観の問題である（→第 5 章第 3 節）。

　いずれにしろ，すべての有権者が一堂に会して議論や意思決定を行うのが難
しいのであれば，私たちの代わりにそれを行う人（代表）を選び，その人々に
代行してもらうことが考えられる。この代表を選出する仕組みが選挙である。
官僚を選挙で選ばないのは，彼らが私たちの代わりに決定を行う私たちの代表
ではないからである。官僚は，私たち主権者（の代表）が行った決定に従い，
行政上の職務を執行する存在である。

(3) 選 挙 制 度

　選挙制度という場合，通常は①選挙区の定数，②議席決定方法，③投票方法
の三つを指すことが多く，これらはいずれも各党の獲得議席に影響する。

　①の選挙区の定数は，小選挙区制，中選挙区制，大選挙区制といった呼び方
から，選挙区の「規模」や「サイズ」と表現されることもあるが，それは正確
ではない。**小選挙区制**（single-member district system）とは，選挙区で一人だ
けが当選する仕組みのことである。複数の候補が当選する選挙区は，**大選挙区
制**（multi-member district system）と呼ばれる。もともとの英語表現には，サ
イズを意味する語は含まれていない。日本の衆議院選挙では，1993 年の選挙
まで中選挙区制が用いられていたが，この中選挙区という名称は日本だけのも
のである。1980 年まで用いられていた参議院の全国区（全国を一つの選挙区
とし，50 名を選出する）と小選挙の中間の大きさであるが，複数の議員を
選出するので，大選挙区制の一種といえる。

　②の議席決定方法では，**多数代表制**と**比例代表制**が区別される。多数代表と
は，その選挙区の多数を代表するという意味だが，当該選挙区で 1 位（相対多
数）であれば過半数の得票を得なくても当選できる仕組み（日本の小選挙区制
など）と，1 位になっても絶対多数（過半数）を得なければ当選できない仕組
み（フランスの小選挙区制など）がある。比例代表制は，政党への投票で各党
の議席数を決定し，その議席数に従って比例名簿の上位から当選者を決定する。
ただし，名簿上位から自動的に当選者が決定する拘束名簿式のほかに，日本で
衆議院小選挙区と比例区の両方に重複立候補した候補を名簿の同じ順位に複数
並べておき，小選挙区で議席を得られなかった者の中から，当選者との差が小
さい者から当選させていく（惜敗率による順位決定）ような非拘束名簿式もあ
る。これは，政党だけでなく人も選べるという面を考慮した制度である。

　③の投票方法は，有権者が1名の名前を書く単記投票制と，複数の候補者を書く連記投票制に分けられる。単記投票制は1名を選出する小選挙区制に，連記投票制は複数を選出する大選挙区制にそれぞれ対応すると考えられる。ただし，日本の中選挙区制は一つの選挙区から3〜5名程度の議員を選出するが，単記制であった。

　選挙に関する制度には，ほかにもさまざまなものがある。中でも選挙権の範囲は重要である。日本など先進諸国では，**普通選挙制**が取られている（その反対は**制限選挙制**）。日本で女性が選挙権を得たのは第二次世界大戦後であり，大正デモクラシー期まで男性も納税額によって選挙権が制限されていた（納税額で制限されない初の男子普通選挙は1928年）。男女で投票行動が違ったり（→第8章第1節），階級や階層というクリービッジ（社会的亀裂）に沿って政党が形成されたりする（→第4章第1節）ことを考えれば，誰が選挙に参加できるかは，選挙に関連する最も重要な制度ともいえる。普通選挙制が普及した今では，有権者の範囲はもはや重要な問題ではないと思われるかもしれない。しかし，日本でも外国人地方参政権の導入を主張している政党があることや，社会保障制度における世代間対立が注目される中で選挙権年齢の18歳への引き下げが実現したことなどを考えると，決して過去の問題とは言えない。

　そのほかに政治参加に深く関係する制度として，棄権への罰金などのペナルティが設けられている場合もある。オーストラリア，スイス，ベルギーなど，先進国でも罰則のある国は少なくない。当然この制度は，投票率を高める効果を持つ。また，どのような選挙運動が認められているかも選挙に関わる制度として考えられるが，日本は選挙運動への規制が多い国である（坪郷 2009b）。たとえば，主要先進諸国で認められている家庭への戸別訪問が，日本では禁じられている。このことは有権者と議員との結びつきや，政治を身近に感じる度合いに影響を与えているだろう。なお日本では，選挙区から国会議員選挙に立候補すると300万円，比例区で候補を立てる党には600万円の供託金が課せられる。供託金は，立候補者の乱立を防ぐために設けられている制度で，得票が一定の基準に達しないと没収される。こうした制度は，立候補者数に影響する。

　選挙制度は，何らかの効果を期待して設計されているはずである。この点に関して，とりわけ多く論じられてきたのは，上記②の議席決定方法，つまり有権者の投票結果をどう議席に結びつけるかであり，とくに比例代表制と小選挙区制は，対極にある考え方である。両者は，選挙に何を求めるかをめぐる，異なった考えに依拠している（加藤 2003）。

　私たちの代表を選出するという選挙の趣旨からいって，選出された議員が私たちの意思をできるだけ反映することが望ましい。その点では，比例代表制が優れている。小選挙区制では得票率と議席数の乖離が大きく，比例代表制では小さい。2012年の衆院選で自民党は，小選挙区の得票率は有効投票数の43%だったのに，79%もの議席を得た。つまり，小選挙区制では投じられた票が議席に結びつかない死票が多くなる。他の選挙制度でも死票は発生するが，小選挙区制ではその傾向がとくに強い。

　比例代表制は，得票に応じて政党に議席が割り当てられるので，投票結果と議席数の乖離が生じにくい。有権者の意向が鏡のように反映される制度とも表現され，小選挙区制と比べて代表機能が高い。得票数が議席と乖離しにくいため，小政党も議席を得やすいが，そのことは小党が乱立しやすいということでもある。今日では，その考えは必ずしも支持されていないが（ドッド 1976=1977），

コラム3-2　マニフェスト

　2000年代以降の日本の選挙では，マニフェストが普及した。その唱道者たちは，従来の公約は，やりたいことを列挙した「ウィッシュ・リスト」にすぎなかったとして，数値目標や財源，達成時期などを明示したマニフェストの画期性を主張した。漠然とした目標が示されるだけの公約とは異なり，マニフェストは事後の検証に対し，より開かれているというのである。これは，主権者が代表を縛ろうとする一つの仕組みであろう。

　ただ，日本も大いに参考にした「本家」イギリスのマニフェストには，数値目標，達成時期，財源などは書かれておらず，日本のものと相当に異なる。これら3要素がそろった記述は，イギリス政治史上，2005年の労働党マニフェストでたった1カ所あっただけで，イギリスではむしろ哲学的な目標が書かれるという（小堀 2012: 補論）。

　2009年に政権を獲得した日本の民主党は，マニフェストで約束したことの多くを実現できず，大きな批判を浴びた。そのため，民主党は2012年の衆院選では，マニフェストから数値目標を大幅に減らし，財源や工程表も削ったが，その評価は分かれている。

　かつては小党が乱立して連立政権になると政権が不安定になるということがよく指摘された。そのため，あまり小さな政党が議席を得られないようにするため，一定以上の得票を得なければ議席を獲得できない阻止条項（足切り条項）を設けている国も多い。たとえばドイツでは比例区で5%以上の得票を得るか，小選挙区で3人以上の当選者を出すことができなければ，その党は議席なしとなる。

　日本では，選挙区ごとに当選に必要な票数が大きく異なる一票の格差が問題になっているが，比例代表制はこの問題を回避できる。全国を一つの比例区にすれば，一票の格差は生じない。現在は全国を11ブロックに分けているので，人口の変動によりブロックごとの一票の格差が大きくなる可能性はあるが，小選挙区制に比べ定数の是正は容易である。他方，小選挙区制は代表性の面で劣るが，政府を形成する機能に優れている。社会の中の意見分布を鏡のように反映した結果，議席配分がバラバラで小党乱立となった場合，どの党とどの党が連立して政府を構成するかは選挙後における各党間の交渉に委ねられ，有権者のコントロールが効かない（ただし，イタリアで行われてきたように，複数の党が選挙後，政権をともにすることを宣言して選挙に臨めば，この問題は回避できる）。

　小選挙区制は，わずかな得票差が過大な議席差を生み，いわば白黒がはっきりつく制度である。1993年のカナダの下院選挙で，それまで169議席を得ていた与党の進歩保守党がわずか2議席しか得られないなど，劇的な変化も起こりうる。日本でも，2009年に308議席を得て政権に就いた民主党は，2012年の総選挙で57議席に激減した。小選挙区制では，過半数の票を獲得した党がなくても，単独過半数政権ができやすい。そのため小選挙区制は，民意を集約する機能が高い。

　選挙制度は，政党システムや政治家の行動パターンにもさまざまな影響を与える。まず政党システムに関して，小選挙区制は二大政党を，比例代表制は多党制をもたらしやすいとする**デュヴェルジェの法則**（→本章第1節）は有名である。もっとも，政党システムには，選挙制度の影響を受けるだけでなく，社会的亀裂の反映という面もある（→第4章第1節(2)）。長く中選挙区制で行われていた日本の衆議院選挙は，1994年に小選挙区比例代表並立制となり（新制度で初の選挙は1996年），300（現在は289）議席を小選挙区で，200（現在は176）議席を全国11ブロックの比例代表制で選出している。

　次に政治家の行動パターンに関しても，選挙制度は影響を及ぼす（建林

2004）。定数 3 〜 5 名程度の選挙区が多かった中選挙区制では，自民党は同一選挙区に複数の候補を擁立していた。自民党の候補者は，野党候補に加え自党の候補とも競争するため，党組織は強くならず，後援会など議員の組織力が当選にものをいい，サービス合戦の様相を呈した。自民党に投票したい有権者は，党の政策だけでは，どの候補に入れるかを決められないからである。このように自民党内で競争があるため，党内に総裁候補となりうる有力者を中心とする派閥が発展した（→第 4 章第 1 節）。1994 年の選挙制度改革はこうした点を問題視し，一つの選挙区に同じ党から一人しか立候補しないようにすることで，政策の違いに基づく投票を目指したものでもある。

(4) 選挙の限界

　18 世紀のフランスの思想家ジャン・ジャック・ルソーは，イギリス人について，「彼らが自由なのは，議員を選挙する間だけのことで，議員が選ばれるやいなや，イギリス人民はドレイとなり無に帰してしまう」と述べた（ルソー 1762=1954: 133）。ルソーとは国も時代も異なる社会で暮らす読者の中にも，肯く人がいるかもしれない。私たちは主権者と呼ばれ，選挙カーから「お願い」されることはあっても，当選した議員たちが，私たちのための政治をやってくれていると感じられない人も多い。ある調査では，国の政策に国民の考えや意見が（「かなり」+「ある程度」）「反映されている」と考えている人は 34.6%，（「あまり」+「ほとんど」）「反映していない」が 62.1% であった（内閣府「社会意識に関する世論調査」2017 年）。しかし，選挙に勝った以上，有権者の付託を受けたのだとして，あたかも有権者が全権を委任したかのごとく発言する政治家がいる。果たして，選挙で勝てばフリーハンドを得たことになるのだろうか。

　今日，日本を含む多くの国は政治権力は憲法によって拘束されるという**立憲主義**の原則に立つ（→第 1 章第 3 節）。民主的な選挙で多数派に選ばれた政権は，何によっても制約されないわけではない。選挙の多数派と少数派が固定している社会で，選挙でつねに勝利する多数派が「選挙での勝利」を錦の御旗に少数派を抑圧する**多数者の専制**を行えば，少数派の権利が脅かされる。不満があるなら次の選挙で落とせばいいという，よく聞く主張は，マジョリティの理屈にすぎないといえるかもしれない。

　また私たちは，あらゆる政策について，自分と全く同じ意見を持つ政党に出会うことはまずないであろう。A 党の経済政策には賛成だが安全保障政策には反対だ，社会保障政策には賛成だが原発政策には反対だ，というほうが普通で

はないだろうか。私たちは，いくつかの政策については賛成でないことを承知の上で，よりましな政党に投票する。選挙後に，公約で触れられていない問題が大きな争点となることもありうる。そうしたことを考えれば，ある一時点における選挙の勝利をもって，次の選挙までは全権委任だとはなかなかいえないことがわかるだろう。

(5) 政治参加のためのその他の制度

　選挙結果がオールマイティでないなら，選挙のない期間の民意や，選挙では問いきれない民意が表出されることはないのだろうか。報道機関は頻繁に世論調査を行い，近年では内閣支持率が政権の死命を制することもあるから，選挙がない時期も，政党は有権者の意向を気にしている。とはいえ世論調査は，報道機関がいわば勝手にやっているもので，市民の参加を保証する制度ではない（というより，ほとんどの人は参加できない）。以下では，有権者に広く開かれた，選挙以外の政治参加の制度を見ていこう。

　選挙で代表を選んだらあとはすべてを委ねるのではなく，少なくとも重要な政策については，有権者が直接決定をする仕組みも考えられる。**レファレンダム**（referendum）は**国民投票**などと訳され，提案された事項に関して，有権者が投票により可否を決することができる仕組みである。2016 年にイギリスで行われたEU離脱をめぐる国民投票は，世界的に注目を集めた。日本では，憲法改正をめぐって国民投票の制度がある。日本国憲法 96 条では，各議院の 3 分の 2 の賛成で国民投票を発議し，国民投票で過半数を得た場合に憲法を改正できると定めている。この制度はまだ利用されたことがない。

　地方レベルでは同様に**住民投票**がある。住民投票は，個別争点について有権者が意見を表明できる機会で，日本でも自治体で住民投票条例を制定すれば実施可能である。有権者の 50 分の 1 以上の署名があれば，条例の制定や改廃を請求できる。条例案は首長や議員が提案することもできるが，住民から提案されるケースが大半を占める。1996 年に新潟県巻町で原発立地をめぐって行われた住民投票が注目され，後に多くの自治体で意思決定に用いられるようになり，住民投票条例を常設する自治体も見られる。2000 年代に市町村合併の是非を問う住民投票が多数行われたが，それ以外にも毎年 10 件から 20 件程度，住民投票を求める住民の直接請求が行われている。ただし，直接請求された住民投票条例案が成立するのは 10% 程度にすぎない（上田 2011: 69-71）。請求は有権者の 50 分の 1 以上の署名で可能だが，それが条例となるかどうかは，議会の判

断に委ねられるからである。

　具体的な争点について意見を聞く住民投票では，さまざまな政策を勘案して，よりましな政党を選ばなければならないという問題は生じない。それだけ，有権者の意向と政治的決定のずれが生じにくい仕組みといえる。他方，ここにも物理的な壁がある。あらゆる政治的決定を，すべて直接投票で決めることは，おそらく時間的に不可能である。もちろん，ただ採決するだけなら，電子投票によってこなすことは可能だろう。しかし，こうした考え方は，私たちがあらゆる政策について，あらかじめ意見を持っていると考えることである。

　先に述べたように，政治のプロではない多くの市民が，あらゆる政策について詳しく知っていることはまずない（「政策通」と呼ばれる議員が存在するのは，実はプロの政治家でもそうだからである）。電子投票で，全有権者がすべての政策に意思表示することは技術的には可能だろうが，それではすべての政策の内容について十分に理解した上で意思表示したことにならない。議会での審議には，それを通じて人々の意見が形成されたり修正されたりする意義もある。その意味では，電子投票を導入するにしても，対象となりうるのは限られた少数の，きわめて重要な政策ということになるだろう。

　住民投票の意義と問題点は，ほかにもある。まずポジティブな面として，住民投票に詳しいジャーナリストの今井一は，投票を通じた意思の表明それ自体に加え，投票に至る過程での住民たちの学習を挙げる。住民投票を定めた条例の規定は，公職選挙法よりも緩い場合が多い。そのため，戸別訪問や，新聞に賛否両派からのビラが連日折り込まれるなど，さまざまな情報提供の機会があり，住民投票を経験した地域の住民は，当該事案についての多くの知識を得て，自らの考えを身につけることが多いという（今井 2000; 2011）。選挙カーからの名前の連呼では，このようにはならないだろう。

　次に懸念すべき点である。住民投票については，保守派から衆愚政治に陥るとの批判もなされてきた。代議制の否定だと問題視する者も，議員をはじめ少なくない。くわえて，多数派による少数派の抑圧は，住民投票でも生じうる。今井は，「痴呆老人を含む要介護者の施設」や「知的障害者の施設」が近所に作られるのを阻むために住民投票をやりたいと相談を受けることがあるという（今井 2000）。

　今日，行政機関は，市民からのインプットを期待している面があり（→第4章第2節），選挙や住民投票以外にも，私たちの意見を行政に伝える機会は用意されている。パブリック・コメントを求められることは一般的になっている

し，タウンミーティングが行われたり，審議会委員を公募したりすることもある。ミニ・パブリックスという熟議のための制度も，市民参加の仕組みといえる（→第2章第2節）。

　また，司法においても市民参加の制度はある。それは，政治参加の制度として取り上げられることはあまりないが，衆議院選挙の際に行われる，最高裁判所裁判官の国民審査である。住民が国を訴えた裁判では，下級審で原告が勝利しても，最高裁で国が逆転勝訴するケースがよくある。そのため，日本では司法が機能していないという指摘もある。しかし，三権分立のもとでは，行政の暴走をチェックしブレーキをかける役割を司法は果たしうるし，立法府である国会で多数派を形成できない主張を，司法の場において正義と認めさせるルートは，制度的には存在している。アメリカでは，最高裁判事に誰が就任するかは，日本では想像しにくいほど，大きな政治的争点となる。アメリカの最高裁長官と陪席判事はいずれも任期が終身だが，日本では衆議院議員選挙のたびに，最高裁判所の裁判官を罷免することが可能である。したがってこれは，大きな政治参加の機会である。しかし，これまでに罷免された裁判官は一人もおらず，国会議員の選挙に比べても関心は低い。

　このように，選挙以外にも，行政や司法に参加するための制度は存在する。ただし，私たちがそれを使いこなしているとは言いがたい状況である。

⚠ 要点の確認

- 日本人の政治参加の機会は選挙に偏っている。選挙制度は，有権者の意見の代表性に優れた比例代表制と，民意を集約して政府を形成する機能に優れた小選挙区制がよく対比される。
- 選挙に勝てば全権を委任されたかのようにいう政治家もいるが，選挙での勝利はオールマイティではない。多数者の専制が，少数派の権利を脅かさないことへの配慮が必要である。
- 選挙以外にも，市民参加の制度はいろいろとあるが，日本においては十分に使いこなされているとはいえない。

---

3. 国家を超える統治機構

(1) 二つの原理

　第2章第4節でも見たように，国際社会において国家より上位の政体を想定することは難しい。しかし，政治的争点はグローバル化しており，集合的決定

や秩序の形成・維持といった「政治の機能」は，国際社会においても求められている。それはどのように達成されるのだろうか。この問題は，国家を超える統治機構はいかに可能かという論点に結びついている。リベラリズムやコンストラクティヴィズムが注目するように，国家間の協力によって形成されたさまざまな国際組織や国際機構が，統治機構としての役割を一定程度担う可能性はある。これらを念頭に置いた場合，グローバルなレベルでの統治機構として，その下位にある国家とどのような関係があるかによって，主に2種類のものを想定することができる。

　一つは，**政府間組織**である（大西 2007: 194）。これは，複数の国家からの代表によって構成される組織であり，その典型は国際連合である。またNATO（北大西洋条約機構）のように，特定の地域あるいは政策分野に限定された形で，政府の代表によって構成される政府間組織もある。これらは，あくまで国家間の連合という性格が強い。

　それとは異なり，やはり複数の国家によって構成されつつも，国家の上位にあって国家を超越する統治機構を想定することもある。これを，**超国家組織**と呼ぶ（大西 2007: 195）。超国家組織は現在のところ完全な形では現実には存在しないが，EU（欧州連合）はこの超国家組織を理想としてきた。また同様の試みとして ASEAN（東南アジア諸国連合）もあるが，EU のほうが超国家組織に近い。

　このように，政府間組織と超国家組織という二つの原理から，国家を超える統治機構を想定することができる。それでは，それらは具体的にはどのように機能しているのだろうか。以下では，政府間組織の典型として国際連合を，超国家を目指した組織の典型として EU を取り上げ，それらがどのように生まれ発展してきたのか，また現在どのような機能を果たしているのか，そして国家を超える統治機構としてどのような可能性と限界を抱えているのかについて，考えていくことにしたい。

（2）国 際 連 合

　歴史的に見て，グローバル規模の政府間組織として初めて設立されたのは，国際連盟であった。国際連盟は，甚大な被害をもたらした第一次世界大戦後，戦争を防ぐための国際組織として，1919 年に設立された。国際連盟は国家間の協力に基づいて平和を達成することを目的としていたが，その限界はすぐに現れた。アメリカが議会の反対のために加盟できなかったため，国際連盟の影響

力は弱まった。さらに，全会一致によって意思決定を行うという方針のために，国際連盟が国家間対立の中で有効な意思決定を行うことは困難であった。その結果，第二次世界大戦というさらに悲惨な戦争の勃発を止めることができなかったのである。

第二次世界大戦後，その反省の上に設立されたのが国際連合である。その基礎は，まだ戦中である1941年に，アメリカのフランクリン・ローズヴェルト大統領とイギリスのウィンストン・チャーチル首相とによって発表された「大西洋憲章」にある。その中に盛り込まれた，国家間で互いに戦争を禁止し合うという集団的安全保障の考えを引き継ぎ，1945年には連合国を中心とした51カ国の間で「国連憲章」が採択され，国際連合（国連）が発足した。その後1956年には日本も加盟するなど，国連加盟国は着実に増加し，2019年の時点でその加盟国数は193カ国に及んでいる。

このような経緯のため，国連は国際連盟の失敗も踏まえ，さまざまな固有の特徴を持つことになった（明石 2006: 29）。第1に，国連は国際連盟と同様に集団的安全保障を中心的な役割としつつも，経済社会活動などにもその機能を拡大させた。したがって国連は，**安全保障理事会**だけではなく，経済社会理事会など複数の理事会，また多数の委員会を下部組織として有しており，現在に至るまでその機能は拡大の一途をたどっている。第2に，全会一致の原則が国際連盟の失敗を招いたという反省を踏まえ，国連は原則的に多数決方式を取っている。ただしこの点に関しては，安全保障理事会における拒否権の存在など，例外もある。第3に，その主要目的である集団的安全保障に関し，国連に大きな権限が与えられている。安全保障理事会の決定は，すべての加盟国に対して拘束力を持つ。この点は，国連の統治機構としての性格を強めているが，後述するようにその実効性に関しては疑問も投げかけられている。

国連は，このような基本的性格を伴って発展してきており，現在の組織は図3-1のように多岐にわたる。全加盟国によって構成される国連総会を中心に，その下には，さまざまな委員会や実行機関が組織されている。国連総会は，多数決原理に基づいて決議する。国家の統治機構になぞらえるならば議会に近いと言えるかもしれないが，その間には決定的な違いが存在する。まず，総会の決議は強制力を持たず，原則として勧告にとどまる。その決定が立法となり強制力を伴う国家の議会とは，この点で大きく異なる。また総会での投票においては，一国一票制度が取られている。この制度にはすべての国を平等に扱うという原則が表れているが，人口の多い国も少ない国も同じ1票しか有さないた

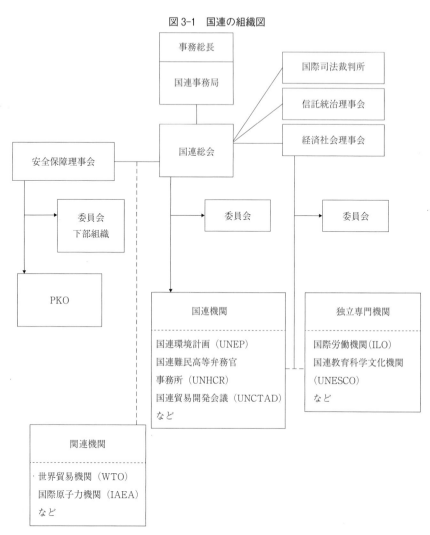

図 3-1　国連の組織図

出所：猪口孝・田中明彦・恒川惠一・薬師寺泰蔵・山内昌之編（2005 年）『国際政治事典』弘文堂，360 頁（一部省略）。

め，人口比からすれば偏りが生じている。この点は，国連が国家の代表から成る政府間組織であることを表している。

より強制性を備えた決定機関として，安全保障理事会がある。国連が創設された主要な目的は集団的安全保障であったため，安全保障理事会は国連の中でもとくに重要な役割を担うとともに，その決議は加盟国に対して拘束性を持つ。その任務は，紛争状態にある当事者に解決に向かうよう勧告することや，紛争が悪化しない措置を取るよう紛争当事者に要請することである。その手段として，安全保障理事会は，経済制裁や軍事的措置などを決定する権限を持つ。

安全保障理事会の決定方式は，総会とは異なる。安全保障理事会は，アメリカ，イギリス，フランス，ロシア，中国の五つからなる常任理事国と，その他10カ国の非常任理事国によって構成されるが，手続き事項以外の評決では，合わせて9カ国以上の賛成が必要であるとともに，常任理事国の5カ国には拒否権が与えられている。つまり事実上，その決定には常任理事国の全会一致が求められるのである。したがって，安全保障理事会の決定は加盟国に対して拘束力を持つが，常任理事国間での対立などもあり，有効な決定が下されたことは少ない。このことが，安全保障理事会は機能停止に陥りがちだという批判を招く原因となるが，同時に強制性を有するがゆえに，その決定には慎重な手続きが定められているということでもある。

国連にはそのほかに，国家における官僚機構に相当するものとして国連事務局，また裁判所に相当するものとして国際司法裁判所も設置されている。国際司法裁判所は，国家間紛争に関わる案件を処理するが，そこに訴えを起こすことができるのは国家だけである。また，その判決は拘束力を持つが，訴訟を起こされた場合に応訴することを義務としている国は，加盟国中でも3分の1程度にすぎない。残りの国々は，訴訟を起こされたとしてもそれに応じる義務はなく，応じなければ裁判自体を始めることができない。

以上のように，国連には国家における立法，行政，司法に対応する組織が形成されてはいるが，それぞれに，政府間主義ゆえに生じる制約も存在する。とはいえ，国連はその設立以後，さまざまな形で役割を拡大しており，いまや国連の存在に言及することなく，国際社会の安定について考えることも難しい。

この役割の拡大は，主に二つの側面において生じている。第1に，もともと集団的安全保障をその役割の核として設立された国連であったが，いまや安全保障を超えた多様な争点にその役割を拡大している。まず，経済や開発への取り組みが広がっている。国連の特徴は，経済社会理事会を設立するなど経済問

題に踏み込んだ点にある。また，1964 年に国連総会の常設機関として設立された国連貿易開発会議（UNCTAD）は，発展途上国が集まり，南北の経済格差を解決するためのさまざまな要求を実現させる場となった。

　それに加え，国際的な人権保障に取り組んでいることも，国連の特徴である。国連難民高等弁務官事務所（UNHCR）など，人権問題に関わる国連機関が設置されているほか，国連総会で採択された人権保障の条約も数多い。1948 年にジェノサイド条約，1965 年に人種差別撤廃条約，さらに 1979 年には女子差別撤廃条約が採択されるなどしている。これらの条約を批准するために，各国はそれに対応した国内法を整備する必要がある。たとえば日本は，女子差別撤廃条約を批准するため，1985 年に男女雇用機会均等法を制定した。このように国連の試みが各国の政治へと波及している面もある。

　さらに，環境問題に対する取り組みも，近年においては顕著に見られる。1972 年に国連環境計画（UNEP）が国連機関として設立されたことに端を発する。1992 年にはブラジルのリオで国連開発環境会議が開かれ，気候変動枠組条約や生物多様性条約が提起されるなど，その後の国際的な環境保護への取り組みの基礎を形成するなどしている。

　第 2 に，もともとの核であった集団的安全保障に関しても，国連の役割は変化を伴いつつ拡大している。たとえばそれは，**人道的介入**において著しい。人道的介入とは，「ある国において，住民に対して大規模に苦痛や死がもたらされている時，それを止めることを目的として，その国の同意なしに軍事力をもって介入すること」である（最上 2001: 10）。このような状況は，これまでの安全保障において主に想定されてきた，国家対国家の紛争の枠には収まらない。なぜなら人道的介入は，国家内の対立に対して，その国家の政府が対応能力を持たないか，あるいは，その国の政府自体が迫害の加害者となっている場合を対象としているからである。この人道的介入のために，国連はさまざまな形で平和維持活動（PKO）を行っているが，とくに 1990 年以降にその数は急増しており，国連による安全保障活動の主軸となりつつある。

　ただし，PKO の実効性には批判も提起されている。1992 年には，安全保障理事会の決議を経て，内戦状態にあったソマリアに国連平和維持軍が投入された。しかし，内戦を止められなかったばかりか戦闘が激化し，平和維持軍は撤退を余儀なくされた。また 1993 年からは，民族間対立の深まるルワンダに平和維持軍が送られたが，軍の規模が小規模であり，結局ジェノサイドを止めることができなかった。国連による人道的介入の試みは，試行錯誤の連続だった

と言える。

　また，国家間対立のために安全保障理事会で実効性のある決議が取れず，そのことが問題をもたらすこともある。1999 年には，当時のユーゴスラヴィアの中のコソボ自治州において内戦が激化し，ジェノサイドも生じている状況の中，イギリスやドイツなど欧州諸国は人道的介入を実施すべきと主張した。しかし，ロシアや中国の反対にあって，安全保障理事会の決議を取ることは絶望的であったため，アメリカと欧州諸国からなる NATO 軍によって，コソボに対する空爆が行われた。この時の人道的介入をめぐっては，その合法性や正当性をめぐって，現在でも評価が割れている。

　このような問題は，現在に至るまで繰り返し提起されている。2011 年以降，シリアでは政府と反政府組織との対立が続き，安全保障理事会はいったんは決議に基づいて国連平和維持活動を行ったものの，効果なく撤収し，その後は安全保障理事会の決議が取れない状態で，アメリカやフランス，さらにはロシアによる軍事介入が進められた。その背景には，国連の役割が拡大しながらも，政府間主義という原則のために，その活動に対して各国家が合意することが困難な場合があるという，国連の根源的な問題がある。このことは，グローバルな統治機構である国連の可能性と限界とを，同時に映し出している。

(3) Ｅ　Ｕ

　国連などに比べて，超国家的組織という性格をより強く持つのが EU である。とはいえ，EU を超国家組織として位置づけるのは行きすぎな解釈であり，実際には，EU は政府間主義と超国家主義との間でせめぎ合っているというのが実際のところである。また，超国家主義と政府間主義との両面を並存させていることが，ユーロ危機からイギリスの EU 離脱へと至る，EU の動揺の背景にある。

　EU は，ドイツやフランスほか 6 カ国によって 1951 年に設立された欧州石炭鉄鋼共同体（ECSC）に端を発する。ECSC は，それまで独仏間の戦争の原因となった石炭と鉄鉱石を 6 カ国間で共同管理することを目的としており，経済と安全保障とを結びつけるものであった。その後 1957 年に，この 6 カ国で共通関税制度を適用し自由貿易を進展させることを目的とした欧州経済共同体（EEC）が，1958 年には原子力エネルギーについて共同に管理する欧州原子力共同体（Euratom：ユーラトム）が設立された（平島 2004: 59-62）。

　1967 年には，この三つが統合されて欧州共同体（EC）が発足し，イギリス

やスペインなど，加盟国は拡大した。ECの主要な目的は経済統合に向かい，とくに市場統合に重点が置かれた。1986年に「単一欧州議定書」が調印され，加盟諸国は，国境でのチェックや工業規格といった非関税障壁を取り除いて，1992年までに域内市場統一を目指すことで合意した（小野 1995: 48）。このようにECでは経済統合が先行していくが，それが成果を生むと，次は通貨統合および政治統合に向けて，統合の深化を目指すようになった。

　1992年のマーストリヒト条約によって，ユーロへの通貨統合に加え，欧州共同体，共通外交・安全保障政策，司法・内務協力という三つの柱が導入され，EU（欧州連合）が創設された。欧州統合は，超国家組織を目指す政治統合へと一歩進むこととなったのである。しかし，マーストリヒト条約批准にはいくつかの困難も生じた。デンマークではマーストリヒト条約批准が国民投票で否決され，イギリスでは議会において条約批准が否決されたのである。最終的には両国とも条約を批准するが，統合が政治領域へと進むにつれ，加盟国内からの抵抗が強まったのである。

　2000年にイギリスなどを除いたEU諸国間で共通通貨ユーロが発効すると，政治統合へ向けた動きは加速した。EUを超国家的連邦にすることを目指し，欧州憲法条約の制定へと向かったのである。しかしこの条約の批准は，2005年にオランダ・フランスの国民投票で否決され，それを受けイギリスは，国民投票の実施自体を見送った。結局，欧州憲法条約は凍結されたのである。それでも，その代わりに超国家的性格を弱めたリスボン条約が2007年に調印されるなど，統合への歩みが止まったわけではない。

　以上のようにEUは，経済協力→市場統合→通貨統合→政治統合という形で，国家間協力から超国家組織に向けて着実に進んできた。しかし同時に，政治統合へと進むにつれ加盟国からの抵抗も生じるようになり，超国家的性格を弱めたり，反対する国家に適用除外を認めたりしてきた。その結果EUは，超国家組織を目指しながらも超国家組織にはなりきれないという性格を有する。とはいえ，EUには，単なる政府間組織を超えている部分もあり，「独特な政体」としての性格を色濃く持つこととなった（平島 2004; 遠藤 2013）。

　その「独特の政体」としての特徴は，現在のEUの機構面に見られる。まずEUには，国家における議会と行政機関に相当する組織が存在する。前者は欧州議会である。欧州議会は，加盟国それぞれを選挙区とし，その有権者によって直接に選挙された議員から構成される。したがって，それぞれの国の代表が集まる国連総会とは異なり，国家の議会により近い代表の形態となっている。

図3-2　EUにおける決定手続き

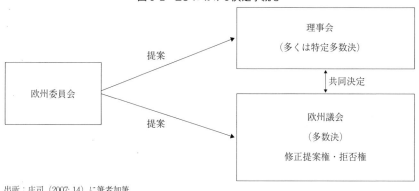

出所：庄司（2007: 14）に筆者加筆

　また，行政に相当するのが欧州委員会であり，こちらは各国から1名ずつ，加盟国首脳が指名したメンバーによって構成される。

　ただし，欧州議会と欧州委員会が持つ権限やその間の関係は，国家の議会及び行政とは大きく異なる。最も大きな違いは，立法提案権は欧州委員会が持ち，欧州議会は，修正提案権や拒否権，共同決定権を持つにとどまる点である。さらに特徴的なのは，図3-2に示した通り，政策決定には理事会が関わる点である（庄司 2007: 14）。理事会は，総務・外務，経済・財政など分野別に九つあり，加盟国の閣僚レベルの代表者から構成される。委員会から提案された法案を承認するためには，理事会の7割あまりの賛成が必要とされるが，国の規模によって一国が持つ票数は異なる（特定多数決）。

　このように，EUの決定機構にも超国家主義と政府間主義との両方が認められる。欧州議会の存在は超国家的であるが，その権限は国家の議会よりは制約されている。またEUに固有の組織であり，立法に関し大きな権限を持つ理事会は，各国の代表からなる点で政府間主義的である。さらに，外交・安全保障などの分野では理事会が中心となることも多く，それに対して欧州議会は意見を表明できるにとどまる。つまり，EUは政治性の高い争点に関しては，より政府間主義としての性格が強まるのである。

　ただし，EUが加盟各国に対して持つ政治的影響力は，すでに大きくなっている。その中で，加盟各国の政治制度の違いを超えて，加盟国間で諸政策が少しずつ収斂している面もある。これらの傾向を「ヨーロッパ化」と呼ぶ（Featherstone and Radaelli 2003）。

コラム 3-3　EU 加盟国の政策収斂のメカニズム

　EU 加盟国間で政策の収斂を生み出すメカニズムの一つが, 指令 (directive) である。EU が各国に対して指令を出した場合, 加盟各国はそれを適用するために, 各国内での立法化を進める。たとえば環境問題に関し, EU がある製品に関わる安全規制を指令として出したとすると, 加盟各国は国内立法でその規制を取り入れていく。

　このようにして加盟国間での政策波及・収斂が生じるが, この波及は, EU 加盟国だけにとどまらない。EU 内でその製品を売るためには, 日本や中国の企業も, その規制基準を満たしたものを作らなければならないからである。このようにして政策収斂がグローバルに広がる面もある (遠藤・鈴木 2012)。

　また指令ほどの強制力を伴わず, 緩やかに政策収斂を促すために, 開放的調整方法 (OMC) という手法も試みられた。OMC は, 指令のようなトップダウン的な手法ではなく, 加盟国の自発性を尊重しながら一定の政策的方向へと収斂を目指す方法である (Hodson and Maher 2001)。その手段としては, ガイドラインの設定や, 成果指標や基準の設定, 各国に合わせた目標への読み替え, 定期的なモニタリングと相互検証がある (近藤 2013)。これらを通じて, 各国内での学習を促進することで, 長期的な観点から一定の政策的収斂へと導くことが目的とされた (De la Porte and Pochet 2002: 27-32)。

　それらの過程を経て EU は加盟国間で一定の政策的収斂も生み出したが, 他方 EU には問題点も指摘されている。選挙で選ばれていない代表から構成されている欧州委員会が強大な権限を持つために, 官僚主義的であり民主主義的性格に欠けるという批判が, その最たるものである。これは**民主主義の赤字**と呼ばれる。たとえば, EU が加盟国に対して法整備を要求する指令のメカニズムにおいては, 一部の政策分野を除いて欧州委員会が提案権を独占しており, 選挙で選ばれた議員からなる欧州議会や各国の閣僚からなる理事会は承認権を持つにすぎない。

　国家の統治機構に比べれば欧州議会の権限が制約されていることや, 欧州議会選挙での投票率の低さなども相まって, この「民主主義の赤字」は, EU の多くの活動に関して指摘されている。つまり, EU の決定は, 手続き的な面で

各加盟国の有権者の意思を十分に汲んだものとは言えず，各国民が EU の諸決定を一方的に押し付けられているという不満が高まっているのである。

第 2 章第 1 節で見たように，国家が行う決定の民主的正統性は，インプットとアウトプットの両面からなる。しかし EU の場合は，国家と比べればインプット的正統性が弱く，その民主的正統性の根拠がアウトプットのほうに依存してしまうのである。良好なアウトプットを維持している間は，その正統性もまた保たれるが，失業率の増大など各国の経済パフォーマンスが低下したり，移民・難民問題など新たな争点に有効な対処ができなかったりした場合には，アウトプット面においても，正統性は掘り崩されやすい。EU から緊縮財政を迫られたギリシャの反発や，2016 年のイギリスの離脱決定，各国での反 EU 政党の台頭など，主にユーロ危機以降に生じている EU の揺らぎの原因の一つは，この点にある。

この問題もまた，EU が超国家組織にはなりきれない政体であるという点に由来している。したがって克服の方向性としては，インプット的正統性を担う欧州議会の権限を強化するなど，超国家主義的性格を強める，すなわち国家と同様の政体に近づくというものがありうるだろう。実際，欧州議会の決定権限は，EU 予算に関するものなどに拡大しつつある。その一方で，政府間主義としての性格を強めるべきだという考え方も存在する。たとえば，歴史的に EU に消極的であったイギリスの中でも，最も EU に建設的に関与したトニー・ブレア元首相は，各国の閣僚からなる理事会の権限強化によって，民主主義の赤字から脱却することを提言したことがある（近藤 2009: 200）。

それに加えて，EU を「独特な政体」として発展させることで，民主的正統性の確立を考える議論もある。欧州委員会や理事会の担当局員，各国の政府代表，利益団体や市民運動などから形成される政策ネットワークが，多様な意見をインプットする機能を代替するという考え方である（遠藤 2013: 258）。

いずれにしても，国家を超える政体として EU を考える場合には，超国家主義と政府間主義という二つの原理に注目することで，その特徴や問題点，そして問題克服の方向性を検討できる。また，それは EU のみならず，さまざまな国家を超える統治機構について考える場合にも，重要な視点になるだろう。

要点の確認

・国家を超える統治機構のあり方には，各国の政府の代表から構成される政府間組織と，国家を超える政体として位置づけられる超国家的組織がある。

・政府間組織の典型が国際連合である。国連には国家における立法，行政，司法に対応する組織が形成されてはいるが，そのそれぞれに政府間主義ゆえに生じる制約も存在する。

・EU（欧州連合）は，超国家的組織を理想としているが，その発展は，政府間主義と超国家主義のせめぎ合いとして特徴づけられる。「民主主義の赤字」などのさまざまな問題も，そこから生まれている。

第3章の文献ガイド

遠藤乾（2013）『統合の終焉──EU の実像と論理』岩波書店。

　　▷第3節で扱った EU 統合の展開と近年におけるその停滞を，主権の問題や国際秩序との関係などの問題に位置づけながら再検討し，その「独特な政体」としての性格を多面的に描き出している。

加藤秀治郎（2003）『日本の選挙──何を変えれば政治が変わるのか』中公新書。

　　▷新書で手軽だが，選挙制度についての詳しい解説とともに，その背後にある考え方が紹介されており，選挙制度をめぐる思想に触れることができる。著者自身は，小選挙区制を推奨。

建林正彦・曽我謙悟・待鳥聡史（2008）『比較政治制度論』有斐閣。

　　▷選挙制度や議会制度などの政治制度に注目し，それらとアクターへの権力分配や政治的帰結との関係について，本人 – 代理人理論や新制度論に基づき議論している。下記『政治体制』と読み比べると，日本における政治学の変化も感じ取ることができるだろう。

山口定（1989）『政治体制』東京大学出版会。

　　▷権力の正統性という観点を軸に，「政治体制とは何か」という問題を考えている。自由民主主義体制の構成原理と歴史，類型化などに触れながら，それが直面する問題点についても描き出す。

政治の登場人物
──誰が「アクター」なのか──

　政治は身近ではないと感じている人が，政治と聞いてまず思い浮かべるのは，
首相をはじめとする有名な政治家の顔ではないだろうか。また，政治に興味がな
いという人でも，政党の名前をいくつか挙げることはできるだろう。官僚と呼ば
れるお役人が，何やら重要な役割を果たしているらしいことも，何となく知って
いるのではないか。

　このように，政治を人（またはその集合体としての組織）の観点から理解しよ
うというのが，本章で試みる「アクター」からの整理である。

　選挙に出て議員になったり，公務員試験に合格して官僚になったりしなくても，
あなたが所属している何らかの組織や団体が，政治的行為者であるかもしれない。
何か気になるテーマについて，署名集めをしたことのある人は，社会運動を実践
したアクターであったということもできる。そして，毎日見ているテレビも，実
は政治を動かす行為者としての側面を持つのである。

◉　はじめに

　本書の特徴の一つは，「政治」を広義に捉え，いわゆる国家・行政のレベルで行われるような政策に直結するものばかりでなく，市民社会や親密圏など幅広い場に「政治」を見出すところにある（→第 2 章）。その観点からすると，あらゆる人が政治を行っていることになる。

　このことを確認した上で，本章では通常イメージされるような狭い意味での「政治」に焦点を合わせ，そこで主たる行為者（アクター）と見なされる人々について考察する。こうした狭義の政治過程で活躍するアクターについては，これまでにも多くの研究があり，それぞれの選好や行動パターン，そこから生まれる現象や法則，あるいはそれらの相互作用がもたらす効果などについても，知見が蓄積されている。

　第 1 節では，おそらく多くの人が「政治」と聞いてまず思い浮かべる政治家と政党について，なぜ政治家になるのか，なぜ政党は存在するのかといった問題に加え，政党の類型についても理論的に説明していく。

　第 2 節では，とくに日本の政治（学）において，長らく政治家をしのぐ権力を持つと見なされていた官僚にスポットを当てる。本節では，官僚個人と組織としての官僚制双方の選好を検討するとともに，官僚と社会との相互作用，そして官僚と政治家の関係について説明していく。

　第 3 節では，利益集団・圧力団体などと呼ばれる，社会に基盤を持つアクターを扱う。まず，それらの言葉の整理に続いて，日本における団体政治をめぐる議論を概観する。その後，諸団体の活動により，政策が形成されていくという政治の見方や，政府と団体の融合・相互浸透作用とそれに基づく政治について述べる。さらに団体が存在すること自体の，民主主義にとっての意義についても考察する。

　第 4 節で取り上げるのは，社会運動である。まず，社会運動をその社会変革指向の点で圧力団体と区別した上で，さまざまな社会運動のタイプを紹介する。次に，社会運動の行動様式や戦術のレパートリーを概観する。その上で，社会運動の形成や発展を説明する際によく持ち出される，資源動員，政治的機会，フレーミングなどについて説明する。最後に，社会運動の「成功」とは，短期的なものばかりでなく，より中長期的な観点からも評価されるべきという見方を示す。

　第 5 節では，読者にもなじみが深いマスメディアを，政治的アクターとして考察する。とはいえ，マスメディアは上記のその他のアクターとは違って，他

のアクターが発信する情報やそれらの影響力が伝達される媒体にすぎないとする見方や，マスメディア自体が，競争が行われるアリーナでもあるとする見方などを紹介する。さらに，報道するというメディア本来の活動自体が，政治的効果を持ってしまうことや，メディアがある種の公共空間ともいうべき役割を果たしていることについても論じる。

1. 政治家・政党

(1) 代表としての政治家

　政治に関わるアクターの中で，私たちに最も目に見える形で活動しているのが，政治家だろう。新聞でもさまざまな政治家の行動が実名で報道されるし，政治家のテレビ出演も多い。

　この「目に見える形」で登場する点は，政治家が持つ重要な性質の一つを表している。たとえば官僚の場合，「財務省」や「文部科学省」といった組織名で報道されることはあっても，個人名で報じられることは少ない。利益団体においても，実名で報道されるのはリーダー格の人物くらいだろう。それに対して，政治家が実名で登場するのは，政治家は有権者の投票によって選ばれた代表者であるからである。選挙で選ばれているために，各政治家の行動や発言は有権者に対して責任を負っており，そのために人々の「目に見える」必要があるのである。

　したがって政治家は，政治のアクターの中でも，選挙で選ばれた代表者である点に特徴がある。しかし，政治家は何を代表しているのだろうか。この素朴な問いに対して，政治学の中では主に二つの考え方が存在している。一つは，政治家は地域別の選挙区から選ばれていたとしても，有権者からの信託に基づき，国民全体の利益を追求すべきとするものである。これは，イギリスの政治思想家で政治家でもあったエドマンド・バークが，1780年のブリストル演説で述べた議論だが（バーク 1973），後にハンナ・ピトキンはこれを独立代表説とした。これに対して，政治家は，自らの選挙区における有権者の要求を忠実に代表すべきとする考え方もある。これは委任代表説と呼ばれ，政治家は有権者に従属的な代表者であり，選出母体の利害を忠実に反映する「拡声器」として捉えられる（ピトキン 1967=2017）。

　いずれの代表観に基づくにせよ，代表としての政治家は，有権者から選ばれることによって，権力を付与されている。このことは，政治家が一定の行動パ

ターンを取る要因ともなっている。もちろん政治家にとって自ら必要と考えたり，有権者から託されたりした政策の実現に向けて行動することは，重要なモチベーションとなるだろう。しかし，かつて大野伴睦が述べたように，「猿は木から落ちても猿だが，代議士は選挙に落ちればただの人」であり，選挙で当選しなければ政策実現に向けた権力を得ることはできない。したがって，政治家にとっては選挙で当選すること，すでに議員になっている者にとっては再選を果たすことが，その行動パターンの主たる要因となる。しかし，単に選挙で選ばれただけでは，自らが望む政策を実現できるとは限らない。大臣などの有力なポストに就いたほうが，実現への可能性は上がるだろう。そのため，昇進もまた政治家にとっては重要な目標となる。

　以上から，「再選」「昇進」「政策の実現」を軸に，政治家の行動パターンは形成されていると考えることができる（Fenno 1973; Strom 1990; Muller and Strøm 1999）。またこの三つは，相互に無関係ではない。政治家は政策を実現するために再選や昇進を目指す場合もあるし，また昇進するためには，再選を積み重ねることも重要になる。この三つがさまざまなバランスで結びつきながら，個々の政治家の行動パターンが形成されている。

　ただし，政治家の行動は，彼／彼女らがどのような制度のもとにあるかによっても変化するだろう。再選に関わる最も重要な制度は選挙制度である。かつて日本の衆議院は中選挙区制だったが，一つの選挙区から複数の当選者が出るこの選挙制度のもとでは，同じ選挙区内で同じ政党から複数の立候補者が出る場合も多かった。したがって，中選挙区制のもとで候補者は，他の政党の候補者だけではなく，同じ政党の候補者とも競い合い，自らの優位性を有権者に対してアピールしなければならなかった（→第3章第2節）。

　この場合，同じ政党内での競争であるから，政策的な違いよりも，その選挙区の利益になる同一の政策を，どちらがより実現できるかという点をめぐって競争になる。このことが，かつての自民党において派閥や，特定の分野の政策に強い族議員が生み出される一因となった。選挙において自らの政策実現能力をアピールするためには，党内の有力な派閥に所属したり，特定の省庁や業界と密接に結びついたりするほうが有利になるからである（建林 2004）。その結果，派閥や族議員が，日本の政治過程では大きな影響力を持つことになった。

　その後，1994年に小選挙区比例代表並立制へと選挙制度改革が行われると，政治家の行動パターンにも変化が生まれる。小選挙区制では一つの選挙区から1人しか当選しないため，各政党も立候補者を1人に絞り，政党間の争いに照

コラム 4-1　日本における派閥政治

　戦後日本政治における政党政治を語る際に，とりわけ自民党において注目されてきたのが派閥である。とくに，自民党一党優位期の日本政治は，派閥間の争いを中心に描かれることも多く，いまでも新聞などではそのような見方がされる場合がある。

　なぜ，派閥は生まれたのだろうか。中選挙区制期においては，同じ選挙区で同じ自民党の候補者に勝つことが必要な場合が多く，そのための資金調達や，有権者の陳情を処理するために，有力な派閥に属することが議員にとってメリットになってきた。他方，派閥領袖の側にとっても，自民党総裁選などで票を集めるためには，派閥メンバーを多く抱えているほうが有利となるため，派閥を作るメリットがあった。中選挙区制や総裁選という制度が，派閥政治が生まれる背景にあったのである（→第3章第2節）。

　しかし，選挙制度が小選挙区比例代表並立制に変わると，少なくとも議員の側にとってはこのようなメリットは失われる。では，派閥政治はなくなりつつあるのだろうか。この点については，「なくなりつつある」という議論と「今も残っている」という議論の両方が見られる。この点は，単に日本政治をどう見るかという点だけではなく，政治家の行動に制度がどう影響するかという問題とも結びついている。

準を定める。その結果，各政治家はその選挙区で公認候補者となるために，公認権を持つ政党リーダーに対してなるべく忠実であろうとする（待鳥 2012）。郵政民営化が大きな争点となった 2005 年の衆院選（郵政選挙）において，当時の**小泉純一郎**首相が，自身の郵政民営化方針に反対した議員を公認しなかったことは，小選挙区制において公認権が持つ効果の大きさを知らしめた。その後，小泉首相の方針に対して異を唱える自民党議員は激減し，首相の意図通りに郵政民営化法案も成立したのである。このように，制度も政治家の行動パターンに影響を与えている。

(2) 政党形成の論理──政治家はなぜ政党に属するのか

　ここまでの議論からもわかる通り，政治家というアクターの行動は，政党と

の関わりの中で生み出されている部分が大きい。むしろ，政治家が単独で判断して行動することはまれで，ほとんどの場合には政党という組織の枠の中で活動している。なぜ政治家は政党を作り，その枠内で行動するのだろうか。

　その理由の一つは，上で挙げた再選や昇進といった政治家の目標を実現するために，政党に属していたほうが有利になることである。ジョン・アルドリッチはこれを，「政治的野心の実現」と呼んだ（Aldrich 2011）。政党に所属することによって，政治家は第 1 に，立候補に伴うコストを下げることができる。選挙に立候補すると，選挙運動のための資金や人材など，さまざまな点でコストがかかるが，政党に所属していれば支援を受けることができる。第 2 に，政党がもつラベルによって，候補者の情報が有権者に伝わりやすくなる。有権者にとって，無所属の候補者に関しては選挙公報などを通じて積極的に情報収集をしなければ，その候補者が何を訴えているのかわからないが，政党の候補者であれば，その政党の立場から候補者の主張を推測できる。つまり，政党に属する候補者に関しては，有権者の側でも情報収集コストが下がるため，その候補者は有利となる。第 3 に，政党はさまざまな役職配分を行っている。政党内の役職を与えられるだけでなく，政権与党となれば，大臣などを筆頭に政府の役職も政党を通じて配分される。政党に属することによって，政治家としての昇進ルートも開けるのである。このように，個々の政治家が共有する利益にかなうため，政党は形成されるのである。

　また，いったん選挙で当選し，議員となった場合にも，政党に所属していることはいくつかの効果をもたらす。第 1 には集合行為問題（→第 1 章第 1 節）の解決である（Aldrich 2011: 28-35）。ある政策から利益を得る議員が連合することで，メンバーに共通して利益をもたらす法案を可決し，そうではない法案は否決したほうが，バラバラにその政策を追求するよりも効果が高い。この連合が固定化していくと，政党となる。

　第 2 に，政党を形成することによって，議会内における「社会的選択問題の解決」が理論的には可能になる（Aldrich 2011: 35-43）。X，Y，Z の 3 人の議員からなる議会を想定しよう。ある決定の選択肢が A，B，C の三つあるとして，X は A＞B＞C の順に好ましいと思い，Y は B＞C＞A の順に，Z は C＞A＞B の順に支持しているとする。この場合，この 3 人の間でいかなる多数決の手段を取っても，A，B，C は同数となり，一つの選択肢に絞ることはできない。この状況を「選好の循環」と呼ぶ。どうしたらこの状況を打開できるだろうか。たとえば，X と Y との間で協定を結び，今回は X が譲って B を A に優先さ

せて投票すれば，Yの望むBを多数派にすることができる。譲ったXにとっても，次善の策であるBに決まることは悪くはない。そして，次に同様の循環が生じた場合には，今度はYがXに譲って，Xが最も望む選択肢を多数派にするよう約束すればよい。このようなXとYとの間での協定は，各議員がバラバラに投票した場合に生じる社会的選択問題を解決に導くとともに，その協定が固定化されれば，やはりそこに政党が形成されるのである。

ここまで取り上げてきた議論は，個々の政治家の利益から考えて政党の形成が理論化されたものである。しかし，政党形成の論理としては，都市－農村や労働者－経営者のような，社会に存在する亀裂（クリーヴィジ）に基づいて政党や政党システムが形成されることを重視する議論もある（Lipset and Rokkan 1967）。また，社会主義政党やカトリック政党，ナショナリズム政党などのように，ある理念やイデオロギーに基づいて，政党が形成される場合も多い。第1章第1節で述べたように，集合行為問題の解決には，参加者間で一定の規範が受容されることも必要であり，政党に政治家が集まる場合も例外ではないからである。政党へとつながるような政治家間の協定が形成されるためには，一定のイデオロギーや理念へのコミットメントが必要である。その結果，どのようなまとまりで連合が形成されるかの違いが生まれ，それが，政党の間でのイデオロギーやプログラム上の対立につながる（Hanson 2010: 72）。

以上のことから，政党の形成には，政治家の目指す利益の面と，イデオロギーや理念の面との両方が関わっていると考えることができる。たとえば日本の自民党は，各議員の選挙区での利益誘導が顕著で，利益によって結びついていると指摘されることが多いが，一定の保守主義的理念が共有されている面もある。またかつての日本社会党は，社会主義や社会民主主義の理念を掲げていたが，労働組合の利益を実現するために形成されている面もある。このように，利益と理念とが結びつきながら政党は形成されている。

(3) 政党の機能——社会と国家との間の架橋

これまで，主に政治家の視点から政党の存在意義について議論してきたが，政党を有権者と切り離して捉えることはできない。政党は，有権者が存在する「社会」と政治家が活動する「国家」を架橋しており，「現代民主主義は政党なくしては考えられない」（シャットシュナイダー 1942＝1962），「代表制民主主義を政党なしでどのように機能させられるか示した者はいない」（Bryce 1921）と言われるほど，現代民主主義において不可欠の存在とされてきた。政党は，社

会に足をかけ国家へと媒介する組織なのであり，社会，国家そしてその中間の
レベルで固有の機能を持つ。V・O・キーは，政党の機能について「有権者の
中の政党」，「組織としての政党」，「政府における政党」の三つの側面から考え
る必要があるとした（Key 1964）。

　それでは，それぞれの側面でどのような機能を政党は果たすのだろうか。ラ
ッセル・ダルトンとマーティン・ワッテンベルグは，上記の三つの側面に基づ
きつつ，それをさらに細分化して政党の機能について整理している（Dalton
and Wattenberg 2000）。まず，「有権者の中の政党」として，有権者に対して選
択を単純化する機能がある。選挙において，すべての争点に対して一つひとつ
判断するのは大変であるが，政党が一定の立場に基づいて政策パッケージを提
供してくれれば，有権者としても選択がしやすくなるだろう。また選挙時に限
らず，政党には有権者に対して政治的情報を与え，政治の場へと誘導するとい
う機能もある。これは，一種の市民教育のような側面を持ち，**政治的社会化機
能**（→第 2 章第 3 節（2））と呼ばれる。多くの政党は自らの広報紙を出すなど，
日常的な情宣活動を通じて，有権者を政治の世界へと誘っているのである。ま
た，その結果として有権者の間で党派心が育成され，政党のために何らかの活
動を行うようになれば，それは政治参加にもつながっていく。政治へと向けた
同一化や忠誠のシンボルを創出することも，政党の重要な機能の一つである。
このようにして政党は，社会の中に根を張り，人々を政治の世界に参加させる
機能を持っている。

　次に，「組織としての政党」について考えてみよう。先に社会と国家とを媒
介するのが政党であると述べたが，その媒介機能に最も着目したのが，この部
分である。それでは，何を媒介するのだろうか。その一つは，人材である。私
たちが学校や企業などの組織に属することによって，市民や職業人として養成
されているのと同様に，政治家に関してもそれを育成する組織が不可欠である。
政党は，政治家になりうる人材をリクルートし，育成する機能を持つ。

　また，政党は組織として，有権者の政治的利害や要求を国家へと媒介する。
有権者は，個人であれ集団であれ，それぞれの社会的生活の中に自らの利害を
持っている。政党は，それらを要求として受け止め，国家へと表出していく機
能を持つのである。これを政党の利益表出機能という。ただし政党は，ただ受
動的に要求を受け止めるだけではない。支持者の側が自らの利害について，自
覚的な要求へと転換できない場合もある。そういった場合に，政党の側から支
持者へと主体的に働きかけ，その利害を要求として創出する機能も持つのであ

る。

とはいえ、この利益表出機能だけでは、政党と利益団体との違いは明確とはならない。利益団体もまた、社会と国家との媒介として、基盤となる団体の利益を表出する機能を持つからである（→本章第3節）。政党と利益団体を分けるものは何か。それは政党の利益集約機能である。政党は、単に支持者の要求をバラバラなまま国家へと表出するのではなく、それらを集約し、包括的な統治のプログラムとして形成していく機能も持つ。共通利害や争点がたくさんあるからといって、それと同じくらいたくさんの政党が生まれることはない。政党は、さまざまな争点に関する利害を一定の理念のもとにまとめあげる必要があり、そのため一定の数にとどまりながら、相互に競争することになる。このことから政党は、社会に対してより主体的に働きかけ、社会統合の一端を担う組織として位置づけられる。

政党が機能する最後の場として、国家がある。上記の区分では、「政府における政党」がこれにあたる。政党は選挙で当選した議員をもとに、安定した多数派を形成し、大臣をはじめとするさまざまな役職を議員に配分して政府を組織する。それらを通じて、「組織としての政党」として行った利益表出・集約に基づく政策プログラムを実行する機能を持つのである。

このように考えると、「政府における政党」の機能は、議会で多数派を占める与党だけが持つと思われるかもしれない。しかし野党の側も、多数派に対する反対を組織化し、政府が提出した法案の修正を迫ったり、新たな争点を突きつけたりする働きを持つ。政党は国家の中でも競い合うことで、政府のアカウンタビリティ（説明責任）を確保し、その行動をコントロールしていくのである。

以上のような機能をもって政党は、有権者の選好を政策選択へと翻訳し、民主的なプロセスが効果的に働くことを保証する、重要な運搬人としての役割を果たしている。その意味で、政党は、民主主義に不可欠な存在として位置づけられるのである（Dalton and Wattenberg 2000: 10）。しかしすべての政党が、これらの機能を同様なバランスで持つわけではない。「社会」と「国家」との架け橋としては共通しながらも、そのどちらにより重点を置くかは、政党によって異なる。また近年では、社会内での機能を弱め、国家内での機能に傾斜する政党（後述のカルテル政党）が登場しているという議論もある。これらの違いはその政党の組織的差異によって生み出されており、また時代によって、その組織のあり方も変化しているのである。したがって、政党は決して画一的・静

態的な存在ではなく，つねにその機能の仕方や存在意義が問われていると言えよう。この点について，次に見ていくことにしたい。

(4) 政党組織の発展と変容——政党は生き残れるか

　ここまでに触れた機能を果たすため，政党はさまざまな形で組織化を図る。政党を取り巻く社会的条件や重視する目標などによって，効果的な組織のあり方も異なるため，さまざまな政党組織の形態が生み出された。また，時間の流れとともに取り巻く社会的条件も変化し，政党組織も変容してきた。政党組織の類型と変化は，政治学でも古くから重要なテーマの一つであり，現在に至るまでさまざまな類型論が提起されてきた。

　とはいえ，それらの類型論を概観すると，呼び名こそ異なるが，同様の特徴を捉えて概念化されていることがわかる。第1の類型として提起されるのは，幹部政党（デュヴェルジェ 1951=1970）やエリート政党（Katz and Mair 1995 :18; Von Beyme 1996: 150）と呼ばれる政党組織である。その特徴は，地域の有力者やエリートが各地にバラバラに組織を作り，それが全国的に寄り集まることでできたという点である。これらの政党は，地域単位で幹部会が独立した形で編成されているため，分権的となり全国的な統一性は弱い。幹部政党・エリート政党は，投票権が一部のエリートに制限されていた時代に見られた政党組織である。しかし，20世紀に入り選挙権が拡大された後も，その特徴は一部で残った。イギリスの保守党やアメリカの共和党・民主党は，もともとこの類型であった。また，候補者の個人後援会に多くを依拠していた日本の自民党も，かつてはこの性格が強かったと言われる。

　これに対して，主に労働者層へと選挙権が拡大されていくと，集権的に大量の党員を組織化する政党が現れてくる。これが**大衆政党**と呼ばれる政党組織の類型である。この概念を提起したのはモーリス・デュヴェルジェだが，同様の類型を掲げる研究者は多い（デュヴェルジェ 1951=1970; パーネビアンコ 1982=2005; Neumann 1956）。これらの政党では，国家レベルの党指導部が党員の参加に基づいて形成され，そこに権限が集中される。党運営は，党指導部のもとに設置された党官僚や党活動家が支える。地方支部は存在するものの，中央組織の出先という位置づけであり，幹部政党とは異なり自律性をそれほど持たない。党員は，地方支部における選挙運動など草の根の活動の担い手になり，また党費を支払うことで，党に資金を提供する。

　大衆政党の特徴は，大量の党員に基盤を置きながら，それらを集権的に組織

化している点にある。そのように党員を動員するためには，一定のイデオロギーや理念が重要な役割を果たす場合が多い。そのためデュヴェルジェは，この大衆政党の典型を社会主義政党に見出した。また，ヨーロッパ大陸諸国に見られるカトリック政党も，この類型に位置づけられる。さらに，選挙権が拡大した時代においては，大量の支持者をいかに獲得するかということが重要になってくるため，もともとは幹部政党であった政党にも，このような組織化が多かれ少なかれ取り入れられていった。

　欧州諸国で社会民主主義政党が拡大するなど，大衆政党は一定の成功を収めた。しかし，20世紀も後半になると，社会的条件の変化に伴って，政党組織も変容を迫られた。経済成長に伴う新中間層の登場や産業構造の変化によって，社会階層の流動化が見られるとともに，イデオロギー的対立も弱まっていったからである。このような条件下では，大衆政党が行ってきたイデオロギー的動員では党員が集まらず，また党員など固定的な支持者に依存しても，支持者を十分に獲得できないため，選挙で不利となる場合もあった。

　ここで新たな政党類型として登場したのが，**包括政党**（Kirchheimer 1966）である。包括政党の特徴は，イデオロギー的主張を抑えることで，活動的な党員よりも，できるだけ多くの有権者にアピールすることを優先し，選挙での得票最大化を図ろうとする点にある。そのため，党員の役割は弱まり，党指導部の権限が拡大する。政党の政策位置が，最も多くの有権者が存在する中道へとシフトしていくとした**アンソニー・ダウンズ**の**中位投票者**モデルの政党像に，包括政党は近い。具体的には，1959年に労働者の階級政党から，全国民の利害を反映する国民政党への脱却を図った西ドイツの社会民主党が典型的な事例とされる。

　ただし，選挙で有利になるからといって，すべての政党が包括政党化したわけではない。大衆政党において党員は，資金と人材といった，党の運営に必要な資源を提供する存在である。そのため，穏健な支持者へとシフトする場合には，それらの資源を手放すリスクもある。また，一定の党員グループが党内意思決定において強い権限を持つ政党では，イデオロギー的転換を図って中位投票者に支持基盤を移そうとしても，これらの党員グループの反対に遭って頓挫する場合もあった。

　現代では，包括政党的性格をさらに加速させるような政党類型が登場したと議論されている。マスメディアの発展に伴い，党員による草の根の活動よりも，メディアを通じた有権者への直接的なアピールや宣伝が，支持者を獲得するた

めに有効だと考えられるようになった。世論調査や広報の専門家を軸に，その時々の有権者に受ける争点を中心として政策プログラムを形成する。それらを作成する政党指導部の権限が強化され，政党リーダーの人気による直接的な支持獲得が行われる場合もある。アンジェロ・パーネビアンコは，これらの政党を**選挙プロフェッショナル政党**と呼んだ（パーネビアンコ 1982=2005）。具体例としては，1990年代以降のイギリス労働党がある。労働党は，党内における労働組合の権限を縮小して党内意思決定の集権化に成功するとともに，党首であるトニー・ブレアの人気によって支持を拡大していった。また，「自民党をぶっ壊す」をスローガンに，その強力なパーソナリティによって支持を獲得した**小泉純一郎**首相期の自民党も，一例として考えられる（中北 2012）。

　包括政党化や選挙プロフェッショナル政党化が進むなか，役割を縮小させてきたのが党員である。これらの政党組織では，党員による草の根の活動よりも，大規模なメディア戦略のほうが重視される。また熱心な党活動家は，党指導部にとって，得票最大化のための柔軟なイデオロギー的・政策的転換に反対する障害となる場合もある。これらが重なり党員の役割は縮小されてきたが，そのことを有権者側から見れば，党員になることのメリットが少なくなるということである。そのため，現代の政党では，党員は，著しく減少している場合が多い。

　しかし，ここで問題となるのは，大衆政党において党員が担ってきた役割の一つである資金提供である。党員が減少すれば，政党の資金も減少してしまう。では，現代の政党はどこから資金を得ているのだろうか。リチャード・カッツとピーター・メアは，この点に着目して**カルテル政党**という類型を提起した（Katz and Mair 1995）。カルテル政党の最大の特徴は，国家から資金提供を受ける点にある。現代の日本においても，政党助成法に基づき，一定の要件を満たした政党には政党交付金が支給されている。同様の制度はドイツなどにも見られる。国家からの政党交付金の支給は，政党の運営を安定化し，政党が企業などからの献金に依存して偏った利益誘導を行う危険性を減らす効果を持つ。しかし，国家からの資金援助に政党が依存すれば，政党が社会から乖離していく可能性もある。カルテル政党という類型には，政党の機能が変化しているだけでなく，それが代表制民主主義において担ってきた「社会と国家との架橋」の役割を衰退させているという，重要なメッセージが込められている。またこのことは，社会に確固たる足場を形成せず，刹那的にその時々の社会からの要求を掬い上げることに専念する選挙プロフェッショナル政党にも共通する問題点

である。

　ただし，ここで忘れてはならないのは，包括政党や選挙プロフェッショナル政党，カルテル政党への変化は，社会の変化に適応した結果という面もあることである。社会的変化に組織的に対応しなければ，その政党は支持者を獲得できず，政党間競争の中で淘汰されてしまった可能性もある。しかしそのような適応は，「社会と国家との架橋」という政党の本質的性格を掘り崩してしまうような負の影響も与えている。そのことは，本来政党が有していた機能を低下させるだけではなく，「政党なくしては考えられない」とされてきた民主主義それ自体のあり方をも，問い直さなければならない状況を生み出している。

❗ 要点の確認

・政治家は，有権者から選ばれる代表者という点に，その他のアクターとは異なる特徴がある。その行動パターンの軸となるのは，「再選」「昇進」「政策の実現」である。
・政党の機能の本質は，「国家と社会との架橋」という点にある。社会的・政治的条件の変化の中でこの機能を果たすために，さまざまな政党組織の形態が生み出されたが，それは一定の類型に分類できる。

2. 官　　僚

(1) 官僚とは

　官僚のイメージは，どのようなものだろうか。形式主義で非効率といったイメージだろうか。あるいは，既得権，前例踏襲，税金の無駄遣いといったイメージかもしれない。杓子定規で柔軟性を欠くとか，人情味がないとか，責任を回避する保身的な姿勢とか，部署間の縄張り争いなどを，官僚制の特徴と考える人もいるだろう。警察などを舞台に，硬直化した官僚的組織と闘う主人公は，映画やドラマでもよく描かれる。官僚制は，効率的な目的遂行の障害のように見える。いったいなぜ，このような非効率的な仕組みができ上がってしまったのか，不思議に思うかもしれない。しかし，もともと官僚制は，目的を効率的に遂行すべく発展したともいえるのである。

　官僚というと，国家公務員，とくに霞が関のエリート官僚を思い浮かべる場合が多いだろう。だが，官僚や官僚制という用語はもっと広い対象にも使われる。中央政府のみならず地方自治体にも，そして企業や学校，軍隊，病院，政党，労働組合など，およそある程度以上の規模を持つ近代的組織は，官僚制的

な性格を持つと考えられる。消費者として接した企業の杓子定規な対応に，「お役所みたいだ」と思った経験のある人もいるだろう。

マックス・ウェーバーによる近代的官僚制の特徴づけはよく知られている。すなわち，規則により秩序づけられた明確な権限に基づき，上位官庁が下位官庁を監督するという意味での階層性（ヒエラルヒー）があり，文書主義が徹底され，職務活動と私生活は分離される。専門的訓練を基礎に置く任命制が取られ，世襲のような官職の占有は行われない。報酬は貨幣で払われ，兼職ではなくその職務に専業で当たる。そして，官僚の職務は，学習可能な一般的な規則に基づいて行われる（ウェーバー 1921-1922=1958）。伝統社会では，支配者の恣意や情実に基づく決定が普通になされ，コネやえこひいきも横行していた。近代社会の官僚組織は，そうしたことを克服すべく発展したといえる。

行政の仕事は，たまたま担当になった人の好みや気まぐれで恣意的に行われてはならず，規則に基づいて例外なく，あらゆる人に平等に適用される必要がある。その規則も，口約束ではなく文書化されることで，担当者が代わっても同じ仕事が行われることが保証される。たとえば，大学の教務課や学生課で，窓口にいる人が代わるたびに指示が違ったら困るだろう。こうした規則と文書と権限に基づく行政の執行は，為政者による不当な権力の行使を制限することでもあり，そのためにも，世襲や情実ではなく試験で選抜され，定められた給与で雇用される専任の行政官が必要なのである。融通が利かない組織の弊害と見えるものも，こうした意味で近代化の所産なのである。

官僚制において上下のヒエラルヒー関係が明確であるのも，組織の方針が末端まで守られる必要があるためである。たとえば，旧日本軍で，出先の関東軍が満州で勝手に戦争を始めてしまったようなことは，組織のヒエラルヒーや，明確な権限に基づく職務の執行といった，官僚制が当然備えていなければならない要素が欠けていたことを示す。上から下りてきた方針は，着実に遂行される必要があるのである。

(2) 官僚制の組織と個人

問題は，ここでいう「上」とは何かである。民主主義体制のもとで究極の「上」に当たるのは，主権者たる私たち有権者である。官僚への命令は，最終的には民主主義によって担保されている必要がある。主権者に選ばれた政権の指示に従わないことは，現代の官僚制においては認められないはずである。

政治を見る視角の一つに，**本人 – 代理人（プリンシパル・エージェント）モ**

デルがある。政治家は有権者（本人＝プリンシパル）の代理人（エージェント），官僚は政治家（本人）の代理人などと仮定し，代理人をいかに本人の意向通りに動かすかという観点から政治を見る見方である。複雑化し，多様な分業により成り立つ現代社会において，私たちはあらゆることを自らの手で行うことはできない。有権者から依頼を受けた政治家も，自ら政策を執行するわけではなく，官僚に執行を依頼する。その際，依頼された代理人が依頼した本人の意向を正確に反映する保証はない。代理人が本人の意向どおりに行動しないことを，エージェンシー・スラックという。

　選挙で示された主権者（本人）の意向を行政に反映させる究極の形は，選挙に勝って政権に就いた党が公職の任免権を持つ**猟官制**（スポイルズ・システム）であり，これはアメリカで用いられてきた仕組みである。スポイルとは戦利品を意味し，政府の各組織の長をはじめ上級職員は，政権交代が起こるたびに，民主党が勝てば民主党系の，共和党が勝てば共和党系の人に交替する。第7代大統領のアンドリュー・ジャクソン（1829 ～ 1837 年在任）は，この仕組みを大々的に導入した。だが，汚職や情実人事による専門性の欠如が問題となり，ペンドルトン法（1883 年）により，政治的に中立で専門能力の高い公務員制度の構築が目指された。その後，公務員をその専門能力によって評価する**資格任用制**（メリット・システム）が取り入れられたが，上位ポストではなお政治任用が行われている。日本でも，戦前の政党内閣の時代には政治任用が行われていたが，現在では，公務員は原則として試験で選抜される。

　それでは，試験によって採用された官僚は，どのような人々だろうか。日本の中央省庁で幹部候補生として採用された人々はキャリアと呼ばれ，それ以外のノンキャリアと区別されたコースを進む。キャリアのうちのかなりを，東京大学法学部出身者が占めてきた。

　彼らは試験によりいっせいに選抜されるが，採用は府省ごとに行われる。昇進は入省年次別に行われ，ある時期までは横並びだが，上級ポストになると同時昇進が難しくなる。同期から官僚トップのポストである事務次官が出ると，その期の他の者は退職する慣行があり，定年まで勤めることができない。そのため，役所が用意した職場への天下りが行われてきた。天下りを通じて退職後も出身府省との関係が途切れず，他省との人事交流は限定的にしか行われないため，彼らは自らの命運を府省と同一視しがちになる。このような省別退職管理は，官僚の府省への忠誠を強固なものにする（大森 2006）。天下りは，関連団体との癒着を生むなどと批判され，2007 年の国家公務員法改正で，省ごと

の斡旋は禁止され，内閣府の官民人材交流センターによる斡旋に一元化された。しかし天下りは，今日でもなお行われている。

　個々の官僚は，どのような選好を持ち，何のために仕事をしているのであろうか。ある経済学的なモデルは，①権力，②金銭の収入，③威信，④便宜，⑤安全，⑥個人的忠誠，⑦作業の練達した遂行に関する自負心，⑧公共の利益に奉仕したいという希望，⑨特定施策に対する信奉，といった具合に官僚の動機を分類している（ダウンズ 1967=1975: 100）。多様な官僚の動機を，純粋な自己利益，組織利益，より広い公益の 3 層に区分することもできよう。ただし，組織予算の最大化は，個々の官僚にとってもプラスだから，官僚は予算の最大化を目標とすると，よりシンプルに考えることもできる（Niskanen 1971）。

　もっとも，すべての官僚が同様の選好を持つとは限らない。真渕勝は日本の官僚を，行政は政治の上に立ち，社会とも距離を置くべきだと考える国士型，行政は政治と協調すべきだと考え，利益団体などの「社会」の意見にも耳を傾ける調整型，そして行政は政治のもとに置かれるべきで，社会とも距離を取るべきだと考える官吏型の三つに区別する。1960 年代まではほとんどのキャリア官僚は国士型であったが，1970 年代以降，利益団体の活動が活発になるにつれて調整型が現れ，1980 年代の半ば以降，政治と社会双方からの圧力が強まった結果，官僚の自律性を守ろうとして，必要最小限の仕事だけをしようとする官吏型が出てきたという（真渕 2010: 27-31）。

　官僚個人の選好のほかに，組織としての選好も想定できる。府省にしろ，その下位の各部署にしろ，組織固有の任務を持っており，そのことが組織の考え方に何らかの傾向として定着していると考えられる。「行政機関の安定的・持続的政策目標とそれに特徴的な行動様式のセット」として定義される機関哲学を持つ役所も多い（真渕 1989: 43）。たとえば，財務省（かつての大蔵省）は，財政の健全化を組織の目標としているという見方が有力である。

　ただし，組織の選好が実現したい政策の内容に関わるものであるかどうかは，判断が難しい。大蔵省が選好するのは単なる健全財政ではなく，予算に対する同省の裁量権が最大となるような状況だと見ることもできる（加藤 1997）。大蔵官僚の第一義的な目標は，その特権的地位と自律性を守ることであり，支出への統制は二義的な意味しかないとの指摘もある（キャンベル 1977=1984）。そもそも官僚は，権限，業務，人員の増大を任務と考えるということは，すでに19 世紀になされていた指摘である（バジョット 1867=2011: 240）。

　各府省やその下位組織が持つ選好が，政策内容に関わるものであれ，権限や

予算に関するものであれ，その選好の追求過程で，他省や他部署との対立が顕在化することがある。

役所の縄張り争いを指す「セクショナリズム」は日本的現象だと思われがちだが，同様の現象は他国にもある（今村 2006: 序章）。だが，割拠制と呼ばれた役所間の縄張り争いが，日本の官僚制を特徴づけるとされてきた（辻 1969）。「省あって国なし，局あって省なし」などといわれてきた組織間の主導権争いは，官僚の選好が組織を超えた公益となりえていないことを意味しているのであろう。

(3) 官僚と社会

20世紀において，行政部の優位が増した国家を行政国家と呼ぶ。行政国家においては，国民生活への介入が飛躍的に増大し，本来，行政の専門家ではない政治家から成る立法部では対応できなくなり，専門性を持つ官僚の役割が増大する。その意味で，行政国家には二つの含意がある。第1に，行政の機能が立法，司法，執政など，その他の機能に優越することであり，第2に，社会の管理が行政の機能に依存する度合いが高まることである（真渕 2010: 5-6）。

20世紀に多くの国で発展を見る**福祉国家**は，行政の役割が大きな国家でもある。1970年代以降，こうした大きな政府としての福祉国家の非効率性が問題視され，官僚制の負の側面がクローズアップされるようになる。日本でも官僚批判が高まり，公務員が多すぎるといった主張がなされることもある。しかし，実はどのような数え方をしても，日本の公務員は主要国で最小規模である（前田 2014）。そのため，少ない人員で活動量が多いとされる日本の官僚制は，自身以外の資源（リソース）を動員する仕組みを開発してきた（村松 1994）。つまり，公務員が行うと考えられる仕事は，公務員だけによって行われているわけではない。

行政機関は，その対象者（顧客）である各種団体との間にネットワークを構築し，これら団体とアイディアや資源を共有しながら活動する。審議会などの諮問機関は，それら社会内における顧客からアイディアを吸い上げる機能を果たしてもいる。近年，少子高齢化の進展などにより，行政資源の不足が意識されるなか，行政は市民とのパートナーシップを指向するようになっており（田尾 2000），財政が逼迫している地域では，市民が行政の仕事の一部を担う実践も見られる。また近年は，民間企業の手法を参考に，競争原理の導入，民営化，外部委託など，行政の効率化を図ろうという**ニュー・パブリック・マネジメン**

ト（NPM，新公共経営）に関心が集まっている。行政は，市民や市場への依存を深めてきたともいえる。

　多くの市民にとって，行政との接点は，市役所の窓口のような，第一線で働く公務員であろう。彼らは行政機構の末端に近く，「官僚」の語感にはなじみにくいが，こうした市民と直接的に対面する局面においてこそ，実際の行政活動が行われている。同時に第一線職員は，顧客としての市民からみれば「顔のある権力者」という側面も持つ（畠山 1989: 441）。

　霞が関で法案を作るなどして，国の大きな方向性を決める仕事をしている人たちとは区別して，こうした現場で市民と接する公務員のことを，ストリート・レベル官僚と呼ぶ場合がある。マイケル・リプスキーは，警察，学校，福祉機関などを例に，ストリート・レベル官僚について語っている（リプスキー 1980=1986）。次項で見るような，自民党と官僚の権力争いのみならず，行政の顧客たる市民とストリート・レベル官僚との相互作用もまた政治である。つまり，ストリート・レベルの官僚制への着目は，政治が行われる場を広く捉える

コラム 4-2　官僚離れとリクルートメント

　キャリア官僚を目指す学生が減少しているという（『日本経済新聞』2017 年5 月 10 日付）。2017 年度の総合職試験（2011 年度までは1 種試験，1984 年度までは上級試験）の申込者は前年度比6％減の2 万 591 人。1996 年度（4 万5254 人）から半減で，1970 年度以来 47 年ぶりの低水準だった。人手不足などによる民間企業の活発な採用意欲が背景にあるが，地方公務員は人気があるため，記事では霞が関の長時間労働が嫌われたと解釈している。

　公務員バッシングや政治主導に伴う権限の縮小，さらには天下りが難しくなったことなどを，公務員離れの原因と見る説もある。

　官僚が持つ権威や特権性が弱まることは，長らく官尊民卑が問題視されてきた日本社会にとっては，良い面がたしかにあるだろう。他方で，将来の進路を考える若者たちにとって，官僚が魅力的な職業とは映らなくなっているのだとしたら，そのことの意味も考えなければならない。プリンシパルが目的を達するためには，エージェントを監視するだけでなく，優秀なエージェントをリクルートする必要もあるのである。

見方だといえる。

　究極の「本人」である市民は，選挙を通じて代理人としての政治家を選出する。この政治家が本人の意向を実現するために，官僚にさらに依頼をするが，実際に執行をするのは，政治家から直接依頼を受けた府省ではなく，政治家から最も遠い末端の職員である。このように依頼の経路を順にたどっていくと，ストリート・レベル官僚は，究極の本人たる市民から最も遠いともいえる。しかし同時に，彼らは個々の市民と現場で接しているため，本人たる市民に最も近いところにいるともいえるのである。

　ウェーバー以来のモデルからすれば，命令とヒエラルヒーからなる行政機構の中で，現場は上から降りてきた命令に基づき職務を執行するだけともいえる。しかし，実際には現場に大きな裁量が発生することも事実である。法，政令・省令，通達などによる中央の府省からの指示は具体的な手続きの細目を定めていないことも多く，法などが想定しない事態もしばしば発生する。個々の顧客（市民）が抱える状況は多様であるから，第一線職員に裁量を与えざるをえないのである。現場の裁量が大きくなることは，本人－代理人モデルで言うところのエージェンシー・スラックを広げる可能性がある。しかし，他方で，現場における具体的な執行過程まで含めたものが「政策」だと考えることもできる。政策の効果や影響は，霞が関で書かれた法文の通りに現れるというよりは，それを執行する現場の行政官の実践を通じて現れるからである。その意味で，ストリート・レベル官僚もまた，公共サービスや規制の実質的内容を規定しているのである（畠山 1989）。

（4）官僚と政治家

　2009 年に政権を取った民主党は，「政治主導」のスローガンを掲げたが，それは同党の専売特許ではない。当時，政治主導の確立は，他党や論壇などでもしきりに語られていた。政治主導の対になる語は官僚主導である。つまり政治主導とは，有権者の負託を受けた政治家が，官僚から主導権を取り戻すという意味だと理解できる。このことは，本人－代理人モデルにおける官僚は政治家の代理人にすぎないという想定からすれば不思議なことである。こうした考えが普及した背景には，実際に政治を動かしているのは，政治家ではなく官僚だという認識があった。かつて，日本の官僚制研究は，そうした問題意識を強く持っていた。

　たとえば辻清明は，主に 1950 年代くらいまでの観察に基づき，戦前の官僚

制が，戦後も引き続き政治を動かす中心的アクターとして，大きな影響力を持ち続けているという政治像を描いた。GHQ は日本社会を自ら統治するのではなく，既存の官僚制を用いた間接統治を行ったため，多くの有力政治家が公職追放されたのとは対照的に，省庁は戦前以来の人員や組織の多くを温存させ，官僚は影響力を維持した（辻 1969）。

　そもそも政策知識の面で，官僚は政治家を凌駕してきた。東大法学部出身者を中心とするエリート集団の官僚機構が組織に豊富な情報を蓄積し，国会に提出される法案は彼らが書き，そのほとんどは与党内の事前審査でも国会の審議でも修正されずに成立することや，議員提出法案より内閣提出法案（書いているのは官僚）のほうがはるかに多いことなどをもって，官僚優位論が唱えられ，ときには国会無能論すら唱えられた。官僚は，政府委員として国会の答弁にも立ってきたが，頻繁に交代する大臣より同じ役所にずっといる官僚のほうが情報量・知識量がはるかに多く，大臣は官僚の情報に依存せざるをえない。大臣が国会で，「重要な問題ですから，政府委員から答弁させます」と述べたという笑い話のような話もよく知られている（重要なことだから，最高責任者たる大臣ではなく，部下が説明するというのである！）。こうしたことも，「官高政低」を印象づけた。

　官僚支配の根拠として，与党幹部に官僚出身議員が多いということも挙げられた。官僚出身者が次々と大臣や首相にすらなり（池田勇人，佐藤栄作，福田赳夫，大平正芳，宮澤喜一など），官僚の影響力は与党内に浸透していると見られた。官僚出身者が一大勢力だったことから，党人派 vs 官僚派という政治家の分類も有力であった。戦後しばらくは，役所で高いポストまで上り詰めた者が議員になると，その能力を買われ，比較的短期間で大臣になる者もいた。有権者から直接選ばれた政治家より，戦前の体質を引きずる特権的な官僚が優位であることは，民主的統制の点から問題視された。

　高度成長が終わったあたりから，これとは異なる見方が台頭する。代表的なのは，日本の官僚制の病理的側面を描き出した辻らの議論を，「戦前‒戦後連続説」と特徴づけ，それとは対照的に戦前と戦後の断絶を強調した村松岐夫の議論である。彼は，官僚と政治家への意識調査に基づき，もはや官僚優位論は妥当しないと結論づけた（村松 1981）。その最大の要因は，憲法体制の変化により，正統性の原理が変わったことである。「天皇の官吏」と呼ばれた戦前の官僚とは異なり，国民主権の新憲法のもとでは，官僚の奉仕の対象は天皇から国民に変わった。GHQ の間接統治により戦前の官僚が生き残ったとしても，

戦前と戦後の官僚は同じではない（村松 1981）。

　この主張は，日本政治が他の先進諸国と同様に多元主義化してきたとする一連の議論の中に位置づけられる。多元主義の見方によれば，日本でも社会内に権力が分散し，一枚岩的な支配層というものは存在しないと考えられる（→第2章第1節）。社会の中にあまねく分散する権力は族議員を媒介して，予算獲得という形で政策実現を果たしている，すなわち，1970年代以降，族議員が最強の官庁といわれた大蔵省の抵抗を押し切って予算を獲得することが増えたことは，官僚支配に抗して市民の要求が政治的に実現したからであり，一定の民主化の帰結だとされるのである。

　通説の大胆な転換を狙った多元主義者の議論は，日本の政治過程についての新解釈を提供した。たとえば従来，官僚出身議員が与党の自民党に多いことは，政党への官僚の影響力が大きいことの表れと見なされてきたが，村松は官僚出身者でも議員になればその役割は変容するという。また，自民党長期政権が続く中で人事の制度化が進み，出世に当選回数がものをいうようになったので（佐藤・松崎 1986），官僚から政治家に転じていきなり大臣になることもなくなった。むしろ，官僚制のヒエラルヒーを登りつめた者が，陣笠（役職のないひら議員）であっても政治家を目指すのは，政治家がそれだけ魅力的で，力を持つからだという見方が示される（村松 1981: 80）。自民党に官僚出身議員が多いことも，官僚の政治支配というよりは，自民党が官僚出身議員を通じて官僚制コントロールのノウハウを蓄積してきた結果とみることもできる（猪口・岩井 1987: 24）。特定分野に関心が高く，政策知識や人脈などを有する**族議員**（たとえば，農政分野に詳しい農水族など）の台頭により，政治家の政策知識が増したということもある。キャリア官僚が比較的短期間で配置換えされるのに対し，族議員は特定のテーマに長年，関わり続けることができる。また，官僚が書いた法案が修正されないのは，官僚優位というより，官僚があらかじめ与党や国会の意向を織り込み，修正されないような法案を出しているからかもしれない（ラムザイヤー／ローゼンブルース 1993=1995）。こうして官僚優位説は否定され，「官高政低」に代わり「政高官低」の政治像が描かれた。

　これらの新解釈には，さまざまな反論もありえよう。たとえば，官僚と政治家のどちらが優位かは，政策領域や政策のタイプによって違う可能性がある。すなわち，族議員が支持者にアピールすべく，官僚の影響力を排除して予算を獲得するタイプの政策の場合，問題が政治化し，マスメディアや有権者の関心を引くので，官僚の影響力を封じやすいだろう。しかし，実際には多くの政策

は政治化することなく，官僚がルーティンの手続きで処理していく。このことを，官僚は問題を政治化させない権力を持っていると考えることもできる。あるいは，予算獲得をめぐるむき出しの利益誘導政治を民主的などと称揚することを問題視する議論もありうる。票や政治資金と交換で特定の地域や団体の利益を実現する族議員現象は，民主主義の悪しき面だという議論も成り立つ。また，官僚と与党はつねに対立しているわけではなく，協力して権力を担っているのだから，どちらが強いかという議論にはそもそも意味がない，という指摘も可能だろう（山口 1987; 阿部 1989; 新藤 2012）。

　政官関係をめぐっては，こうした多様な解釈がありうるが，1990 年代以降の日本では，官僚の影響力を制御するという問題意識から政治主導の確立が唱えられた。「官僚制」の語は，その成り立ちから，ニュートラルな記述概念というよりは，批判のための語として誕生したものとはいえ（野口 2011: 24-25），かつての日本では，政治家の質は悪いが官僚は優秀だといった説が広く受け入れられていた。また，日本の官僚は汚職が少なくクリーンともいわれていた。だが 1990 年代以降，官僚の汚職が相次ぎ，その評判は地に落ちた。正統性の減退は，官僚にとって大きな危機である。

　高まった官僚批判は政治主導を後押しし，一連の制度改革が行われた。2001年の中央省庁再編に際し，首相の発議権の法制化など首相の地位を確固たるものとし，総理府を改組して他省より上位に立つ内閣府が設置された。府省の大臣のもとには，副大臣や大臣政務官が置かれるなど大臣の補佐機構が拡充されたことや，政府委員を廃止し，副大臣・大臣政務官が主任の大臣に代わって国会で答弁に当たることとしたのも，官僚に対する政治家主導を企図したものである（ただ，政府参考人を置くことができるとされ，国会審議で官僚の答弁がなくなったわけではない（新藤 2012））。そして 2014 年，各省の幹部人事を一元的に管理する内閣人事局が設置された。こうして，政治主導の制度的条件は整備されてきたが，これらの制度が政権に対する官僚の忖度を生んでいるのではないかとの指摘もなされるようになっている。

　他方，民主党政権時の「政治主導」のもとでは，官僚の士気低下も指摘された（出雲 2014: 9）。民主性と専門性がトレードオフだとするなら（建林・曽我・待鳥 2008），政治の統制下に置かれる官僚は，専門性に基づきイニシアティブを発揮することが難しくなるだろう。行政資源のさらなる減少も予想されるなか，官僚の民主的統制と同時に，高い専門性とモラールを持った官僚をいかにして養成するかという難題に，私たちは向き合わざるをえない。

・非効率的なものと見なされることの多い官僚制だが，近代化の過程で，いわば目的を効率的に遂行するために発展したものだともいえる。
・官僚制は組織の予算や権限を増大させることを選好すると想定されることが多い。ただ，官僚のタイプによって，選好が異なると見ることもできる。
・予算や人員などの行政資源が乏しい日本の行政は，市民や市場の資源（リソース）によって，その不足を補完してきた。
・日本では長らく，官僚が政治家より優位と見られていたが，1980 年代頃から修正的な見解が登場する。そして，2000 年頃から官僚に対する政治主導を確立するためのさまざまな制度改革が行われてきた。

3. 利益集団・圧力団体

(1) 利益集団・圧力団体とは何か

あなたが商売を始めたとする。やってみると，時代遅れの不合理な規制があって思うように活動できないので，この規制を撤廃したい。そんなとき，あなたはどうするだろうか。与党本部や有力議員，所管官庁などに，一人で陳情に行くだろうか。そうはしないだろう。その規制の撤廃を望む同業者と，一緒に行動しようと考えるのではないだろうか。

社会的利益の存在を知らしめ，政治過程にその利益をインプットする上で，個人にできることは限られている。駅前で見かける政治家は，「みなさまのお役に立たせて下さい」と演説しているが，あなたの個人的な願いを聞いてくれるわけではない。すべての有権者の要望に応えることが物理的に不可能なだけでなく，政治家が特定の個人の要望に応じるのは，公平性の観点からも問題である。政策として取り上げられるべき要望は，社会的に意味のある単位に集約される必要がある。有力議員が農家Aさんの個人的な要望を聞くのは問題だと考える人も，農業政策について，農協が意見を聴取されることには違和感がないのではないだろうか。こうして，利害を等しくする人々は，その声を政策決定過程に入力するため，集団や団体として活動する。政治学では政治に関わる集団・団体を，利益集団，利益団体，圧力団体などと呼び，政治を動かす重要なアクターとして注意を払ってきた。

実際，日本政治学会の年報に 1950 年から 2011 年に掲載された論文の 6 割以上にこれら団体に関連する概念が登場し，1989 年から 2006 年に世界政治学会

のデータベースで，論文要約に「利益集団」「圧力団体」「組織利益」「ロビー」などを含む論文は，「政党」を含む論文より多い。他方，新聞においてこれら団体に関する概念は，「首相」「内閣」「官僚」「NPO」や政党名と比べ圧倒的に使用頻度が少なく，日常語となってはいない（辻中 2012）。ここでは，政治を動かす重要なアクターでありながら，とくに政治に興味を持つわけでもない人々にとっては，あまり馴染みのないこれらの集団・団体について考えていこう。

　利益集団，利益団体，圧力団体は，同じような意味で用いられることも多いが，以下のように区別することもできる。まず利益集団は，組織化されているか否かを問わず，利益を共有する人々の集まりを指す。労働者，農家，女性，高齢者，都市住民などのカテゴリーはそれに当たる。それに対し利益団体は，利益集団の中でも継続性のある実体的な組織を指す。利益集団の中で，明示的に構成員資格を持つものが利益団体だということもできる（丹羽 2017）。そして圧力団体は，利益団体の中でも，政府の決定と執行に影響を与えようとする団体を指す。同種の概念に，アメリカで用いられるロビーがある。利益団体と圧力団体の明確な区別は難しい。恒常的に圧力団体である団体もあれば，何か問題が発生したときにだけ圧力団体として行動する団体もあるからである（森・久保 2016: 13-14）。ただし，これらは，それほど厳密に違いを意識して使われているわけではない。国家から区別される「社会」に基盤を持つ集団という意味で，より柔軟な社会集団という呼称が便利かもしれない（田口 1969; 辻中・森 2010）。

　次に，これらの集団・団体は，同じく個人ではなく組織として政治に関わる政党や官僚制と，どう違うのだろうか。農協や医師会，経営者団体や労働組合などは，政党のように選挙に出て，政権の獲得を目指すわけではないし，限られた政策分野でのみ影響力を行使しようとする（医師会は農業政策に口出しはしない）。また，有権者が選出した政権のコントロールを受け，税金で維持される政府の官僚制と異なり，これらの団体は非公式の組織である。徴税などの強制力を持たないし，団体の役員ポストは公職ではない。とはいえ，団体の活動には政党や官僚制と重なる部分もある（→本節(4)）。

　各種社会集団は本来，メンバー同士の情報共有や利害調整，親睦など，政治的影響力の行使とは別の目的を持つ。すなわち，圧力団体は圧力団体として結成されるというよりは，圧力団体として機能するということであり，圧力団体という概念は実体というよりは機能的なものである（石田 1961: 66; 辻中 1988:

16)。したがって，これらの団体が，「利益団体」や「圧力団体」を自称することはない（辻中 2012）。

あなたが商売を始めた業界の要望は，業界団体からの発信がなければ，世に知られることはない。社会的利益の存在を世に現す役割が，団体の活動にはある（これを利益表出という）。他方，さまざまな社会集団が表出した諸利益を集約し，具体的な政策に落とし込んでいくのは政党の役割である。第1節で述べたとおり，政党は有権者の意見を吸い上げる利益表出機能とともに利益集約機能を果たしているのに対し，社会集団は利益表出機能だけを果たすと考えられがちである。しかし，社会集団は利益を集約してもいる。ひとくちに労働者，農家，医師といっても，抱える事情はまちまちである。政策についての意見も，細部まで一致するとは限らない。多様な意見をバラバラに政治の場に持ち込ん

コラム 4-3　戦争と団体

退役軍人や戦争遺族も有力な集団になりうるが，日本では「戦後」が長く続く中で，会員の高齢化や減少に直面している。

日本遺族会は戦後，公務扶助料（遺族に払われる年金）の受給者数が減少する中でも，当初の中心だった戦死者の親から，妻，さらには子らへと，活動的なメンバーを確保する範囲を広げ，その活動量を維持していたが（奥 2010），2013 年にはついに，参院選比例区への組織内候補の擁立を断念した。

旧陸軍将校の団体「偕行社」や旧海軍将校らの「水交社」は，会員の高齢化が進むなか，会を残すために自衛隊幹部 OB を会員に加えた。「戦争体験のない自衛隊員と一緒になれない」と反発する意見もあったが，「慰霊は生きて帰った我々の使命。背に腹は代えられない」（会員）と受け入れたという（『朝日新聞』2007 年 8 月 14 日付）。

他方，平和運動の担い手であった日本原水爆被害者団体協議会では，2008年の奈良県を皮切りに，傘下の都道府県組織のいくつかが，会員数の減少などにより，解散に追い込まれている。

もちろん，戦死者やその遺族が新たに増えていないのはよいことである。戦争の悲惨さを伝える方法は，他の手段を考えればよいのだから。

でも，大きな影響力を行使することはできない。意味のある規模にまとめられて初めて，政治家が考慮せざるをえなくなる。そのため，経営者団体，労働組合，その他諸団体が同一領域に複数ある場合には，それらを統合し意見を集約する頂上団体の役割が重要となる。

　社会集団が社会的諸利益を表出する必要があるのは，政治システムへの利益のインプットを主に担うと考えられる選挙が，その役割を十分に果たしえていないからでもある。多くの国で，地域を単位として議員を選出しているが，同じ選挙区内の住人が同じ利益を持っているとは限らない。むしろ，同じ職業の人同士のほうが，政治的に実現したい目標を共有することも多い。つまり，各種団体による特殊事情の政治システムへの入力は，選挙による入力を補完している。

　こうした職業や産業に基礎を置く諸団体は，典型的な圧力団体と見なされてきた。経営者団体，労働組合，農業団体，医師会などはよく知られる例である。そのほかに，教育団体や福祉団体など，政府の活動にその存立が依存する政策受益団体や，環境保護，平和，人権擁護，動物愛護などの，主義主張や社会正義の促進を目指す価値推進団体といったタイプがある。価値推進団体は，限りなく社会運動（→本章第4節）に近い。もっとも，こうした類型は便宜的なものである。政策受益団体が何らかの価値にコミットすることや，職業に基礎を置く団体や社会運動的な団体が，政策受益者になることも珍しいことではない（村松ほか1986）。

(2) 日本の利益集団・圧力団体

　戦後発展した日本の圧力団体研究では，日本の圧力政治の特殊性や後進性が注目され，そこから多くの特徴づけがなされた（石田1961; 田口1969）。たとえば，特定の目的によって成員を組織化するのではなく，全人間的な接触によってすでに確立された結合関係を基礎として集団形成が行われる**既存集団丸抱え方式**や，与党に近い団体（本系列）と野党に近い団体（別系列）への系列化，政府省庁と接触する団体が政党に接触する団体より多いこと（アメリカではロビイストの主たるターゲットは議員）などが日本的特色とされた。日本の政党は，組織基盤が弱いため，人材の調達や集票・集金などの面で，圧力団体への依存が大きいという点も指摘されてきた。

　団体，政府，政党という三者の関係としては，たとえば政官財の鉄の三角形ないし三位一体といったパワー・エリート的な説明や，政党は官僚に強く圧力

団体に弱い，圧力団体は政党に強く官僚に弱い，官僚は圧力団体に強く政党に弱い，という「三すくみ」論（田口 1969: 146）が，古くからよく知られる。

1980 年代以降，大規模な団体調査に基づく研究が登場したこともあり（村松ほか 1986 など），従来，日本の圧力団体の特質とされてきた上記のような諸特徴も，修正や相対化を迫られるようになる。また，経済構造・社会構造の変化や，1990 年代以降は自民党一党優位体制が崩れ始め政権交代が意識されるように（また実際に経験されるように）なったこと，そしてとりわけ選挙制度改革が，政府や政党と団体との関係に変化を迫った面もある。

たとえば，**新自由主義**の台頭（→第 7 章第 1 節）により，政治に圧力をかける団体の活動と，それに応えようとする政党の活動による財政規律の弛緩が問題視されるようになる。**小泉純一郎**政権（2001 〜 2006 年）下で批判の対象となった「抵抗勢力」とは，新自由主義的な改革の障害となる官僚—族議員—圧力団体の三位一体を指すと見ることができる。その後，2009 年に民主党への政権交代を経験すると，伝統的に自民党に近い関係にあった団体は，自民党支持を続けるか，民主党に接近するかの選択を迫られた（城下 2016; 山口 2016）。

その後，2012 年以降の安倍政権下で自民党と諸団体との関係が再び固定的なものとなったように見えるが，今後も自民党一党優位がしばらく続くのか，政権交代の可能性がつねに意識される状況になるのかにより，先行きが変わっていくだろう。

(3) 団体政治

20 世紀は，集団・団体の叢生と，その圧力活動に関心が集まった時代である。その前提条件として，結社の自由や政治活動の自由が確立したことや，行政国家化（→本章第 2 節）に伴い政府の活動範囲が拡大し，さまざまな事柄が政策の影響を受けるようになったことがある。

20 世紀初頭，政治過程について新しい見方を提示したのはアーサー・ベントレーである。彼は政治というものを集団間の現象と捉え，政治過程に現れる諸アクターをすべて集団と見なした。官僚や政党，企業や労働組合といった諸集団が，同一平面上で競争し合ったり，協力し合ったりする結果，それら諸力の合成として，政策が決定されるという見方である（ベントリー 1908=1994）。戦後，集団を中心とした政治過程の捉え方は，アメリカ政治学の主流となり，「利益集団を基礎としたデモクラシー」をめぐる議論は，「現代政治学の王道」となった（宮本 2016: 4）。とくにアメリカでは，1980 年代に国家論が復権する

まで（Evans *et al.* 1985），「社会」の中で活動する諸団体が政治を動かすとする見方が優位であった。

「集団相互の活動の結果，政治は均衡する」と考えるこうした政治観においては，各自が自由に活動しているのに均衡が実現するのは，重複メンバーシップや潜在的集団活動などによるとされる。重複メンバーシップとは，一人の人間が複数の団体に所属することで，特定の見解・立場に固執する姿勢が薄れ，態度が穏健化する現象を指す。潜在的集団活動は，ある立場を代表する団体が結成され，力が強くなると，潜在的には存在していたそれと対抗する集団が団体化し，あるいは活動を強める現象を指す。労働組合の活動に刺激されて，経営者団体が結成されるのがその例で，日本経営者団体連盟の結成は，労働組合の叢生への対抗と位置づけられた（石田 1961: 67）。

圧力団体が，政策への影響などの政治的目的を達成するための組織資源として，まず思いつくのは票と金であろう。「組織票」という言葉もあるように数は力であり，政党は構成員の多い団体の意向に背きにくい。多くの構成員を持つ全米退職者協会（AARP）はアメリカの定年制を廃止させるなど，大きな影響力を持つが（日本労働者協同組合連合会編 1997），日本でも，数が多く投票率の高い高齢者が，団体として組織されていなくても，大きな数を持つ潜在的な集団として，社会保障制度に影響力を発揮しているかもしれない。資金も団体が影響力を行使する上で重要な資源となる。団体が持つその他さまざまなもの，たとえば知識や情報，人的ネットワーク，官僚に提供できる天下りポスト，社会的威信や正統性も，影響力の源泉たりうる。

影響力を行使する方法として，まず直接的なロビイング，すなわち議員や官僚への接触がある。日本では，政策形成に大きな役割を果たす官庁への働きかけが最も効果的とされてきた。地方レベルの政策実現をめぐっては，地方議員や地方自治体もターゲットとなる。

ただ，団体が資源を用いて政府・与党に働きかけをするだけではなく，政府も団体に対し，各種の規制，補助金（減税）などの資源を持つ（広瀬 1993）。また，長年与党の座にあった自民党が，地域や業界の投票結果を査定し，与党に多くの票を出した地域や団体を補助金や公共事業などで厚遇し，票が伸びなかったところを冷遇することで，補助金を求める地域や団体が，政党に対して「逆説明責任」を求められる状況がある（斉藤 2010）。

政策決定者への直接的な接触以外にも，団体の働きかけの対象はさらに広く世論に及ぶ。一般市民への宣伝活動（ビラなどの配布），マスメディアへの働

きかけ（意見広告，記者への情報提供），各種の示威行動など，多様な手段がありうる。これらは，政策決定者に対する間接的な影響力行使ともいえるが，エリートへの直接的な接触が困難な団体にはとくに重要である。また，影響力のある団体は，特定の政策をめぐってその都度働きかけをするだけではなく，政策の形成や執行の過程に日常的に組み込まれている。審議会など政府の各種会議に代表を送ることや，定期・不定期を問わず，有力な政治家・省庁と情報交換／意見交換できるポジションは，示威行動では補いえない大きな影響力の源泉である。

　数は力である一方，数が多いことによる問題もある。まず，大きな組織は**フリーライダー**を生みやすいという問題がある（→本章第4節）。また数の多さは，メンバーの多様性につながり，それだけ意見の集約が困難になる面もある。会社員と公務員，大企業と中小企業，正規と非正規，円安が好ましい輸出企業労働者とその他の労働者といった具合に，労働者の構成が多様になればなるほど，これが「労働者の声」だと示すことは困難になる。政府は，自身に敵対的な集団内の下位集団間に楔を打ち込み，その弱体化を狙うこともある。たとえば，労働運動に穏健派と急進派があれば，前者を抱き込むことで分断を図り，労働運動全体の力を削ぐといった場合である。そもそも，どれだけ数が多くとも，組織されない利益は軽視されがちである。相対的に大きな影響力を持つ圧力団体とは対照的に，たとえば大都市の膨大な消費者という集団は，ほとんど未組織のまま放置されがちである。「数は力」だが，その力を活かすためには，適切な組織化が必要である。

（4）団体と政策

　社会集団の政党や行政機関との違いを先に述べたが，これら3者には融合し，重なり合う部分がある。

　まず政党は，しばしば団体出身の候補を擁立する。とくに参議院比例区から出馬する団体候補は多い。これを，団体が族議員を養成していると見ることもできる。また，労働組合から政党が生まれる場合（イギリス労働党）や，宗教団体から政党が生まれる場合（公明党）もある。

　補助金や業務委託を受けることを通じて，あるいは天下りポストの提供を通じて，政府とつながる団体もある。府省や自治体と協働作業を行う団体も珍しくない。政策を実施する上で好都合なので，政府も各種団体を利用する。

　社会に基盤を持つ団体が，政策決定過程に社会的利益を入力するというのが，

圧力団体と政治過程についての標準的イメージだろう（団体→政策）。だが，政策→団体という逆のベクトルもある。政府の政策から便益を得る政策受益団体の中には，仕事や資金を政府に提供されることで初めて存続が可能なものもある。ある種の政策が行われるようになると，それに関連する団体が結成され，今度はその団体が存在するがゆえに，その政策が持続するというメカニズムもある（Skocpol 1992; Pierson 1994）。

　国家が社会を覆う権威主義体制のもとでは，国家から自立した「社会」の存立する余地は狭く，社会集団の自由な活動は困難である。見かけ上は多数の組織や団体が活動していても，それらはいわば国家に統合され，国家に従属した存在にすぎない。さまざまな権威主義体制のもとで発展したそうした団体を，官製大衆組織（administered mass organization）と定義づけることもできる（カザ 1995=1999）。

　自由民主主義体制下でも，利益集団と政府の融合現象が注目されたことがある。1970 年代以降，多くの国でスタグフレーションが進行するなか，政労使 3 者協議制のもと，労働組合が賃上げ抑制に協力する見返りに雇用を維持するなどして，スウェーデンやオーストリアといった国々が良好なパフォーマンスを記録した。社会集団と政府によるこうした政策決定の仕組みを，**コーポラティズム**という。これには議会を迂回する面があるが，ファシズム期のイタリアで，国家に統合された職能団体を通じた統治をコーポラティズムと呼んだため，それとは異なる民主的な仕組みとして，ネオ・コーポラティズムと呼ばれることもある（シュミッター／レームブルッフ編 1979=1984; レームブルッフ／シュミッター編 1982=1986）。

　1970 年代にコーポラティズム論が注目された背景には，多元主義的政治観への懐疑の広がりもある（ただし，日本ではこの時期に多元主義の受容が進んだ）。同一平面上にある諸集団の自由な競争を想定する多元主義の政治観と異なり，コーポラティズム論では，集団間のヒエラルヒーが注目され，競争よりも協調が持つ意義が重視される。

　日本については，労働なきコーポラティズムという特徴づけが有名である（ペンペル／恒川 1979=1984）。これは，万年与党の自民党に系列化された諸団体が，政府の政策決定に関与する一方で，別系列の労働組合はそこから排除されていたことを意味している。ただし，1980 年代には日本の労働組合も，政府の審議会などに代表を送ることが増え，また石油危機後の不況下では，賃金の抑制に協力もした。そのことで守られた雇用もあるが，もともと経営者団体よ

り劣位にあった労働組合の政策参加は，コーポラティズムが典型的に展開した国々とは異なり，労働側の譲歩が大きいとの評価も少なくない。また，労働組合の中でも大企業労組が，経営側と利害を共有する局面が増え，「大企業労使連合」（伊藤 1988）や，「労働貴族を伴ったコーポラティズム」（ホール／ソスキス 2001=2007: xvi）などと特徴づけられることもある。労使協調路線の評価は，大企業労組の得失に加え，そこから排除される労働者のことも考慮に入れてなされる必要があるのである。

(5) 団体と民主主義

　圧力団体の自由な活動が均衡をもたらすとする想定を，アダム・スミスの「神の見えざる手」の団体版だとして，批判的に捉えるセオドア・ロウィは，多元主義的なアメリカの政治状況を利益集団自由主義と呼び，それが資本主義に代わるアメリカの新しい公共哲学になったという。彼は，利益集団活動には公開性や競争性が少なく，少数の集団に政治的特権をもたらす一方，そこから排除された利益が取り残されることを問題にした（ロウィ 1979=1981）。社会の中のさまざまな利益を表出し，政治過程に入力する団体の役割が，実際には機能していないという疑念はつねに存在してきた。古くは，均衡化のメカニズムを内包したベントレーの政治観は，その論理的帰結として階級対立や支配エリートの存在を想定しない政治観だとする指摘がある（田口 1969）。また近年，欧米を席巻するポピュリズムは，「特殊利益」や「エスタブリッシュメント」に対する人々の不満に訴えかけることで勢力を拡大した。

　日本においても，団体間の不均衡は見られる。小泉政権で政策形成の中心となった経済財政諮問会議には経営者2名がつねに参加してきたのに対し，労働代表の参加はない。民進党（民主党）は労働組合に近いので改革ができないといわれることがよくあったが，自民党は経営者団体に近いから改革ができないとはいわれない。こうしたことは，世にいう「改革」がどのようなものであるかを示すとともに，新自由主義（→第7章第1節）台頭後の言説状況の中でのビッグ・ビジネスの優位をよく示している。そのため，農業や医療など，従来は自民党に近いとされていた諸団体も，「改革」の邪魔をする抵抗勢力とされることがある。

　近年では，そもそも団体全般が否定的にとらえられる傾向がある。もともと，「圧力」の語には，「正当なまた合理的な決定に対して横やりを入れるというイメージ」がある（辻中 1988: 15）。「無駄遣い」の温床である「抵抗勢力」と戦

う小泉「構造改革」が喝采を浴びたように，自らの利益を実現するために政治的影響力を行使する団体の活動が，公共性を損なっているという考えは，今日では広く受け入れられている。圧力団体論は，集団や団体を，自らの利益のみを追求する存在として描いてきた。

しかし，社会集団には公共性の担い手としての側面も期待されている（山口2004）。公共性の担い手としての「中間集団」に期待を寄せる議論も，「ボランタリー・セクター」や「NPO」に比べ，利益集団・圧力団体をあまり重視していないが（佐々木・金 2002），社会の中に多様な集団・団体が存在することそれ自体の意義もある。

19世紀のアメリカ社会を観察し，多様な集団活動が民主主義に寄与していることに着目したのは，**アレクシス・ド・トクヴィル**であった（トクヴィル1835, 1840=2005, 2008）。団体への参加は，人々に討論の機会を与えるなどして，組織的スキルを身につけさせる。かつてアメリカ社会に多く存在したメンバーシップ型の組織が，さまざまな階級・出自の人々に，そうした機会を経験させていたことは重要である（スコッチポル 2003=2007）。丸山眞男は，「政治的団体が自主的集団を代表するところでは，国家と独立した社会の十全な発達は期待できない」として，社会が国家に吸収されないために，「本来的に闘争集団であり権威性と凝集性を欠くことのできない政治団体」ではない，政治と異なる目的によって組織化される結社の必要性を説いた（丸山 1959=1996: 84，傍点は原文）。国家と個人の間に中間集団が存在すること自体が，圧政に対する防波堤となる面もある（トクヴィル 1835, 1840=2005 第一巻（下）: 44; 山口 2004: 56）。

このように，団体への加入が民主主義にとって大きな意味を持つ中で，近年，団体離れの傾向が指摘されている（パットナム 2000=2006），日本の調査でも，団体に加入しない人は1970年代には20％台，1980年代には10％台であったが，2000年代以降，30％台に達しており，とりわけ若い世代で脱組織化は顕著に進んでいる（森・久保 2016）。

団体と政党を取り巻く状況の変化の背景として，メンバーシップに基づく政治の後退，**カルテル政党**化の傾向，新自由主義化・小さな政府志向や，ポピュリズムと直接民主主義の高まりなどが挙げられている（濱本 2016）。日本では1995年から政党交付金制度がスタートし，政党の団体に対する金銭的依存度は低下した。また，政党支持が流動化し，無党派層の動向が選挙結果を大きく左右するようになると，政党は特定の団体の利益を代表していると見られることで，無党派層の支持を逃すことを恐れ，従来の支持基盤である諸団体の意向

より，無党派層へのアピールに気を配りがちとなる。

アメリカでは，1950年代に最大規模であったメンバーシップ結社の大半は，1970年代半ば以後に急速に会員を失った。それに代わるように，20世紀後半から拡大したアドボカシー・グループは，有力な専門スタッフを持つ一方で，会員がゼロというものや，地方支部のネットワークを持たないものも多い。対話式の草の根会員をリクルートするより，ダイレクトメール（DM）を送ると会費を払ってくれる自動更新のDM支持者を組織するほうが効率的とされる。かつてのメンバーシップ組織においては，会費や対話式の集会，指導者を選ぶ選挙を毎年実施することなどにより，メンバーは組織の運営に参加していたといえる。だが，現代のアドボカシー組織のプロ幹部にとって，口は出さずに金だけを出し，幹部選出や政策討議に参加しないDM支持者のほうが魅力的だという。つまり，アメリカで確認されているのは，団体自体の衰退というよりも，メンバーシップ型からマネージメント型への組織形態の転換である（スコッチポル 2003=2007）。

集団・団体が存在する意義を，ロビイングによる政治的影響力の行使という点にだけ求めるのであれば，このことはたしかに効率的だろう。ただ，民主主義を下支えする集団・団体の機能に思いを致すなら，そこで失われるものもまた小さくないと思われる。

❗ 要点の確認

・圧力団体の活動は，社会的諸利益を政治過程に入力する役割を果たす。
・社会の中に存在する団体には，政府の外から圧力をかけるといったイメージがあるが，それだけではなく政府とともに政策の形成や実施を担うものや，政府の政策によって初めて存続が可能となるものもある。
・団体への所属が民主主義を涵養する役割を果たしてきたが，今日では団体所属は衰退しつつある。

---

4. 社 会 運 動

(1) 社会運動とは何か

2010年にチュニジアで始まった，民主化を求める反政府デモは，周辺国に次々に波及し，「アラブの春」と呼ばれる大きな政治変動をもたらした。アメリカでは2011年，「ウォール街を占拠せよ（オキュパイ・ウォールストリート）」をスローガンとしたオキュパイ運動が注目を集めた。2014年，香港で学

生たちが長期にわたり繁華街を占拠し，台湾でも学生たちが，日本の国会に当たる立法院の建物を占拠し，彼らを支持する数万人のデモ隊が周囲を取り囲んだ。香港では2019年に，さらに大規模なデモが長期間続いて，警察との激しい衝突が起こった。そして日本では，2012年に20万人が参加したとされる脱原発デモが，1960年の日米安全保障条約改定反対運動以来とされる大規模なものとなり，2015年には安全保障関連法に反対して国会周辺で行われた抗議行動，とりわけシールズ（SEALDs）という学生たちによる運動が大きな注目を集めた。

　これらの抗議行動に参加する人々は，本章で扱う政党，官僚，圧力団体，マスメディアといったアクターに比べ，既存の政治システム内に確固たる地位を確保しているとはいいがたい。ツイッターやフェイスブックなどで情報を得て参加した人も多く，組織，会員資格，指揮・命令などとは無縁なように見える。

　社会変革を求めて行われる集合行為はしばしば，社会運動と呼ばれる。社会運動についての代表的なテキストは，社会運動を「①複数の人びとが集合的に，②社会のある側面を変革するために，③組織的に取り組み，その結果，④敵手・競合者と多様な社会的な相互作用を展開する非制度的な手段をも用いる行為」と定義する（道場・成 2004: 4）。また，よく参照される別の定義は，「エリート，敵手，当局との持続的な相互作用の中での，共通目標と社会連帯に基づいた，集合的挑戦」というものである。投票，利益集団の活動，サッカーの試合なども集合行為だが，それらと区別される社会運動の最も特徴的な行為はエリート，当局，他集団，文化的規範に対する挑戦だとされる（タロー 1998=2006: 24-27）。社会運動はその変革志向性によって，パニックや流言，マスヒステリーなど，他の形態の集合行動から区別される（長谷川・町村 2004: 19）。ハロウィンの夜，渋谷の街に仮装をした人が大勢集まっても，それだけでは社会運動にはならない。だが，もしそれが日本的な文化規範への挑戦という意図から組織されたものであれば，社会運動と呼びうるだろう。

　社会運動には，どのようなものがあるだろうか。労働者，消費者，女性，若者，さまざまなマイノリティなど担い手の属性によっても，また労働問題，平和，環境，反差別，脱原発など，取り上げるテーマやイシュー（争点）によっても，運動を分類することができる。あるいは，トータルな社会変革を目指すのか，個別争点の解決を目指すシングル・イシューの運動かという区別もできよう。

　社会の変革を求めるというと，権力者の圧政に抗して立ち上がった人々が，

政治体制の転換を目指すというイメージがあるかもしれない。しかし，社会の変革とは政治体制の転換や権力者の交代を伴うものとは限らない。たとえば，原発の再稼動や，何らかの迷惑施設の建設に反対する運動もあるが，これらの目標を実現する上で，政治体制の転換や指導者・政権の交代は必須とはいえまい。

働きかけの対象も多様である。何らかの差別に反対する運動は，差別禁止法の制定を求める限りにおいては，働きかけの対象は政府や政治家になるかもしれない。しかし，差別のない社会を作ることが真の目的で，差別禁止法はその手段にすぎないと考えれば，その社会を構成するすべての人々に声を届けることが必要となる。

自分自身が働きかけの対象となることもある。1960 年代後半以降のフェミニズム運動では，女性たちが個人的な経験や問題，感情を共有するために語りあう意識覚醒 (consciousness raising) が行われた。これは，参加者が自分自身や社会についての考え方や観点などを変えるために行う活動である。問題を共有し合うことで，個人的なことだと思っていた問題に，社会的原因や政治的解決方法があることに気づくのである（フリーマン 1975＝1978: 169)。つまり，自分たちを対象にした働きかけも，社会に対して開かれうる。日本で 1990 年代に登場した「だめ連」は，仕事が続かない，異性にもてない，人とうまくコミュニケーションを取れないなど，自分を「だめ」だと思っている人たちが，「だめをこじらせる」状態（自分の「だめ」を意識しすぎてネガティブ志向から抜け出せなくなるなど）に陥らないよう，「だめ」な人々が集まってトークや交流をする場であった。こうした活動も，自分の「だめ」が対象化されたり，現代社会の問題点が浮き彫りになったりすることを通じて，変革の糸口を見出せるというところまでを射程に収めている（だめ連編 1999)。

社会運動と聞くと，左翼的スタンスのものを想像する人が多いかもしれないが，右翼的な社会運動もある。旧日本軍の負の側面を描く従来の歴史教科書は「自虐的だ」として，日本人としての誇りを持てる教科書を求める運動（小熊・上野 2003)，在日韓国・朝鮮人が「特権」を享受しているとして彼らへのヘイトスピーチを行う運動（安田 2012; 樋口 2014)，あるいはジェンダー平等に反対する運動などもある（山口ほか 2012)。

かつて代表的な社会運動と目されていたのは，労働運動であった。賃上げや労働条件の改善を目標とするものと，それらを目指さないわけではないが，究極的にはより大きな社会変革を目指すものとの違いはあれ，いずれも労働者と

いう階級に基礎を置いていた。

　これに対して，平和，環境，反原発，フェミニズム，反差別といったシングル・イシューの社会運動は，**新しい社会運動**（new social movements）と呼ばれる。1968年前後に多くの国で高揚を見た学生運動は，新しいフェミニズム運動や緑の党の母体となったこともあり，しばしば新しい社会運動の先駆けと見なされる。新しい社会運動登場の背景には，産業社会からポスト産業社会への移行があるとされる。つまり，産業社会の代表的な社会紛争が，生産や階級などをめぐるものだったのに対し，ポスト産業社会では消費やアイデンティティへとその焦点が転換したとされ，そのため新しい社会運動では，経済的な利益よりもアイデンティティにその基礎が置かれるようになったというのである。アイデンティティや自己表出に関心がある以上，運動の形態も，目的を効率的に実現するためのタイトでヒエラルヒー的な組織よりは，自由度が高く多様な参加を可能にするネットワーク型などの緩やかな組織が志向される。このような新しい社会運動を，一定程度の豊かさが実現した社会における「脱物質主義的現象」と捉える見方もある（イングルハート 1990=1993: 第八章）。

　以上のように，新しい社会運動は労働運動との対比で特徴づけられることが多い。しかし，このような対比がつねに適切であるとは限らない。近年，たとえばアメリカでは，フェミニズムやマイノリティの人権などに積極的に関わる労働組合の活動に関心が高まっているからである。

　政治システムの中における社会運動の役割を考える上で，社会運動と他のアクターとの関係を整理しておくことも有益であろう。

　集合的な行動を通じて，政治的目的を実現しようとする点で，社会運動には前節で見た圧力団体と似た面がある。圧力団体研究で「価値推進団体」と言われるものを「運動」と呼んでも，さしたる違和感はない。その意味では，社会運動と圧力団体の間に明確な境界があるというよりはむしろ，両者の境目はグラデーションをなしていると考えたほうがよい。とはいえ，境界がくっきりしていないからといって，二つが同じ概念だとはいえない。ここでは，社会運動の変革志向性に焦点を当て，既存の社会構造を所与とした上で組織利益の増大（損失の回避を含む）を追求するものを圧力団体，社会構造の変革を（その一部であっても）目指すものを社会運動として区別しよう。実際には，圧力団体が社会運動的な行動を取ることや，社会運動が制度化を進めて圧力団体としての性格を強めることもある。

　圧力団体の場合とは異なり，政党と社会運動の違いは明確であるように思わ

れる。たいていは「党」のつく名を持ち，綱領を策定し，党首を選出し，選挙に候補者を立て，多くの場合は政権の獲得を目指す政党は，たしかに社会運動とは異なる。だが，両者は全く無関係な存在というわけでもない。社会運動から政党ができるケースもあり，その例としてドイツの緑の党がよく知られている。

(2) 行動様式と戦術のレパートリー

デモや集会のように，街頭などに大勢の人間が集って行う示威行動は，しばしば社会運動の典型的な活動様式と見なされる。こうした手段が用いられるのは，社会運動が政治システムの周辺に位置し，政党や圧力団体ほど制度化された地位を築いていないことにもよる（原発の再稼動を求める電力会社や経営者団体がデモをすることはない）。

しかし，社会運動の戦術のレパートリーとして，そうした行動だけではなく，圧力団体同様のさまざまな手段が利用されうる。ビラや電子メール，ソーシャル・メディアなどを通じた主張の伝達のほか，新聞などに意見広告を掲載することや，署名を集め（近年は手書きのものに加え電子署名も普及している）政府や政党に陳情に行くこともある。そうした活動を持続させ，ときには専従のスタッフを雇用するための資金集め（ファンド・レイジング）も重要な活動の一部であるが，資金集めの活動自体が広報やリクルーティングの機能を果たす場合もある。また，何かをすることだけでなく，何かをしないことも戦術となりうる。労働運動のストライキと似たものとして，消費者運動が不買運動を行うこともある。断食を行うハンガー・ストライキは，マハトマ・ガンディが始めた非暴力運動の一手段である。

究極的には暴力の行使も辞さない，対決型の政治行動が取られる場合もある。物理的暴力の行使や，建物・道路・広場などの占拠といった行動は，警察の介入や世論の離反を招くリスクが高い。そうしたリスクがあるにもかかわらず，「過激」と目される手段に訴える運動があるのは，そうでもしなければマスメディアに取り上げてもらえず，注目を集めることが困難だという事情も大きい。それは，メディアが派手な事件を好むという事情を反映してもいる（Gitlin 1980）。社会運動という形で表出される主張は，政党や官僚制の中に足場を築いていないことも多いため，あえてリスクを取る場合があるのである。政治的自由が存在しない権威主義体制下においては，政府に対する対決型の行動は文字通り命がけの場合もある。

　他方，オルタナティブな生活を実践してみせることも，社会運動の一つのあり方である。農村などでコミューンと呼ばれる自給自足に近い共同生活を行うのは，直接的に政府や政治家に働きかけるわけではないが，ライフスタイルの実践を通じた新しい価値観の提示である（今 1987）。

　時代ごとに新しい戦術も開発されてきた（タロー 1998=2006; 中澤 1999; 2004）。2003 年にイラク戦争に反対する運動は，トラックにサウンドシステムを積んで音楽を流しながら行う「サウンドデモ」と呼ばれる行動で注目を集めた。参加者の中には，サウンドデモに参加してみてから，「戦争反対」「路上解放」などのスローガンに賛成するようになった者もいる（寺師・河島 2007）。汎用性のあるレパートリーは，国や地域を超えて広まり，ときには政治的立場の異なる運動にさえ利用されるようになる（タロー 1998=2006）。

　政治システムの中に足場を確保するのが難しく，資金を始めとした資源（リソース）が希少であることが多い社会運動だが，なかには成功して制度化を進めるものもある。たとえば日本でも，NPO 法（1998 年）が制定されるなど，民間の非営利組織，すなわち政府から独立し，かつ営利企業ではない組織の活躍の場が広がった。近年では就職先の一つと考えられたり，専門家として政府の審議会などに委員を送ったりするようになっている。

　NPO 法に基づく法人格を取得することで，政府からの認知とともに，税制上の優遇措置などを受ける場合もある。そのため，NPO 化する社会運動も少なくない。多くの会員と会費を集め，あるいは政府と恒常的に交渉するパイプを構築するなどして制度化を進めた運動は，活動の持続可能性を高め，影響力を増大させることができる。

　ただし，寄付文化が弱い日本においては，一般的に NPO の財政状況は厳しく，総収入の少なくない部分が補助金や公的機関からの委託事業収入である NPO も少なくない。「官」に代わる新しい公共を担う期待がかけられる NPO だが，「官」の下請けに堕してしまう危険もつきまとう。企業もまた，社会運動の連携相手になりうる存在であるが，企業への依存を深めることにも，同様のリスクがある（安藤 2012）。

（3）組織と資源・機会・フレーミング

　社会運動の発展や衰退，パフォーマンスなどを説明するために，資源の動員構造，政治的機会構造，フレーミングという三つの概念がしばしば持ち出される。

◉ 動 員 構 造

　かつて社会運動は，流言やパニック，暴動などと同じ集合行動というカテゴリーで研究され，そこでは行動の非合理性が強調されるきらいがあった。それに対し，1960年代における運動の噴出を目撃した社会学者たち（自らも参加者であった者も少なくない）を中心に，1970年代以降，運動の合理性を前提とし，その組織や戦略に焦点を当てた研究が台頭する。その立場を，**資源動員論**（resource mobilization theory）と呼ぶ（塩原編 1989）。

　それ以前の集合行動論が参加者の不満に着目したのに対し，資源動員論では，不満は多かれ少なかれどの社会にも存在するので，不満があるから運動が起こるとは限らず，運動を起こすには，然るべき組織と資源が必要だと考える。資源（リソース）とは，ヒト，モノ，カネを始めとして，知識やノウハウなど，社会運動の目的達成に資する諸要素を指す。運動が正しい主張を掲げていたとしても，資源を欠いていては大きな成功は得がたい。不満の爆発というよりは組織的な活動として運動を見れば，構成員，支持者，傍観者，敵対者といった分類も重要となり，それらへの働きかけをも分析の対象とする（マッカーシー／ゾールド 1977=1989）。非受益者の構成員がいる点（マイノリティの解放運動にマイノリティ以外の人も参加する）も，社会運動を利益集団から区別するポイントといえよう。

　不満が運動を生むという理解のもとでは，分析は不満に集中する。しかし，資源動員論においては，いかにして人や資源を運動に動員できるかをめぐる動員構造が重要となる。運動の発生にとって不満が鍵を握ると考えられていた頃には，中間集団が衰退し，人々が社会的に孤立することが，運動の発生の原因になると考えられていた。しかし資源動員論では，コミュニティやネットワークといった人々のつながりを運動の基礎に見出し，孤立した人は却って運動を起こせないと指摘される。

　社会運動に限らず，集合行為を通じた目標の実現に付き物であるのは，「フリーライダー（ただ乗りする人）」の問題である。資源動員論は，社会運動の合理性に着目したが，運動の成果が非参加者にもアクセス可能な場合，合理的な人は参加しないでただ乗りする（環境運動の活動により汚染が緩和されれば，運動の非参加者もきれいな水や空気を享受できる）。これが，マンサー・オルソンが突き付けた**フリーライダー**問題である（→第1章第1節）。オルソンは，一定以上の大きな組織の場合，ただ乗りを回避するためには強制か選択的誘因（貢献した人だけにもたらされる利得）が必要だと考えた（オルソン

1965=1983）。その後，選択的誘因はより広く考えられ，連帯的・規範的報酬も人々を参加に導くことが指摘されるようになっている。

◉ 政治的機会構造

　運動の生成や発展，あるいはその成功や失敗を規定するのは，資源を動員する組織の力ばかりではない。それに劣らず重要なものとして運動の外部要件に着目するのが，**政治的機会構造**（political opportunity structure）という概念である。

　同じような不満を抱える国や地域であっても，運動が発生したりしなかったりするのはなぜか，また，同じ運動がある時期には成功し別の時期には成功しないのはなぜか，といった問題を考える際に，資源とともに「機会」という概念が注目される。資金力など自前の資源の少ない挑戦者にも利用できる外部環境が，ときに運動に有利に作用することがある。また，私たちは何かをする際，成功の見込みを計算した上で行動を起こすはずで（中澤・樋口 2004），資源が動員されるのは，チャンスが大きいときである可能性が高い。逆に，大きな不満があっても，政治的機会が閉ざされていれば，成功の見込みは低いと判断され，運動は起こりにくいかもしれない。

　よく挙げられる政治的機会構造として，公式の政治システムが，挑戦者に対してどれくらい開放的か（アクセス・ポイントの多さなど），政体を支えるエリート間の提携が安定しているか，エリート内部に亀裂があるか，社会運動の提携相手が政治システム内に存在するか，国家は社会運動に対してどれくらい寛容／抑圧的であるかなどがある。政治的機会構造を，安定性の高い制度的なものと，より短期的に開閉する流動的なものに分類することもある（McAdam 1996; Gamson and Meyer 1996）。

◉ フレーミング

　不満は，何らかの客観的状況を受けて自動的に高まるというよりは，何が問題かという解釈に依存する面が少なくない。極端な貧富の格差が存在していたとしても，自由競争の社会だから当然だという考え方が社会に浸透していれば，不満は生じない。しかし，そこに不正義や不公正があると考えられれば不満は生じるし，資源や機会といった条件がそろえば運動が発生することもある。つまり，不満を生じさせるのは，何らかの客観的条件そのものというよりは，その条件が持つ意味だと考えることができる。この意味の側面を重視するのが，フレーミング論である。**フレーミング**（framing）とは，複雑な世界を一定の形に枠づけて単純化し，問題の構図や世界のイメージを形成させる働きかけの

ことである。ある状況を不正義だと見なし，本来はこうあるべきだという図式を人々に浸透させることができるかどうかが，運動の発生や成功の鍵を握ると考えるのである。

「不満」だけでなく，「われわれ」というアイデンティティをどう構築するか，という局面でも，フレーミングは重要である。個々バラバラに起こった個人的な問題と思われていたことが，実は共通の原因に由来することだという解釈を与えられることで，それらの問題を共有する人々の間に「われわれ」意識が芽生える場合がある。フレーミングは，可能な解決策や対処法，動機づけ，何が共通の利害であるか，味方や敵は誰かなど，さまざまなものをめぐっても行われる（矢澤 2003: 15; 長谷川・町村 2004: 18）。

なお，これら3要素は相互に影響し合ってもいる。たとえば，警察による抑圧の程度は政治的機会の一部だが，社会運動の資源動員のあり方が警察の対応に影響し，政治的機会を開くこともある。また，警察を始めとする政府当局の対応を「不正義」だと認識させるフレーミングに成功すれば，運動は多くの支持者を得て資源動員に成功することができよう（Gamson and Meyer 1996; della Porta 1996）。

(4) 社会運動にとっての成功とは

動員構造，政治的機会構造，フレーミングなどは，社会運動の成功や失敗を説明する際に用いられてきた。だが，何が社会運動にとっての成功かは，一概にはいえない。何らかの政策の実現が目標だとすると，資源や政治エリートへのアクセスに乏しい社会運動が，その目標を実現することは容易ではない。だが，短期的な政策の実現に成功しなくても，その主張を社会に浸透させ，新しいものの見方や考え方を提示し，自身の主義・主張への理解を広げることも，運動の目標と考えられる。そうしたことは，中長期的な政策の実現に資する面もある。政策変更に至らなくても，そうした問題の存在やその重要性を知らしめ，いわば議題設定（agenda setting）をすることが，将来につながる可能性がある。その意味で，何を運動の「成功」と考えるかをめぐって，長期的なそれと，短期的なそれは同じではない。

近年，日本でも社会運動によるデモなどの活動に関心が集まる一方，デモなどを行っても，次の選挙で勝てなければ無意味だと考える人もいる。2011 年に脱原発デモに参加した評論家の柄谷行人は，「デモをすることによって社会を変えることは，確実にできる。なぜなら，デモをすることによって，日本の

コラム 4-4　反原発デモと抗議の場

　2019 年現在，金曜の夜になると，国会前や首相官邸前に，原発に反対する人々が集まり，抗議行動が行われる。中心になっているのは，首都圏反原発連合（反原連）というグループで，反原連が主催する抗議行動は，2012 年 3 月以来，毎週続けられている。2012 年に大飯原発再稼働に反対するため，最大 20 万人を集めたとされる反原発の抗議行動については，その後，参加人数が減ったという報道を見かけることもある。だが，一時点での参加者の多さもさることながら，長期間，続けられていることの意義も小さくないだろう。歴史上の名だたる社会運動と比べてもその長さは際立っている（小熊 2013: 245）。

　国会前や官邸前を抗議の場として認知させたことも，この運動の功績である。反原発以外のテーマを掲げる運動もよく抗議行動を行うようになり，マスコミもそこが抗議の場であることを知っている。2016 年に「保育園落ちた日本死ね‼」というブログに共感が集まったときも，2017 年に共謀罪が国会で審議されていたときも，国会前で声を上げる人々の様子が報道された。これからも，さまざまなイシューで声を上げる人々と，その様子を報道しようとする人々が，国会前や官邸前に姿を現すだろう。

社会は，人がデモをする社会に変わるからです」と述べた。これは，単なる言葉遊びではない。福島の事故後に広まった脱原発デモは，2012 年に多くの参加者を引きつけた。なかには，それまでデモに参加したことなど一度もなく，フェイスブックやツイッターを見て集まった，という若い人も多くいた。参加者数はその後，減ったものの，多くの人がデモを初めて経験し，「デモ経験者」は増加した。そのことの意味は，原発の問題を超えて大きい。

　2013 年の特定秘密保護法や 2015 年の安保法制に反対する抗議行動のさなか，脱原発の運動がなかったら，こんなに大勢の人が集まらなかったのではないか，という感想が語られた。私たちの社会が「人がデモをする社会」に変わりつつあるのだとすれば，短期的な成果が見えなくても，実は多くの種が撒かれつつあるといえるのかもしれない。

　福島の事故以前から原発に反対する運動はあったし，1986 年のチェルノブイリ原発事故後にはかなり注目を集めもしたが，その後も原発は減らなかったの

だから，社会運動には意味がないという見方もある。しかし，原発に反対する運動がなければ，いまよりももっと多くの原発が作られていた可能性もある（樋口 2004: 28-29）。実際，原発が立地されている地域は，ほとんどが 1960 年代から 70 年代に計画を受け入れたところで，それ以降の新規立地があまりないのは，反対運動の成果であると見ることもできる（小熊 2012: 165）。

　デモやビラまき，あるいは新しいライフスタイルの実践といった社会運動の活動が，永田町や霞が関で明日，大きな変化をもたらさないからといって，それが失敗かどうか，無意味かどうかは，にわかには断じられないのである。

✐ 要点の確認

- ・社会の変革を目指す集合行為である社会運動の発展や成功は，資源（リソース）の動員，政治的機会構造，フレーミングなどによって説明される。
- ・産業社会においては，労働運動が中心的な社会運動であったが，ポスト産業社会への移行に伴い，主要な社会紛争の争点が生産や階級といったものから，消費やアイデンティティに移行したとされる。そうしたなか，労働運動に加え，新しい社会運動と呼ばれる，人権，ジェンダー，脱原発などのシングル・イシュー指向の運動が台頭した。
- ・社会運動は，デモや集会などの示威行動と結びつけられやすいが，ほかにも圧力団体と同様に，政治的決定過程において影響力を行使しようという，さまざまな活動も行っている。また，新しい価値観やライフスタイルの提示も，社会運動の目的の実現に資する戦術のレパートリーといえる。
- ・社会運動の目標は，政策に直ちに影響を及ぼすことに限られず，問題の所在や新しい価値観を知らしめることにより，より長期的に社会を変えることまでを射程に収めている。

---

5. マスメディア

(1) 政治過程におけるマスメディア

　メディアが政治を動かす，メディアが世論を作るなどといったことを耳にすることはないだろうか。政治についての一次情報を自力で得ることのない有権者にとって，新聞やテレビなどのマスメディアの情報は，投票先の決定や政策についての意見形成にとって決定的に重要である。たとえば，「社会の動き」の情報源を尋ねた調査では，「テレビ」80％，「新聞（インターネット版を除く）」74％が多い（ほかには「インターネット（マスコミのニュースサイト，ソーシャル・メディアを除く）」56％，「マスコミのニュースサイト（電子版の

新聞・雑誌など）」28％）（経済広報センター「情報源に関する意識・実態調査
報告書」2018 年）。別の調査では，「社会に対して影響力がある」（複数回答）
とされたのは，「テレビ（NHK）」45.5％，「新聞」44.3％，「テレビ（民放）」
36.4％が多く，「新聞社以外のニュースサイト」13.8％，「ブログやコミュニテ
ー・サイト，SNS」11.3％，「新聞社のニュースサイト」9.3％などのネット情
報はまだ少ない（日本新聞協会「2015 年全国メディア接触調査・評価調査報
告書」）。郵政民営化が争点となり，テレビが大きな影響力を発揮した選挙とし
てよく引き合いに出される 2005 年の衆院選（郵政選挙）では，自民党候補に
投票した者のうち，報道の影響を「受けた」とする者が 63％に達し（『朝日新
聞』2005 年 10 月 25 日付），「投票の決め手情報入手媒体」としては，「テレビ」
が 61.7％であった（香山 2006: 87）。

　2014 年の衆院選前に，与党の自民党が在京キー局に，「さらに一層の公平中
立，公正な報道姿勢」を要請したのも，また，2015 年に安保法制への反対が
広がる中で，自民党議員から「マスコミを懲らしめるには広告収入がなくなる
のが一番」などといった発言が飛び出したのも，メディアの影響力は大きいと
政治家が認識している証拠だろう。

　どうやらマスメディアは，今日の民主主義において，政治を動かしたり世論
を作ったりする主体（アクター）と見なされているようである（だから本書で
も，「マスメディア」を本章で取り上げている）。メディアを，立法，行政，司
法に続く「第 4 の権力」と呼ぶことがある。ただし，この場合，「権力」が指
し示すものは，保有される客体というよりは，権力を行使する主体（アクタ
ー）である。

　だが，こうしたメディア観は一つの見方にすぎない，つまり，メディアは政
党や官僚などと同じ意味でのアクターではない，と考えることもできる。内山
融は，政治過程においてメディアが担う役割を，「ミラー」「アリーナ」「アク
ター」の三つに整理する。ミラーとは，日々生起する出来事などをありのまま
に（鏡のように）報道する機能とされ，一般の新聞報道，ニュース番組は主に
この機能を果たすという。アリーナは，人々が意見表明や議論を行う場を提供
する機能で，新聞のインタビューやテレビの討論番組が例に挙げられる。そし
てアクターとは，メディアが政治過程の主体的な参加者として自身の主張を表
明する機能とされ，社説が典型例だという（内山 1999: 302-303）。

　以上は，個々の記事や番組が持つ機能の分類だが，ここではこの内山の整理
も参考にしながら，組織としての新聞社やテレビ局，あるいはマスメディア総

体が持つ役割を，アクターとしてのメディア，媒体としてのメディア，場としてのメディアの三つに分けて考えてみよう。

第1にメディアは，アクターとして主体的に政治に関わり，また政治を動かそうとすることがある。自民党と自由党の連立政権樹立を働きかけ（1999年），自民党と民主党の大連立も画策するなど（2007年），政局に介入してきた読売新聞の渡邉恒雄主筆のようなマスコミ人もいるが，ここではそうした個人の政治的活動ではなく，組織としてのメディアが，政治的アクターと考えられる場合を見ていこう。

まずメディアは，特定の政策を後押しすることがある。新聞は社説で政策への意見を述べるし，「意見」でなく「事実」を報道する記事においても，ある政策について，その新聞が賛成か反対かを読み取れることは多い。また，いかなる政権が望ましいかを，メディアが明言する場合もある。アメリカの新聞が，社説で支持する候補の名前を挙げるのは珍しいことではない。

メディアは，特定の政治勢力への肩入れを明言しなくても，反対の勢力の報じ方を通じて，スタンスを示すこともできる。テレビ番組で，「政治改革を必ずやるんです。私は嘘をついたことがありません」と発言した宮澤喜一首相が，改革を行うことができずに衆議院解散に追い込まれたあと，そのときの宮澤の映像が繰り返し流されたことが，宮澤退陣，自民党下野につながったとする説もある。非自民政権が望ましいという意見を直接的に表明しなくても，その映像を何度も使うことで，宮澤が嘘をついた，または実行力がないという印象を視聴者に与え，自民党の評判を下げることが可能であった。また，2000年から2001年にかけて，森喜朗首相の失言がたびたびワイドショーなどで取り上げられたことは，内閣支持率を著しく下げた一因となったであろう。このように報道の仕方次第で，メディアは首相の首を取ることさえできるといっても誇張とはいえまい。逆に，田中角栄政権が誕生したとき，多くのメディアが田中を「角さん」の愛称で呼び，その庶民性をもてはやしたことと，政権発足当初の高支持率は無関係ではないであろう。

第2に，メディアは主体的なアクターというよりは，情報が伝わる媒体にすぎないという見方がある。事実を写す鏡だというたとえはこれに近い。そもそもメディア（media）は，英語で媒体を意味する。メディアの影響力は大きいと考える人は多いが，人々がメディアの影響力と感じているものの発信元は別にあり，メディアを通して伝わる発信元の影響力がメディアの影響力と錯覚されているという見方もある（石川 1990）。

　もちろん，媒体としてのメディアが，あらゆる情報を等しく伝達するとは限らない。言論や報道の自由が制限されている権威主義体制下のメディアで伝達される情報は，政府の主張を伝えるだけの，統治に寄与する政府広報にすぎない。この場合メディアは，他のアクターに利用される道具のようなものである。

　報道の自由がある自由民主主義体制下でも，マスメディアは政治権力を持つ勢力の道具になりうる。わかりやすい例として，権力者が報道機関を私有する場合がある。イタリアで4期にわたり10年近くも首相を務めたシルヴィオ・ベルルスコーニは，同国内の民放局のほとんどを所有しており，また世界各国で多くの大手メディアを所有するルパート・マードックは政治家ではないが，大きな社会的影響力を持つ。こうした場合，メディアはオーナーに不都合な報道をできるだろうか。もっとも，権威主義体制とは異なり，政府や社会的権力に対する批判が認められている社会においては，それに反対するメディアが台頭する余地はある。

　第3にメディアは，議論や闘争が行われるアリーナ（場）だという見方がある。紙上討論会のような単一メディア上での議論だけでなく，複数のメディアを通じてさまざまな言説が行き交い，政策などについての議論が深まるということがある。いわゆる論壇には，こうした機能が期待されている。

　また，人々の情報源たるメディアは，そこに自らの主張を載せたい諸勢力にとって，報道されることをめぐる競争の場でもある。与党や省庁へのアクセスが乏しい社会運動は，メディアに取り上げてもらうことで自らの主張を社会に伝えることを狙う（→本章第4節）。時間的（放送）・空間的（紙面）制限があるメディアの報道をめぐっては，たえず競争が行われているといえる。

　メディアがアリーナだという議論として，メディア多元主義という考え方がある（蒲島 1990）。蒲島郁夫は，政党や各種団体のリーダーに，それぞれの影響力の大きさを尋ねた調査（三宅ほか 1985）で，マスコミ以外のリーダーはみな，最も影響力が大きいのはマスコミだと答えたという結果や，メディアが反体制的なものも含むさまざまな団体にアクセスを与えていることなどから，メディア上に多元主義が成立していると主張する。これは，メディアが政官財などとともに，パワー・エリートや支配構造の一部だとする説とは，真っ向から対立する見方である。

(2) 政治的存在としてのメディア

　これら三つの見方は，どれか一つが正しいといった性格のものではない。メ

ディアには，いずれの側面もあるであろう。注意しなければならないのは，アクターの機能のみならず，媒体やアリーナの機能を通じても，メディアは政治的影響力を行使できる点である（内山 1999: 303; 蒲島ほか 2010: 13）。

　事実だけを伝えているように見える報道にも，伝え手の意向は反映されている。生起する事象のすべてを伝えることなど不可能であり，客観的事実のみを伝えているように見えても，何を伝え，何を伝えないかというレベルでは選択や決定が行われているからである（本多 1984 を参照）。またジャーナリストは，オーディエンスが理解しやすいように，事実を編集し，物語化し，意味づける（大石 2014: 28）。つまり伝え手は，読者・視聴者の便に供するために，わかりやすく伝える努力をしただけのつもりでも，「事実」の切り取り方や説明の仕方を通じて，意図せずしてフレーミング（→本章第4節）を行っていることになる。佐藤栄作首相が 1973 年の退陣会見において，「テレビカメラはどこかね。……新聞記者の諸君とは話しないことにしてるんだ。……僕は国民に直接話したい。新聞になると文字になると違うから」などと述べ，新聞記者を締め出して，がらんとした会場で会見を行ったという有名な事件がある。新聞に「解釈」を書かれることを嫌った佐藤は，中継の映像だけならありのままが伝わると考えたのであろう。しかしテレビが，事後の編集（生放送なら回避できるが）や出演者のコメント等により，特定の解釈を視聴者に伝達することは珍しいことではない。映像だから「事実」であるとは限らない。

　また，政治的アクターに場を提供するアリーナ機能を通じても，そこに登場させるアクターや主張の取捨選択を通して，メディアは主体性を発揮している。あらゆる政治勢力に全く公平にアクセスを提供することが不可能だということもあるが，いわば社の意思としてアリーナに乗せる主張を選別することがある。大きなデモを行っても新聞やテレビが報道してくれない，という不満を持つ社会運動家は多い。

　政策を決定する権限も，他のアクターへの強制力も持たないメディアは，どのように影響力を行使するのであろうか。メディアにできるのは，情報の供給を通じて政治エリートや有権者に働きかける，という影響力行使の仕方である。これは「状況操作」ともいうべきもので，直接的な影響力の行使と区別することもできる（大嶽 1996: 18）。

　そして，メディアが人々の考え方に影響を与える仕方は，人々がすでに持っている意見を変えるというよりは，何が重要な政策かを議題設定（agenda setting）するという形で現れやすい（→第3章第1節）。小林 良彰によれば，

2005 年の郵政選挙公示時点で人々が重視する争点は，社会保障，景気対策，財政再建の順で，郵政問題の関心は高くなかった。それにもかかわらず，結果的に郵政民営化の是非を問う選挙となったのは，マスメディアによる議題設定の効果だという（小林 2005）。

　政府のような強制力は持たなくても，情報を伝達する能力において，新聞やテレビといった商業メディアは政府広報をしのぐ。マスメディアに大きな影響力をもたらしているのは，情報を広範囲に伝達できる能力に加え，「中立」を装うことができ，「真実」を伝えていると見なされているという信用の高さにもよる。マスコミは偏向しているから「マスゴミ」だとの声もネット上にはあるが，調査によれば，「情報の信頼度」は「NHK テレビ」（70.0%），「新聞」（68.7%），「民放テレビ」（59.2%）が，「インターネット」（51.4%）をなお上回っている（新聞通信調査会「第 10 回　メディアに関する全国世論調査」2017 年）。

　マスメディアは議題設定を行う一方で，ある問題を議題から外す役割を果たす面もある。空間的（紙面）・時間的（放送時間）制約から，あるニュースを詳しく報じることは，その分，他のニュースを報じない可能性を高める。こうしたことを承知している政治的アクターは，自身にとって都合の悪い発表を，大きなニュースがある日にぶつけることがよくある。

(3) メディアと政治の関係とその変容

　メディアをめぐる制度構造は，報道のあり方に影響する。たとえば，名誉棄損についての法律により，公人が報道機関やジャーナリストを告訴することが容易になれば，報道が慎重になることが予想される。また，メディアが政府の営業免許を必要とする社会では，政府による報復の可能性を怖れ，メディアが政府高官の攻撃を控えることも考えられる（ハミルトン 2008: 81）。

　日本では明治期に，反政府的な言論を取り締まる新聞紙条例が定められ，新聞・雑誌への規制が行われていた。現在，紙媒体への規制はないが，総務省の許認可権という規制がかけられている放送媒体は，新聞に比べて政治権力の介入を招きやすい。ヴェトナム戦争当時，政府に批判的な姿勢を示し続けた TBS のキャスター，田英夫が降板させられたのは，福田赳夫自民党幹事長が TBS の社長に，「免許の再交付を考え直さざるをえない」と伝えたからとされる（星・逢坂 2006: 127-128, 注8）。2016 年には高市早苗総務大臣が，テレビ局が政治的公平を欠く放送を繰り返した場合，電波を停止する場合があると表明

コラム 4-5　政治家とメディアの距離

　閣僚らに張りつく番記者や，フリーランスを締め出す記者クラブに見られる
ように，大手メディアは政界の「インサイダー」でもある。権力の懐に入り込
むことで初めて得られる情報もある一方，昔から取り込まれが懸念されてきた。
かつては組閣の相談に乗る記者や，首相の秘書など文字通りのインサイダーに
転身する記者もいた。

　メディアの扱いに長けているとされる安倍晋三政権では，首相と記者やメデ
ィア幹部との会食が注目された。2017 年に学校法人をめぐる疑惑に安倍首相
自身の関与が疑われた際には，首相とメディア関係者の会食はネットで大きな
話題となった。政権に批判的とみられる社も会食に参加していた。

　食事をともにすれば批判はできないとは必ずしもいえないだろうし，近づか
なければ情報が取れないというのにも一理ある。だが，首相が誰と食事をした
かが瞬時に広まるこの時代，「だから追及が甘いのか」と読者・視聴者から見
られることは，メディア自身の正統性を脅かしてもいるのではないだろうか。

し，メディアの萎縮への懸念が多く表明された。

　とくに NHK は，予算に国会の承認が必要なこともあり，政治の意向に左右
されてきた（クラウス 2000b=2006）。2014 年には NHK 会長が，「政府が右とい
うことを左とはいえない」などと発言し，政権から自立したアクターではない
ことを公然と認めてしまった。

　他方，民間の放送局や新聞には，テレビ・ラジオにおける免許制に加え，広
告収入への依存に伴う制約も存在する。2017 年，新聞社の総収入に占める販売
収入は，調査社平均で 57.5％，広告収入は 20.7％であったが（日本新聞協会編
『日本新聞年鑑 2019』2018 年，463 頁），新聞のような販売収入がない民放の場合，
広告収入への依存度はさらに大きい。広告収入依存度が高いことの問題は，ス
ポンサー企業の不祥事への追及が鈍るといった個別の問題にとどまらない。よ
り広く見られるのは，広告を出し続けてもらうために，視聴率・聴取率を意識
せざるをえないことである。国民生活にとってきわめて重要な政策の話でも，
「面白くない」と見なされ視聴者が離れるなら，ニュース番組はスポーツ報道
により多くの時間を割くかもしれない。小泉政権時に，民放テレビの報道番組

のディレクターは，「支持率80％の首相に批判的な番組をつくるのは不可能に近い」と語ったが（『朝日新聞』2006年3月8日付），これは政権からのメディアへの圧力とは違う話である。

　メディアの政治的影響力が，かつてよりも強まったとの指摘は多い。地域社会や中間集団の衰退，職業や階級と政党支持との関係の弛緩などにより無党派層が増え，政党にとって組織を媒介とした有権者の掌握が困難になるなか，党首の役割が重要になる小選挙区制の導入もあり（→第3章第2節），政党はメディアにどう取り上げられるかに，従来以上に腐心するようになった。こうした変容は，自民党の派閥機能を弱体化させ，次期首相の決定にあたって，メディア各社が行う世論調査が大きな役割を果たす状況をもたらしたとされる（柿崎 2008）。

　他方，メディア側の変化も指摘することができる。テレビ朝日の「ニュース・ステーション」（1985～2004年）以降，それまで無味乾燥だった報道番組は，ニュース・ショーとしての性格を持つようになり，タレント化したキャスター，フリップや模型で視覚に訴える説明，娯楽性の強い特集など，同番組の後続番組への影響は大きいとされる。それは，番組の形式的な側面にとどまらない。従来のNHKニュースなどとは対照的に，「ニュース・ステーション」では分析・コメントつきのニュースが多く，司会の久米 宏のコメントが政治に対するシニシズムを蔓延させたとの評価もある（クラウス 2000a, 2000b=2006）。こうした政治との向き合い方は，国民的人気が高い小泉政権期（2001～2006年）に，ワイドショーが政界の話題を頻繁に取り上げ，「ワイドショー政治」の語が生まれる背景となる。政党・政治家の側もそうした事情を考慮し，広報戦略を重要視するようになった（世耕 2006）。

(4) メディア公共空間とその分裂

　全市民が1カ所に集まって政治的な討議や意思決定を行ったりすることは困難なため，今日，多くの国で間接民主政が取られている（→第3章第2節）。私たちは，実際には会ったこともない人々を自分たちの代表として選出し，自分たちの代わりに議論や決定をさせている。私たちは新聞やテレビなどを通じて，さまざまな政治家の主張を知り，ときにはその人となりまでをも知る（知ったつもりになる）。全有権者が一堂に会することが困難であっても，メディアという場は，それに代わるある種の公共空間としての機能を果たす。

　メディアを場として考えることの意味は，メディアに取り上げてもらうこと

をめぐって諸アクターが競争するアリーナという意味にとどまらない。それには，人々が公共的な事柄についての議論を行う場，あるいは，そこで語られることが「公共」的なる性質を持つと考えられるような，より基底的な場という意味も含まれる。コーヒーハウスなどに集う「読書する公衆」が「市民的公共性」の担い手となり（ハーバーマス 1990=1994），「出版資本主義」の発展が国民（ネイション）の成立に寄与したように（アンダーソン 1983=1997），何を読み，どのような情報に接するかを共有することは，「われわれ」の範囲と深く関係する。

メディアがそのような意味で公共的な空間でありうるためには，個々のメディアが中立でなくても，複数のメディアから構成されるメディア空間に，多様な主張が登場しうることが確保される必要がある。しかし，政治的志向ごとに言説空間が分裂し，人々は自らの主張と異なる意見に接することが少なくなっている，との懸念もある（サンスティーン 2017=2018）。

アメリカでは 1934 年に，「フェアネス・ドクトリン（公平原則）」が導入され，テレビやラジオで政治を取り扱う場合，二大政党やその候補者にほぼ同じ時間を割くことが義務づけられた。しかし，1987 年にそれが撤廃され，メディアの自由裁量が大きくなった。コンテンツの自由度が広がることでイデオロギー色が強い政治情報の提供も可能となった。また，衛星・ケーブルテレビの普及による多チャンネル化やインターネットの普及は，アメリカ世論の分極化をさらに推し進めた。

こうしたなか，人は自分にとって心地よい情報のみに接し，不愉快な情報は遠ざけがちだという点に着目したのが，選択的接触という概念である。チャンネルが少なかった頃のテレビは，興味のない情報や反対意見にも接する機会を人々に提供していたが，多チャンネル化やインターネットの普及は，「見たいものだけを見る」状況を作っているのではないかというのである。日本における実証研究では，選択的接触は社会の分極化に至るほどには進んでいないとされる（小林 2011; 谷口 2015: 118）。しかし今後，意見の分極化が公共圏の分断につながらないようにするために，政治的主張を伝えるウェブサイトに，反対意見のサイトへのリンクを張ることを推奨する提案もある（サンスティーン 2017=2018）。これは，やや突飛な提案に見えるかもしれない。しかし，「公共空間」に関することだと考えれば，このような提案も奇妙というわけではない。

なお，日本に多元主義が成立しているという議論（→本章第 2 節）には，メディアは大衆の味方であって，政府・与党に批判的で，社会全体の利益を考え

るような集団に好意的だ，といったことを前提にしている面があった（大嶽 1996: 51-54; 蒲島 1990: 18, 22）。しかし今日では，大手メディアが政権に批判的な陣営と政権支持の陣営に分裂し，その隔たりが大きくなっている（徳山 2014）。メディア空間が分断されつつあるとすれば，多様な意見に接する機会をどう確保するかは，いっそう難しい課題となるであろう。

　そして，メディア空間は，いまや国民国家を超える。海外で飛行機事故やテロ事件があると，「日本人の犠牲者はいない模様です」といったことが語られるが，このことはニュースを享受する「われわれ」の範囲が「日本人」であることが，暗黙のうちに前提されていることを示している。しかし，こうした前提は揺らぎつつある。たとえば，カタールに本社を置くアラビア語放送局アルジャジーラは，その対象とする空間が，いわゆる国民国家の範囲とは全くずれている。2003 年当時，アルジャジーラを見ていた 5000 万人のうち，1500 万人はヨーロッパとアメリカの視聴者だった（ラムルム 2004=2005: 24）。

　そして，インターネットの爆発的な普及は，世界中の国や地域をつながりやすくし，国境の敷居は低くなったということが，しばしば指摘される。「世界政府」や「世界テレビ局」が誕生しなくても，同じ動画が世界中で閲覧されるなど，接する情報のグローバルな共有が，「われわれ」の範囲を変えていく可能性がある。他方で，権威主義体制の国で，特定の単語やフレーズを検索エンジンにかけてもヒットしないことがあるなど，ネット空間には国民国家単位で仕切られた規制がなされている面もある。

　インターネットの潜在力は，国境を越える点だけにあるのではない。既存メディアとの最大の相違は，新聞社や放送局を持たない普通の市民が，情報を発信する側にもなれる点にある。「アラブの春」や，アメリカの「ウォール街を占拠せよ」運動，さらに日本の脱原発デモなども，ツイッターやフェイスブックなどのソーシャル・メディアを通じて情報を拡散させ，多くの参加者を集めた。その情報拡散力は，知り合いに電話や手紙で伝達するしかなかった時代とは，桁違いである。IS（イスラム国）のような過激派組織も，ソーシャル・メディアでメンバーをリクルートし，残虐な映像をネットで公開することで影響力を誇示する。

　他方，政治エリートも，小泉内閣（2001 ～ 2006 年）のメールマガジン，橋下徹大阪府知事（2008 ～ 2011 年）・市長（2011 ～ 2015 年）のツイッター，安倍晋三首相（2019 年現在）のフェイスブックなど，ネットやソーシャル・メディアを用いた情報発信で話題をさらうことがある（谷口 2015: 121）。また，

アメリカのドナルド・トランプ大統領（2019 年現在）のツイートが，日本の
ニュースにしばしば登場することにも見られるように，ソーシャル・メディア
上の発信を既存メディアが後追いする状況も生じている。ネットはいまや，
日々政治が戦われる空間となっているのである。

❗ 要点の確認

・「マスメディアが政治を動かす」などといわれることもあるが，マスメディアは，主
　体的なアクターであるだけでなく，その他のアクターの主張が流通する媒体でもあ
　り，またそれをめぐって競争が行われるアリーナでもある。
・メディアは，強制その他の直接的な働きかけによってというよりは，情報の供給を
　通じて，人々の考え方に影響を与える。とくに，何が重要な政策であるかを議題設
　定する局面で，メディアは大きな役割を果たしている。
・メディアはある種の公共圏を形成している。その範囲は国民国家と同一視されがち
　であるが，グローバル化やインターネットの普及により，メディア公共圏は国民国
　家とずれてきている。

📖 第 4 章の文献ガイド

ウェーバー，マックス（1921-1922=1958）『官僚制』阿閉吉男・脇圭平訳，角川文庫。
　　▷近代官僚制の特徴を家産官僚制との対比から特徴づけた官僚制研究の出発点にして
　　　古典。
大畑裕嗣・成元哲・道場親信・樋口直人編（2004）『社会運動の社会学』有斐閣。
　　▷コンパクトながら社会運動論の主要な論点をカバーし，なおかつ豊富な事例を紹介
　　　して，読みごたえのあるテキスト。
蒲島郁夫・竹下俊郎・芹川洋一（2010）『メディアと政治』改訂版，有斐閣。
　　▷長く読まれてきた代表的教科書であり，第 5 節の内容をより深めるのに有益。2 名
　　　の学者とともに，ジャーナリストによる取材・ニュース作成の過程にまで記述が及
　　　び興味深い。
中北浩爾（2012）『現代日本の政党デモクラシー』岩波書店。
　　▷ 1990 年代の選挙制度改革以降の日本政治に焦点を当て，政党組織の変化が，日本
　　　の民主主義にどのような影響を与えているかを論じている。自民党に限定し，より
　　　最近の状況まで論じたものとして，同じ著者の『自民党』（中公新書，2017 年）も
　　　ある。
真渕勝（2010）『官僚』東京大学出版会。
　　▷官僚制についてのさまざまな理論を，現場の公務員の具体的な職務と関連づけて説
　　　明しているテキスト。
村松岐夫・伊藤光利・辻中豊（1986）『戦後日本の圧力団体』東洋経済新報社。
　　▷日本では初となる，本格的な実態調査に基づく圧力団体研究。従来の日本の圧力団

体政治についてのイメージ転換を意図し，いくつもの新しい概念の提示も行っている。

第 II 部

政治学で考える

● 第Ⅱ部はじめに

第Ⅰ部「政治学を考える」が基礎編だとすれば，第Ⅱ部「政治学で考える」は，応用編にあたる。第Ⅱ部では，章ごとにトピックを設定し，それぞれについて「政治学ではどのような考え方をするのか」を解説していく。

取り上げるトピックは，「民主主義」（第5章），「福祉国家」（第6章），「経済」（第7章），「ジェンダー」（第8章），そして「文化」（第9章）の五つである。まず理解しておいてほしいのは，「政治学以外の」学問であっても，これらのトピックを考えたり扱ったりすることはできる，ということである。たとえば，「民主主義」（第5章）は，いかにも「政治学的」なトピックである。しかし，民主主義を経済学的に考えることも，法学的に考えることも，社会学的に考えることもできる。他方，「経済」（第7章）はいかにも経済学的なトピックに見える。しかし，その経済を（本書のように）「政治学的」に扱うこともできる。福祉，ジェンダー，文化についても，事情は同じである。もっと言えば，本書で取り上げていないトピック，たとえば「教育」や「環境」についても，「政治学的」に考えることもできるし，別の学問分野のやり方で考えることもできる。つまり，同じトピックについて，異なる学問分野で考えることができるのである。

読者の中には，「では，あるトピックについてどの学問分野のやり方で考えるのが最も適切なのか」という疑問を持つ人もいるかもしれない。本書は，この疑問に対して「それは政治学で考えるのが最も適切なのだ！」と答えるわけではない。本書が伝えたいのは，①同じトピックでもそれを扱う学問分野が異なれば見え方が異なってくること，そして，②その中で「政治学的」な見方とそうでない見方との違いがあること，の2点である。

さらに，本書は，③「政治学的な考え方」は一つではない，ということも伝えようとしている。そのために，第Ⅱ部では，代表的な政治学的な考え方として，「記述」「説明」「規範」の三つの考え方を取り上げる。そして各章において，一つのトピックを，この三つの考え方に基づいて扱うことができることを示していく。たとえば，ジェンダー（第8章）というトピックを「政治学的に考える」場合，私たちは，「記述」的にも，「説明」的にも，「規範」的にも考えることができる。ジェンダーの第8章を読んでいただければ，同じジェンダーというトピックでも，記述，説明，規範で異なる考え方をすることがわかるだろう。それにもかかわらず，いずれも「政治学的」な考え方なのである。

それでは，「記述」「説明」「規範」とは何を意味するのか。まず指摘してお

くべきは，政治学全体を，「経験的研究」と「規範的研究」に分けることができる，ということである。大まかに言えば，経験的研究が「事実」ないし「現実」を扱うのに対して，規範的研究は「価値」や「規範」と呼ばれるものを扱う。規範的研究は，「政治思想（史）」「政治哲学」「政治理論」と呼ばれることも多い（なお，経験的研究の中には，「事実」や「現実」の理解の仕方によって，異なるタイプの研究の仕方があるが，ここでは立ち入らない）。

　たとえば，「民主主義」について，経験的研究では，民主主義が実際にどのような形態で存在している（していた）か，また，実際に存在する（した）民主主義にはどのようなタイプがあるのか，さらには，民主主義の現実の発展（や衰退）に影響を及ぼすのはどのような要因なのか，といった問題を扱う。これに対して，規範的研究では，民主主義はなぜ望ましいと言えるのか，民主主義の望ましさを支える価値とは何か，といった問題を扱う。

　政治学の三つの考え方のうち，「記述」と「説明」は，経験的研究に属する。「規範」は，（文字通り）規範的研究に属する。第Ⅱ部では，政治学における経験的研究（記述と説明）と規範的研究の両者を，できるだけ包括的に提示しようと試みている。

　次に，記述，説明，規範とは何かについて解説しよう。第1に「記述」について，本書ではこの言葉を，①個別の出来事についての知識の獲得や理解，②いくつかの（類似した）出来事の一般化，③いくつかの（一見類似している）出来事の区別やタイプ分け（類型化），を含む意味で用いている。「記述」という言葉は，「出来事をそのまま記すこと」といったイメージを与えるかもしれない。しかし，上記①〜③を見ればわかるように，本書の「記述」はこのイメージに当てはまらない。むしろ，本書の意味での記述は，「解明」や「理解」という言葉の意味に近い（ただし，最近の政治学では「記述」という用語を用いることが多いため，本書では「記述」で統一する）。

　記述のイメージを少し具体化してみよう。たとえば，第6章の「福祉国家」について，「福祉国家の記述」とは，①日本の福祉政策の特徴や歴史的展開を知り理解すること，②さまざまな国の福祉政策の特徴から，「福祉国家」についての一般的な定義を生み出すこと（あるいは修正すること），③同じ「福祉国家」の中にいくつかの異なるタイプを見出し類型化すること，などを指す。

　第2に，「説明」とは，ある出来事の原因を探り，その出来事が起こった理由や仕組み（メカニズム）を明らかにすることを指す。再び「福祉国家」の例で言うと，ある国で福祉政策が非常に発展していたとして，その理由をどのよ

うに説明できるかを考えるのが、「説明」的な考え方である。また、各国の福祉国家の違いを生み出した要因は何かを考えるのも、「説明的」な考え方である。詳しくは第6章第2節で述べるが、その理由として「政治的」な要因に注目するのが、「政治学的」な説明の仕方である。

　なお、起こった出来事（結果）のことを「従属変数」または「被説明変数」、その原因を「独立変数」または「説明変数」と呼ぶこともある。「変数」というのは、原因も結果も事例ごとに変化し、異なった値を取りうるからである。「福祉国家」の例で言うと、福祉国家の発展（結果）を産業化（原因）で説明できるとする理論がある（→第6章第2節）。この場合、「福祉国家の発展」の程度も、産業化の程度も、国によってさまざまであり、異なった値を取りうる。その上で、「産業化が進むほど（独立変数の変化）、福祉国家も発展する（従属変数の変化）」という形で「説明」が行われる。

　第3に、「規範」とは、経験的研究と規範的研究の区別のところで述べたように、政治における価値や規範、あるいは出来事の「望ましさ」に注目する考え方である。またも「福祉国家」の例で言えば、福祉国家についてそれはどのような価値や規範を具現化しているのか、また、福祉国家はなぜ望ましいと言えるのかといった問題を、「規範」では考えていく。

　さらに本書では、政治そのものの意義や独自性について考えることも、「規範」に含めている。たとえば、第7章第3節の「経済の規範」で「脱政治化」を問題として取り上げているのは、それが政治の意義を軽視することだからである。また、第8章第3節の「ジェンダーの規範」では、「政治」概念そのものの再検討について述べている。

　この両者、つまり規範や価値の「望ましさ」についての考察と政治そのものについての考察とを区別するために、前者を「規範的政治哲学」、後者を「政治の政治理論」と呼ぶ場合もある（田村ほか 2017）。

　「規範」について注意しておくべきことは、規範的な「望ましさ」は必ずしも経験的に評価できない、ということである。たとえば、福祉国家を扱う第6章第3節では、ベーシック・インカムというアイディアが紹介される。ベーシック・インカムに対する批判・疑問としてありうるのは、「（望ましいかもしれないが）現実的ではない」というものである。しかし、現実性の観点からの批判は、規範的な考え方への決定的な批判となるわけではない。なぜなら、もとより規範的な考え方は、現実の経験的な「記述」や「説明」を試みているわけではないからである。あえて言えば、規範的な「望ましさ」とは、たとえ現在

は存在していなくても，何らかの理由・根拠から「望ましい」と言うことができるものなのである。この意味で，「規範」は，「記述」とも「説明」とも異なる独自の考え方である。この点をよく理解しておくことが大切である。

　最初に述べたように，第Ⅱ部の各章は，一つのトピックについて，記述，説明，規範の三つの異なる考え方を紹介する，というスタイルを取っている。だから，各章を読むときは，たとえば「市場」（第7章）についての「記述」的な考え方，「説明」的な考え方，「規範」的な考え方の違いに注意しながら，読んでいただきたい。その違い自体を理解し，さらには楽しめるようになったならば，その時，あなたはきっと，「政治学的」とはどういうことかをよくわかっているに違いない。

第 5 章
民主主義

　ある国の政治や，ある政権の政治運営を指して，「民主主義的だ」とか「民主主義的でない」と言われるのを見聞きすることがあるだろう。そのような時，「民主主義的である」とする基準はどこに置かれているのだろうか。

　一見，選挙や議会が成立していれば「民主主義的」であるように見える。しかし，そういった制度が整った国の政治に対しても，「非民主主義的だ」という批判がされる場合もある。ここで問題とされているのは，「どのような状態であれば民主主義的と言えるのか」という点である。「民主主義」という概念は，現代においてなかば常識のようになっているが，実は政治学において，古典時代から現代まで，また経験的研究から規範的研究まで，多くの研究者が取り組んできた難問でもある。

1. 民主主義の記述

(1) 民主主義の基準

「この国は民主主義だ」とか「民主主義ではない」といったことを考える時，私たちはどのような判断基準で，民主主義と非民主主義とを区別しているのだろうか。選挙が行われていること，当選した代表者による議会が存在すること，選挙が複数の政党によって争われていること，普通選挙権があることなどが，民主主義の条件として想定される場合が多いだろう。この時，「民主主義の基準」としては暗黙のうちに代表制民主主義が前提とされている。また，選挙や議会といった一定の「手続き」が制度的に整っているから民主主義的であるという点で，手続き的民主主義を前提としているという言い方もできる。

近年，各国の民主主義度を測定し，ランキング化する試みも増えているが，その場合に用いられている民主主義の指標も，この代表制民主主義を前提とした基準を設定していることが多い。現存する諸国家を対象とし，民主主義の程度や変化を分析することは，「民主主義の記述」の重要な課題の一つである。

しかし問題は，民主主義の基準をどのように設けるかである。どのような場合に「民主主義」と言えるのか。政治学において，このような研究の嚆矢の一つとなったのは，**ロバート・ダール**のポリアーキー論である。ダールは，民主主義を二つの次元から捉える。一つは「参加の権利」であり，それが国民にどの程度包括的に与えられているかが指標となる。普通選挙権が与えられていれば，参加の権利は高度なレベルにあると見なされよう。しかし普通選挙権さえあれば，民主主義として十分と言えるだろうか。かつてのソヴィエト連邦でも普通選挙権は認められていたし，現在の中国においてもそうである。しかし，これらの国々で問題となるのは，参加の権利があっても，政府に反対する形ではそれを行使することができない点である。こうなると，参加の権利の意義はほとんど失われるだろう。したがってもう一つの次元として，政府に対して公的に異議申し立てができるという条件も，民主主義の指標として重要となる。この「参加の権利」と「公的異議申し立て」の二つの指標が高いレベルにある国家を，ダールは「ポリアーキー」と名付けた（ダール 1971=2014: 第1章）。

ポリアーキー論はどのような意義を持つのだろうか。実はダールの目的は，民主化がどのような経路で生じるかを分析することであった。しかし，どのような状態になれば「民主化した」と言えるのか。民主主義国の基準と指標を設

定しなければ，この問題を分析することはできない。ダールのポリアーキー論は，民主化はどのような経路で生じるかという問題を解明するための「被説明変数」を設定するものだったのである。次節で取り上げるように，「どのような場合に国家は民主化するのか」という問題は，民主化研究の一大論点であるが，ダールのポリアーキー論はその端緒の一つでもある。

また，ポリアーキー論の特徴は，民主主義を経験的に記述するという点にもある。この点は，ダールがあえて「民主主義」という言葉を用いず，「ポリアーキー」という概念を生み出したことに表れている。ダールは，ポリアーキーを「完全ではないかもしれないが，比較的民主化された体制」と定義するが（ダール 1971=2014: 16)，ここには一つの重要な意図がある。「ポリアーキー」という概念を作り出すことによって，民主主義を現代的かつ経験的に捉える視点を明確にしたのである。「民主主義」という概念は，理念的・歴史的には非常に幅広い概念であるが，理想的に完全な民主主義を確定することは難しいし，

コラム 5-1　日本は民主主義か

　民主主義度を測定する試みの代表的なものとして「ザ・エコノミスト・インテリジェンス・ユニット」がある。その民主主義指数は，選挙の過程と多元主義，市民的自由，政府の機能，政治参加，そして政治文化という指標から構成される。各項目について得点をつけ，その合計点によって世界各国は四つのカテゴリーに分類されるのである。2015 年度版では，「完全な民主主義」に 20 カ国，「ひび割れた民主主義」に 59 カ国，「ハイブリッドな体制」に 37 カ国，そして「権威主義」に 51 カ国が当てはまる（Economist Intelligence Unit 2016)。この調査は 2006 年以降に定期的に行われているので，各国の民主主義度の変化や，全体としての趨勢を見ることもできる。

　日本はこの中で，どのカテゴリーに分類されているだろうか。日本は，民主主義指数の得点では全体の 23 位であり，実は「完全な民主主義国」ではなく，「ひび割れた民主主義」に分類されている。ちなみに日本と同順位の国家はコスタリカである。とくに日本の得点が低いのが「政治参加」であるが，この指標には，「選挙での投票率」や「女性議員の比率」などが含まれている。

現実にはありえないような理想像を基準として，各国家の民主主義を測定することも適切ではない。この問題を避けるために，「ポリアーキー」という形で経験的に検証可能な基準を設定したのである。

　その意味で「ポリアーキー」は，幅広い民主主義という概念のうち，経験的に測定可能な一部分にすぎない。また，「ポリアーキー」によって想定されている民主主義は主に「代表制民主主義」や「手続き的民主主義」であるため，それらはより広い「民主主義」の観点からは類型の一つにすぎないということもできる。ここに，もう一つの「民主主義の記述」の可能性が生じる。つまり，より広義の観点に立ち，代表制民主主義だけにとどまらず，理念や歴史の面から射程をより広げた形で民主主義を記述し，そこから得られた視点を用いて現代の民主主義について考えるというアプローチである。

(2) 「広義の民主主義」の記述

◎ ヘルドの民主主義論

　「民主主義」はもともと，「人々が集まって，その意見をもとに決定する」という意味を持つ（川崎・杉田 2012）。このように民主主義を広義に捉えた場合，現存する政治体制だけではなく，理念として考え出されたが存在しなかった民主主義や，歴史的には存在したが現在はないような民主主義もそこに含まれることになる。このように，理念と歴史に射程を広げて，さまざまな民主主義のあり方を検討することも，民主主義を記述的に研究する際の課題になるだろう。

　デヴィッド・ヘルドは，民主主義の歴史的展開も踏まえつつ，主に理念面から民主主義を類型化した。彼によれば，「広義の民主主義」の観点から類型化を行う場合には，記述的 - 説明的論述と規範的論述，つまり，「どのような事態にあり，なぜそうなのかという論述」と「どのような事態にあるべきか，あるいは，すべきかという論述」との両方を含む必要がある。なぜなら，古代ギリシャに代表される古典的モデルに顕著なように，民主主義のすべての類型に記述と規範とが混在しているからである（ヘルド 1996=1998: 11）。したがって，民主主義の類型化には理念面からのアプローチが必要とされる。

　このような観点から，ヘルドは次のような形で民主主義の類型化を行った。まず，古典的な諸類型においては，古代アテネで展開された「古代民主主義」と，古代ローマに起源を持つ「共和主義」が存在する。この両者はいずれも，市民の直接参加を基盤とする。その後，投票を通じた政治参加が軸となる「**自由民主主義**」が登場した。その一方で，自由民主主義においては階級支配が固

定化されることを批判したマルクス主義者によって，「**直接民主主義**」も提起
されるようになった。前項のポリアーキー論が前提としていた代表制民主主義
は，この中では自由民主主義に相当するが，これらの古典的モデルにおいては
さまざまな類型の中の一つとして位置づけられるのである。

　20世紀に入ると自由民主主義が優勢となり，民主主義と言えばほぼ自由民
主主義を意味するような状況になった。しかしヘルドによれば，20世紀以降
の民主主義論の展開において，自由民主主義の中でもいくつかの類型が見られ
るようになったという。その一つが，**ヨーゼフ・シュンペーター**による「競争
的エリート主義的民主主義」である。この民主主義では人々は有権者として，
指導者となりうる集団（エリート）を定期的に選択する役割のみを担う。そこ
でエリートは人々の支持を求めて競い合い，自らの支配を正統化しようとする
（ヘルド 1996=1998: 238）。その中では，議会や政党相互間の競争が民主主義の
軸となる。その一方で，選挙での競争だけでなく，さまざまな利益集団の役割
と競争を重視する「多元主義」も，民主主義の類型の一つを占めるようになっ
た（→第2章第1節）。

　しかし，これらの民主主義は一定の問題も生み出しており，そこから新たな
民主主義の理念も生まれる。競争的エリート主義的民主主義においては，市民
の政治参加が，投票を通じた代表者の選択に限定されてしまう。それを問題視
し，市民のより実質的参加を目指して，民主主義が本来持った「市民の直接参
加」としての性格を取り戻そうとする「参加民主主義」へ向けた議論が近年で
は活発に行われている（→本章第3節）。また，多元主義が前提とする利益集
団の競争は国家の肥大化にも結びつくだろう。その結果としての国家介入の拡
大を制限し，市民の国家からの自由の領域を法によって守ろうとする「依法的
民主主義」の議論も見られるようになった。

　このようにヘルドは，民主主義を広義に捉え，理念面も含めて類型化を試み
たが，それにはどのような意義があるのだろうか。この類型化によって明らか
になることの一つは，現存するような代表制民主主義もその一類型にすぎず，
そこには利点と欠点が存在することである。代表制民主主義（ヘルドの言葉で
は，自由民主主義）との比較からすれば，古代アテネ等で見られた古代民主主
義はより直接的な参加に基づく点で，「人々が集まって，その意見をもとに決
定する」という民主主義の意義を，より明確に持つ。しかし，古代民主主義は
参加できる市民を少数に限定するなど，排他性を有してもいた。その点からす
れば代表制民主主義は，普通選挙権という形で広範な市民参加を認める形で発

展しており，包括性という点では進歩している。このようにヘルドは，民主主義に関して唯一の理想を描いたり，現在の民主主義を単に追認したりするのではなく，さまざまな民主主義の理念の強みと弱みを見定め，その観点から現代の民主主義を位置づけることを試みたのである（ヘルド 1996=1998: 13）。

　それとともに，諸類型を横断して共通する民主主義の根本的要素を引き出すことも，この研究の意義の一つであろう。ヘルドはこれらの類型を検討した後で，その共通要素を「民主的自律性」に求めた。この「自律性」は，「人間は自覚的に推論し，内省的で自ら決定しうる存在たりうる能力を備えていること」を意味している（ヘルド 1996=1998: 382）。この原理は，現代の民主主義思想のすべての潮流にあって不可欠な前提であり，「人々が自由に選択しうるだけでなく，自らの行動を決定するとともに，これを正当化し，さらには自ら選んだ申し合わせに参画し，政治的自由と平等の基本的条件を享受しうる」ことを保証する（ヘルド 1996=1998: 386）。この試みは，規範的・経験的両面へと射程を広げ，「民主主義の条件」を探る意義も持ったのである。

◉ キーンの民主主義論

　他方，歴史的な観点から，より「実在した民主主義」を意識して，民主主義の類型と発展を記述する方法もある。ジョン・キーンは，民主主義の歴史を3段階に分ける。第1段階に見られたのは集会デモクラシーであり，直接参加に基づく集会が軸となった。このデモクラシーは，古典時代のギリシャやローマに主に見られたが，シリア－メソポタミアから初期イスラム社会にも広がった。したがって，民主主義の伝統は，ヨーロッパ固有のものではないとされる（キーン 2009=2013（上）: 12）。

　現在見られるような代表デモクラシーは，10世紀頃から登場し，これが第2段階にあたる。代表デモクラシーは，良き統治は代表者による統治であるという信念に基づいており，これ以後，「デモクラシーとは代表デモクラシーのこと」と理解されるようになった（キーン 2009=2013（上）: 14）。しかしキーンは，民主主義をめぐる状況はさらに進展し，現在は第3段階に突入しているとする。それは「モニタリング・デモクラシー」であり，国家あるいは国家間のさまざまな領域において，また企業など非政府の組織ないし市民社会の組織においても，「意思決定者に対する全社会的な監視・監督が必要」とされる段階である（キーン 2009=2013（上）: 23）。モニタリング・デモクラシーの特徴は「脱・代表」にあり，さまざまな団体によって，権力に対する直接的な監視が行われる。また，民主的コントロールをされる側もする側も国家を超えて広がっており，

国家の枠組みを超えた民主主義へ展開している。

　キーンはこのように，歴史的な観点から民主主義の発展と類型を探ったが，その中でもやはり代表制民主主義は類型の一つとされている。つまり彼は，より「広義の民主主義」から記述を行ったと言える。同時にそれは，単に歴史的段階を記述するだけでなく，歴史を超えて存在する民主主義の根本原理を導き出す作業でもあった。キーンによれば，そのような根本原理は，傲慢な権力からの解放にある。民主主義においてこそ人間は，「自分たちがどのように統治されるかについて，互いに対等な者同士として自分たち自身で決めることができる」（キーン 2009=2013（下）: 388-389）。しかもこの原理は，西ヨーロッパのみで発展したのではなく，世界のさまざまな地域で見られた。キーンは，記述的研究によって，それが普遍的な原理であることも示したのである。

　ただし，このように民主主義は普遍的原理としての性格を持つとはいえ，その獲得と発展は，どの国・地域でも同様な経路をたどったわけではないという点も，歴史的な記述から明らかにされたことである。たとえばアメリカでは，代表制民主主義の段階においても，その媒介となる政党への懐疑がある。そのため，直接的な集会も重視するとともに，時にはポピュリズムを生み出すことになった。このように歴史的な記述を通じて，民主主義の歴史的発展には明確なパターンや法則がなく，条件に左右されるものであることが明らかにされる（キーン 2009=2013（上）: 180）。それゆえ，民主主義は，再刷新，再更新という課題から解放されているわけでは決してなく（キーン 2009=2013（下）: 402），つねに勝ち取られていくものという性格を持つ。それを怠った時には，民主主義は普遍的原理であったとしても，民主主義の「死」が待ち受けている。これは単なる警告ではなく，民主主義の歴史の中で，幾度となく繰り返されてもきた事実であることもキーンは示している。

　このように，「広義の民主主義」の観点からの研究がありうる。民主主義の理念的類型化や，その歴史的展開の記述を通じて，現存する民主主義を時間的にも空間的にも相対化するとともに，民主主義の根本的原理を探索することで，民主主義の条件を論じる際の視角を獲得することが可能となる。

(3) 代表制民主主義の記述

　これまで見てきた「広義の民主主義の記述」においては，「類型化」がその課題の一つであった。実際に存在する民主主義国についても，各国のさまざまな違いを踏まえつつ，それらも何らかの基準で分類できるのではないだろうか。

この場合，対象は現存する民主主義に限定されるから，経験的な観察・測定に基づくことが可能である。このように現存する民主主義の多様性を類型化していくという試みも，「民主主義の記述」において展開されてきた。

　その場合，主に取られてきたのは二つの視点である。一つは，民主主義を構成する制度の違いに焦点を当てるものである。第3章第1節でも述べたように，たとえば議院内閣制や大統領制など，民主主義体制にもさまざまな制度の違いがあることを思い起こせば，このような類型化は妥当な手段と言えよう。しかし，制度が同じであれば，そこには同じ民主主義が成立していると言えるだろうか。たとえば，同じ大統領制でも，アメリカとロシアとの間で民主主義の性格に大きな違いがあることは，直感的にもわかるだろう。また日本の場合も，制度的には代表制民主主義の要件を満たしているが，それにもかかわらず民主主義の度合いが低いといった批判も，何度もなされてきた。そこで，制度だけではなく，民主主義を支える文化に着目することも必要であるかもしれない。そこから民主主義を類型化する試みも行われてきた。以下，順に取り上げよう。

　まず，制度から民主主義を類型化する場合，一つの手法は，議院内閣制，大統領制，半大統領制といった執政－議会関係や，小選挙区制，比例代表制などの選挙制度に注目し，代表制民主主義を構成する要素ごとに類型化するものである。これについては，第3章第1節においても論じた。ただこの手法を取った場合，類型化されるのはあくまで各要素であって，各国の民主主義制度をトータルとして把握した類型化ではない。

　この観点から，それらの制度的要素を包括し，トータルに民主主義制度の類型化を試みたのがアレンド・レイプハルトである。レイプハルトは，世界の36カ国を比較し，民主主義が「多数決型」と「コンセンサス型」とに分けられることを示した。多数決型民主主義は，人民のうちの多数派による統治を行うため，一人でも多い多数派に権力を集中させるような制度によって編成されている。それに対し，コンセンサス型民主主義は，多数派の規模を最大化するため，できるだけ多くの勢力に統治への参加を認め，その間で権力を分散させるような制度から形成される（レイプハルト 2012=2014: 1-2）。ここでは，どのような方法によってその類型が析出されたのか見てみよう。

　レイプハルトは，民主主義を構成する制度的要素を二つの次元に分ける（表5-1）。一つは政府・政党次元であり，政党制，内閣，執政府と議会との関係，選挙制度，そして利益媒介システムが含まれる。もう一つは，連邦制次元であり，中央地方関係，議会，憲法，裁判所，中央銀行から構成される。レイプハ

表5-1　多数決型民主主義とコンセンサス型民主主義

		多数決型	⟷	コンセンサス型
政府・政党次元	内閣	単独過半数内閣への執政権の集中	⟷	広範な多党連立政権による執政権の共有
	執政府・議会関係	執政府首長に圧倒的権力	⟷	権力が双方で均衡
	政党制	二大政党制	⟷	多党制
	選挙制度	単純多数制	⟷	比例代表制
	利益媒介システム	多元主義的	⟷	コーポラティズム的
連邦制次元	中央地方関係	単一国家で中央集権的	⟷	連邦制・地方分権的
	議会	一院制議会への立法権の集中	⟷	二院制議会での立法権の分割
	憲法	相対多数による改正が可能な軟性憲法	⟷	特別多数によってのみ改正できる硬性憲法
	裁判所	立法活動に関し議会が最終権限	⟷	立法の合憲性に関し最高裁または憲法裁判所の違憲審査に最終権限
	中央銀行	政府に依存した中央銀行	⟷	政府から独立した中央銀行

出所：レイプハルト（2012=2014: 3）より筆者作成

　ルトは，これらの構成要素それぞれに関し，各国を多数決型－コンセンサス型の尺度から得点化し，各国をその中に位置づける。たとえば政党制に関しては有効政党数がその指標になり，二大政党制に近い国ほど多数決型に，多党制である国ほどコンセンサス型に位置づけられる。

　しかしこのままであれば，民主主義を構成する制度的要素ごとに分類しただけであり，トータルに類型化したとは言えないだろう。レイプハルトはここからさらに進み，たとえば政党制において多数決型に位置づけられる国家は，内閣や執政－議会関係，選挙制度，利益媒介システムという，他の政府・政党次元の要素においても多数決型である度合いが高いことを統計的に示した。つまり，政府・政党次元の各要素の間には相関関係があり，この次元の中でトータルに「多数決型」と「コンセンサス型」に分類できるとしたのである。レイプハルトはさらに，連邦制次元においても同様の相関があることを示した。その結果，民主主義諸国は，「多数決型民主主義」と「コンセンサス型民主主義」に類型化できることが示されたのである。

　レイプハルトのこのような類型化の意義は何だろうか。代表制民主主義の制

度を考える場合，最もその歴史が古いと言われるイギリスの民主主義や，それが前提とする「多数決」が，民主主義のモデルや典型であるかのように語られる場合がしばしばある。しかし，「コンセンサス型」の存在を析出することによって，民主主義の多様性を示し，「多数決型」を相対化したという意義がある（レイプハルト 2012=2014: 5）。

　ただしレイプハルトは，それにとどまらず，コンセンサス型民主主義のほうが，民主主義の質やパフォーマンスが良好であることをも示そうとした。これは「民主主義のパフォーマンスを制度から説明する」ものでもあるので，「民主主義の説明」にあたる。そのため，その検討は本章第 2 節に回すが，「多数決型」と「コンセンサス型」という分類を民主主義のパフォーマンスを説明する説明変数として位置づけるという意義も持っていたのである。

　このレイプハルトの類型において，「多数決型」の典型はイギリスなどアングロ・サクソン諸国であり，「コンセンサス型」の典型は，ベルギーやオランダなどヨーロッパ大陸諸国である。このような違いは，現在においてはたしかに制度的差異に結実しているが，なぜそうなったのだろうか。この問題に対しては，レイプハルトよりも以前に，**ガブリエル・アーモンド**が「文化」の観点から注目していた。彼はその国の**政治文化**に基づき，民主主義を「同質的な世俗的下位文化」を持つ英米型と，「断片化された政治下位文化」を持つヨーロッパ大陸型に分類した（アーモンド 1970=1982）。この政治文化による類型は，制度的類型とも一定の連関がある。アーモンドは，英米型の政治文化では内部の同質性が高いため，対立が深刻化せず，安定性も高いが，ヨーロッパ大陸型では，内部での対立が深まり，安定性に欠ける場合もあるとした。それゆえに，英米では「多数決型」であっても大きな対立にはならないため問題は生じないが，ヨーロッパ大陸型においては，対立を「コンセンサス」へと結び付ける制度的努力が必要となったのである。

　このように，政治文化によって民主主義を類型化することも一つの試みとしてありうる。それは，制度的な差異につながっている場合もあるし，同じ制度を取っていたとしても，その運用や質の違いが生じてしまう原因にもなるだろう。ガブリエル・アーモンドと**シドニー・ヴァーバ**はこの点に着目し，政治文化の観点から民主主義の類型化を行った。同じような民主主義体制に位置づけられていても，民主主義が安定する国とそうでない国があるのはなぜか。たしかに，イギリスやアメリカは民主化以降ほぼずっと民主主義を維持しているが，ドイツやイタリア，そして日本は，全体主義や権威主義体制への回帰を経験し

ている。そうだとすれば，民主主義になるという場合，単に公的な制度が確立するだけでは不十分であり，そこに何らかの政治文化が介在していると考えられるのではないだろうか。そして，むしろ民主主義は，この政治文化によって分類できるのではないだろうか。

アーモンドとヴァーバによれば，政治文化とは，ある時代に国民の間に広く見られる政治についての態度，信念，感性の指向のパターンである（→第9章第1節）。彼らは，このパターンを抽出するために，民主主義の成功例であるアメリカとイギリス，権威主義と民主主義の両方を経験しているドイツ，1960年代に民主主義移行中であったイタリアとメキシコにおいて，それぞれ1000件に及ぶ面接調査を有権者に対して行った。そのデータをもとに，アメリカを参加型市民文化，イギリスを恭順型政治文化（参加型と臣民型の結合），ドイツを政治離脱と臣民型有力感，イタリアを政治的疎外，メキシコについては，疎外はされているが参加型願望を持つとして，その政治文化のパターンを抽出したのである（アーモンド／ヴァーバ 1963=1974）。

このようにしてアーモンドとヴァーバは，同じように民主主義の制度を取っている国々の間でも，その政治文化の違いがあること，そしてそのことが，民主主義の安定性などのパフォーマンスの相違につながっているという議論を展開したのである。ただしこれらの議論は，政治文化を記述して類型できることが証明されたという意義を持つものの，文化と政治のパフォーマンスとの間に因果的な関係が認められるかどうかについては，厳密な論証が行われたわけではない。この論点は，「民主主義の説明」につながる課題として，次節で検討する。

ここまで，いくつかの「民主主義の記述」の試みを取り上げてきたが，それらによって，民主主義は多様であり，単一の理想形を前提にすることはできないことが示されてきた。またその上で，民主主義は国ごとにバラバラに存在するのではなく，そこには一定の分類や，共通する民主主義の基準や条件があることも明らかとなった。民主主義の記述的な研究を通じて，民主主義を類型化し，その間の違いと共通性，利点と欠点を見定める作業が行われてきたのである。

！ 要点の確認

・「民主主義とは何か」という問題に関して，現存する民主主義国を対象に，その基準を考える試みがある。この場合，代表制民主主義を前提としながら，どのような条

件を満たせば民主主義と言えるかについて検討される。

・ただし代表制民主主義は,「広義の民主主義」の観点から言えば, 一つの類型にすぎない。理念的あるいは歴史的に見れば, より多様な民主主義のあり方が存在しており, その類型を探ることも, 民主主義論の課題となってきた。

・代表制民主主義に限定した上でも, 民主主義のあり方にはいくつかの類型がありうるが, とくに制度と文化に着目してその類型化が試みられてきた。

2. 民主主義の説明

(1) 民主主義を変数として捉える

　前節で取り上げた研究では, 民主主義の条件を探ったり類型化することが試みられていたが, その中には, 単に記述することだけが目的ではないものも含まれていた。レイプハルトが「多数決型」と「コンセンサス型」とに民主主義を類型化した先には, どちらのほうが政治の質の高さを生むかという問題が見据えられていた。この場合, 政治の質という「被説明変数」に向けて,「説明変数」となる類型化を行うことが目的とされていたのである。また, ダールが「ポリアーキー」を概念化したのは, どのような場合に国家はポリアーキーに到達するかを考えるためであった。民主化の条件という「説明変数」を探るために, ポリアーキーは「被説明変数」として設定されたという側面もある。

　つまりこれらの研究には,「説明」に向けた準備作業という性格もあったのである。「どのような民主主義なら政治のパフォーマンスは高まるのか」という問題の場合は,「民主主義」は「説明変数」になっており,「どのような場合に民主化するか」では,「民主主義」は「被説明変数」になっている。このように「民主主義」は説明変数にも被説明変数にもなりうるが, 上記の作業は, それぞれの典型例とも言えるのである。いずれにしてもこれらの研究は,「説明」を通じて, 民主主義の発展に必要不可欠な要素を探るという意味も持っている。

　民主主義の「説明」として主に行われてきたのも, このような研究である。第1に, 民主主義を「説明変数」とする場合には, 民主主義を構成する制度や文化を説明変数とし, それが生み出すパフォーマンスや質との関係が主に探求されてきた。つまり, どのような民主主義であれば, あるいは民主主義がどのような条件を備えれば, その質やパフォーマンスは高まるのかという問題である。第2に, 民主主義を「被説明変数」とする場合の代表的な問題設定は, どのような条件がそろった場合に, 各国において民主主義体制が成立しうるのか

というものである。これは民主化研究として，これまでも大量の研究が積み重ねられてきた。順に検討していこう。

(2) 民主主義と政治的パフォーマンス

民主主義体制を取っている国の間でも，その質や政治的パフォーマンスに関しては，さまざまな違いがある。迅速に政策決定がなされる国もあれば，決定には時間がかかるけれども，決定への満足度や政治への信頼度は高い国もある。政権が頻繁に変わる国もあれば，政権の安定度が高い国もあるだろう。また，投票率などに表れる政治参加の程度や，政治家の汚職の程度なども各国で異なる。これらは民主主義の質，あるいは民主主義が生む政治的パフォーマンスの違いとして考えられるが，なぜ同じ民主主義体制を取る国の間でもこのような違いが生じるのだろうか。この問題に対しては，前節の類型化とも対応して，主には「制度」と「文化」の観点からの説明が試みられてきた。

まず，「制度」の観点から説明する諸研究を見よう。第3章第1節でも見たように，民主主義体制を構成する制度は複数ある。なかでも論争となってきたのは，より政治的パフォーマンスが高いのは，議院内閣制か大統領制かという問題である。この問題に対して第1に，議院内閣制のほうが望ましいとする研究がある。たとえば，1973年から1989年までの期間で見た場合，10年以上連続して民主的であった国は，大統領制を採用する国においては25カ国中5カ国のみであったのに対し，議院内閣制では28カ国中17カ国であった（ステパン／スカッチ 2003: 190）。民主主義の安定度という観点から見れば，議院内閣制のほうが大統領制よりも優れているように見える。

それはなぜだろうか。その鍵は，執政府と議会との関係にある。大統領制では執政府の長と議会の議員はそれぞれ別の選挙で選ばれ，相互に独立している度合いが高い。そのため，議会多数派が大統領の政党と異なる場合など，大統領と議会との間で対立が生じると，政治的行き詰まりに陥り，政治運営が硬直化しやすい。その状態が続くと，軍事クーデターなどが生じる隙が生まれ，民主主義が脅かされやすいのである。それに対し，議会の多数派（与党）が執政府の長（首相）を選ぶ議院内閣制においては，解散総選挙などを通じて執政府が議会での多数派を形成することにより，行き詰まりを打開できる。つまり，政治運営に柔軟性が生まれやすいのである。新しい民主主義国は，大統領制のほうが強力な政府を可能にするという理由で大統領制を採用しがちだが，この観点からすればそれは賢明な選択ではないとも言える（ステパン／スカッチ

2003: 196）。

　それに対し，議院内閣制よりも大統領制のほうがパフォーマンスが高いという議論もある。マシュー・シュガートとジョン・カレイは，有権者が政権を選択できるかに関する「選択の効率性」と，有権者が議員を選択できるかという「代表性」という，民主主義の質に関わる重要な2要素の観点からすれば，大統領制のほうが優れているとする。議院内閣制においては，まず議会選挙が行われ，その多数派が政権を構成するという手順を踏むため，有権者は選挙の時点では，どのような政権になるかを見通して投票することは難しい。小選挙区制に基づく二大政党制であれば，政権選択選挙となって選択の効率性は高まるが，その一方で選挙の際に死票が生まれやすいため，社会の多様な声が「代表」されない程度が高まる。つまり，「選択の効率性」と「代表性」とが両立しづらくなるのである。しかし，大統領制であれば，大統領と議会は別々に選挙されるために，選択の効率性（大統領選挙）と代表性（議会選挙）とが容易に両立しうる（Shugart and Carey 1992）。

　これらの研究は，議院内閣制と大統領制という制度を説明変数として比較し，どちらがより良好な民主主義の質や政治的パフォーマンスを生み出すかを説明しようとしている。しかし，それらが導き出した結論は分かれている。その原因の一つは，民主主義の質や政治的パフォーマンスの測定基準，つまり被説明変数の設定にある。ステパンとスカッチは議院内閣制をより高く評価したが，その基準は「安定性」にある。他方，シュガートとカレイは大統領制のほうを高く評価したが，その基準は「効率性と代表性との両立」にある。このことは，議院内閣制にも大統領制にもそれぞれ長所と短所があり，どのような評価基準から見るかが重要であるということを示している。

　また，このように結論が分かれるということは，質やパフォーマンスを説明する上で，議院内閣制か大統領制かという区分は本質的ではない，つまり適切な説明変数ではないという可能性もある。議院内閣制と大統領制という区分は，「議会と執政府（内閣）のあいだの権力関係を直接規定しているわけではない」（レイプハルト 2012=2014: 99）。なぜなら，第3章第1節でも見たように，執政府－議会間の権力関係を見た場合，議院内閣制や大統領制それぞれの内部でも多様性がある上に，その他の制度（選挙制度など）との関係も重要になるからである。そうだとすれば，議院内閣制か大統領制かという制度間の分類にとらわれず，「執政府と議会の権力関係」という観点から分類を行うとともに，執政府－議会関係だけではなく，民主主義制度を構成するその他の要素との関係

も視野に入れて，説明変数を検討する必要が出てくる。

　この問題に答えたのがレイプハルトである。彼が民主主義体制を構成するさまざまな制度的要素を組み合わせて「多数決型民主主義」と「コンセンサス型民主主義」という類型化を行ったことは前節で見た。次なる課題は，どちらのほうが質やパフォーマンスが良いかを「説明」することである。その場合，被説明変数として質やパフォーマンスの基準を定めることが，まずは必要になる。レイプハルトは「意思決定の有効性」を基準として，政府の有効性や法の支配，汚職の抑制といった指標を被説明変数として採用し，統計分析（重回帰分析）を行った。その結果，ほとんどの指標に「コンセンサス型民主主義」のほうが好影響を与えていることが示されたのである。

　また，レイプハルトは，民主主義の質に関しては，前節のコラムでも取り上げた民主主義指数を主な被説明変数として，やはり統計分析（重回帰分析）を行った。その結果，どの指数でも「コンセンサス型民主主義」のほうが好影響を与えているとともに，民主主義への満足度も高いことを導き出したのである。レイプハルトはこのようにして，「多数決型」よりも「コンセンサス型」のほうが民主主義のパフォーマンスが高いと，実証的に結論づけた（レイプハルト 2012＝2014: 第15・16章）。

　この結論を踏まえれば，今後はすべての国が「コンセンサス型民主主義」の制度を採用すれば，民主主義の質や政治のパフォーマンスは高まることになるかもしれない。ただし，レイプハルトは留保もつけている。その理由の一つとして挙げられているのは，文化の違いである。つまり，合意形成を促す政治文化がコンセンサス型民主主義の制度的基盤となっている可能性があり，そのような文化がない国であれば，コンセンサス型の制度を導入しても，それは良い効果をもたらさないかもしれない（レイプハルト 2012＝2014: 263）。

　ここで「文化」に注目した試みが登場する。前節のアーモンドとヴァーバの政治文化論が示唆したように，同じ「制度」を採用する国の間でも，民主主義の質や政治のパフォーマンスは異なることがある。この点から，民主主義の文化を説明変数として，その政治的パフォーマンスを説明しようとする試みも現れた。その代表格が**ロバート・パットナム**の「**社会関係資本（ソーシャル・キャピタル）論**」である。社会関係資本とは，「調整された諸活動を活発にすることによって社会の効率性を改善できる，信頼，規範，ネットワークといった社会組織の特徴」（パットナム 1993＝2001: 207）を意味する。

　パットナムが注目したのは，イタリアにおいて，大まかに言えば北部の州と

コラム 5-2 社会関係資本論と政治的実践

　「説明」を目指す研究は実際の政治を良くするための実践的活動からは遠いと見なされがちだが，そういった研究から得られた成果が，実践的課題に活かされる場合もある。たとえば，パットナムらによる社会関係資本論はその一例である。

　社会関係資本論は，民主主義やガバナンスのパフォーマンスを説明するものとして世界的な注目を集めた。発展途上国や旧社会主義国における民主主義のパフォーマンスを改善する要因として，そういった国々での社会関係資本を測定し発展させるための研究が展開され（Åberg and Sandberg 2003; Grootaert and Bastelaer 2002），また，発展途上国における社会関係資本の育成を軸として，それらの国々の経済・社会開発を図ろうという試みも登場した。たとえば世界銀行は，発展途上国の発展に際して最も重要な要因の一つとして社会関係資本に注目し，関連するセミナーを開いたり，報告書を発行したりしている。もちろん，対象は発展途上国だけにとどまらない。いわゆる先進諸国に関してもさまざまな調査や提言が行われており（パットナム編 2002=2013），日本においても内閣府が委託調査を行い，「社会関係資本培養」を目指した取り組みを提唱したこともあった（内閣府「ソーシャル・キャピタル――豊かな人間関係と市民活動の好循環を求めて」2003 年）。

南部の州では制度のパフォーマンスに顕著な違いが見られることである。彼は，内閣の安定性や予算編成の迅速さなど，12 項目にわたる指標からイタリアの各州における制度パフォーマンスを測定すると，北部の州においては全般的にパフォーマンスが高いのに対して，南部では低いという傾向があることを発見した。各州とも同じイタリアの中にあるのだから，それぞれの民主主義制度も同じである。それにもかかわらず，なぜ，このようなパフォーマンスの違いが生じるのだろうか。

　ここでパットナムが説明変数として採用したのが，社会関係資本である。それは，公共的な活動を行う市民共同体への住民の参加の程度に表れる。彼は，住民が市民共同体によく参加する州（多くは北部）では，制度パフォーマンスの指標も高く，そうではない州（多くは南部）ではその逆となるという相関関

係があることを突きとめた。パットナムは，制度のパフォーマンスの程度は，社会関係資本によって説明できるとしたのである。

　先に取り上げたレイプハルトの研究も，コンセンサス型民主主義のほうが多数決型よりも優れていると示すことを目的の一つとしていた。これらの研究には，どのような民主主義がパフォーマンスを高めるかというリサーチ・クエスチョンに対し，民主主義の制度や文化を説明変数として実証的に分析するという共通点がある。

(3) 民主化の条件

　民主主義を被説明変数とした「民主主義の説明」の試みは，主に民主化研究という形で進められてきた。民主化研究は，どのような条件がそろったときに国家は民主主義体制へと転換するのだろうかという問題に主に取り組み，とくに比較政治学において一大領域を占めている。

　初期の民主化研究において，民主化の条件とされていたのは経済発展であった。その典型が，1950年代に提起された「リプセット仮説」である。経済成長に伴い，中間層と呼ばれる，より豊かな社会階層に属する人々の数が増大する。中間層は社会的地位や教育水準が高いため，政治的な自由や権利を要求するが，中間層の増大によりこの要求が高まることで，その国家は最終的に民主化へと至るのである。この論理においては，経済成長→中間層の増大→民主化という形で，経済成長が民主化の根本的要因とされている。リプセットは，民主主義と経済成長の間に正の相関があることを統計的に示し，この仮説を実証した（Lipset 1959）。また，前節で取り上げたダールも，ポリアーキーが社会経済的発展の水準と強い関連性があることを示し，経済成長が民主化にとって有利な条件になるとしている（ダール 1971=2014: 106）。

　しかしその後，民主化の条件を経済成長に求める議論に対しては，多くの批判が提起された。アダム・プシェヴォスキらは，141カ国のデータを検討し，経済発展が民主化をもたらすとは必ずしも言えないことを示した。ただし，経済発展と民主主義との間に何の関連もないわけでもなく，すでに民主化した国家が民主主義体制を維持することに，経済成長は寄与する（Przeworski *et al.* 2000）。つまり経済成長は，民主主義への「移行」の条件というよりも，民主主義の「存続」の条件ということになる。この論点には，また後に触れる。

　また，サミュエル・ハンチントンは，多くの国々が20世紀後半に民主化を果たしたことを「第三の波」と呼び，それらの民主化の要因について検討して

いる。彼は，経済発展が民主化の基礎になることは認めつつも，それだけでは十分ではないとする。民主化が生じる場合には，それ以前の権威主義体制の正統性が弱まることが必要であるが，経済的業績の悪化に伴う場合もあれば，経済危機がそれを促すこともある（ハンチントン 1991=1995: 51）。このように，民主化を経済との関連で考えた場合には，長期的な経済発展と短期的な経済危機とが複合的に作用するのであり，経済と民主化との関係は両義的であるとしたのである。

　では，民主化の要因として何が重要なのだろうか。ハンチントンが「第三の波」の要因として挙げたのは，宗教上の変動や，アメリカなど外部アクターによる新しい政策，そして民主化が他国から波及するデモンストレーション効果など多岐にわたる。なかでも彼が重視したのは，民主化の過程における政治的アクターの役割であった。民主的改革派が登場し，それらの指導者が権力を獲得し，そして旧体制下の保守派を抑制するとともに，反対派も封じ込める。政治的指導者がこのような役割を果たしえた時，民主化は成功するのである（ハンチントン 1991=1995: 第3章）。ハンチントンは，民主化の過程を事例分析することによって，政治的アクターが民主化において果たす役割を，「どのように」という観点から，説明したのであった。

　同様に，ギジェルモ・オドンネルとフィリップ・シュミッターも，民主化過程における政治的指導者の戦略を重視している。民主主義への移行は「無数の突発事と困難なディレンマ」に満ちており，その過程には極度の不確実性が存在するからである（オドンネル／シュミッター 1986=1986: 28）。民主化の成否は，そのような不確実な状況の中に置かれた政治的アクターの責任や選択に依存する部分が多く，たとえば経済などのマクロな構造的条件によって予測することは困難である。このようにして彼らは，民主化における政治的アクターの重要性を浮かび上がらせたのであった。

　ここまでの議論では，主に「民主化」を，権威主義体制から民主主義体制への「移行」の観点から捉え，それを「被説明変数」としてきた。しかし，単に体制移行すれば，民主化は達成されたと言えるだろうか。ここで先に登場したプシェヴォスキらの研究を思い出してみよう。彼らは，経済成長は，民主主義への「移行」の条件というよりも，民主主義の「存続」の条件であるとした。つまり民主化には，「移行」と「存続」の両面が含まれる。たしかに，2011 年に注目を集めた「アラブの春」の展開にも見られたように，民主主義体制に移行しても，短期間でまた軍事政権など権威主義体制に戻ってしまう事例は多い。

この場合,「民主化が達成された」とは言いにくい。ではどのような条件が整えば,民主主義は存続するのだろうか。この問題に対し,プシェヴォスキらは,経済発展が民主主義の存続に寄与すると結論づけた。しかしそのほかにも,より政治的な要因に注目した研究がある。

　その一つが,「制度」に注目した研究である。前項で,大統領制よりも議院内閣制のほうが「安定性」の面では優れているとする研究を見たが,それは民主主義の存続にも当てはまる。また,ユアン・リンスとアルフレッド・ステパンは,民主化前に採用されていた政治体制のタイプによって,民主主義体制の定着の成否が異なってくることを分析している。彼らは非民主主義体制を,権威主義,全体主義,ポスト全体主義,スルタン主義の四つに類型化する（→第3章第1節）。民主化以前の類型が,民主主義の「定着」に対してどのような影響を持つのか検討したのである。

　たとえば,民主主義が定着するための第1の条件である「法の支配と市民社会の自由」に関して,権威主義体制では限定的ではあるがすでに法の支配や市民社会の伝統が見られる。そのため,それらの国が民主化した場合にはこの伝統が拡張されれば,それが「定着」の条件となる。しかし,全体主義体制では法の支配が全く存在しないため,それらの国が民主化した場合には,法の支配を新たに育む必要が生じる。しかしそれは短期間では難しく,「定着」はより厳しいものとなる。また,人的な独裁という色彩の強いスルタン体制の国では,権力の私物化による恣意的な権力行使が常態化しているため,民主主義体制に移行した場合でも,その遺産のためにやはり法の支配と市民社会の確立は困難な課題となる（リンス／ステパン 1996=2005: 138-140）。この研究は,民主化以前に取られていた制度に着目する点で,過去からの経路依存性（→第6章第2節）が民主化の定着に影響を与えることを示している。

　また,文化に着目して民主主義の存続や定着の条件を考える研究もある。いったんは民主化して複数政党による議会選挙が実現したが,敗北した勢力が結果に納得せずに混乱状態となり,軍事クーデターなどによって権威主義体制に戻ってしまい民主主義が持続しないという事例はよく見られる。2013年のエジプト,2014年のタイなど,近年においてもそのような事例はある。日本やアメリカなど民主主義が定着している国では,議会選挙の結果に不満を持つ勢力がいたとしても,議会そのものが停止される事態にはならないだろう。この違いは,「結果のいかんにかかわらず民主主義のルールを受け入れ」（恒川 2006: 17）ているかどうか,つまり国民が民主主義の規範を受容し,民主主義

的アイデンティティを確立しているかどうかによって生じている。

　このような見方は、「規範」に注目する**コンストラクティヴィズム**（→第2章第4節）の理論が、民主主義の存続や定着の分析にも応用できることを示している。民主主義が定着するためには、「どのように政治が行われるべきか」に関する規範について、一定のコンセンサスが国民の間で成立していることが必要条件となる。つまり、民主主義が政治の正統な方法として、あるいは少なくとも一般的な方法として認識されているとき、また、民主主義的ルールの個々の実践が、その規範的正統性を強化するとき、民主主義体制は強固なものとなるだろう。とくに主要な政治アクターが、民主主義を支持するアイデンティティを持っていることが必要となる（Peceny 1999: 98-99）。

　この説明では、民主主義を支えるような一定の規範が、国民も含めた政治的アクターの間に拡散し、「民主主義的アイデンティティ」として確立すればするほど、民主主義制度の定着度も高まるということになる。このプロセスについて、恒川恵市は「学習」の重要性に注目する。民主主義的アイデンティティは、「自分の利益や意見が直ちに実現されなくても、暴力的・威嚇的な手段に訴えることなく、他者との平和共存を重視する」ことに基づくが、それは、人々が紛争や抑圧を経験する中で、「相互の妥協や民主主義遵守の重要性」を学習することによって得られるからである（恒川 2006: 17）。

　コンストラクティヴィズムに基づく民主化研究は、「説明変数」たる民主主義アイデンティティを測定する方法などではまだ発展途上にあるという指摘もある（恒川 2006: 17）。しかし、前節から見てきているように、「文化」の側面から記述したり説明したりする方法は、民主主義の研究においても一つの位置を占めている。コンストラクティヴィズムに基づく民主化研究は、それらの研究と交錯するものである。

　ここまで、「民主主義の説明」に関する議論を取り上げてきたが、それらが基盤とする方法や理論はさまざまであり、また注目するところも、制度、アクター、文化など多様である。しかしこれらに共通するのは、民主主義を「説明変数」あるいは「被説明変数」として設定し、その因果関係や「要因」を探るという点である。そのことは、単に「説明」するためではなく、よりよい民主主義を得るためには何が必要かを探り当てるという意義も持っている。

　これらの研究は、実際に存在する民主主義を取り上げて経験的・実証的に説明を試みるものであるため、そこで取り上げられる民主主義も、「**自由民主主義**」あるいは「代表制民主主義」を前提とする。ただし、前節でも述べたよう

に，民主主義の研究は，決してこの枠内にとどまるものではない。現存する民主主義の枠を乗り越えるような，より理想的な民主主義はどのようなものなのか。また，そもそも民主主義はなぜ望ましいと言えるのか。この点は「民主主義の規範」に関わる問題として，次節での課題となる。

要点の確認

・「民主主義を説明する」という場合には，「民主主義」は説明変数にも被説明変数にもなりうる。前者は，民主主義によって，政治の質やパフォーマンスを説明する研究が典型であり，後者の場合には，民主化の条件を探る研究が典型となる。
・民主主義の質やパフォーマンスについては，民主主義の制度の違いや文化のあり方に着目して説明される場合が多い。
・民主化研究においては，「移行」と「持続・定着」の両方が論点となりうる。いずれの場合も，経済成長や政治的アクター，制度や規範による説明が試みられてきた。

3. 民主主義の規範

本章第1節（2）で，「広義の民主主義」の記述として，理念面も含めた類型化（ヘルド）や，歴史的観点を踏まえた根本的原理の探究（キーン）が行われていることを述べた。こうした理念面や根本的原理にさらに焦点を当てて探究するのが，民主主義の「規範」的考察である。

本節では，民主主義に関する規範的な問いとして，次の二つの問いを取り上げる。第1の問いは，「なぜ民主主義は望ましいのか」である。第2の問いは，（民主主義そのものは望ましいとして）「どのような民主主義が望ましいのか」である。本節では，これらの問いに答える形で民主主義への「規範」的な接近の仕方を示すことにしたい。

(1) なぜ民主主義は望ましいのか
「民主主義の望ましさ」をなぜ問うのか

「民主主義の望ましさ」は，自明ではない。なぜなら，民主主義以外の政治の仕組みも存在するからである。民主主義とは，「民衆（デモス）」による「統治」，つまり，「みんな」のことを「みんな」で決める政治の仕組みである。単に「みんなのこと」を（誰かが）決めるだけでは，民主主義とは限らない。「みんなのこと」を，一人（君主政）あるいは一部の人々（貴族政）で決める

仕組みもありうるからである。したがって，さまざまな政治の仕組みの中でなぜ民主主義なのか，なぜ民主主義が望ましいのか，という問題を考える必要が出てくるのである。

　また，「民主主義は望ましくない」とする考えが存在してきたことにも，注意が必要である。たとえば，古代ギリシャの**アリストテレス**は，君主政，貴族政，民主主義にはそれぞれ堕落形態が存在するが，民主主義の堕落形態である衆愚政治は最も望ましくないと述べた（アリストテレス 1961）。近代においても，J・S・ミル，アレクシ・ド・トクヴィル，ジェームズ・マディソンらが，民主主義における「多数者の専制」への懸念を表明している。民主主義は，多数者の名のもとに少数者を迫害する危険性を内包しており，かつ，その場合の「多数者」が賢明であるという保証も存在しない，というわけである。このように民主主義への懐疑はつねに存在する。だからこそ，「なぜ民主主義が望ましいのか」は重要な問いなのである。

◉ 望ましさの内在的正当化

　望ましさを根拠づけることを，「正当化（justification）」と呼ぶ。民主主義の正当化には，二つのタイプがある（スウィフト 2006=2011: 269-270）。その一つが，内在的正当化である。これは，民主主義は（それが生み出す結果に関係なく）それ自体が何らかの望ましい価値を体現するがゆえに望ましい，と論じるタイプの正当化である。

　民主主義について，少なくとも三つの内在的な価値を考えることができる（スウィフト 2006=2011: 280-294）。第1は，「自律としての自由」である。これは，「自由とは，われわれが自分自身に与えた法（ルール）に従うことだ」という考え方である。民主主義とは，「みんな」のことを「みんな」で決めることだから，それはたしかにこの意味での自由を実現するものと言える。注意すべきことは，自律としての自由は民主主義の結果とは関係がない，という点である。たとえば，独裁よりも民主主義のほうが，「聴いてよい音楽の種類を制限しない」「発行してもよい小説の種類を制限しない」とするかもしれない。しかし，このような「私的な」自由の保障という根拠による民主主義の正当化は，後で述べる「道具的正当化」であり，「自律としての自由」による正当化とは異なる。もしかしたら，私たちは民主主義の結果として自分自身に与えるルールによって，これらの「私的な」自由を制限するかもしれない。それでも，「自律としての自由」には価値があり，民主主義はそのような価値を実現するから望ましい，ということなのである。

　第2は，「自己実現」である。これは，民主主義への参加は人間的な発展のための本質的な要素であるがゆえに望ましい，という考え方である。これは，現代に生きる私たちには，直感的には理解しづらい考え方かもしれない。しかし，古代ギリシャでは，人間は集合的な事柄に関わるがゆえに他の動物とは異なる「政治的動物」なのだ，と考えられていた。後に取り上げる参加民主主義論においても，「自己実現」の観点から民主主義が正当化されることがある。

　第3は，「平等」である。民主主義とは，ある共同体における集合的決定に参加する権利を，そのすべてのメンバーに等しく認めるものである（ダール 1998=2001: 50）。この時，民主主義は，政治参加ないし発言権の平等を実現するがゆえに望ましい，ということになる（スウィフト 2006=2011: 288; ダール 1998=2001: 84）。ここでも，内在的正当化の根拠としての平等は，民主主義の結果として「平等な」結論が導かれることを必然的に意味しているわけではない，という点に注意が必要である。

◉ 望ましさの道具的正当化

　正当化のもう一つのタイプは，道具的正当化である。これは，民主主義はその結果として何らかの価値・良きものを実現するがゆえに望ましい，と論じるタイプの正当化である。これにもいくつかの類型がある。

　第1は，「正しい」決定の作成である。民主主義は，何らかの意味で「良い」または「正しい」決定を生み出すがゆえに望ましい，というわけである（ここでは「良い」と「正しい」をほぼ同義と見なす）。たとえば，18世紀フランスの哲学者・数学者であるコンドルセは，もし諸個人が間違った判断よりも正しい判断をする可能性のほうが高ければ，一人よりも多数で決めるほうがその決定が正しくなる可能性は高まると述べた（坂井 2015: 62-68; スウィフト 2006=2011: 295）。この種の議論は今日では，「認識的民主主義」と呼ばれる（井上 2012; 内田 2019; 坂井 2018; List and Goodin 2001）。その特徴は，集合的決定の手続きのあり方に左右されない（独立した）「正しさ」についての基準が存在していると考えた上で，民主主義の目的は「真理に一致する（track the truth）」ことであり，民主主義が望ましいのは，それが他の決定方法よりもより「真理に一致する」決定方法だからと論じるところにある（List and Goodin 2001: 277, 280-281）。認識的民主主義の「認識的」とは，「正しい」ないし「良い」決定を生み出すということを意味している。民主主義は，「他のいかなる手続きよりも，正しい答えを得る可能性が高い」がゆえに望ましいのである（スウィフト 2006=2011: 299-300，傍点は原文）。

　第2は,「正統性 (legitimacy)」である。これは,民主主義はみんなが受け入れることのできる決定を生み出すがゆえに望ましい,というタイプの正当化である。第1章第4節でも述べたように,「正統である」＝「受け入れることができる」とは,強制や脅迫によってではなく,納得して受け入れるという意味である。同じ結論でも,誰かに「勝手に決められた」のでは納得できないが,「私たち」で決めたのであれば納得できる,ということはありうる。この場合,民主主義であるがゆえに決定は正統性を持つ。

　第3は,「反省性」である。これは,民主主義は自らの決定を振り返り見直す性質を有しているがゆえに望ましい,というタイプの正当化である（宇野2011）。たとえば,君主制の場合,君主による決定を「間違っていた」として見直すことは困難である。民主主義であれば,個人であれ集団であれ「みんな」の誰かが異なる意見を提示することで,既存の「間違った」決定を見直すことができる。ジャック・ナイトとジェイムズ・ジョンソンも,反省性の観点から民主主義の正当化を行っている（Knight and Johnson 2011）。民主主義が優れているのは,単に決定の仕組みとしてではない。それだけではなく,民主主義以外の決定の仕組み（市場,司法,官僚制,社会規範など）と比較して,民主主義は,どのような領域でどのような決定の仕組み（または複数の仕組みの組み合わせ）を用いるべきかを再検討する,つまり反省する場合に最も優れているとされ,その点において擁護される。ポイントは,民主主義においては,「みんな」が,一方で自分の見解を単に主張するだけではなく修正することを求められるとともに,他方で他者の見解を批判するだけでなく受けとめることも求められる,という点である。ナイトとジョンソンは,このような民主主義の特徴が,現状の決定の仕組みのあり方を見直す＝反省する際に有効であると考えるのである。

(2) どのような民主主義がなぜ望ましいのか①——自由民主主義

　ここからは,民主主義の中でも「どのような民主主義が望ましいのか」という問題を扱う。取り上げる民主主義のタイプは,今日の代表的な民主主義である自由民主主義と,それに対抗する民主主義の中の代表的なものとして,参加民主主義,熟議民主主義,闘技民主主義である。それぞれの民主主義がどのような理由で望ましいと言えるのかを説明していく。

● 自由民主主義とは何か

　自由民主主義は,現代の政治体制レベルで考えられる民主主義のタイプとし

て，もっとも一般的なものである。それは，本来別々の原理であった自由主義と民主主義とが結びついたものである。その主な特徴は，すでに本書の各章で述べられている。ここでそれらをまとめるならば，①立憲主義による人権の保障（→第1章第3節），②政党間競争と普通選挙とに基づく代表制（→本章第1節(2)），③「公的領域」としての国家と「私的領域」としての社会（経済と親密圏の二つの領域を含む）との分離（→第1章第2節），④公共精神ではなく自己利益を政治行動の基礎とする（→第1章第1節），となる。

◎ **自由民主主義はなぜ望ましいのか**

　自由民主主義の正当化理由を，上記の四つの特徴との関係でまとめよう。第1に，民主主義が衆愚制ないし**多数者の専制**に陥ることを回避できることである。たとえば，**立憲主義**は，自由民主主義の自由主義の側面を表す原理であり，民主主義による多数者の決定によっても侵害しえない（少数者の）人権を保障するためのものである。また，代表制も，政治に関する十分な知識も判断能力も有しているとは限らない民衆にではなく，「賢明な」エリートに統治を委ねることで，「多数者の専制」を回避するための仕組みである。第2に，政党間競争のメカニズムは，市場における企業間の競争と同様に，質の悪い「製品」（この場合は政党・政治家）を駆逐し，より良い「製品」を生み出すと期待できるがゆえに望ましい。第3に，公的領域と私的領域の分離は，国家が行使する政治権力による私的活動・私生活への介入を防止し，各個人の私的な自由を保証するがゆえに望ましい。言い換えれば，自由民主主義において最も重要なのは，各自の私的活動・私生活であって，古代ギリシャのように人々に共通の（という意味で）公共的な事柄ではない。第4に，したがって，自己利益の実現を求める民主主義は，現代においてむしろ正当な民主主義として評価されるべきである。

(3) どのような民主主義がなぜ望ましいのか②──参加民主主義

◎ **参加民主主義とは何か**

　参加民主主義論の特徴は，まさに一般市民の「参加」を重視するところにある。自由民主主義でも，一般市民の参加が考慮されていないわけではない。しかし，参加民主主義から見れば，自由民主主義における参加の程度と位置づけは不十分である。参加は，「すべての政治的制度が民主化し，すべての分野で参加による社会化が可能となるような社会」としての「参加型社会」を形成するような形で実現されなければならない（ペイトマン 1970=1977: 77）。そのため

には，狭義の政治の領域だけではなく，より広範な領域における参加が必要である。したがって，参加民主主義論では，コミュニティへの参加はもちろんのこと，企業・職場における参加の重要性も説かれる（ペイトマン 1970=1977; マクファーソン 1977=1978; ヘルド 1996=1998）。

◈ 自由民主主義との関係

　参加民主主義論は参加の観点から自由民主主義を批判するが，自由民主主義と根本的に対立するものであるのかどうかは，慎重な検討を必要とする。参加民主主義論の多くは，自由民主主義の完全なオルタナティブとして提起されたわけではない。それは基本的には，自由民主主義の代表制に（より多くの）参加を何らかの形で組み合わせることを提案するものであった。

　しかし，参加民主主義論には，次の2点において自由民主主義を超える視点が存在している（田村 2014a: 91）。第1は，経済領域も含めて民主主義を考えようとする点である。上記のように，とくに1970年代から80年代の参加民主主義論には，企業・職場における民主主義を唱えるものが多かった。参加民主主義論の代表的著作の一つである**キャロル・ペイトマン**の『参加と民主主義理論』は，企業と職場における参加に多くのページを費やしている（ペイトマン 1970=1977）。**ロバート・ダール**も，政治的平等を真剣に考えるならば，民主主義を企業にまで拡大し，経済民主主義を実現する必要があると説いた（ダール 1985=1988）。参加民主主義論では，経済の領域も，政治と民主主義の論理によってコントロールされる必要があると考えられたのである。これは，自由民主主義が「競争」の原理を経済から政治へと持ち込んだこととは対照的である。今日，参加が唱えられる場合に，経済領域における参加が念頭に置かれることは少ない。しかし，政治と経済の違い（→第1章第1節）および「政治」の意味（→第1章第4節）を踏まえるならば，経済領域を視野に入れた参加民主主義論の政治学にとっての意義も理解できるだろう。

　自由民主主義を超える第2の視点は，自由民主主義をあくまで民主主義の一つの類型として理解することである。たとえば，クロフォード・マクファーソンによる代表制と参加を組み合わせた体制モデルの提案がある（マクファーソン 1977=1978）。これ自体は代表制と参加の組み合わせであるが，彼はここでの代表制を，既存の自由民主主義における代表制と同一視してはいない。ひとくちに「代表制」と言っても，理論的には，自由民主主義的ではないものも含めてさまざまな代表制の形態がありうるのである。このように，参加民主主義論には，自由民主主義の中には収まりきらない要素も含まれている。

◉ なぜ望ましいのか

　参加民主主義の第1の正当化根拠は，参加を通じた人間的発展の達成である。誰もが等しくその人間としての能力を発展させる自由を持つというのは，近代の自由主義の中心的な倫理的原則の一つである。参加民主主義論では，このような人間的発展は参加を通じてこそ最もよく達成されるとされる（マクファーソン 1977=1978）。このような倫理的原則の実現に寄与するがゆえに，参加民主主義は望ましい。

　第2の正当化根拠は，参加が有する民主主義にとっての教育機能である。この場合，参加は人々に民主主義にとって必要な資質やスキルを身につけるための機会を提供するがゆえに望ましい，と考えられる。たとえば，「地方自治は民主主義の学校」という言葉があるが，これはこのような意味での参加の正当化根拠に基づいていると言える。

(4) どのような民主主義がなぜ望ましいのか③——熟議民主主義

◉ 熟議民主主義とは何か

　熟議民主主義は，1990年代以降に盛んに議論されるようになった。その特徴は，第1に，「話し合い」を中心にした民主主義だということである。第2に，「反省性」を重視することである。ここで反省性とは，話し合いの中で人々の意見・選好が変容することである。第3に，「理由」の正当性の相互検討を重視することである。つまり，熟議とは，他者にも受け入れ可能な理由を述べるとともに，その理由の妥当性について検討するプロセスである。

　熟議をどう理解するかについては，さまざまな論争がある。たとえば，理由の相互検討という特徴に対しては，それが理性的な判断能力を重視する結果，その能力を十分に持たない人々の排除をもたらすとの批判がある。こうした批判を踏まえて，感情（passion）や情念（emotion）に関わるコミュニケーション様式（身体的動作，レトリック，ストーリー・テリングなど）を取り入れた熟議理解も，多く見られるようになっている（齋藤 2012; 田村 2017; Dryzek 2010; Young 2000）。理性と感情の問題は，次に述べる闘技民主主義との関係でも，大きな問題である。

　熟議民主主義は，コミュニケーション様式に注目する民主主義の構想である。したがって，どこか特定の場・制度においてのみ熟議が行われると考える必要はない。熟議の場として最も注目されるのは，第2章第2節でも触れた「ミニ・パブリックス」である（篠原編 2012）。しかし，議会における熟議，ミニ・

パブリックス以外の市民社会・公共圏，社会運動，さらには，私的領域・親密圏における熟議などを考えることもできる。

　ここから，一つの熟議だけではなく，複数の熟議の間の関係，あるいは熟議と熟議ではない実践との関係に注目して熟議民主主義を把握するべきとの見解も出てくる。**ユルゲン・ハーバーマスの二回路モデル**は，そのような見解の初期のものである（ハーバーマス 1992=2002/2003）。ハーバーマスは，市民社会における熟議に基づく「意見形成」と，議会における「意思決定」とを区別した上で，両者が適切に接続されることの重要性を説いた（→第9章第3節（3））。近年では，このような議論は，**熟議システム論**と呼ばれる。特定の実践や制度を見ている限り，熟議は部分的なものにとどまるが，熟議システム論は，それらの諸実践や諸制度の相互連関を見ることで，熟議民主主義を社会全体に関わるものとして理解することを目指している。（田村 2017; 山田 2015; Dryzek 2010; Elstub *et al.* 2018; Parkinson and Mansbridge 2012）。

◉ 自由民主主義との関係

　熟議民主主義は，自由民主主義の何を問題にするのだろうか。両者が最も対立するのは，民主主義における反省性と選好の変容の重要性についてである。熟議民主主義から見た自由民主主義とは，集計型民主主義である。集計型とは，各自の意見や選好がそのまま尊重され，決定はそれらを単に集計することでなされるという意味である。たとえば，選挙を考えてみよう。現在の選挙は，無記名投票であり，各自の一票はその理由を問われることなく集計され，（いくつかの方法があるものの）得票数に応じて議席配分が決められる。ここでは，熟議という契機はほとんど存在していない。

　集計型民主主義のもとでは，政治が個別的な私的利益をめぐるものとなり（政治の私化），十分な考慮と検討を経ない「生の世論」によって左右される。熟議民主主義はこの点を問題視する。しかし，熟議を通して選好の変容が起こることで，政治が「みんな」に関わることを考える場となり，「洗練された世論」に基づいて行われると期待できるのである（フィシュキン 2009=2011）。

　熟議民主主義は，最終的に自由民主主義を乗り越えるものなのだろうか。これは論争的な問題である。自由民主主義を批判するとはいえ，これまでの熟議民主主義論は，基本的には自由民主主義の諸制度を前提としていた。しかし，近年では，熟議民主主義と自由民主主義とのこのような関係を見直そうとする研究動向も見られる。たとえば，先に紹介した熟議システム論では，熟議システムの類型の一つとして自由民主主義的な熟議システムを考えるべきとの見解

も見られる。それが意味することは，自由民主主義的ではない熟議システムもありうる，ということである（田村 2017; Dryzek 2010）。また，熟議文化論では，熟議そのものは普遍的だがその文脈には多様なものがありうることが強調される（田村 2014a）（→第9章第3節）。したがって，熟議は欧米的な政治文化を持たない地域においても行われうる。この場合にも，熟議は必ずしも自由民主主義を前提としない，ということになる。このように，自由民主主義を超えて熟議民主主義を構想する試みも見られるようになっている。

◉ なぜ望ましいのか

　熟議はしばしば参加を伴うため，参加民主主義の正当化根拠の中には熟議民主主義に当てはまるものもある。とはいえ，熟議と参加は同じではないばかりか，両者の間に緊張関係が指摘されることもある（田村 2014a）。ここでは，熟議民主主義固有の正当化根拠について述べよう。いずれも，本節（1）の区別で言えば，道具的正当化である。

　第1は，「正しい」決定の作成である。これは，熟議を経ることで決定がより「正しく」なるがゆえに熟議民主主義は望ましい，というタイプの正当化である。この場合の「正しさ」には，事実認識的な意味と規範的な意味とが含まれる。一方で，熟議を行うことで，情報や事実認識という次元で「正しい」（正確な）理解が共有されるようになる。その結果，決定もより正しいものになることが期待できる。これは，認識的民主主義（→本節（1））としての側面である。他方で，熟議を行うことで，規範的な次元でも「正しさ」が高まることが期待できる。たとえば，熟議を行うことで人々の見解がより偏りのないものになるという不偏化効果が期待できる。また，熟議参加者の間に相互尊重の規範が形成されることも期待できる（齋藤 2012）。さらには，すでに述べたように，熟議を経た決定は，私的利益の集計よりも，より公共性の高い決定となることも期待できる。

　第2は，「正統な」決定である。熟議を行うことで，民主主義における決定がより正統性が高い（「みんな」に受け入れられる）ものとなることが期待できる。それゆえに熟議は望ましい，というわけである。集計型の民主主義では，多数決という手続きそのものにあらかじめ納得していない限り（あるいは，たとえ納得していても），少数派は多数派による決定に正統性を見出せないかもしれない。とりわけ，多数派と少数派の位置づけが将来においても変化するとは期待できない場合には，多数決による決定の正統性に対する疑義は高まる。これに対して，熟議民主主義は，「数の力」ではなく「理由の力」による民主

主義である（齋藤 2012）。熟議を経た決定は、その理由に誰もが納得しているがゆえに決定されたと推定できる。したがって、熟議は決定の正統性を高めるがゆえに望ましいと考えられるのである。

第3は、機能的な正当化である。これは、熟議民主主義は、構造変化する現代社会の存立にとって必要な民主主義であるがゆえに望ましい、というタイプの正当化である。現代とは、かつては当然であったものも自明ではなくなる時代である。その結果、現代社会では、人々の行動の共通の指針となるものを自明視することはできず、不確実性や偶然性が高まっている。このような状況は、**再帰的近代化**や「**個人化**」と呼ばれる（宇野・田村・山崎 2011; ベック／ギデンズ／ラッシュ 1994=1997）。そのような現代社会では、熟議を通じて、人々が共有できる新たなルールや共通理解を作り出していくしかない。このように、熟議を現代社会の存立にとっての必要性という観点から正当化することもできる。

(5) どのような民主主義がなぜ望ましいのか④——闘技民主主義

◉ 闘技民主主義とは何か

「闘技（agon, agonism）」とは、ライバル同士の敬意を払った対立・競争関係を意味する。その語源は、古代ギリシャの格闘技である。**闘技民主主義**では、民主主義の目標は合意形成ではなく、健全な対立・競争関係の表出・確立にあるとされる。合意の形成は排除されるべき「差異」を必然的にもたらす。したがって、民主主義の目標を合意形成に置くべきではない。むしろ、闘技的な関係を形成・維持するべく、対立するさまざまな主張・要求をできるだけ政治問題化することが望ましい。そのことを通じて、政治的少数派の主張や要求も正当なものとして承認され、排除の問題を克服することができるというのである。

もっとも、対立を強調するからといって、闘技民主主義が目指すものを、既存の対立関係の維持としてのみ理解することはできない。そうではなく、この民主主義論においては、闘技的な関係の中でそれぞれの政治的立場がそれとは異なる立場に接することで、自己のアイデンティティが他者によっても形成されることに気づき、その結果、アイデンティティそのものが変容し、新たな関係性が構築されることも期待されている。

◈ 自由民主主義との関係

闘技民主主義と自由民主主義との関係についても、慎重な検討が必要である。まず、闘技民主主義を自由民主主義のオルタナティブとしてのみ理解することは、適切ではない。たとえば、闘技民主主義の代表的論者の一人である**シャン**

タル・ムフは，立憲主義などの自由主義的な原理の意義を擁護している（ムフ1993=1998: 208）。彼女はまた，政党間競争と代表制のもとで，闘技的な対抗関係が適切に表現されることの重要性も説いている（ムフ 2005=2008）。彼女の闘技民主主義は，自由民主主義を否定するというよりも，その擁護すべき側面をより徹底化するためのものとして理解できる。

とはいえ，闘技民主主義論も，自由民主主義批判の民主主義論である。第1に，闘技民主主義論は，政治や民主主義を，現実の代表制に還元されない，より広いものとして理解しようとする。しばしば闘技民主主義論において，「政治」と区別された「政治的なるもの」が論じられるのも，このことの表れである（→第1章第2節）。第2に，闘技民主主義論は，政治を自己利益の追求・実現と見ることを批判する。ムフは，政治は「定義の済んださまざまな利益の

コラム 5-3　グローバル民主主義

近年の規範的な民主主義論の重要なトピックの一つに，グローバル民主主義がある。そこで問われているのは，国境を横断する民主主義はなぜ必要なのか，それはどのようなものであるべきなのか，といった問題である。

グローバル民主主義論を牽引してきた研究者の一人が，本章第1節で取り上げたデヴィッド・ヘルドである。彼は，国家を基礎とした民主主義とそれが直面する現実との間に乖離が生じており，それを埋めるためにグローバルな民主主義が必要だとする。そのような民主主義は，「コスモポリタン民主主義法」によって規制されることで，人々の「民主主義的自律」を実現するものでなければならない（ヘルド 1995=2002）。

ヘルドの議論は包括的な構想である。しかし，それはグローバルな次元での民主主義の構想と言いつつ，あまりに従来の国家レベルの民主主義の制度のあり方を踏襲しすぎているのではないだろうか。こうした疑問から，グローバル民主主義を，国境横断的な市民社会や公共圏を基礎として考えるべきだとする議論も存在する（フレイザー 2008=2013）。ひとくちに「グローバル民主主義」といっても，国家との関係の理解の仕方や民主主義の考え方の違いに応じて，さまざまな議論が存在しているのである。

間の妥協」ではないと考える（ムフ 1993=1998）。ここには，自己利益を基礎とする民主主義への批判がはっきりと示されている。第3に，闘技民主主義論は，自由民主主義の個人像を批判する。自由民主主義では，自己利益を認識し，それを実現するために最適な政治家を選挙で選ぶ程度には，あるいは，自己利益の実現のために社会集団を形成する程度には「合理的な個人」が想定されている。これに対して，闘技民主主義が提起するのは，そもそも「個人」という概念が成り立つのかということである。ウィリアム・コノリーによれば，「私」のアイデンティティ（同一性）は，他者との関係によってしか決まらない，きわめて不確実で偶然的なものである（コノリー 1991=1998）。そのような「私」は，「合理的な個人」とは異なる。

なお，闘技民主主義は，熟議民主主義をも批判する。熟議民主主義は政治を「理性的コミュニケーションによる合意形成」と考えている。これは，政治を利益の実現と選好の集計と見る集計型民主主義の経済的モデルを，政治を理性と合理的な論議と見る道徳的モデルで置き換えるものである。しかし，闘技民主主義から見れば，経済的モデルにせよ，道徳的モデルにせよ，敵対性や対立を踏まえた「政治的なるものの特殊性」を見失っている点では同じなのである（ムフ 2000=2006: 72）。

◈ なぜ望ましいのか

闘技民主主義の基礎の一つは，**カール・シュミット**（→第1章第1節（4），第1章第4節（3））による，「政治とは敵対関係だ」という政治理解である。闘技民主主義では，この敵対関係を根本的な対立に陥らないような形で維持することが望ましいとされる。それが闘技である。しかし，だからといって敵対性が闘技民主主義の正当化根拠だとは言えない。敵対性そのものは，「価値」や「規範」ではないからである。それは，政治の本質として認めるべきものである。

闘技民主主義の正当化根拠としては，次の二つを挙げることができる。第1は，「他者の尊重」である。すなわち，「私」のアイデンティティを構成する他者を——闘技という形態で——尊重することができるがゆえに，闘技民主主義は望ましい。先に見たように，闘技民主主義は，「私」のアイデンティティは他者との関係によって決まるという点で，他者を不可避的にその構成要素とする個人像を提起している。このことは，他者の尊重という規範に結びついた民主主義論を提起していると考えられるのである。

この他者の尊重という規範は，第2の正当化根拠である「多元性」と結びつ

く。闘技民主主義論は，人々の利益や価値観の多元性を望ましいものとして擁護する。闘技民主主義論が熟議民主主義論の合意志向性を批判するのも，多元性を擁護するがゆえである。ただし，他の民主主義論が多元性を擁護していないわけではない。闘技民主主義における多元性の擁護は，それが敵対性や対立の重要性の認識と結びついている点に特徴がある。

✐ 要点の確認

・民主主義を規範的に考えることは，「なぜ民主主義は望ましいのか」「どのような民主主義が望ましいのか」という問いに答えることである。
・民主主義は必然的に望ましいものとは言えず，その望ましさは何らかの理由で正当化されなければならない。民主主義の正当化には，内在的正当化と道具的正当化がある。
・望ましい民主主義には，いくつかのタイプがある。たとえば，今日の代表的な民主主義としての自由民主主義と，それへの対抗的民主主義論としての参加民主主義，熟議民主主義，闘技民主主義などである。それぞれの民主主義には，それぞれの正当化根拠がある。

🕮 第5章の文献ガイド

粕谷祐子（2014）『比較政治学』ミネルヴァ書房。
　▷比較政治学全般に関するテキストだが，民主主義や民主化の問題についてはとくに記述が厚い。また，とくにこれらの分野に関して，最新の研究動向までフォローされている。
齋藤純一・田村哲樹編（2012）『アクセス デモクラシー論』日本経済評論社。
　▷規範的な政治学における，民主主義をめぐるさまざまな議論状況を知ることができる。
スウィフト，アダム（2006=2011）『政治哲学への招待──自由や平等のいったい何が問題なのか？』有賀誠・武藤功訳，風行社。
　▷本章第3節と同じく，民主主義の望ましさを，「内在的正当化」と「道具的正当化」の区別をもとに説明しており，「民主主義を規範的に論じるとはどういうことか」について知ることができる。
レイプハルト，アレンド（2012=2014）『民主主義対民主主義──多数決型とコンセンサス型の36カ国比較研究』第2版，粕谷祐子・菊池啓一訳，勁草書房。
　▷世界の36カ国を制度的に分析し，民主主義国家には多数決型民主主義とコンセンサス型民主主義の2類型があることを主張する。民主主義論としてはもちろん，多国間の比較分析の手法も学べる一冊である。

福 祉 国 家

　福祉国家や社会保障というと，貧困や経済的格差の問題と考えられがちだが，さまざまな政策の中でも，私たちの生活と最も関わりが深いものでもある。子どもの頃には教育，高齢者になれば年金，また全世代を通じて医療など，私たちは福祉サービスを受けずに生きていくことはできない。人々の生活への影響の大きさから，マスコミでも，福祉の問題が議論されない日はないし，2007 年の「消えた年金」問題など，政権を揺るがすような大きな政治問題になる場合も数多くある。

　このように，福祉や社会保障は私たちの生活に密着しており，さまざまな政策を通じて，人々の生活を社会的に保障している。そのためこのテーマは，広く社会科学全般で扱われている。書店や図書館でも，福祉や社会保障についての文献は，「政治学」だけでなく，「社会学」や「経済学」，あるいは「社会保障」の棚に置かれていることからも，このことはわかるだろう。では，「政治学」の観点から福祉国家を議論したり分析したりする場合，とくにどのような点に着目すると良いのだろうか。

1. 福祉国家の記述

（1）福祉国家と政治学

　福祉国家とは何か。その定義は多種多様だが，最大公約数的に言えば，年金や医療といった，生活や福利に関わる所得保障や社会的サービスを，人々に対して一定程度公的に保障する国家のことを指す。この定義からすれば，現代の先進諸国のほとんどは福祉国家であるということになる。ではなぜ，国家はこのような機能を持つようになったのだろうか。

　その説明にもさまざまなものがありうる。たとえば，所得格差など，資本主義の展開とともに生じるさまざまな弊害を緩和するためという見方がある。あるいは，介護や育児など，これまで家族や地域が担ってきた機能が，都市化などの社会的変化によって弱体化し，それを国家が代替するようになったためという見方もできる。また，人々が人間らしい生活を送る権利（社会権）を保障するためと説明する場合もある。このことは，福祉国家がさまざまな学問分野からアプローチできるテーマであることを示している。資本主義や市場との関連から見れば経済学的な視点ということになるし，社会的変化との関係から見る見方は，主に社会学において取られてきた。また人々の権利の保障を，法制度や裁判例などから明らかにする場合，それは法学のテーマであるということになる。

　では，政治学の観点から福祉国家を研究するとは，どのようなことを意味するのだろうか。この点を明らかにしながら，福祉国家に対するさまざまなアプローチを検討していくことが本章の目的であるが，さしあたって示しておくならば，以下のようなことになろう。政治学においては，上記のような関心を他分野と共有しながらも，福祉国家のための支持調達や合意形成のあり方に着目し，どのようにして福祉国家が，政治的正統性を持つものとして形成され，支えられてきたのかを明らかにするのである。

　もちろんその場合には，第4章で取り上げたようなさまざまな政治アクターに注目し，福祉国家の形成や変化の過程を論点にする場合もある。あるいは，第3章で触れた制度の観点から，議論を進めることも可能である。また，多くの国々が福祉国家であるといっても，その形態は国によってさまざまである。したがって，比較を通じて国ごとの違いを記述・説明したり，一定のカテゴリーへと類型化したりといったことも試みられてきている。さらには，新たな望

ましい福祉国家のあり方を展望する際にも，支持調達や合意形成という視点を含む場合がある。

(2) 歴史的過程の記述と差異の発見

　前項で述べたように支持調達や合意形成が政治学的な福祉国家研究の中心となってきたのはなぜだろうか。その理由の一つは，福祉国家の形成が，歴史的に見て，資本主義および民主主義の発展とパラレルな形で進んできたことと関連がある。資本主義が発展する中で，資本家と労働者という二つの階級が生じる。それと並行するように，民主化の進展もまた，制限選挙から普通選挙へと転換し，参政権の拡大を伴って進行してきた。これが意味するのは，労働者にも投票権が与えられるようになったということである。

　この中で国家が政治的安定性を確保しようとするならば，労働者階級からの支持も調達する必要が出てくる。その手段として選択されたのが，福祉国家によるさまざまな所得再分配だったのである。もっとも，これらの再分配は，「与えられる側」になる労働者からの支持は調達できるかもしれないが，税金などの形で主に「取られる側」に回る資本家にとっては，忌避したいものでもあろう。しかし，福祉国家を成立させるためには，資本家の側からも一定の支持を調達する必要があり，それは結果として，資本家－労働者間で，福祉国家へと向けた合意をいかに形成するかという問題となった。ではどのように，これらの支持調達は図られ，階級間の合意に基づきながら福祉国家は形成されてきたのだろうか。国ごとの歴史に焦点を当て，その形成過程を記述することは，福祉国家研究の一つの大きなテーマである。

　「ゆりかごから墓場まで」といった言葉に象徴されるように，福祉国家のモデルとして言及されることの多いイギリスは，主要な研究対象の一つである。産業革命後の資本主義の発展も早く，また他国に先駆けて議会制を打ち立てた民主主義の母国でもある点からしても，イギリスは格好の研究事例でもある。イギリスにおいては，19世紀から工場労働が非人間的にならないようにするための監督や，公衆衛生の向上など一定の公的な福祉が行われてきた（ピアソン 1991=1996: 201）。また，貧しい人を支援する救貧法も古くからあり，改正が繰り返されてきた。これらは，きわめて貧しい人たちだけを救う限定的なものであった。しかし，1918年に男子普通選挙権が導入され，労働組合によって結成された労働党が伸長してくると，より確固たる福祉国家を形成する方向に向かう。

　その契機が，1942年に発表された「ベヴァリッジ報告」である。この報告書は，普遍性，包括性，十分性を原則として掲げ，貧困の克服や医療，教育などを国家の責任において保障することを提言した。戦後直後の労働党政府は，このベヴァリッジ報告にも基づき，年金や失業手当てを内容とする国民保険法や，NHS（国民医療サービス）法などを整備していく。野党の保守党の側は，裕福な人々を主な支持基盤とする政党ではあるが，この福祉国家化に対しては否定的ではなかった。1950年代に保守党は政権を獲得するが，これらの福祉政策を大枠においては受け入れていった。イギリス福祉国家は，保守党と労働党との間の合意政治によって支えられていたのである（Kavanagh 1997）。

　しかし，ベヴァリッジ報告が普遍性や十分性を掲げていたにもかかわらず，イギリス福祉国家は国民の最低限の生活しか保障しない点で「ナショナル・ミニマム」にとどまった。また，受給に関しても，貧困の程度を審査する資力調査を条件とする制度が中心であった。とくに貧しい人を選び出し，最低限の支援を行うという方法は，**選別主義**と呼ばれる。イギリスが選別主義的な福祉国家に至った理由はいくつかあるが，経済成長し福祉国家を拡大する好機であった1950年代に政権についたのが，保守党だったという点も挙げられる。保守党は，福祉国家に対して合意はしたが，それは必ずしも福祉のさらなる拡大を意味しない消極的な合意であった。この合意の性格が，イギリス福祉国家のあり方を特徴づけたのである。

　むしろ福祉国家のモデルの座は，「高負担・高福祉」等のイメージで語られることの多いスウェーデンのほうがふさわしいかもしれない。スウェーデンの福祉国家の転換点は，1930年代だったと言われる（ピアソン 1991=1996: 233-234）。世界恐慌の影響を受け失業率が高まるなか，労働者を支持基盤とする社会民主労働党が政権を握った。社民党は，国有化などの社会主義的政策ではなく，**ケインズ主義**的経済政策に基づいて国民に再分配を行い，その権利の充実を図る方向性を明確にした。これは，資本主義を容認する点で資本家との歴史的妥協であった。このようにスウェーデン福祉国家は，労働者と資本家との間の合意に基づきながら，社民党政権が主導する形で福祉を充実させていった。その背景にはやはり政治的な合意があったのである。

　さらに，スウェーデンが高負担・高福祉の度合いを高める契機となったのは，1950年代の年金改革である。年金改革によって，最低生活保障を超える部分に当たる付加的な年金が，ブルーカラーを中心とした労働者層だけでなく，主に中間層をなすホワイトカラー層にも，所得に応じた形で保障されることにな

った（渡辺 2002）。この改革によってスウェーデンの福祉国家は，貧困な労働者だけではなく，より豊かな中間層を含めた幅広い層に社会保障を給付するという性格を確固たるものとした。このような福祉国家は**普遍主義**と呼ばれ，スウェーデン福祉国家の高福祉・高負担という性格の基礎となった。福祉国家を推進する社民党が，労働者だけでなく中間層をも包摂した合意や連帯を目指したことで，このような福祉国家のあり方が可能となった。

　このようにイギリスとスウェーデンは，選別主義か普遍主義かという点では対照的な経緯をたどったが，国民からの税金がその財政の中心を占めていた点では共通している。この点で，この両国と異なった経緯をたどったのが，ドイツである。ドイツの福祉国家形成は，主要な福祉プログラムの導入という点から言えば他国に先駆けていたが（ピアソン 1991=1996: 209），その軸となるのは**社会保険**と呼ばれるシステムであった。イギリスやスウェーデンでは，租税が福祉政策の財政的基盤となるが，ドイツの社会保険では雇用主と労働者によって分担された拠出金が福祉財政の基盤となる。

　ドイツの社会保険に基づくさまざまなプログラムは，1880 年代に発展した。この成立と普及については，帝国首相であったビスマルクを始めとする政治的エリート層にとって，主として労働者を懐柔し，現存する政治・経済・社会の秩序維持を図る意味があったとされる（リッター 1991=1993: 72-73）。つまり，国家主導の支配正統化戦略としての側面が強かったのである。

　戦後になると，保守政党であるキリスト教民主同盟／社会同盟と，労働者を支持基盤とする社会民主党との間の合意に基づいて，福祉国家の充実が図られていくが，制度的にはこの社会保険が基礎となった。その結果，雇用主（使用者）と労働者との間で分担された拠出金に基づくというシステムのために，ドイツでは労使が協力して福祉国家を自律的に運営するという性格が強くなった。福祉国家のガバナンスにおいて，労使という社会的アクターの関与が重視されることから，ドイツの福祉国家は「社会国家」と呼ばれることもある。

　このように，さまざまな歴史的・記述的な福祉国家研究によって，労働者からの支持調達や，階級間の合意の形成と連合，国家アクターの働きといった政治的側面が，福祉国家の形成や発展において重要であったことが解明されてきた。それと同時に，ここに取り上げた 3 国を見ただけでも，その福祉国家の間に大きな違いがあることも，発見されたのである。イギリスとスウェーデンとの間には，選別主義か普遍主義かという点で違いがあるし，スウェーデンおよびイギリスとドイツとの間には，その財源が租税に基づくか社会保険に基づく

かで違いがある。歴史的な研究によって発見されたこのような違いは，一定の
カテゴリーへと類型化できるのではないだろうか。このようにして，第2の論
点が生まれる。つまり，各国間の違いをどのように類型化するか，そしてそれ
ぞれの国を，どの類型に位置づけるかという問題である。

(3) 福祉国家の類型論

　福祉国家の類型を考える場合，まず思い浮かぶのは「大きな福祉国家」か
「小さな福祉国家」かということであろう。福祉国家の大きさを測るためによ
く使われる指標として，GDP 比で見た社会保障支出比率がある（図6-1）。そ
れを見ると，たしかに大きい福祉国家から小さな福祉国家まで幅は大きい。

　しかし，この指標だけをもって福祉国家を分類することにはいくつかの問題
点がある。一つは，どこで分ければよいのかという問題である。たしかに福祉
国家の大きさには違いがあるが，「大きい福祉国家」と「小さな福祉国家」と
の間の線引きは難しい。もう一つは，量的に大小を測るだけでよいのかという
問題である。福祉国家の違いには，社会保障費の支出割合だけでなく，財源の
あり方や主な受給対象，あるいは制度の利用条件など，さまざまな質的側面も
ある。そのため，福祉国家を類型へと分けるためには，いくつかの指標を設定
し，それらに基づいて一定の基準で切り分けた上で，さらにそれをまとめ上げ
てカテゴリー化するという作業が必要となる。

　こうした作業に基づきつつ，これまでさまざまな類型論が提示されてきた。
その端緒の一つとして，ウォルター・コルピによる類型がある。コルピは，社
会的支出の比率という量的支出だけでなく，その政策の影響を受ける人々の割
合や，選別的か普遍的かという違い，主要な財源のタイプなど，質的なものも
含めた指標を組み合わせて，限定的福祉国家と制度的福祉国家という二つのタ
イプへと，福祉国家を類型化した（表6-1）。全般的に保障が限定的な限定的
福祉国家にはアメリカや日本，比較的手厚い保障が制度的に確保されている制
度的福祉国家にはスウェーデンやデンマークが当てはまる（Korpi 1980）。

　ただし，コルピのこの類型では，うまく位置づけることができない国も存在
する。その一つがドイツである。ドイツの福祉国家は社会保険に依拠する部分
が多いので，主な財源のタイプは拠出金ということになり，表6-1にあるよう
に限定的福祉国家としての条件を満たす。しかし，コルピがこの類型を編み出
した当時の社会保障支出費を見れば，ドイツの福祉国家は必ずしも小さいわけ
でもなく，この点からすればむしろ制度的福祉国家としての条件も満たしてい

図 6-1　OECD 諸国の社会保障支出（GDP 比，2011 年）

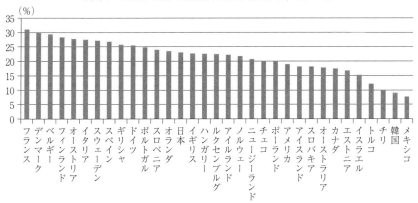

出所：OECD Stats.

表 6-1　限定的福祉国家と制度的福祉国家

	限定的福祉国家	制度的福祉国家
社会的支出の対 GNP 比	小	大
政策の影響下にある人口の割合	小	大
完全雇用と労働者参加プログラムの重要性	小	大
予防的プログラムの重要性	小	大
主要なプログラムのタイプ	選別的	普遍的
手当ての基準	最低限	標準額
主要な財源のタイプ	拠出金	税金
税の累進性	低	高
社会的コントロールの重要性	大	小
民間組織の重要性	大	小

出所：Korpi (1980: 303)

る。同様な国家としてフランスもあるが，これらの国々をどのように位置づけ
たらよいだろうか。

　この点も踏まえて，福祉国家を二つではなく，「三つの世界」に分類したの
が，**イエスタ・エスピン = アンデルセン**である。ただ厳密に言えば，エスピ
ン = アンデルセンが提示したのは「福祉国家」の類型ではない。なぜなら，
人々に対して福祉を供給するのは，国家だけではないからである。彼によれば，
福祉を生み出す主体は国家のほかに，市場と家族があり，その組み合わせのバ

ランスによって，その国家の福祉供給が特徴づけられる。その総合的なあり方
を彼は「福祉レジーム」と呼び，その類型化を試みたのである（エスピン‐ア
ンデルセン 1999=2000: 64）。しかしそれゆえにこそ，類型化を単純に国家支出の
大きさといった量的指標によって行うわけにはいかない。そこで彼が類型化の
指標として採用したのが，脱商品化と階層化である。

　脱商品化とは，人々が自身の労働を商品をとして売らなくても，すなわち何
らかの事情で働くことができなくても，公的な社会的給付を通じて生きていけ
るようになることである。具体的には，年金や失業給付といった社会的給付が
どの程度利用しやすいか，それらの給付の水準はどの程度か，そして，どの範
囲の人々が給付対象となるかといったことが基準となる。利用しやすく，水準
も高く，幅広い人が対象となりうる給付を持つ福祉国家のほうが，脱商品化の
程度は高い（エスピン‐アンデルセン 1990=2001: 2章）。

　もう一つの指標である階層化とは，福祉国家による分配によって，どの程度
平等が実現しているかという点に着目する。階層化の程度が大きいほど，不平
等ということになる。その際に注目されるのは，どの程度の所得分配が行われ
ているかという点であるが，それだけでは十分ではない。たとえば，社会的給
付のプログラムが職業別に編成されている場合には，給付額などにおいても職
業間での格差が生まれる可能性が出てくる。この場合，階層化の程度は大きい
ということになるだろう（エスピン‐アンデルセン 1990=2001：3章）。

　エスピン＝アンデルセンは，この脱商品化と階層化という指標を，上記の観
点から得点化し，それらの組み合わせで福祉レジームが「三つの世界」に分け
られることを解明した。第1に，脱商品化度が高く，階層化の程度は低い社会
民主主義レジームであり，スウェーデンなどの北欧諸国が典型である。第2に，
脱商品化度は高いが，階層化の程度も大きい保守主義レジームであり，ドイツ
やフランスといったヨーロッパ大陸諸国があてはまる。第3には，脱商品化度
は低く階層化の程度も大きい自由主義レジームであり，ここにはアメリカなど
が含まれる（表6-2）。

　エスピン＝アンデルセンの類型論はここで終わるのではない。彼はさらに，
「福祉レジームがこの3類型に分岐したのはなぜか」の検討に進み，そこでは
政治的アクターやその間の連合形成が強調されることになる。ただしこの点は，
「福祉国家の記述」というよりも「福祉国家の説明」として扱うほうが適切な
ので，次節で触れよう。とはいえ，彼の研究は記述的な類型論だけでも大きな
反響を巻き起こし，現在の比較福祉研究の大きな基盤になっている。

表6-2　福祉レジームの三つの世界

類型	社会民主主義	保守主義	自由主義
脱商品化	高	高	低
階層化	小	大	大
主要国	スウェーデン等北欧諸国	ドイツ・フランス等大陸諸国	アメリカ，80年代以降のイギリス

出所：エスピン-アンデルセン（1990=2001）をもとに筆者作成

　そのため，エスピン＝アンデルセン以後に提起された新たな類型論も，その3類型論を出発点としつつ，批判的に乗り越えながら作られてきた面が強い。エスピン＝アンデルセンの福祉レジーム論に対してなされた批判の中で最も重要と言えるのは，家族の扱いである。先に見たようにその福祉レジーム論においては，国家，市場，家族の三つが供給主体として想定されているが，類型化に際しての指標は，脱商品化にしても階層化にしても，市場か国家かという点を中心として構成されており，家族が十分に組み込まれていない。しかし，さまざまな福祉の中でもとくに介護や育児という分野を考えれば，家族という主体，中でも女性の役割は，福祉の担い手として無視できないはずである。このような批判が，フェミニズム研究者を中心に巻き起こり，福祉と家族との関係やそれを踏まえた類型化が検討されていった。

　その対応は二つに分かれる。一つはエスピン＝アンデルセン自身のものである。彼は批判を受け止め，新たに脱家族化という指標を導入した。介護や育児などの福祉において，家族の負担を軽減するような政策が行われているほど，その国は脱家族化が進んでいるということになる。しかし，彼はこの脱家族化指標に基づき検討を行った結果，上記の3類型を崩す必要はないと結論づけた。なぜなら，脱家族化の程度の低い国は保守主義レジームと一致し，脱家族化の程度が高い国は自由主義レジームあるいは社会民主主義レジームと一致するからである。彼は脱家族化という指標をも「三つの世界」の中に包摂し，自らの類型論を強化したのである（エスピン-アンデルセン 1999=2000: 4章）。

　それに対し，家族に注目して新たな類型を生む議論も登場している。新川敏光は，脱商品化と脱家族化という二つの指標によって類型化し，そこから家族主義という第4の類型を見出している（表6-3）。家族主義レジームは，保守主義レジームと同様，脱家族化の程度は低いが，保守主義とは異なり脱商品化の程度も低い。また家族主義は，自由主義レジームと同様に脱商品化度は低いが，自由主義とは異なって脱家族化は進んでいない。また，社会民主主義レジ

表 6-3　福祉レジームの 4 類型

		脱商品化	
		高	低
脱家族化	高	社会民主主義	自由主義
	低	保守主義	家族主義

出所：新川（2011: 17）

ームとは対極に位置づけられる。新川によれば，家族主義の典型は日本である（新川 2011）。また，ポルトガルやスペイン，イタリアなど南欧諸国を家族主義に位置づける類型論もある（宮本・ペング・埋橋 1996=2003）。

　これらの新たな類型論の提起は，脱家族化という指標の導入とともに，日本や南欧といった，エスピン＝アンデルセンの「三つの世界」にはうまく位置づけられない国々を，どのような類型に収めるかという関心にも導かれている。家族主義レジームのみならず，「南欧モデル」や「東アジアモデル」など，このような関心に基づきさまざまな類型が提起されていくこととなった。とくに，

コラム 6-1　福祉国家の一つの世界？

　福祉国家の類型論においては，主に先進福祉国家をいくつかのカテゴリーに分類し，各国の位置づけを検討することが課題となる。しかし，このような議論に真っ向から対抗し，福祉国家には区別可能な類型などないとする議論もある。グレゴリー・カザによれば，ほとんどの福祉国家は，労災，高齢，障害，疾病，失業，貧困，家族を養う費用といった，共通の福祉リスクから人々を守っている点では共通している。そのような観点から彼は，先進諸国の福祉国家には実際には「一つの世界」しか存在しないとする。

　もちろん日本もその中に含まれる。たとえば医療に関して言えば，先進諸国における典型的な医療システムは，人口のほとんどを同一の医療サービスで無期限にカバーしているが，国民皆保険である日本の医療制度もそのような性格を持つ（カザ 2006=2014: 199-201）。この場合，日本の福祉国家は，その他の福祉国家との共通性の中に位置づけられ，特殊性を持たないとされる。

日本人研究者はもちろん欧米の研究者からも，関心を集めたのが日本である。福祉国家論の中で，日本はどのように位置づけられるのだろうか。この論点は，「福祉国家の記述」の重要なテーマの一つとなっていく。

(4) 日本をどう位置づけるか

　日本の福祉国家を，比較の観点からどのように位置づけるか。GDP費での社会保障費支出を見れば，日本の福祉国家は比較的小さい（図6-1）。とはいえ，制度的に見れば日本の各種の福祉制度は，ヨーロッパの国々と比べても遜色ない程度に整備されている。日本では戦前・戦中から，年金制度や医療保険制度が形成され，1961年には，すべての国民が公的年金に加入する国民皆年金と，やはりすべての国民が何らかの公的医療保険に加入する国民皆保険が成立した。また，アメリカやサッチャー改革以後のイギリスといった自由主義的レジームの国々と比べれば，経済的な格差も相対的に小さいままに保たれた。

　このような特徴を持つ日本を，比較福祉国家の類型のどこに位置づけるかは，つねに論争的なテーマであった。エスピン＝アンデルセンは日本の福祉レジームについて，自由主義と保守主義とがミックスされた特徴を持つとした。国家による福祉は大きくなく，この点は自由主義的な性格を裏付ける一方，多くの福祉プログラムは，職業別に編成された社会保険からなり，この点は保守主義レジームとしての性格を備える。トータルとして，日本の福祉レジームの脱商品化度は中位となり，自由主義と保守主義の中間に位置づけられるのである（エスピン‐アンデルセン 1999=2000: 135-137）。

　このようなエスピン＝アンデルセンの議論は，賛否両論を呼んだ。たしかに，その3類型を組み合わせることで，典型国以外のさまざまな国をそこに包摂することができる。しかし，そのような混合形態の存在を認めれば，類型の基礎となる脱商品化と階層化という基準の一貫性が揺らぎかねない（武川 2012: 62-63）。また，その3類型に当てはまる国よりも当てはまらない国のほうが多いならば，類型間の違いよりも，それらを包摂するような福祉レジーム間の共通性のほうが重要ということになるのではないだろうか（カザ 2006=2014: 198-199）。

　したがって，日本の福祉国家の位置づけについてのエスピン＝アンデルセンの結論は，大きな論争を生み出している。その議論にはさまざまなものがあるが，代表的な試みの一つは，日本を「家族主義」という第4の類型に置くものである。介護や育児などのサービスを見てもわかるように，日本においては公

的福祉が小さい上に民間福祉（市場）も成熟しておらず，福祉の供給主体として家族に大きな負担がかかっている。またそれは実質的には女性の無償労働に負う部分が大きい（新川 2011: 17）。

　また，福祉や社会保障への公的支出の少なさにもかかわらず，その機能の達成という点では他国と比べても遜色ない成果が得られている点を，「機能代替」から説明する試みもある。マルガリータ・エステベス＝アベは，日本では福祉や社会保障以外に位置づけられる諸政策が，福祉国家と同様な社会的保護機能を果たしてきたとする。たとえば，終身雇用などを推進する雇用政策は，完全雇用を促進することで人々の生活保障に一役買った。そのためには企業経営の安定が求められるが，日本においては，護送船団方式と呼ばれる企業保護的な産業政策が，その機能を担ってきたのである。これらの雇用政策や産業政策は，福祉・社会保障政策とは言えないが，その機能を代替する効果を持った（Estébez-Abe 2008）。

　また宮本太郎も，公共事業などによって人々の雇用を促進する「土建国家」や，主に中小企業に対する保護制度などに基づく日本の雇用レジームが，福祉レジームの機能を一部代替したとしている（宮本 2008）。その結果，日本の福祉レジームの規模は小さくなるだけでなく，雇用の職域ごとに仕切られた形で編成されていく。またこの構造のために，グローバル化などに伴って雇用レジームが流動化し，代替的機能を果たせなくなると，福祉レジームの脆弱さが浮き彫りとなる。格差拡大や社会保障制度の維持可能性などが，日本において近年急速に政治的争点となっている背景には，このような日本の特徴があった。

　以上も含め，「日本の福祉国家をどう位置づけるか」についての探究が，さまざまな観点から続けられている。福祉国家を類型化する意義の一つは，さまざまな違いを抱えた各国の福祉国家を，単にバラバラのまま把握するのではなく，一定の基準からパターンを抽出しカテゴリー化することによって，相互に比較可能なものにするという点にある。このことを考えれば，日本の福祉国家についての論争も，類型論を用いるか否かにかかわらず，日本を単なる「特殊性」の位置に追いやるのではなく，他国との共通性と差異の中でその特徴を位置づけるという，「比較可能な記述」を目指して進められていると言えよう。

！ 要点の確認

・福祉国家は，さまざまな学問分野での研究対象となっているが，とくに政治学で扱う場合には支持調達や合意形成のあり方が論点とされてきた。その観点から，それ

ぞれの福祉国家の違いの把握や類型化の試みへと研究は展開してきている。

・福祉国家を類型化する意義は，さまざまな違いを抱えた各国の福祉国家を，単にバラバラのまま把握するのではなく，一定の基準からパターンを抽出しカテゴリー化することによって，相互に比較可能なものにするという点にある。

・日本の福祉国家については，それが持つ「特殊性」を，他国と比較するためにどのように位置づけるかが課題とされてきた。その結果，「家族主義レジーム」や「機能代替」といった議論が展開されている。

2. 福祉国家の説明

　福祉国家の類型論を受けて，「日本も社会民主主義レジームを目指すべきだ」といった議論が行われることがある。記述から導き出された一つの類型を目指すべきモデルとする議論は可能だろうか。

　結論を先に言えば，不可能ではないだろう。しかし，このような議論を単なる理想論で終わらせないために，踏まえなければならない一つのステップがある。それは，「社会民主主義レジームになるための条件が，日本にも存在しうるか」という問題に取り組むことである。そうしなければ，根拠もなく「目指すべき」というだけの，空疎な議論になってしまうだろう。そしてこの問題を解明するためにはさらに，「社会民主主義レジームが生まれた要因は何か」あるいは「なぜ，スウェーデンなどの国は社会民主主義レジームとなりえたのか」という問題を考える必要がある。このようにして，福祉国家の要因を探っていくことも福祉国家研究の大きな論点となるし，それこそが「福祉国家を説明する」研究として成立する。

　このような「福祉国家の説明」は，大きく分けて三つの論点について展開されてきた。第1に，そもそも「なぜ，福祉国家は形成され発展したのか」である。しかし，前節で見たように各国の福祉国家のあり方には違いがあり，さまざまな類型化が可能である。そこで第2に，「福祉国家が一定の類型へと分岐した要因は何か」という問題が生じる。そして第3は，「近年における福祉国家の変化は，なぜ起きたのか（起きなかったのか）」，その要因や方向性を探るものである。

(1) 福祉国家が発展したのはなぜか

　なぜ福祉国家は形成され，発展してきたのだろうか。この問いに対しては，政治学のみならず社会学や経済学からも，さまざまなアプローチが行われてき

図6-2　社会保障費の推移（GNP 比）

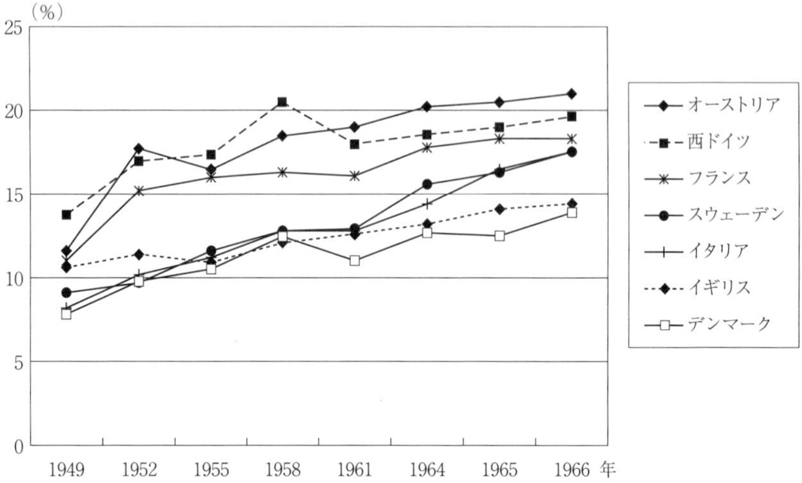

出所：ウィレンスキー（1975=1984: 73）より筆者作成

た。社会学的説明の一つの典型が，ハロルド・ウィレンスキーに代表される産業社会論である。図6-2からもわかる通り，社会支出の面から見ても，戦後の先進諸国は共通して福祉国家を発展させてきた。さまざまな違いを抱える諸国家が，同じように福祉国家を充実する方向へと収斂したのはなぜだろうか。

　ウィレンスキーは，福祉国家の発展をもたらした要因として，産業社会の発展に注目する。産業化が進むと，経済水準が上がる。それに伴って社会的には，出生率が低下し，高齢者の人口比率が上昇する。ここに，年金や医療などさまざまな社会保障や福祉の制度が各国で設けられ，拡大する要因がある。ウィレンスキーは統計分析を通じて，GNP 比で見た各国の社会保障支出に因果的な影響を与えているのは，経済水準の指標である一人当たり GNP や，65歳以上の人口比率といった要因であることを見出したのである。逆に，自由民主主義国家か否かという政治体制の問題や，政治的エリートのイデオロギーといった政治的要因は，社会保障支出に対して有意な影響を与えていない。つまり，民主的な圧力やエリートの政治認識といった政治的アクターの役割は，福祉国家の到来を早めるかもしれないが，根本的な原因ではないとしたのである。そうではなく，ウィレンスキーは各国の福祉国家への収斂は，産業化という社会的・構造的変化が要因であると結論づけた（ウィレンスキー 1975=1984）。

　経済学では，ネオ・マルクス主義国家論（→第2章第1節）に基づき，資本

主義経済の発展に伴って，福祉国家が不可逆的に発展するという議論が見られた。つまり，資本主義の維持にとって福祉国家は必要不可欠であるため，それは発展するのである。ゲラン・セルボーンによれば，資本主義の軸となる市場は，重要な矛盾を抱えている。市場は，人々の労働による生産物に支えられているが，労働力自体を再生産することができない。例えば，病気になった人を再び労働に向かわせるためには，医療が必要となる。また労働に必要な能力を養うためには教育も必要である。しかし，これらの医療や教育は公共財であり，市場によっては十分には与えられない（→第1章第1節）。市場だけで労働力を維持し，継続的に生み出していくことはできず，医療や教育のようなそのために必要なサービスは，国家によって与えられるよりほかない。その結果，福祉国家が形成されるのである。つまり，市場を基礎とする資本主義経済を維持するために福祉国家は必要不可欠な機能を持つため，資本主義が発展した国家は，必然的に福祉国家へと収斂していく（Therborn 1984）。

　ここで取り上げた二つの研究に共通するのは，「なぜ福祉国家は発展したのか」に対する答えを，産業化や市場の失敗といった，構造的要因に求めている点である。また，その構造的要因は社会や経済に属するものであり，官僚や政党といった政治的要因は，後景に退いている。したがってこれらは，政治学的というより，社会学や経済学の領域に属する研究ということができる。

　しかし，福祉国家の形成や発展に関して，政治的要因は無視しうるものなのだろうか。前節の議論を思い出してみよう。スウェーデンやイギリスにおいて，福祉国家発展の契機となったのは社会民主労働党や労働党といった，労働者を中心に支持されている政党が政権についたことであった。福祉国家が主として労働者にとって好ましいものであることと重ね合わせれば，政治的に見て労働者の権力が強く，その要求が反映された国家ほど，福祉国家はより発展したのではないか。この点に注目し，労働者の持つ権力資源こそが福祉国家の形成や発展の要因であるとする議論を行ったのが，前節でも取り上げたウォルター・コルピである。ただし，コルピの**権力資源論**は，単に「なぜ福祉国家は発展したのか」という問題にとどまらず，「なぜ福祉国家の発展の度合いに違いが生じたのか」という問題にも同時にアプローチするものであった。つまりそれは，類型に分かれた要因を説明する議論でもある。

(2) 福祉国家の違いを生み出した要因は何か

　図6-2をもう一度見てみよう。たしかに戦後，ほとんどの国家が共通して社

表6-4　権力資源動員と福祉国家

国名	組合組織率 （%）	左派政党 の得票率 （%）	労働者 の動員	閣僚ポスト の占有率	左派政党 の分裂	組合の 分裂度	社会保障費 （GNP 比） 1966 年（%）
スウェーデン	71	43	高	高	無	無	17.5
デンマーク	49	39	高	中	無	無	13.9
イギリス	44	35	高	中	無	無	14.4
フランス	25	32	中	低	大	有	18.3
ドイツ	35	31	中	低	無	無	19.6
日本	27	28	中	低	大	大	6.2
アメリカ	27	1	低	低	無	無	7.9

出所：Korpi（1980: 308）およびウィレンスキー（1975=1984: 73）をもとに筆者作成

会保障支出を増加させており，その意味で福祉国家へと収斂している。しかし，その増加の度合いには一定の違いがあることも確かである。コルピがこれらの違いに着目し，制度的福祉国家と限定的福祉国家の2種類に分類したことは前節で見た。しかし，彼が提示した論点はこれだけにとどまらない。コルピは，このような違いはなぜ生み出されたのかを説明しようとしたのである。

　そこで彼は，福祉国家の形成・発展を求めるアクターの権力の大きさの違いに着目した。先にも述べたように福祉国家を求める代表的なアクターは労働者であり，労働者が大きな権力を行使できたほど，福祉国家は充実することになろう。しかし，権力自体は目に見えず，その大小を直接に観察することはできない。そこで彼が注目したのは，労働者がその権力を発揮するために用いる資源であり，それらの資源の動員に成功したかどうかであった。資源動員に成功しているほど，労働者の政治的権力は大きくなると考えたのである。

　ではどのような場合に，労働者は権力資源動員に成功するのだろうか。たとえば，より多くの労働者を，分裂させずに一体的に組織化できている場合のほうが，労働者の権力は大きくなるだろう。このように考えると，労働組合の組織率や，労働組合の分裂の有無が，労働者の権力資源動員の指標となる。また，労働者の利害を反映する政党が議会で大きな影響力を持っているほうが，やはり労働者の政治的権力は強くなるだろう。この場合，左派政党の得票率や議席率，大臣ポストの占有率などが，労働者の権力資源を左右する指標となる。コルピは表6-4のようにこれらの指標を整理した（Korpi 1980）。たとえば1966年の社会保障費とあわせて考えると，労働者が権力資源の動員に成功している

国のほうが，GNP に占める社会保障費の割合も大きく，制度的福祉国家となっていることがわかる。

この研究によりコルピは，福祉国家の形成や発展に，労働者やその利害を反映する左派政党の権力が大きく関わっていることを提示し，その権力をめぐる政治的動態が，福祉国家の類型にも違いを生み出していることを見出した。つまりコルピは，「福祉国家の発展の違いを生み出したのは何か」という問題に対して，労働者の権力資源動員という答えを導き出したのである。第1章でも見たように，政治学の固有の性質の一つが権力への注目であることを考えれば，コルピの議論は，政治学的な観点から福祉国家を説明する代表的な議論に位置づけられる。

ただし，前節でも見たように，コルピの議論に対しては，類型は二つで十分なのかという批判があった。表6-4を見ても，労働者や左派政党の資源動員に相対的には成功しているとは言えないドイツやフランスが，社会保障費比率ではスウェーデンなどを上回っている。このことは，コルピの説明が十分ではないことをうかがわせる。この問題を踏まえ，類型を二つではなく「三つの世界」として提示したのが**イエスタ・エスピン＝アンデルセン**であったことを前節で見た。そして彼もまた，「福祉国家レジームが三つの世界に分かれたのはなぜか」という問題にアプローチしている。

この説明に際してエスピン＝アンデルセンが採用したのは，やはり権力資源動員論であった。しかし，彼は「三つの世界」を説明するためにいくつかの修正を加えた。とくに問題になったのは，福祉国家の形成や発展の鍵を握るアクターは，労働者だけかという点である。労働者とさまざまな階級との連合が形成されたとき，福祉国家を推進するアクターの権力資源はより高まるのではないだろうか。前節で取り上げたスウェーデンの場合も，労働者と，農民や中間層との連合が，その普遍主義的福祉国家の形成の一つの鍵となった。したがって，労働者とその他の階級，とくに中間層との間での連合が成立した場合，その利害を代表する政党の権力もより強くなると考えられる。また，福祉国家の形成に関わるアクターとして官僚なども考えることができる。さらに，推進アクターだけでなく，対抗アクターにも着目する必要がある。たとえ労働者の利害を反映する政党が強力だったとしても，福祉国家推進の障害となるような対抗政党も強ければ，推進側の相対的な影響力は弱まるだろう。このように，権力資源動員論に基づくにしても，多様なアクターに注目する必要がある。

その上でエスピン＝アンデルセンは，各アクターの権力資源動員成功の指標

として，左派政党だけでなくカトリック政党などの右派政党が議会や内閣において議席を占めた割合や，官僚制の強さを盛り込み，統計的に分析を行った。その結果，左派政党の権力資源動員が弱い場合には自由主義レジームに，カトリック政党や官僚が強い場合には保守主義レジームに，そして左派政党が強い場合には社会民主主義レジームになっているという結論を得た（エスピン - アンデルセン 1999=2000）。エスピン = アンデルセンは，権力資源動員論を発展的に継承し，福祉レジームが「三つの世界」へと分岐した要因を解明したのである。

　さて，ここまで取り上げてきた権力資源動員論は，アクターの権力の大きさを福祉国家の説明の要因としている。しかし，アクターに対する権力の分配を規定する要因の一つとしてさまざまな政治制度があることも，私たちは本書で学んでいる（→第3章）。だとすれば，各国における政治制度の違いが，福祉国家を推進するアクターの権力の違いを生みだし，その結果として福祉国家の違いを説明する要因になる場合もあるのではないだろうか。

　トーベン・アイヴァーセンは，福祉など再分配の程度が国ごとに異なるのはなぜかという問題に対し，政治制度の観点から説明を行っている。彼が注目するのが，選挙制度である。**小選挙区制**を取り，二大政党制に近い政党システムを持つ国では，福祉国家に対抗的である中道右派政党が有利な状況となり，福祉国家の発展は制約されると考えられる。なぜなら，福祉国家を推進したい左派政党のリーダーは，最も強力な再分配政策を求める党員，つまり最も左派的な党員と選挙前に妥協する必要があるので，公約等で提示する政策が左寄りになり，有権者全体の中位投票者に対して魅力的に映らなくなる可能性があるからである。そうなれば，中位投票者から遠ざかった左派政党は選挙で不利となり，中道右派政党が有利な状況となるだろう。

　それに対し，**比例代表制**の場合には事情は異なってくる。比例代表制では，各政党がそれぞれの階級を代表して選挙に臨み，結果として多党制となる。そのため選挙後に他の政党との連立が必要となる場合が多いが，最も典型的な連立パターンの一つは，中間層を代表する政党と，より低所得者層を代表する左派政党とのそれである。なぜなら中間層政党は，中間層には負担にならず，裕福な層にはより多くの負担を迫る累進課税と，低所得者層への再分配の充実をセットにして，左派政党との連立を形成できるからである。

　このように考えれば，比例代表制のもとでは福祉国家を推進する中道左派政権となる可能性がより高く，小選挙区制のもとでは福祉国家に制約的な中道右派政権が形成される可能性がより高い。したがって，福祉国家による再分配の

程度は，小選挙区制の国よりも比例代表制の国のほうが大きくなるとアイヴァーセンは考え，それを数理的・統計的に検証したのである（Iversen 2005: Chap. 4）。

これらの研究は，アクターの権力や政治制度といった政治的要因によって，福祉国家の類型に違いが生じることを説明した。ここで，本節冒頭で掲げた「日本も○○レジームを目指すべきだ」といった議論が可能かという問題に立ち返ってみよう。理想論を超えてそういった議論を成立させるためには，そのレジームの要因が何であるかを突きとめ，その要因を持つことが日本でも可能かどうかを考える必要がある。「福祉国家の説明」は，単なる説明だけでなく，将来の展望を考える際のヒントも提供するのである。

(3) 福祉国家が変化した（変化しない）のはなぜか

ここまで主に，福祉国家の形成と発展についての議論を見てきた。しかし現在は，福祉国家はむしろ揺らぎ，再編の時期にある。福祉国家を支えたさまざまな条件，たとえば経済成長のような経済的条件や，福祉国家を支える政党間の合意といった政治的条件は，近年では掘り崩されている。この状況において福祉国家の縮減というテーマが論点になっている。

たとえば，**マーガレット・サッチャー**政権以降のイギリスは，給付水準の引き下げや給付対象の限定，あるいは民営化などを通じて，福祉国家を縮減してきたと言われている。近年の日本でも，医療における自己負担割合の拡大や年金支給年齢の引き上げ，あるいは雇用の柔軟性を推進するような制度改革が次々と行われている。いわば，福祉国家はそろって縮減に向かっているように見える状況である。この状況は，なぜ生じているのだろうか。

この問題に対する典型的な回答は，「経済的グローバル化が進んでいるから」というものである。グローバル化に伴い，国境を越えて活動する多国籍企業は，国際的な競争力を高めるために，低い法人税や安価な労働力など，自らに有利な条件を国家に対して求めるようになる。国家の側も，これらの企業が他国へと流出することを防ぐために，法人税率の引き下げや，労働市場の柔軟化などを行って，企業の競争力を支援する。これが，「底辺への競争」と呼ばれる状況である。その結果，税収の減少に伴い再分配は切り詰められ，労働者を保護してきたさまざまな規制も緩和されるという形で，福祉国家は縮減を余儀なくされるのである。この説明によれば，グローバル化という主に経済的な構造変容が，福祉国家の縮減の要因として見出される（Mishra 1999）。

　このような説明に「政治」は存在するだろうか。経済構造の変動によって，政治の側が福祉国家の縮減を余儀なくされるのであれば，政治は従属的位置に追いやられる。しかし，構造的変容によって政治的選択肢が狭められるとしても，福祉国家の縮減は依然として政治的な選択である。またそれを選択しても，実現するとは限らないのではないだろうか。福祉国家の縮減に対する政治学的な研究は，主にこの観点から行われてきた。なかでも代表的な研究者であるポール・ピアソンが論点としたのは，構造的変容にもかかわらず，また政治的指導者も縮減を選択しているように見えるにもかかわらず，実際には福祉国家がそれほど縮減されていなかったり，あるいは縮減された分野とそうでない分野があったりするのはなぜか，という問題である。

　たとえば，イギリスのサッチャー政権では福祉国家の縮減が声高に叫ばれたが，この期間における福祉関係の支出の減少率はそれほどでもなく，そのスローガンから連想するほどには福祉国家を縮減していない。制度的に見ても，サッチャー政権は，当初目指した年金制度の一部廃止や医療制度の民営化も実現できなかった（Pierson 1996）。サッチャー政権期において，福祉国家が縮減に対する抵抗力を見せたのはなぜか。ピアソンが重視するのは**経路依存性**である。福祉国家が発展するにつれ，さまざまなサービスの受給者やそれを期待する人たちの数は増加し，福祉政策によって利益を得る集団も拡大する。福祉国家の縮減はこれらの層から利益を奪うため，有権者に不人気な政策になる。それにもかかわらず縮減すれば，選挙に敗北する可能性が生じるなど，政権にとって政治的コストが高まるため，結局は縮減が困難となる。このようにして，これまでの福祉国家が辿った「経路」が，縮減への改革を妨げる力として働いたとされる（Pierson 1994）。

　ピアソンは，このように福祉国家が縮減しない要因を説明してみせた。しかしこの議論は，単に「縮減しない」理由だけを明らかにしたのではない。この論理に従えば，年金のように受給者が広範囲にわたる分野や，医療における医師のように制度から利益を得る集団がある場合には，この経路依存性が働いて改革が妨げられる。しかし，失業給付のように受給者が限定され，また受給者のネットワークも組織されにくい分野では，経路依存性が働かず，改革に抵抗しにくくなる。縮減が成功するかどうかは，福祉の分野によっても異なるのである。また，改革を実行した場合に有権者から浴びせられるであろう「非難」が改革の頓挫の要因であれば，これらの非難を回避する戦略を有効に働かせることができた場合には，改革も可能となるという示唆も得られる。

　このことは縮減に限らず，さまざまな福祉国家改革の提案に対して当てはまる。福祉国家改革が試みられる場合，それに反対するアクターの抵抗を政治的に乗り越えられるかどうかが，成功と失敗を分けるポイントとなる。その時，反対アクターの抵抗力は，経路依存性とともに，各国の政治制度によっても変わってくるだろう。制度がアクターへの権力分配を規定することについては本書でも何度か指摘しているが，ある政策提案に反対するアクターの抵抗力の強弱もまた，各国の制度によって異なってくる。反対するアクターがいたとしても，反対できる舞台が制度的になければ，その抵抗力は弱まる。ある政策提案に対して反対アクターが拒否を示すことのできる制度的ポイントを**拒否点**と呼ぶ。拒否点の数が多いと，反対アクターの抵抗力も強くなり，政策提案はより通りにくくなる。この観点からすると，拒否点の多い制度を持つ国家において

コラム 6-2　経路依存性

　「経路依存性」を説明する際によく用いられる例が，コンピューターのキーボードの配列である。現在のキーボードでは，左上から「Q，W，E，R，……」と並ぶ「QWERTY 配列」と呼ばれる形になっているが，初めてコンピューターに触れた時，「打ちにくい」とか「なぜA，B，C，Dの順序でないのか」とか感じた人も多いのではないだろうか。

　この「QWERTY 配列」の由来については，19世紀にタイプライターが登場した頃，キーのアームがぶつかり合って故障することを避けるために，タイピング速度が上がりすぎないように生み出されたという説がある。現在のコンピューターではこのような技術的問題はもはやなく，「QWERTY 配列」である意味はない。しかし多くの人が，すでにこの配列を前提にタイピングに習熟しているために，コンピューターを作る会社もこの配列を変えられないのである。つまりこれまで辿ってきた「経路」に「依存」している。

　政治でも，ある制度や政策がいったん形成され，歴史的にその恩恵が積み重なるほど，その政策や制度を変えることが次第に難しくなることは，福祉国家に限らず多い。そのためこの「経路依存性」は，現在の政治分析においてさまざまに応用される理論となっている。

表6-5　言説の相互行為

機能	アクター	対話者	アイディアの生成者	目的	形態
調整的	政策アクター	相互	知識共同体 言説連合 アドボカシー連合 政策企業家	政策プログラムの構築 合意達成	政策アクターの討議・熟慮のための言語や枠組みを付与
コミュニケーション的	政治的アクター	公衆	政策アクター 政治的企業家	公衆への伝達 情報の指針や正当性の供給	公的討議や熟慮に向けて人々が理解できる言語へとプログラムを翻訳

出所：Schmidt（2002: 231）

は，福祉国家は改革されにくい（Immergut 1990）。

　このように，各国の歴史的経路や制度の違いが，改革を推進したり拒否したりするアクターそれぞれに異なった権力を分配し，そのことによって改革の成否や度合いに違いが生まれる。とはいえ，経路や制度だけで決まるとも言えない。たとえば同一の国においても，改革が進む場合と進まない場合とがある。改革の成否は，制度的制約を乗り越えるアクターの戦略によっても変わってくる。

　それでは，福祉国家の改革が実現した場合，どのような戦略が有効だったと考えられるだろうか。この論点を考える際に注目すべきは，アイディアやフレーミング（→第4章第4節）という要素である。新たな福祉政策についてのアイディアや言説が，「正しさ」と「望ましさ」の両面から人々に支持を得た時，拒否点や経路依存性を乗り越えた改革が可能になるという分析である（→第9章第2節）。

　先に見たように，イギリスにおいてはサッチャー政権期においても経路依存性ゆえに福祉国家縮減は進まなかったという議論がある。それに対しフィオナ・ロスは，保守党政権の次の政権を担った労働党こそが福祉国家の縮減を達成したと論じている。それが可能になったのは，貧困層に対する保護を縮減しつつも，医療や教育といった公共サービスについては充実するという政策アイディアによって，改革へと向けた支持を中間層を中心に獲得するフレーミング戦略に成功したためである（Ross 2000）。また，労働者の自発性を重視する言説が，就労を促すワークフェア的な政策（→本章第3節）に向けた福祉国家の再編に成功する要因となったという議論もある（Taylor-Gooby 2005; 近藤 2008）。

　ドイツの福祉国家に関しても，とくに 1998 年以降の社会民主党・緑の党連立政権期に，それまでの保守主義レジームから，ワークフェアの方向へとシフトしたという議論があるが，その説明でもアイディアの要素が重視される場合がある（Taylor-Gooby 2005）。その例として，政策決定者間でのアイディアの学習に注目するものがある。福祉政策担当者は，諸外国での政策的試みや成功を学び，ドイツの福祉国家改革の青写真として提示した。このようなアイディアの学習を経て，何が実行可能な政策か，また何が望ましい改革かを考えるための知識が生み出され，政策形成を担うアクター間で共有された結果，パラダイム・シフトが実現したとされるのである（Fleckenstein 2011）。この場合も，変化を可能とした要因は，アイディアに定められる。

　このようにアイディアの要素に注目することによって，福祉国家の「変化」を分析することが可能になる場合があるが，単にアイディアだけではなく，その国の制度との関わりを念頭に置くことが重要な時もある。上記の例で言えば，イギリスでは有権者への直接的なフレーミングが重視されたのに対して，ドイツでは政策形成に関わるアクター間での学習に注目されている。イギリスとドイツとの間で，このような違いが生まれるのはなぜだろうか。

　ここで再び，制度に注目しよう。第 3 章第 1 節でも見たように，イギリスでは多数決型の政治制度が取られているため単独政党政権となり，政党政府と一般有権者が直接的なコミュニケーション関係に置かれる傾向がある。それゆえ，アイディアの拡散によって政策的転換を目指す場合，有権者に直接働きかけるフレーミング戦略の比重が大きくなる。他方ドイツでは，連立政権や強い上院を持つ二院制など，政治エリートのレベルでの多元性が高くなる制度を取っており，それらが拒否点として働きやすい。この場合には，学習などを通じてエリート間での調整を図っていくことが，その政策を実現するための鍵となるだろう。表 6-5 のように，前者は「コミュニケーション的言説」，後者は「調整的言説」と呼ばれるが，各国の政治制度によって，どちらにより重点が置かれるかは異なってくる（Schmidt 2002）。

　アイディアや言説といった要素は，福祉国家に限らず，さまざまな政策分野において変化の要因として注目されているが（→第 7 章第 2 節，第 9 章第 2 節），福祉国家の変化を分析する際にも重視される場合がある。このことは，福祉国家や福祉政策が，形成・維持・変化などすべての段階において，人々の利益だけではなく，「何が望ましいのか」といった規範的側面とも関わり合いながら，その正統性を構築し，人々の合意に支えられる必要があることを示してもいる

のである。

・福祉国家の形成や類型化を説明する際，その要因としてアクターの権力資源動員に着目された。とくに福祉国家の充実を求める労働者や左派政党の権力資源を中心としながらも，複数アクター間の連合や，対抗する勢力にも焦点が当てられてきた。

・福祉国家の縮減期においては，「なぜ福祉国家は狙い通りに縮減しないのか」という問題が論点となった。その際，経路依存性や拒否点といった，主に制度的要因が注目されることとなった。

・さまざまな制度的制約にもかかわらず，福祉国家の質的変化が生じてくると，「その変化や再編はなぜ可能となったのか」という問題が浮上してくる。その説明として，とくにアイディアや言説を用いたアクターの戦略に焦点が当てられることとなった。

---

3. 福祉国家の規範

(1) 福祉国家はなぜ望ましいのか

　ここまでの議論で，福祉国家の形成や再編は，いかにして人々から正統性を獲得するかという問題と結びついていることが示唆された。だとすれば，そもそも福祉国家を「望ましい」と考える根拠はどこにあるのだろうか。

　もちろん，貧困層に対する同情や共感はわかりやすい答えの一つであり，それが福祉国家形成の起動力となる場合もある。しかし，人々の感情はさまざまである。貧困層を見ても同情しない人がいるかもしれない。それらの人々に対して，貧困層に対する同情心や共感心を持てと強制することもできないだろう。同情や共感だけでは，国家のシステムとして福祉国家を成立させることはできないのである。したがって，より論理的な形で，福祉国家の「望ましさ」を基礎づけ，正当化する必要が生じる。このようなアプローチが，福祉国家を規範的に考える際の重要なポイントとなってくる。

　この問題に取り組むに際し，まず言及しなければいけないのは，**ジョン・ロールズ**の議論である。ロールズの議論は厳密には，現存する福祉国家を直接に正当化しようとしたものではなく，またロールズ自身が理想像として描く財産所有民主主義（→第7章第3節）も，福祉国家と重なる部分はあるが，本質的には異なる。とはいえ，**格差原理**を中心とした彼の正義論は，経済的再分配を中心とする福祉国家を支えうる有力な理論である。

　格差原理とは，社会的・経済的不平等は，最も不利な立場にある人の期待便

益を最大化するように，取り決められているべきであるとするものである（ロールズ 1999=2010: 114）。恵まれた人により少なく，恵まれない人にはより多くが与えられるように経済的再分配を正当化する原理でもある。

　しかしどのように，この格差原理は正当化されるのであろうか。『正義論』のロールズにおいて，この原理の正当性の根拠の一つは，人々の間での合意可能性にある（ロールズ 1999=2010: 179）。彼によれば，合理的な人々は自ら格差原理に合意するとされる。なぜそう言えるのだろうか。ここでロールズが持ち出すのが，「無知のヴェール」と呼ばれる前提である。人々が「無知のヴェール」の状態にある時，自分がどのような社会的地位や階級，社会的身分にあるのか，また，自分がどれだけの資産や才能，運，知力や体力を持っているかについて，知る者はいないと想定される（ロールズ 1999=2010: 185）。この状態にある場合，人々は自分たちが経済的・社会的に見て，有利な立場にあるのか不利な立場にあるのかはわからない。そのため，将来，病気や失業といったリスクにさらされる可能性が高いか低いか，またそのようなリスクに自力で対処できるかどうかについても前もって判断することはできない。そうだとすれば，自分が不利な立場にあるかもしれない可能性や，将来的に不利な立場に陥るかもしれない可能性を考え，そのリスクを最小化するために，「最も不利な者に最も利益となる」格差原理に合意することが，理にかなうのである。

　つまりロールズは，「無知のヴェール」という想定を導入することで，合理的な人間は格差原理に合意し，それに基づく契約に自ら参加するだろうと考えた。貧困層への共感や同情といった感情論に頼ることなく，自分の利益を考える合理的選択の観点から，ロールズは格差原理への合意可能性を論証し，福祉国家の正当性の基礎となりうる正義を導き出したのである。

　これらのロールズの議論は，格差原理を中心として，福祉国家が基礎とする経済的再分配の正当性を基礎づけるものと言えよう。しかし，福祉国家の役割は経済的再分配だけではないのではないか。たとえば，ホームレスの人たちは，生活していけるだけのお金や，住宅や医療などのサービスを保障されれば，それで人間としての尊厳を十分に取り戻したことになるだろうか。これらの疑問は，アメリカの人種マイノリティや，ヨーロッパの移民などについても当てはまる。こういった問題も背景としながら，福祉国家を正当化する際のより包括的な根拠として近年提起されているのが，「承認」あるいは「相互承認」という論理である。

　承認とは，一言で言えば，人々が社会の中で人間らしい生を尊重され，差別

されることなく生きる権利を認められることである（武川 2007: 51）。貧困層は，経済的な観点からこれらの権利を剥奪された状態にあり，経済的再分配はそれを緩和するための有効な手段になる。しかし同時に，マイノリティに対する差別なども承認を失う要因となっており，これは再分配だけで解決する問題とは言えない。さらに，アメリカの人種問題やヨーロッパの移民問題のように，貧困と差別とは相互に結びついている場合も多い。そのため福祉国家は，人々の承認・相互承認という，より広いフレームワークに基づいて基礎づけられ，正当化される必要がある。

　これらの観点からアクセル・ホネットは，福祉国家の中心的手段である再分配も，広く「承認」の枠内にあると位置づける。人々は，承認されるべき人格性のさまざまな側面が承認拒否されていると見なす時，その不承認を社会的不正と感じる（フレイザー／ホネット 2003=2012: 146）。もちろん，貧困や経済的格差もそのような社会的不正の一部となりうる。しかし，承認の射程はそれだけではない。重要なことは，そういった経済的問題も含めて，人々が相互承認のメカニズムを介して社会に組み込まれることである。（フレイザー／ホネット 2003=2012: 281）。ホネットの議論からすれば，福祉国家はこのような相互承認を与えるメカニズムの一つなのである。

　このようにホネットは，経済的再分配も包含する形で，「承認」の概念を提起した。しかし再分配を「承認」の中に包含してしまう議論には批判もある。**ナンシー・フレイザー**は，ホネットが提示する「承認」は，たとえばマイノリティのアイデンティティなど文化的要素に偏っているため，社会経済的な正義はそれとは別個の問題として確立される必要があるとする（フレイザー／ホネット 2003=2012: 15）。つまりフレイザーは，「承認」とは別に「再分配」という固有のパラダイムが存在すると論じるのである。ここに，「再分配か承認か」という論争が生じている。

　しかしフレイザーもまた，承認と再分配とを結び付けて解決する必要性を否定しているわけではない。ホネットとフレイザーに共通するのは，「承認も再分配も」という形で，両方を射程に入れる必要性であろう。このような理論的考察を踏まえつつ，「承認」と「再分配」との両方を含めたより広いフレームワークから福祉国家を正当化する論理として提起されているのが，**社会的包摂**である。ホネットによれば，社会的包摂とは，人々を同等な社会的成員として組み込んでいくことを意味する（フレイザー／ホネット 2003=2012: 281）。福祉国家に引き付けて言えば，それは，貧困や差別などの形で社会から排除された

人々を，単に保護するだけではなく，社会参加と経済的自立を実現することが重要であるとする考え方である（宮本 2013: 1）。グローバル化や脱工業化社会の進行の中で，移民や，家族に頼れない人たちなど，さまざまな形で社会的に排除された層が生じつつある。これらの層に対しては，既存の経済的再分配を軸とする福祉国家の手法では，根本的な問題は解決されないだろう（岩田 2008: 166）。社会的包摂はそのような状況において，新たな福祉国家のあり方を導く論理となっている。

(2) 福祉国家はなぜ望ましくないのか

福祉国家を規範的に考える場合，福祉国家を正当化する論理を見出すのではなく，福祉国家を批判的に考察し，その正当性を解体するような論理を提示することもある。また，福祉国家に対してどのような批判がありうるかを検討することは，福祉国家をより強力に正当化したり，今後の展望を見出したりするためにも重要である。

福祉国家に対する批判に共通する傾向は，それが福祉そのものよりも，福祉を国家が担うことを批判することにある。つまり，慈善行為として福祉に取り組むことまで規範的に批判されることは少ない。むしろ問題は，それを国家の役割として正当化できるかという点である。このような福祉国家批判として，三つの潮流を取り上げてみよう。

第1の潮流として，国家が福祉の機能を担うことは正当化できないので，それを市場の役割に委ねるべきだとする批判がある。これらは主に，**リバタリアン**と呼ばれる潮流によって展開されており，その批判の対象として想定されているのは，ロールズの議論，とりわけ格差原理である。ロールズが格差原理の正当化の基礎としたのは人々の合意であったが，リバタリアンは福祉国家に対して人々は合意しないだろうとして批判する。

その代表格である**ロバート・ノージック**は，暴力・窃盗・詐欺・契約破棄からの国民の保護だけが国家の機能として正当化可能という最小国家論に基づき，ロールズの格差原理と，それに基づく福祉国家的な再分配を批判する。彼によれば，格差原理は人々の自発的な合意を期待できるとは言えない。なぜなら，「才能に恵まれた者」と「才能に乏しい者」との間で格差原理は中立的ではなく，「才能に乏しい者」のほうが「才能に恵まれた者」よりも大きな利益を得るからである。「才能に恵まれた者」は，この条件に合意するだろうか。このように，ノージックは福祉国家への合意可能性を批判し，それを国家の役割と

することを否定するのである（ノージック 1974=1992: 315-381）。

　このような批判は，福祉を供給する機能を国家から市場へと委譲すべきという議論へとつながっていくが，それをいっそう強化したのが，「効率性」や「選択の自由」という要素である。それらを強調する潮流として，ニュー・ライトと呼ばれる勢力がある。彼らは，効率性という観点から見れば，福祉国家による行政的・官僚制的な資源配分の方法は市場に基づく資源配分よりも劣る上に，消費者による実質的な選択の余地も奪っているとしたのである（ピアソン 1991=1996: 83）。これらの議論は，政治的右派・保守層の主張にも取り込まれ，イギリスのサッチャー政権やアメリカのレーガン政権による，福祉国家縮減の試みの支柱ともなった。

　第2に，リバタリアン同様に国家が福祉を担うことを批判しつつも，市場の効率性より，市民社会の浸食という観点を重視する潮流が存在する。福祉国家が形成される前の社会においては，地域コミュニティやチャリティなど，相互扶助の団体によって福祉は担われてきた。つまり，貧困層などに対する同情や共感を基礎として形成された人々の連帯に基づき，福祉は供給されてきたのである。しかし福祉国家の形成・発展を通じて，福祉の供給が国家的に制度化されるに従い，これらの相互扶助を行う社会団体は減少し，人々の慈善の精神も衰退してきているのではないだろうか。このような観点からすると，もともと人々が有していた連帯や相互扶助を基軸とする政治文化を，福祉国家が破壊していることになる。

　このような福祉国家批判は，コミュニティや，コミュニティによる諸個人の徳性の涵養を重視する**コミュニタリアン**と呼ばれる潮流を中心に行われた。またそれは，国家が画一的な基準で福祉を供給することは，それぞれのコミュニティの独自性やそれらの間での多様性への無配慮につながるという批判とも結びついていった。**マイケル・ウォルツァー**は，福祉国家が多様な福祉受給者を画一的に扱い，それぞれのニーズに効果的に対応しない点を問題視した。国家による福祉機能の独占は，「中央からの統制，官僚制，画一的規制」を必然的に伴い，その背景には「最も危険な財である」政治権力自体が国家に独占される危険性があるとしたのである（ウォルツァー 1983=1999: 37）。

　この議論には，コミュニタリアンとリバタリアンとが共有している「国家への懐疑」の根本的理由が示唆されている。第2章第1節で述べたように，国家と権力は不可分である。したがって福祉国家であっても，国家機能の拡大は，市民に対する国家権力の肥大化につながる可能性があり，人々の生活に国家が

コラム 6-3　福祉国家による社会統制

　国家介入が肥大化するという行政国家化への批判は，福祉国家の社会統制的な側面によって，人々の自由が浸食されることをとくに問題視する。いわゆる「メタボ検診」の例を考えてみよう。近年の日本では，予防医療の観点から，一定年齢以上の人に対しては，腹囲測定などのメタボ検診を実施することが義務化されている。そして，この検診によって生活習慣病のリスクが高いと判定された場合，食生活の改善などを指導される。つまり，食事という本来個人の自由であるべき生活領域にまで国家や行政が介入し，個人を修正しようとする権力がそこに働くのである。

　こうして福祉国家は，人々の生活世界を統制し監視するという社会統制的性格を帯びる。行政官が専門知識に基づいて人々を監視して逸脱を予測・発見したり，それらに対して治療や予防を迫ったりといった形での介入が不可避となるのである。こうして，人々の自由が侵害されることにつながる（金田 2000）。

介入する局面も増える。福祉国家の持つ権力的側面にとくにフォーカスした議論は，福祉国家批判の第3の潮流をなしている。その典型が，**ユルゲン・ハーバーマス**による行政国家批判である。彼によれば，福祉国家の成功を左右するのは介入主義的な国家の権力と行為能力であるが，このような行政国家は官僚制支配などの形で権力を肥大化させ，市民の生活にも否応なく介入する。こうした国家的介入は，「本来は消極的自由の機会平等利用のための事実的前提を提供すべきであるにもかかわらず，頑強な政策によって，かえって自律性を侵害する危険性」を招く（ハーバーマス 1985=1995: 151-152）。

　このように，福祉国家はさまざまな形で望ましくない性格も有するとされてきた。これらの批判は福祉そのものをターゲットとしているのではなく，福祉を国家が供給することの問題点を指摘している。また，とくにコミュニタリアンによる批判や，国家権力の肥大化に対する批判は，福祉国家を全否定するというよりも，そのマイナス面を指摘し，福祉国家の肥大化に伴いそのマイナス面もまた拡大するという点に警鐘を鳴らしている面もある。しかしいずれにしろ，これらの批判が提示されたいま，どのように福祉国家を擁護することが可能だろうか。ここに，これらの批判に対峙し，それらの問題点を克服した新た

な展望を見出す必要性が生じるのである。

(3) 福祉国家の展望を切り拓く

　これらの批判を踏まえて，福祉国家の展望はどこに見出されるだろうか。現代の政治学においては，新たに福祉国家を正当化するための処方箋が，さまざまな形で探求されている。ここでは，前項で提起した三つの批判，すなわち市場やその効率性の観点からの批判，市民社会やコミュニティを重視する観点からの批判，そして国家権力による統制を問題視する立場からの批判に対応する形で，三つの展望を検討してみよう。

　第1に，市場やその効率性との和解を目指すような福祉国家の展望がある。これは，国家から市民に一方的に分配するような対症療法的な格差・貧困対策ではなく，これらの問題を抱える人々が，自分の力で市場に参加できる能力を身につけうる支援を行うことで，問題を解決しようとする考え方に基づく。より具体的には，教育や職業訓練といった支援を行うことで，より積極的に自立・自律を支援しようとするものである。貧困に陥ってから助けるのではなく，就労支援などを通じてより積極的に貧困を予防しようとするため，これは「積極的福祉国家」などと呼ばれる。またこの方法は，人々の能力開発への支援を中心とすることから，人的資本への投資という側面も持つ。そのことは同時に，国家の経済的な競争力を高めるという目的にも通じ，この両面から「社会的投資国家」と呼ばれることもある（ギデンズ 1998=1999）。

　この展望の正当性はどこに求められるだろうか。本節の議論と重ね合わせるならば，第1に合意可能性がある。就労を目指すことを条件とした支援は，その費用を負担する側にとっても，「自分たちが偏って不公平に負担しているわけではない」と納得しやすく，合意を形成する可能性を高める（近藤 2010）。第2に，貧困や失業などの形で社会的に排除された人々を，再び社会へと「包摂」しようとする意義もそこにあると言える。たとえば，失業状態にあることで，職場で生み出される人間関係から排除され，社会的に孤立してしまうケースがある。こういった人々に対して現金給付で済ませることは，生活は保障しうるかもしれないが孤立という問題の解決にはつながらない。むしろ，就労という形で人々と関わり合うような「場」へと引き戻すことが，これらの人々を再び社会的に包摂することにつながるのではないだろうか。この観点から，社会的包摂の手段としても，「積極的福祉国家」は注目を集めているのである。

　とはいえ，就労が議論の中心となっていることから，ここでの「包摂」は基

本的には労働市場への参入という側面が強い。その意味でこの処方箋は，「市場との和解」に基づく福祉国家の再編構想というべきであろう。そのため，市場が生み出す格差などの問題点は十分に緩和されないという批判がある。また，就労の意志を条件に支援をするというあり方は，就労への強制性という形で国家の権力が個人へと及ぶことになり，その点も批判されている。

　ただし，この考え方に基づきながらも，どの程度市場に依拠するか，あるいは国家による支援をどの程度手厚くするかによって，具体的な政策としてはいくつかのバリエーションがある。市場への依拠が強く，失業給付などに伴う就労への強制性が強い場合には，とくにワークフェアと呼ぶ。逆に，雇用の場の創出などにおいても国家の役割が重視され，また就労への強制性がそれほど強くない場合には，アクティベーションと呼ぶ。ワークフェアはイギリスなどで，アクティベーションはスウェーデンなどで実際に政策となっている。「積極的福祉国家」という共通の理念に基づきながらも，そのバリエーションの中でどの政策を採用するかは，各国内における政治的判断や合意形成のあり方に委ねられる部分が大きい。

　第2に取り上げるのは，コミュニタリアンらによる批判を踏まえつつ，社会の役割をより拡大するような展望である。代表的なものとして，ウォルツァーによる「福祉の社会化」がある。ウォルツァーはリバタリアンと異なり福祉の市場化には反対するが，他方で国家に独占させることも問題視し，福祉供給の機能を社会レベルへと拡大し，供給主体を複合化することを提起する。

　彼によれば，ロールズの議論の限界は「優越している財はどのようなものであれ，平等に，あるいは少なくとも広く共有されるよう，再配分されるべき」という「単一的平等」にある（ウォルツァー 1983=1999: 35）。どのような財についても，単一の，画一的な配分原理があるという想定が批判されているのである。ウォルツァーは，配分が必要な社会的財は多様であり，その配分基準もまた多様であるとする。たとえば，医療は教育と同じ配分原理ではありえない。なぜなら，医療は，病気になった時やその症状など，ニーズに応じた配分がなされるべきだが，教育はすべての人に共通なものが配分される必要性が一定程度はあるからである。とはいえ教育についても，地域によってその配分原理について異なる考え方をする場合もあるだろう。社会的な財はそれぞれ社会的な意味を持つので，私たちはその意味を解釈した上で配分原理を決めなければならない。

　そのためには，福祉の社会化が必要とされる。自分たちがどのようなニーズ

を持っているのかについての解釈や，それに基づいて配分を行う権限を，国家から社会レベルへと委譲し，配分を受ける人々自身が，それぞれの社会的財の意味や配分方法，自身のニーズ解釈に参加することが保証されなければならない。このように社会化された配分は，地域ごとに，多様な参加者の意見を反映して決定される（Walzer 1988: 19）。その過程では，ボランティア団体やNPO，地域コミュニティの活躍が想定できるだろう。そのことにより，「単一的平等」の限界を乗り越え，「社会的財の多様性を映し出す多様な配分基準」が可能となるのである（ウォルツァー 1983=1999: 41）。

　ただし，福祉の機能を全面的にボランティア団体やコミュニティなど「社会」へと委譲してしまうことには，一定の危険性もある。そういった団体や組織が必ず存在するとは限らないし，もしも身近に存在しない場合には「誰にでもアクセスしうる」福祉とは言えなくなってしまうだろう。また，団体やコミュニティの間で格差や不平等が生じる可能性もある。したがって，「福祉の社会化」を進める際にも，これらの問題に対処するために，国家の役割は残る。国家は，活動領域の整備や資金援助，また人々の参加の保障などを通じて，福祉の社会化を支援していく必要がある。「社会」が「国家」に取って代わるのではなく，その間でのバランスを取り，役割分担を明確化することが重要となる（Walzer 1988: 20-24）。そしてそのバランスのあり方には，やはりバリエーションがあるだろう。

　最後に，国家による生活保障を維持しつつも，権力による介入的側面を最小化する選択肢として，**ベーシック・インカム**を取り上げよう。ベーシック・インカムとは，すべての男性・女性・子どもに対して，定期的に無条件で，一定の所得を平等に，国家が給付するというものである。トニー・フィッツパトリックによれば，その際，年金や失業給付などの社会保険制度は廃止されることが前提で，「就労」や「社会参加」といったすべての条件性を廃して，一定の所得を給付する（フィッツパトリック 1999=2005）。

　この展望はどのように評価されるだろうか。一定の所得を平等に給付するという点から，財政的には国家の肥大化を招くと思われるかもしれないし，たしかにその可能性はあるだろう。しかし，ベーシック・インカムの最大の利点は，それにもかかわらず，市民に対する国家の介入が最小化される点にある。なぜなら，無条件に所得を給付し，その使い道はその人次第ということになれば，人々の自律性に最大限配慮し，国家の社会統制的な性格を極小化できるからである。たとえば，ワークフェアであれば，就労への意志が支援の条件とされる

ため，人々は働かざるをえない方向へと，国家によって統制される。しかし，ベーシック・インカムはそのような条件を課さない。その結果，人々は，多様な選択肢の中からその人が望む生き方を選択する自由を獲得できる（ヴァン・パリース 1995=2009: 53）。

したがって，ここまで提示したさまざまな展望の中でも，ベーシック・インカムは最も個人主義的に自由を保障する制度とも言える。その特徴を最も発揮できるのは，無条件で十分な金額を給付するフル・ベーシック・インカムであろう。また，その自由を重んじるという特徴から，やはり国家の介入を問題視し自由を最大限尊重しようとする，リバタリアン的な考え方とも親和性を持つ場合がある。たとえば，「給付型税額控除」や「負の所得税」は，リバタリアンによって提起された構想であるが，ベーシック・インカム的な性格も持つ。このうち給付型税額控除は，所得税額から最低生活費相当分を控除し，もし所得税額が最低生活額を下回る場合には差額を給付するものである。また負の所得税は，累進課税システムを取りつつ，一定額以下の収入の人々には税を課すのではなく，給付を行うものである。これらは結果的に最低所得を保障する。ただし，格差はそれほど縮小せず，平等は達成されないだろう。

このように，ベーシック・インカムにも，具体的な制度提案としてはバリエーションがある。たとえばベーシック・インカムに対して提起されることの多い「国家によって所得が保障されると人々は働かなくなるのではないか」という懸念に対応するために，ワークフェア補強型という形で，就労と組み合わせた提案がなされていることも，その一例である（宮本 2013: 81-82）。ただしこの場合には，個人の自由を尊重するという特徴は，薄められることになろう。ベーシック・インカムの提案にバリエーションが生まれるのは，その理念のどの点を重視しどの点を問題視するかによる。そこから，ベーシック・インカムにおいて，国家がどのような役割をどの程度持つべきかについての議論にも違いが生じているのである。

ここまで，福祉国家に対する規範的批判を踏まえ，どのような処方箋が福祉国家再編への展望として提起されているかについて見てきた。一通り検討した中で浮かび上がるのは，いずれの選択肢においても，その中に具体的な提案のバリエーションがあることである。またそのバリエーションは，それぞれの展望のどの点を利点・欠点として考えるかに加え，国家の役割をどのようなものにするかによっても異なっている。そのバリエーションの中でどれを採用するかについては，最終的には市民の政治的判断に委ねられる。その意味で，決め

るのは私たちである。「福祉国家の規範」についてのさまざまな議論は，福祉国家やその将来的展望についての理想像や正当化の論理，そしてそれへの批判，問題点を提示することで，人々が判断する際の指針を私たちに与えるのである。

🔔 要点の確認

- 福祉国家の正当化の試みとして，ロールズの「格差原理」があるが，近年では「承認」や「社会的包摂」もまた重視される。
- 規範的観点からの福祉国家批判は，リバタリアンやコミュニタリアンなどによって展開された。その際，福祉を国家が担うことや，それによって国家が肥大化することに伴う問題が主な論点となってきた。
- 福祉国家への批判を乗り越え，現代ではさまざまな処方箋が理論的にも提起されており，「積極的福祉国家」や「ベーシック・インカム」がその代表的な議論である。ただし，それぞれの中にも，重視する点の違いによってさまざまなバリエーションがある。

📖 第6章の文献ガイド

エスピン-アンデルセン，イエスタ（1990=2001）『福祉資本主義の三つの世界——比較福祉国家の理論と動態』岡沢憲芙・宮本太郎監訳，ミネルヴァ書房。
　　▷比較福祉国家論の古典的著作であり，その後の福祉国家論は，肯定的であれ批判的であれ，本書を土台にしている部分が大きい。単に三つのレジームの類型化だけでなく，その「説明」の部分にも着目してほしい。

齋藤純一（2017）『不平等を考える——政治理論入門』ちくま新書。
　　▷福祉国家の問題は，規範的な「平等-不平等」の問題と切り離せない。本書は，制度や連帯をキーワードとしながら，平等へと向けた資源分配について考察している。第3節で扱うことのできなかった「資源主義」や「ケイパビリティ・アプローチ」などについても取り上げられている。

鎮目真人・近藤正基編著（2013）『比較福祉国家——理論・計量・各国事例』ミネルヴァ書房。
　　▷主に「説明」の観点から，比較福祉国家分析を行う際の理論や，さまざまな統計的手法について，多彩に取り上げられている。

田中拓道（2017）『福祉政治史——格差に抗するデモクラシー』勁草書房。
　　▷イギリス，アメリカ，ドイツ，フランス，スウェーデン，そして日本の福祉国家について，戦後の形成期から近年の再編期までの歴史と，国家間比較の両方の観点から論じている。個別の福祉政策を見るだけでなく，それを一つの集合（福祉国家）としてトータルに理解することができる。

宮本太郎（2008）『福祉政治——日本の生活保障とデモクラシー』有斐閣。
　　▷福祉レジームと雇用レジームとの連携の観点から，日本の福祉国家の特徴について

論じている。その形成から再編までの歴史が描かれているだけでなく，その特殊性ゆえに日本が直面している課題についても，説得的に指摘されている。

ロールズ，ジョン（1999=2010）『正義論』改訂版，川本隆史・福間聡・神島裕子訳，紀伊国屋書店。

　▷福祉国家や経済的再分配の問題を規範の観点から考える際には，避けては通れない一冊である。第3節で述べた格差原理などが，どのような論理で正当化されているかに注意して読むと良いだろう。

第7章

経　　済

　日本の大学では，政治学専攻は法学部にあることが多いが，政治経済学部で経済学と一緒になっていることもある。法学部で政治学を学んでいる読者の中には，経済を縁遠いものと感じている人もいるかもしれない。他方，政治経済学部では，政治学専攻の読者もそれなりに経済（学）を身近に感じているかもしれない。

　政治と経済は，異なる原理に基づいているが（→第1章第1節），政治経済学という分野もあり，政治と経済の関係には，単に異なるという以上の，何らかの関係がありそうでもある。

　第1節で述べるように，政治と経済の影響関係にはいくつかのパターンがありうる。本章では，そのパターンを確認した上で，政治（学）が経済をどう説明してきたか，さらに経済（市場）に対する政治の望ましさについて論じていく。

1. 経済の記述

　大学で政治学を勉強している読者の中には，経済学を専攻している友人とは，考え方が違うと感じる人がいるかもしれない。政治学と経済学とでは，想定する人間像が違うということが，一つの大きな理由である（→第1章第1節）。とはいえ，政治と経済は全くの別世界だというわけではなく，両者はむしろ相互に深く関係し合っている。では，政治と経済は，どのように関係しているのだろうか。

　政治と経済の間には，論理的には四つの関係がありうるだろう。すなわち，①政治と経済は互いに独立しており相互作用はない（または，あるべきではない），②経済が政治を規定する，③政治が経済を規定する，④両者は相互規定的である，の四つである（新川ほか 2004）。むろん，これらは理念型であり，実際には経済が政治に全く影響しないということも，その逆も考えにくい。そのため，④のみが正しいという言い方も不可能ではない。しかし，少なくとも規範的にはほかの三つの立場も存在しうるし，両者の関係が相対的に希薄であったり（①），一方から他方への影響が圧倒的である（②③）ということもありうるだろう。

　政治と経済の相互作用や両者の境界領域を扱う政治経済学という分野がある。この語には多様な意味があるが（長尾 2000; 新川ほか 2004），政治家，官僚，有権者といった各アクターの選好について単純な仮定を置き，それに基づいて政治現象を経済学的手法で説明するというのは，その主要なものの一つである（ラムザイヤー／ローゼンブルース 1993=1995; 井堀・土居 1998）。第1章第1節（2）で，**合理的選択論**として紹介した立場である。これはいわば「政治の経済学」（加茂ほか 2007: 68）と呼ぶべきものである。

　これに対し本章では，経済学的手法による研究には深入りせず，政治学が経済をどう扱ってきたかを考える。もっとも，政治と経済の相互浸潤が増大しており，政治現象と経済現象の間に明確な線が引きにくくなっていることには，注意が必要である。

　なお，市場によらない社会主義のような経済体制もあり，また，市場を媒介しない財の移転や，共有地（コモンズ）での協力の仕組みなどを経済活動と呼ぶことも，できないわけではない（協力が不在で「共有地の悲劇」を招く場合

があることは第1章第1節（1）で見たとおりである）。しかし，本章では資本主義体制下での市場に基づく経済だけを対象とする。とはいえ，市場に基づく経済が，全くの市場任せでよいのであれば，政治は不要ということになる。本章では，「経済」の成立にとって，政治がさまざまな形で重要な役割を果たしていることを確認していくことになる。

今日，政権は物価や株価，失業率などを非常に気にかけており，経済が政権の死命を制することもありうる。1997年のアジア通貨危機のように，一国のマクロ経済政策の効果を打ち消しかねない巨大な国際投機マネーの力により，政治が経済を制御できなくなる場合もある。そのため，経済が政治に与える影響は，ますます大きくなっているという説は多い（②）。

他方，世論調査で政府への要望を尋ねると，「福祉」「社会保障」と並び，「経済」や「景気」に関連する選択肢がつねに上位に入る。かつては，「物価」も定番であった。また後述のとおり，景気動向と政権への支持には関係があるとされている。このことは，政府には景気を向上させたり，物価を安定させたりする力があると，広く信じられていることを示している（③）。

しかし，政府にそのような能力と責任があるという見方は，歴史的に変わりうるものであり，政府による経済へ介入がつねに歓迎されたり，推奨されたりしてきたわけではない。そこで，以下（2）と（3）では，政治と経済との関係についての理解の変遷を歴史的に振り返ってみたい。

(2) ケインズ主義的福祉国家

今日，主流派となっている経済学は，自己利益を最大化しようとする（企業や家計などの）経済主体が，市場において自由に交換を行うことを想定する。経済学の祖とされるアダム・スミスに由来するレッセフェール（自由放任）の考え方は，市場メカニズムを信頼し，政府はなるべくそこに介入しないほうがよいとする。スミスが用いた「（神の）見えざる手」という比喩は，市場の自動調節機能を指す。その論理によれば，諸個人が自己利益を最大化すべく（いわば利己的に）行動したほうが，社会全体の富は増大するので，個人の自由な活動を妨げる政府による介入は少ないほうがよい，ということになる。19世紀までの経済学は，基本的にこの自由主義的な立場であった。

市場における自由な競争は，当然ながら勝者と敗者を生み，貧富の格差をもたらす。経済格差の原因は資本家による労働者の搾取であると理解するのが，マルクス主義の考え方である。この立場は，究極的には資本主義体制自体を廃

絶し，労働者の国家を樹立することを目指す。実際，20世紀には，ソ連をはじめ多くの国で，資本家のいない国家が誕生した。

　他方，19世紀後半から，長期にわたる恐慌が大量の失業を生み出して，人々の生活に多大な影響を及ぼすことに関心が集まるようになると（「市場の失敗」），資本主義自体を否定しない人々の間にも，市場による自動調節機能への懐疑が芽生えるようになる。

　20世紀に影響力を持つことになるそうした考えの代表的なものが，『雇用・利子・貨幣の一般理論』（1936年）にまとめられたジョン・メイナード・ケインズの経済学である。ケインズは，資本主義の廃絶を目指す社会主義者ではない。しかし，彼は，政府による経済への介入を肯定し，不況下では政府が財政出動により公共事業を行うなどして景気を刺激する一方，好景気が行きすぎて過熱しそうなときには需要を冷やすといった具合に，政府が総需要を管理するべきだとした。その考え方は，バリエーションを伴いながら，多くの国に受け入れられ，政府が市場に介入することは当然のことと見なされるようになった（Hall 1989）。

　ケインズの影響は，第二次世界大戦後に普及した政治経済体制を「ケインズ主義的福祉国家」と呼ぶところに見て取ることができる。国民に権利としての社会保障を整備する仕組みとしての福祉国家については第6章で述べた。これに対して，ケインズ主義的福祉国家は，より政治と経済との関係に焦点を当てた用語である。もっとも，この場合の「ケインズ主義」とは，『一般理論』を中心とするケインズの経済理論という厳密な意味ではない。それは，政府による介入的な経済政策によりつつ，あくまで市場関係を通じて経済を政治的にコントロールする仕組みという程度の意味である。つまり，ケインズ主義的福祉国家とは，政府による直接統制によらず，市場や政治的自由を犠牲にすることなしに，政府が経済に介入するスタイルを指す（田口 1989: 14）。ケインズ主義は，完全な生産手段の社会化と，たがの外れた資本主義の行きすぎとの中間が存在するという信念を強化し，左右の両極の政治的立場（イデオロギー）を排した階級間妥協の基礎を提供した（Hall 1989: 366-367）。

　このケインズ主義的福祉国家の成立によって，経済に対する政府の介入が当然視されるようになった。これは，本節（1）で述べた政治と経済の関係のうち，③の「政治が経済を規定する」という考えの優位を意味する。

　なお，より国際的視野で見れば，ケインズ主義的福祉国家は，埋め込まれた自由主義（embedded liberalism）と呼ばれる体制として成立したといえる。埋

め込まれた自由主義は，国際的な自由市場経済と国内政策の実質的な自律性を同時に追求することを可能にするような仕組みである。金本位制と自由貿易に基づくレッセフェール（自由放任主義）的なかつての自由主義とは異なり，ブレトン・ウッズ協定（1944 年）によって確立した戦後体制は，現代資本主義国家の介入主義的政策に基づいていた。いわば，自由貿易体制を維持するためにも，国際競争力に欠ける弱者を，国内では保護する仕組みである。これが，戦後の自由経済の発展の条件であった（Ruggie 1982）。

(3) 新自由主義

　高度成長を続けてきた先進諸国は 1973 年の石油危機を一つのきっかけとして，1970 年代後半以降，低成長時代に入り，スタグフレーション（不況下の物価高）という，従来は想定されていなかった事態を経験する。当時，多くの国が採用していたケインズ主義的な考え方では事態に対処ができず，ケインズ主義への疑問が広がった。そして，失業率の上昇などで経済運営に困難をきたした諸国に，新自由主義と呼ばれるような考え方が浸透するようになる。

　新自由主義（neo-liberalism）とは，「小さな政府」を旨とし，規制緩和や民営化，福祉の削減，減税などを通じて，市場に競争原理を徹底させることで経済の活性化を図ろうとする社会・経済政策の考え方である。19 世紀の自由主義と方向性は似ているが，ケインズ主義的福祉国家の後に現れ，その成果である福祉国家の縮減を志向するという点で「新」である。新自由主義的な思想を代表する経済学者としては，フリードリヒ・ハイエクやミルトン・フリードマンの名がよく挙げられる。

　1980 年代には，新自由主義的な政権が主要国で成立した。イギリスの**マーガレット・サッチャー**保守党政権（1979 ～ 1990 年）や，アメリカの**ロナルド・レーガン**共和党政権（1981 ～ 1989 年）などが代表的とされる。とくにサッチャーは，福祉国家への攻撃で知られる（→第 6 章第 2 節）。日本では，同時代の中曽根康弘政権（1982 ～ 1987 年）を，それに連なるものと捉えることが多い。第二次臨時行政調査会を駆使した中曽根政権は，「民活（民間活力）」をスローガンに，3 公社（国鉄，電電公社，専売公社）の民営化などを行った。しかし，日本において中曽根政権以上に新自由主義的な色彩が強かったのは，**小泉純一郎**政権（2001 ～ 2006 年）である。小泉首相は，「民間でできることは民間で」をキーワードに，道路公団や郵政事業の民営化を行い，また規制緩和を推し進めた。

　新自由主義は，「政府の失敗」と呼ばれる考え方に基づいている（→第1章第1節）。「政府は問題に対する解決策ではない。政府が問題なのだ」（レーガン）というわけだ。志向されるのは，(1)で述べた政治と経済との関係のうち，政治と経済の関係を独立したものと見なし，切り離そうとする考え方である。

　しかし，「政治から切り離された自由な経済」は，必ずしも自然なものではない。そもそも，自由主義的な市場というものが，濃密な社会的・文化的諸関係の中に埋め込まれていた人々の生活を破壊して，いわば人為的に創出されたものである（ポランニー 1944=2009 を参照）。したがって，経済的活動を完全に自由に行いうる市場が自然で，国家による介入は作為だという考え方には，疑問も投げかけられる。むしろ，政治が経済に介入しない状態とは，それ自体が政治から経済への影響関係の帰結ではないだろうか。そうだとすれば，レッセフェール的な経済政策も，自然に成立するというよりは，政治的に維持されているものだと考えられる。さらに，「自由な市場経済」を望むかに見える経済界からの政府への要望が，しばしば「政府は何もするな」ではなく，景気刺激や資本蓄積にとって必要な政府の介入であることも考えるなら，市場の自由な競争にゆだねるレッセフェール的な政策が中立的だというのは，ある種のイデオロギーだという見方もできる。

　1980 年代以降，新自由主義の勝利がゆるぎないように見えた時期が続いた。しかし，2000 年代のアメリカ発の金融危機，とりわけそのピークとしてのリーマン・ショック（2008 年）に伴う世界同時不況を踏まえ，新自由主義の見直しを求める見方も出てきている。日本でも，「格差社会」が流行語になり，「市場原理主義」批判が高まるなか，ケインズの再評価も語られた。2014 年から2015 年には，トマ・ピケティ『21 世紀の資本』がベストセラーとなり，「貧困」や「格差」にあらためて関心が集まった。政治と経済との関係は多様であり，その中の特定の考え方が見直しを求められるということは，ありうるのである。

(4) 資本主義の多様性

　前項まではケインズ主義的福祉国家から新自由主義へという，政治と経済の関係における考え方の大きな変化を見てきた。これらは，おおむね先進資本主義諸国に共通の傾向として語られる。しかし，政治と経済の関係については，国ごとの違いに着目する議論もある。同じ資本主義諸国でも，いくつかの異なるタイプへの類型化が可能だという問題関心である（アマーブル 2003=2005; ア

コラム 7-1　保護主義の台頭か

　経済のグローバル化に関心が集まって久しい。経済を一国単位で考えることは，もはやできないだろう。この流れは紆余曲折はあれ大きな方向性としては揺るぎないと思っていた人々にとって，2016年の出来事は大きな驚きだっただろう。イギリスの国民投票でEU離脱派が勝利し，アメリカの大統領選ではドナルド・トランプ候補が勝利した。

　トランプはメキシコとの国境に壁を築くと訴え，EU離脱派も移民問題に焦点を当てたため，移民の流入に伴う社会不安や文化摩擦をこれらの背景に見ることもできるが，グローバル経済がもたらす雇用不安や経済格差の問題を無視することはできない。アメリカでは，かつて製造業で栄え今は衰退著しいラスト・ベルト地帯がトランプ勝利の鍵を握り，イギリスでも発展から取り残された地域で，離脱派が票を伸ばした。就任後にトランプ大統領は，TPP（環太平洋経済連携協定）からの離脱を表明し，工場の国外移転を予定していた企業をツイッターで攻撃して，そのいくつかには移転を取りやめさせた。さらに，2018年からは中国との間で追加関税をかけあい，それはときに「貿易戦争」ともいわれる。

　国内の雇用を守ることへの関心が高まるなか，グローバル化には歯止めがかかり，保護主義の優位となるだろうか。だが，こうした反グローバル化の動きを生み出したのも，グローバル化にほかならないともいえる。そう考えると，やはりグローバル化は，紆余曲折しながら進んでいくのだろうか。

ルベール 1991=1996）。以下では，類型化の有力な議論として，「資本主義の多様性（Varieties of Capitalism: VOC）」論と呼ばれる議論を見よう（ホール／ソスキス編 2001=2007）。

　ピーター・ホールとデヴィッド・ソスキスは，分析の中心を企業に置き，企業が一連の調整問題（労使関係，職業教育と訓練，コーポレート・ガバナンス，企業間関係，従業員の管理をめぐる一連の問題等）を解決する仕方から，各国の政治経済を比較できると主張する。

　彼らによれば，先進資本主義は，そのシステムの違いから二つのタイプに分類できる。すなわち，アメリカ，イギリス，カナダ，オーストラリア，ニュー

ジーランドなどのアングロ・サクソン諸国に見られる自由主義市場経済（Liberal Market Economies: LMEs）と，ドイツ，スウェーデン，ノルウェー，オランダ，スイス，日本などが含まれる調整型市場経済（Coordinated Market Economies: CMEs）である。ただ，両者は理念型をなしており，これらを両極とする連続線上に多くの国を折衷型として並べることが可能だとされる。

　政治経済の制度的枠組みにおける相違が，自由主義市場経済と調整型市場経済の企業戦略に，体系的な相違を生みだす。自由主義市場経済では，企業は主に階層と競争的市場を通じて，その活動を調整する。企業の資金調達は，株式市場を通じた短期の直接金融で行われ，株主は短期的な成果を求める。短期雇用が多いため，企業は労働者の訓練には金を使わない。雇用保障が弱い自由主義市場経済では，労働者は転職を見越して，企業特殊的技能ではなく汎用性のある一般的技能の蓄積を目指す。

　他方，調整型市場経済では，企業はその活動を他のアクターと調整するなど，非市場的関係により多く依存している。株式市場より銀行を中心とした間接金融に依拠する調整型市場経済は「忍耐強い資本主義」とされ，長期的にのみ収益を生むプロジェクトへの投資も可能である。また，不況期でも熟練労働者を解雇せずに経営を続けやすい。そのため労働者は，長期勤続を念頭に企業特殊的な技能を蓄積する誘因を持つ。なお，調整型市場経済はさらに，産業部門単位で調整を行うドイツなどのタイプと，企業グループ単位で調整を行う日本や韓国への下位分類が可能である。

　こうしたタイプの異なる資本主義が生まれる理由として，制度的補完性が指摘されている。制度的補完性とは，字義どおり経済システムの構成要素である複数の制度の間にある相互補完的な関係のことである。経済のある領域で特有なタイプの調整方法を持つ国は，他の領域においてそれと補完的な調整方法を発展させる傾向があるということである。その結果，さまざまなタイプの制度慣行が各国間にランダムに分布するというよりは，各国は異なる領域間の補完的な慣行に収斂することにより，自由主義市場経済と調整型市場経済といった異なるタイプへとまとまりが見られるのである。

　このように制度的補完性は，制度の持続性をもたらす要因であるが，他方で制度改革がいっきに進むことを説明する鍵ともなる。たとえば，調整型市場経済の金融市場が規制緩和されると，企業が長期雇用を提供することがより難しくなり，企業が労働者の忠誠を維持しがたくなる。こうしたことは，やがて生産レジームにおける大きな変化につながりうる。

　ホールとソスキスはさらに，このアプローチは，①資本主義の多様性，②福祉国家のタイプ，③政治システムのタイプ，④総需要管理システム，⑤ジェンダー・システム，という五つが連動するものにまで拡張できるという。これら五つのシステムは相互に補完的である。たとえば，自由主義市場経済の国々は，アレンド・レイプハルトのいわゆる多数決型政治システムに，調整型市場経済の国々は，コンセンサス型政治システムに，それぞれ対応するため，選挙制度や政党のあり方にまで，それは反映されるといった具合である（ホール／ソスキス編 2001=2007）（→第3章第1節）。

(5) 日本はどのような資本主義か

　日本の特徴づけをめぐっても，さまざまな議論が行われてきた。戦後の荒廃から「奇跡」と呼ばれる復興を遂げた日本は，1968年には西ドイツを追い抜き，GNP で西側諸国第2位となり，1980年代には日本を経済大国として扱うことは，普通のこととなった。日本の成功の原因を探る多くの試みが海外からもなされる一方，1980年代後半には，多額の対日貿易赤字を抱えたアメリカから，日本の資本主義は欧米のそれとは異なる不公正なものだとする「日本異質」論が現れるようになった。以下では，日本の資本主義を特徴づけようとする試みのうち，政治学とも関連の深い三つの議論を紹介したい。

　第1に，日本の経済発展は，通産省（現在の経済産業省）による強力な産業政策を通じて実現したという議論がある。この立場を代表するチャルマーズ・ジョンソンは，アメリカの「規制指向型国家」に対し，日本を「発展指向型国家」として位置づけている。規制指向型とは，アメリカが規制の多い国だということをいっているわけではない（アメリカは，規制が少ない国である）。そうではなく，アメリカの国家は独占をめぐる規制などを通じて，経済競争の形式と手続きには関わるが，どの産業が発展すべきかといった成長のありようには関わらないことを意味している。これに対して，発展指向型の日本では，国家（通産省）が，産業発展の推進を担い，その内容にまで関与した（ジョンソン 1982=2018）。同様に，「日本株式会社（Japan Inc.）」論も，政府と企業の密接な協調関係が，高度成長を可能にしたと論じる（米商務省編 1972=1972）。

　第2に，日本は他の資本主義国に比べ，企業の権力が極端に強い「企業社会」だとする議論がある（運営委員会 1991; 渡辺 1991）。これは，よく誤解されるような，財界が自民党を支配して，企業に有利な政策を実現しているといった議論ではない。企業社会論によれば，日本企業は強い従業員掌握力を持つの

みならず，その競争と経済主義イデオロギーが社会全体を覆い，企業の資本蓄積を規制する社会的な力も弱いため，教育や家庭といった企業の外部にまで，さまざまな問題をもたらしているという。また，労働組合は企業の業績拡大を通じて労働者の生活向上を図るという観点から協調主義的となり，とりわけ高度成長終焉後には，自前の社会民主主義政党を育成・支持するヨーロッパの労働組合とは異なり，企業ぐるみで政権政党の自民党支持に回ったとされる。

　第3に，日本を土建国家と呼ぶ議論がある（カーティス／石川 1983）。日本は，通常の「福祉」の面では，ヨーロッパの先進的な福祉国家に及ばないが，公共事業を通じて政府が雇用を作り出す機能を果たしたというのである。高度成長以降，とりわけ 1990 年代に，日本では公共事業支出が増大した。これには，補助金や公共事業を通じた都市から地方への所得の再分配という意味があり，経済政策というよりは社会政策の文脈で理解できる。同時に，ここから「税金の無駄遣い」に対する人々の関心が高まり，小泉政権の誕生につながった面もある。

　なお，土建国家としての日本の特質を，「資本主義の多様性」論の観点から説明する議論もある。企業特殊的技能を身につける日本の労働者は，転職が一般的な自由主義型市場経済の労働者に比べて，雇用保護の必要が高い。ところが，不況が長期化して企業が雇用を維持しえなくなり，賃金の高い中年以上の労働者が企業を去ると，企業特殊的な技能を蓄積してきた彼らには再就職が難しい。そこで，彼らに雇用を保証したのが公共事業だったというのである。実際，1990 年代以降の不況期において，製造業雇用の減少と時を同じくして建設業雇用が増えており，しかも建設業は年齢の高い労働者を吸収していた（北山 2003）。

　1990 年代にバブル景気が崩壊すると，日本は「失われた 20 年」とも呼ばれる長い不況に突入した。企業は従業員を掌握するというよりは，労働コストを減らすべく，正社員の数をスリム化した。非正規雇用の増大は，貧困や格差の問題を生み，「経済的奇跡」の日本像は変容した。次節で扱う説明の問いになるが，問われるべきパズルは，「日本経済はなぜ成功したのか」から，「日本はなぜ長期不況から抜け出せないのか」に変わった。

　第2〜4次安倍晋三政権（2012 年〜）は，日銀をコントロール下に置いて，「異次元の金融緩和」で大量の通貨を発行して，円安→株高を実現した。それとともに，安倍政権は，「コンクリートから人へ」を標榜した民主党政権とは対照的に，「国土強靭化」を掲げて土建国家への回帰の姿勢も示した。日本に

おける政治と経済との関係は，変化しつつあるのだろうか。「日本はなぜ成功したか」が再びパズルになる日は来るだろうか。

！ 要点の確認

・戦後の西側世界における政治と経済の関係を歴史的に記述すると，まず政府が市場メカニズムに介入することを通じて景気をコントロールする，ケインズ主義的福祉国家と呼ばれる体制が広がった。その後，低成長時代に入ると，小さな政府を是とし，減税と福祉削減，規制緩和，民営化など，政府の役割の縮小を目指す新自由主義の考え方が優位になった。
・先進諸国の資本主義を，企業が直面する諸問題の調整方法をめぐって自由主義市場経済と，調整型市場経済に分類する「資本主義の多様性」論がよく知られている。この二つのタイプは，制度的補完性によって維持・強化されてきた。

---

2. 経済の説明

(1) 政治で経済を説明するということ

　政治で経済を説明するとは，どういうことであろうか。前節で見たような，ケインズ主義的福祉国家から新自由主義への移行，あるいは資本主義のタイプの違いはどのように生じるのかを，政治的要因で説明するような議論のほか，経済成長率，インフレ率，失業率，財政や貿易における黒字や赤字の額などといった各種数値の大小とその増減，そして国によるそれらの相違に至るまで，説明されるべき対象は少なくない。

　もちろん，これらの問いには政治（学）的な説明以外にも，さまざまな説明が考えられるであろう。たとえば，日本はなぜ高度経済成長を実現できたのかという問いに対しては，集団主義や協調性，勤勉な国民性といった文化的諸要因，日本社会の商慣行，雇用慣行と人事システムといった制度的要因，さらには米ソ冷戦体制下でアメリカの庇護のもと，軍事費を抑えることができたといった国際的要因など，多様な説明がなされてきた。前節で見た通産省の産業政策や，企業社会が競争秩序を作り出したといった説明もある。

　経済的帰結はしかしながら，単一の原因では説明できないことも多く，実際には政治的要因と非政治的要因の組み合わせによる場合も多いだろう。ここでは，原因の解明そのものが目的ではないので，政治（学）的な説明のバリエーションを示すことにしたい。そして節の最後で，政治学が経済を説明しようとすることの意味について考えたい。

(2) 有権者と政府・与党

　民主主義の体制を取る国々においては，選挙を通じて選出された政府が，有権者の多数派の選好を実現するということになっている。このことを最も単純に想定すれば，現実に行われている経済政策は，有権者の多数派の選好を反映しており，経済政策の変更は有権者の選好の変化によって説明できるということになる。すなわち，ある国の経済政策が緊縮財政的になった理由は，有権者の選好が変わり，緊縮策が好まれるようになったことで説明できる。

　実際には，選挙は経済政策だけを争点に戦われるわけではないし，政党が必ず公約を守るわけでもない。戦争や外圧，世界的な経済危機など，一国政府の能力では対応できない経済状況が到来することもある。したがって，有権者の選好が直接に現実の経済政策に反映するとは限らない。それでも，有権者が自らの選好に近い経済政策の政党を支持する傾向はあるだろう。

　ただし，ひとくちに「自らの選好に近い経済政策の政党を支持する」といっても，いくつかの意味がある。第1は，党派性・イデオロギーに基づく支持である。この場合，有権者は厳密には経済そのものではなく，その政党の世界観を支持している。第2は，より個別の経済パフォーマンスに基づく支持である。以下，詳しく説明しよう。

　もともと，政党の経済政策は，その党派性によって説明されてきた。伝統的に，労働組合を支持基盤とする左派の政党は，所得の再分配志向で，インフレよりも失業を問題視し，公共セクターを拡大して，大きな政府を許容する傾向がある。他方，経営者団体と関係が深い右派の政党は，インフレを防ぐためには失業を容認する傾向があり，重い税負担を嫌い小さな政府志向で，所得の再分配にも消極的である。その結果，右派の政党が長く政権を担ってきた国々においては，社会民主主義政党が長く政権を握ってきた国々に比べて，対GDP比に占める政府支出の割合が小さいことも指摘されてきた。

　しかし，脱イデオロギー化や政党支持の流動化が進むなか，有権者がそのイデオロギーや党派性に従ってではなく，経済パフォーマンスを見て投票する「経済投票」という現象が観察されるようになった。一般的に，経済実績が好調なときには与党が選挙に勝利しやすく，逆に不況になると与党は選挙で不利になる。経済投票には，有権者が自身の経済状況を判断の基準とする「個人指向経済投票」と，社会全体の経済状況を判断基準とする「社会指向経済投票」とがある（平野 2007）。

　経済が選挙に与える影響が国によって大きく異なることは，さまざまな調査

で確認されている（遠藤 2009: 148-153）。戦後日本の自民党長期政権も，高度成長という経済的実績抜きには考えられなかったであろう。実際，日本でも経済状況が与党支持に大きく影響することや，経済投票が見られることが確認されている（猪口 1983; 三宅・西澤・河野 2001; 平野 2007）。そのため，たとえば日本の衆議院のように，政権が解散によって選挙時期を決められる場合は，景気のよい時期に議会が解散されることも多い（猪口 1983; 井堀・土居 1998: 第 6 章）。

しかし，「経済状況が有権者の政党支持に影響を及ぼす」という因果関係だけを見ていては不十分である。これとは逆に，有権者の支持獲得のために政党（政治）が経済状況を作り出すという因果関係もありうる。与党は，経済実績がよければ選挙を有利に戦うことができる。そのため，選挙の前に景気刺激策を取ることがある。その結果，純粋に経済的な理由で生じる景気循環とは異なる，選挙の時期を反映した**政治的景気循環**（political business cycle）が発生することがある。これは，政治が経済状況を作り出すという，政治→経済という因果関係である。

政治的景気循環には負の効果も考えられる。つまり，与党が選挙を有利に戦うために，目先の成長率を高め，失業率を低くしようとした結果，無駄な財政支出などにより，中長期的には経済の健全性を損ねてしまう場合もある。しかし，ここでのポイントは，経済状況が選挙結果に影響する経済→政治という因果関係だけではなく，選挙前の経済状況が政治的に作られるという形での，政治→経済という因果関係も成り立つということの確認にある。

政治→経済の因果関係については，そもそも民主主義そのものが経済に負の効果を持つとする議論もある。この議論では，民主主義体制においては政府への期待が肥大し，その結果，財政が膨張する傾向がある（ので問題だ）とされる。とくにケインズ主義のように，財政の単年度均衡を必須としない場合，国債を発行することで税収以上の経費をまかなうことができる。そのため，民主主義は財政赤字を生みがちだとされるのである（ブキャナン／ワグナー 1977=1979）。これは，政治→経済（財政）の負の効果を指摘する議論である。

この議論では，有権者は，短期的な便益を重視し中長期的な便益を軽視するような，近視眼的な存在と考えられている。しかし，この想定はつねに当てはまるとは限らない。日本でも深刻な財政危機についての認識が広まるにつれ，かつてより消費増税に容認的な有権者が増えている。また，選挙前の「ばらまき」がかえって与党の評判を落とすこともある（堀江 2012）。

(3) 制度と経済政策・経済実績

　以上は，有権者や政党の選好により経済的帰結を説明しようとする議論である。しかし，実際には，有権者あるいは有権者から選ばれた与党の選好が，ダイレクトに経済政策に反映しないケースも多い。そのため，政権交代によって経済政策が一変するとは限らない。

　経済政策に限らず，さまざまな政策はむしろ，それまでの諸政策との連続性の観点から理解されることが多い。すでに進行中のプロジェクトや，外国や契約を結んだ業者などの相手がある場合には，政権交代によって以前とは異なる経済政策を持つ政権が誕生しても，急には変えられないことも多い。政策変化は，いっきに起こるのではなく，漸進的にしか起こらないという点を強調するのが，**増分主義／漸進主義**（incrementalism）の考え方である。これは，大きな変化をもたらす決定に合意を得ることは難しいという政治的理由とともに，全く新しい政策を考えるのではなく現在の政策とのわずかな違いに焦点を当てることにより，入手可能な知識を最大限活用できるという，時間とエネルギー効率の観点からも正当化されてきた（リンドブロム／ウッドハウス 1993=2004: 第3章）。

　こうした特質がよく現れるのは，予算編成においてである。予算編成は通常，必要な項目を数え上げてゼロから行うのではなく，前年度の予算をベースに，それぞれの項目を何パーセント増減するかという風に，次年度の予算を決めていく。こうしたやり方には，既存の予算が既得権化し見直しが難しくなるなど，民主的統制の観点からは問題もある。しかし，増分主義的な政策変化のあり方をよく示している。

　予算に限らず，従来行われていた慣行や先行事例が，新たに取りうる政策の種類や範囲を規定するため，政策は従来の経路に依存して決まるという考え方は，**経路依存性**と呼ばれ，経済政策以外の分野でも見られる有力な説明方法である（→第6章第2節）。経路依存性を重視する立場は，**歴史的制度論**と呼ばれる。歴史的制度論は，過去の政策の帰結がアクターの行動や選択をある程度枠づけることに注目した説明を行う。

　1980年代以降，制度のあり方で経済的帰結を説明しようとする，多くの研究がなされてきた。歴史的制度論は，そのような研究の一つである。過去に行われた政策以外にもたとえば，政治体制を構成する公式の諸制度に注目するものがある。具体的には，議院内閣制か大統領制か，一院制か二院制か，拒否点の多さ，政党システムなどである（政治体制とその制度については，第3章第

1節も参照）。これらの制度の違いが経済的帰結の違いを説明するというわけである。また，国家と社会との関係のあり方が「制度」として注目されることもある。この場合には，国家，経営者，労働者などの組織が，相互にどのような位置関係にあるか，さらには，それぞれの内部がどのように組織されているかが，経済的帰結に影響を及ぼすと説明される。具体的には，財政，金融（中央銀行の独立性），産業などといった諸政策を担当する国家内の各部門の組織のあり方や配置，あるいは経営者組織と労働者組織の分権／集権の度合いなどが注目される（Hall 1986; 長尾・長岡 2000; 上川 2005）。

　国家内の制度に注目した説明の例として，真渕勝の研究がある（真渕 1994）。真渕は，他国と比べて日本の財政赤字が巨額になった理由を，財政部門と金融部門の関係に求める。すなわち，歳出増への政治的圧力を受け，国債を大量に発行しようとしても，国債が市場で消化されるならば，発行額は市場の消化能力によって自ずと制約される。ところが，金融政策を担うはずの日本銀行の独立性が低く，金融と財政両方の機能を事実上，大蔵省（現在の財務省）が担っていた日本では，自民党からの圧力に抗しきれなくなった際に，大蔵省が国債を金融機関に割り当てることができたため，財政赤字が他国に比べ巨額なものになった，というのである。これは，財政が政治から圧力を受ける自由民主主義諸国の間での財政赤字の規模の違いを説明する際に，制度が重要だという説明である。

　その他の制度による説明として，たとえば，自由民主主義体制が経済発展をもたらすかというものがある（アセモグル／ロビンソン 2012=2016; 新川ほか 2004: 第12章）。また，国家と社会との関係については，**コーポラティズム**（→第4章第3節（4））と経済実績との関係が，長らく重要な研究テーマであり続けてきた（井戸 1998）。

　前節で見た「資本主義の多様性」論は，資本主義の類型論であるとともに，制度による説明として理解することもできる。この議論では，それぞれの国の制度的特性が時間を超えて（政権が交代しても）持続することが想定されていた。これは，経済のあり方への制度の規定性を示すものである。制度は，政策の持続性を示すのみならず，政策が変わる場合の方向性を経路依存的にすることで，変化の多様性を説明する鍵ともなるのである。

（4）アイディアと経済政策

　制度はアクターの利益をも規定することを通じて，政策の持続性をもたらす。

コラム 7-2　トリクルダウン

　効率性と公平性のバランスをどう考えるかは，経済学が古くから考えてきた問題であるが，この問題を，時間の早い／遅いに還元するのがトリクルダウン説である。成長の成果が社会全体に行きわたるには時間がかかるが，改革を続ければ，やがて成長の果実が末端まで滴り落ちる（trickle down）とする説である。

　小泉純一郎政権で閣僚ポストを歴任した竹中平蔵がよく用いていた比喩は，いまはまだ飛行機が離陸途中なので前輪しか浮いていないが，規制に守られている低成長部門を規制緩和で競争にさらすことなどを内容とする「構造改革」を続ければ，経済全体が成長するから，やがて後輪も離陸できるというものであった。

　第二次安倍晋三政権の経済政策も，大企業寄りのトリクルダウンだと見られることが多かったが，アベノミクスの恩恵は大企業・大都市にしか出ていないとの批判を意識して安倍首相は，2015 年から 2017 年に国会で 14 回も，安倍政権の経済政策はトリクルダウンではないと述べた。大企業が儲かれば，やがて私にもおこぼれが滴り落ちてくるだろうと考える人は少ないとの判断に基づくものであろう。トリクルダウンの語が，ネガティブなイメージを帯びてきたということも反映しているかもしれない。

　しかし，経済危機などにより不確実性が増大すると，アクターは既存の制度的秩序に頼ることができなくなり，何が自らの利益であるかを再定義する必要に迫られる。持続性を説明する際によく参照される制度に対し，政策変化の説明によく持ち出されるのはアイディアである（→第 6 章第 2 節 (3)）。

　たとえば，マーク・ブライスは，前節で見たケインズ主義や新自由主義などがいかにして支配的な考え方となったかを，アメリカとスウェーデンという両極に位置する国々を題材に検討し，経済政策の方向性が大きく変わる過程において，アイディアの役割が重要であったとする（Blyth 2002）。

　アイディアの役割は五つに分類できる。第 1 に，経済危機などにより古い制度が不安定化して，不確実性が増大すると，アイディアは危機の性質についての解釈を示すことで，人々の不確実性を減少させる。第 2 に，不確実性が減少

した後に，アイディアは集合的な行動や政治的連合を形成する助けとなる。第3に，人々は不安定化した旧制度を攻撃する武器として，アイディアを用いることができる。第4に，新しい制度を作るための青写真としてアイディアは機能する。そして第5に，新しい制度に根を下ろしたアイディアは，人々の期待に働きかけることを通じて，制度の安定に寄与する（Blyth 2002）。

アイディアという概念によって，利益を変化しうるものとして理解できるようになる。経済学では，アクターの選好が固定的であると仮定してきた。しかし，従来の制度や理論が有効性を失うような時期には，何が自分にとっての利益になるのかがわからない場合がある。その場合に，何が利益であるかについての認識枠組を与えるのがアイディアである（→第9章第2節）。たとえば，日本の有権者が消費増税に容認的になり，また選挙前のばらまきが必ずしも歓迎されなくなってきたという前述の例は，財政危機の認識の広がりにより，人々が自らの利益を短期的な便益から，財政破綻の回避を重視するより長期的なものへと再定義したものと見ることができる。あるいは，近年の福祉国家論で注目される「社会的投資」論（→第6章第3節（3））は，福祉は弱者に消費されるだけで経済成長にマイナスの影響しかないという新自由主義的な「福祉」観に対し，人に投資することで経済成長にも寄与する福祉という構想を打ち出し，人々の利益を再定義しようとするものである（Morel *et al.* 2012）。アイディアによるこのような利益の再定義が，政策変化のきっかけとなるのである。

他方，第5の役割のように，アイディアは人々の期待を強化することで，安定性の創出にも寄与する。もっとも，安定性といっても，既存の秩序を正統化するだけではない。既存の制度が失敗し，不確実性が増大するときには，アイディアは変革的な効果をもたらすのである。

アイディアの普及には，そのアイディア自身の魅力に加え，既存の制度との高い適合性があるほうが有利だという面がある（Hall 1989）。そのため，既存の制度が新しいアイディアに対してどれくらい開かれているかによって，政策的対応のバリエーションを説明することもできる（Weir and Skocpol 1985）。いわば，国家の制度的構造や過去の政策の帰結は，新しいアイディアが定着するかどうかのフィルターとして機能するのである。そうだとすれば，制度による説明とアイディアによる説明は相容れないわけではない。両者は補完的でもある。

とはいえ，アイディア概念の意義は，既存の制度からの断絶ともいうべき，大きな変化の説明において最も明確になる。そのような変化は，既存の制度の役割を無効化し，諸アクターの不確実性を増大させる。そこで，不確実性を減

らす役割を果たすのがアイディアである。新たなアイディアは，それがどれくらい人々に共有されたかによって，定着の度合いを異にする。たとえば，戦後スウェーデンの経済体制は，経営者団体にも広く受け入れられたがゆえに，アメリカのそれよりも強固なものとなったとされる（Blyth 2002）。

(5) 政治学の独自性と従属変数問題

　第 1 節で述べた現実世界における政治と経済の相互作用の増大に加えて，近年，方法論的にも経済学的手法の政治学への浸透が進んでいる。そうした中で政治学が経済を扱う意味が問われているように思われる。

　政治現象を経済的手法で分析する「政治の経済学」では，各アクターの選好はシンプルに仮定される。選好の変容を想定しないわけではないが，アクターが選好を変化させるのは，外生的変化に対応するためだとされる。明晰でエレガントな分析のためには，各要素が安定的であることが望ましい。

　しかし，政治的アクターは，人々の選好や関心のあり方を変化させるための意識的な働きかけを行う。消費増税に反対の人が減少してきた背景に，大蔵省（現在の財務省）による，多年にわたる「財政危機キャンペーン」を読み取る人は多い。「経済」の重要性を強調することには，人々の関心を他の争点から逸らす効果もある。池田勇人首相（1960 ～ 1964 年）の「所得倍増計画」は，1960 年の日米安全保障条約改定問題から人々の関心を逸らす効果も持った。人々の選好や関心のありかは，政治的アクターの働きかけによって，変わることがあるのである。

　可変性を射程に収めることを政治学の独自性とする観点をさらに推し進めるならば，選好だけではなく，アクターの存在そのものが固定的な与件ではありえず，政治的に創出／拡大されるという見解に至る。権力資源動員論は，階級間の力関係によって，政治的帰結を説明しようとするアプローチだが（→第 6 章第 2 節 (1)），社会の階級構成自体が，政治的帰結であるという面もある。自民党政権下の土建国家が提供する「雇用を通じた福祉」によって建設労働者が増大したという解釈については，第 1 節で見たとおりである。彼らは，単に社会的保護を与えられるだけでなく，「業界」という形で自民党の支持基盤として組織されるものでもある。イギリスの**マーガレット・サッチャー**首相は，公営住宅の払い下げによって大量の「持ち家階級」を作り出し，自らの支持基盤を強化した。これらは，経済的帰結に影響するアクターの存在すら，政治の産物でありうることを示している。

　政治によって分配される経済的資源についても，その固定性を自明視することはできない。最も有名な「政治」の定義の一つである，「価値の権威的配分」（イーストン 1953=1976: 136）とは，社会の中の稀少な財を，市場における自由な交換を通じてではなく，権威的に配分するのが政治だとの考えに基づいている。しかし他方で，経済的パイの希少性は必ずしも自明ではなく，相互に協力し合うことでパイを大きくすることができるという考えもある。すなわち，自分の取り分を増やすためには，ゼロサム的なパイをめぐって他者と競争して勝利するだけではなく，他者との協力を通じてパイを大きくする道もあるという考え方である。協力もまた，一つの政治のあり方といえる。

　こうした立場を打ち出したのが「生産性の政治」論である。この議論では，生産性こそが階級対立緩和の鍵である。経済成長がなければ労使の対立はより厳しいものになるが，パイが拡大している限りにおいては，他者を犠牲にすることなしに自分の取り分を大きくすることができるからである（Maier 1987）。この議論を踏まえて久米郁男は，日本の労働運動の再解釈を行った。力の弱さを指摘され続けてきた戦後日本の労働運動は，実際には大幅な賃上げなどの成果を獲得してきた。この成果は，経営側との協調行動によるものである。たとえば，労働運動は石油危機後のインフレ下で賃金抑制に協力した。ただし，それは単なる要求の後退ではなく，インフレの抑制を通じて，獲得目標を名目賃金から実質賃金へと変更するものだったと解釈できる（久米 1998）。

　こうした議論は，そもそも説明の対象である「経済的成功」とは何かという問いにつながる。大企業の正社員にとって「成功」であることが，中小企業や非正規の労働者にとってはそうとはいえないケースや，短期的には「成功」であることが中長期的には不利益に転じることもあるであろう。たとえば，協調路線により戦闘性を抑制した労働組合は，中長期的には自らの交渉力を減じることで労使交渉への影響力を低下させるかもしれない。

　本節で取り上げた制度論についても，このことは当てはまる。制度論は，制度によって経済的実績を説明しようとする。しかし，何をもって「実績」とするかは自明ではない。たとえば，戦後日本は，経済格差を小さくとどめながら，未曾有の高度成長を実現したとして称賛されていた。しかし，日本経済が長期不況に陥ると，「悪平等」が低迷の原因だとする議論も台頭した。この場合，平等の実現は高実績を表すものなのか，それとも日本経済の失敗の原因なのだろうか。また，自民党政権は，補助金や公共事業を梃子に，成長から取り残された地域にも高度成長の果実を行き渡らせる政策を推進した。この政策は，

「国土の均衡ある発展」を目指すとされた。しかし，今日ではその評価は分かれるであろう。さらに，公害・環境問題は，経済的実績とは何かという問題を正面から提起している。これらにおいて問われているのは，説明されるべき「実績」の内実である。しかし，二つの出来事の間の因果関係の説明においては，それらの出来事そのものの検討や評価は，不十分になりがちである。これは説明における「従属変数問題」と呼ばれる（加藤 2012）。説明においては，この点に留意することも必要である。

⚠ 要点の確認

- 経済を政治的に説明しようとする際，民主主義の体制のもとにおいても，有権者およびその意向を受けた与党の選好がダイレクトに経済政策に反映される，とは必ずしもいえない。制度や慣性が急激な変化を妨げることもある。
- さまざまな政治現象を経済学の手法で説明する「政治の経済学」とは異なる説明が，政治学にはできるはずである。それは，アクターの選好のみならず，アクターの存在自体や，何が価値であるかということ自体を，自明のものと考えない姿勢から生まれる。

3. 経済の規範

(1) 経済の望ましさ

第1章第1節で述べたように，一般的には政治学は，市場の失敗などの経済の問題点に注目し，それゆえの政治の重要性・必要性を唱える。そのため，政治学に固有の議論で，経済そのものの望ましさを論じるものはあまりない。そこで，まずは経済学において，経済，とくに市場の望ましさがどのように議論されているかを確認しておこう（須賀 2010: 92）。

市場とは，一定のルールのもとに公正な競争が行われる場である。ここでルールとは，フェアプレイの精神のもとに取引の相手とその所有権を尊重し，取引に関わる法や合意を遵守することを指す。また，ルールには，詐欺，脅迫，暴力を排除することも含まれる。市場の参加者には，こうしたルールを遵守しつつ経済活動に従事することが求められるし，市場での活動を通じて，人々はそのようなふるまいを身につけていく。このように見るならば，市場とは，単なる優勝劣敗の場ではないし，もちろん「万人の万人に対する闘争」（ホッブズ）の場でもない。むしろ，人々の対立する利害は，市場を通じて平和的に解決されることが期待される。

　このような公正な競争の場としての市場には，三つの機能を果たすことが期待されている（鈴村 1993; 須賀 2010: 93）。第1は，希少資源の効率的な配分である。自由な競争の中で，資源配分における無駄が排除され，効率的な配分が達成される。第2は，技術革新導入の誘因を与えることである。市場において長期的な競争に生き残るためには，いち早く新技術を導入することが重要となる。このようにして不断の技術革新が起こることは富の創造とともに，経済構造の革新につながる。**ヨーゼフ・シュンペーター**の言う「創造的革新」である（シュンペーター 1942=2016）。第3は，私的情報の発見・拡散である。個々の企業が有する市場に関するさまざまな情報は，競争を通じて広く社会に拡散していく。その結果，市場に関する情報は誰でも知ることができるものとなる。

　市場に期待されるこれらの機能は，そのまま市場の望ましさを示している。このことは，市場との対比で国家が批判される場合を想起してみると，わかりやすい。市場擁護の立場からの国家批判においては，国家が，希少資源の効率的な配分を達成することができず，技術革新を促進することもできず，しばしば情報を拡散するよりもむしろその内部に秘匿する傾向があることが批判される（だから，「情報公開」が行政改革の課題となる）。したがって，国家に市場の管理を任せるよりも，できるだけ市場に委ねるほうが，これらの望ましい結果が期待できるということになる。

　市場が望ましいとする考え方は，現実政治においては，1970年代以降，それまでの**福祉国家**による経済への規制・介入に代わって広く受け入れられるようになった。市場を重視する新しい考え方は，しばしば**新自由主義**と呼ばれる（→本章第1節 (3)）。新自由主義とは，私的所有権，自由市場，自由貿易を特徴とする制度的枠組みの範囲内で，各個人の企業活動の自由とその能力が無制約に発揮されることで，人類の富と福利が最も増大する，という考え方である。国家の役割が完全に否定されるわけではない。しかし，それは，私的所有権と市場の適正な働きを保証するところまでにとどめられる（ハーヴェイ 2005=2007: 10-11）。新自由主義は，福祉国家解体的な考え方として批判されることも多い。しかし，それが提唱していることは，市場の望ましさとして先に述べたことと，相当程度に重なっている。

　市場の望ましさを認める傾向は，1990年代以降，強まっていく。たとえば，**ニュー・パブリック・マネジメント**（NPM，新公共経営）と呼ばれる考え方は，その重要な構成要素として，公共部門における競争原理の導入や民間企業の業務スタイルの導入を含んでいる（Hood 1991）（→第4章第2節）。これと

関連しつつ登場した「準市場」という考え方も，公共サービス供給における，公的部門だけではなく民間企業やNPO等も含めた多様な供給主体の参入を認め，それらが一定の管理された環境のもとでサービス供給をめぐって競争を行うことで，利用者に対するより適切なサービス供給が可能になるとするものである（ルグラン 2007=2010）。これらの国家・行政改革をどのように評価するかについては，市場の望ましさへの評価と相まって，意見の分かれるところである。しかし，少なくとも実態としては，市場の望ましさを国家・行政の改革に活かしていくべきとする考え方は広まっているといえよう。

(2) 経済はなぜ問題なのか

　経済を規範的に考える場合には，その望ましさだけではなく，それが望ましくない理由を考えていくこともできる。「市場の失敗」は，その例である（→

コラム 7-3　経済発展と民主主義

　「小さな政府」を標榜する新自由主義の台頭を見ると，政治は経済の足かせにすぎない，という見方に納得しそうになる。でも，本当にそうだろうか。

　経済学者・哲学者のアマルティア・センは，経済発展にとっての民主主義の重要性を説いてきた研究者の一人である（セン 2002）。センは，民主主義が確立している国家・地域では，深刻な経済的破局は発生しないと論じた。彼がとくに注目するのは飢饉である。民主主義の国家・地域では，政府は市民やメディアによる批判を回避する政治的インセンティブを持つ。その結果，政府は大規模な飢饉回避のために真剣に取り組むようになる。このようにして，センは，経済発展にとっての民主主義の道具的価値を論じた。

　センはまた，民主主義は社会的な価値とその優先順位を形成するために重要でもあるという。たとえば，経済発展を考える場合には，そもそも「私たちは，どのような経済的発展を望むのか」という価値が人々の間で共有される必要がある。民主主義は，そのような価値の共有のために重要である。

　センの議論は，民主主義が，経済発展にとっての足かせなどではなく，むしろ経済発展のために不可欠なものであることを示している。

第1章第1節）。ここでは，政治との関係で見た場合に，経済は規範的に望ましくないとする三つの理由を取り上げる。

第1の理由は，経済は**政治的平等**を侵害するというものである。一般に民主主義においては，そこに関わるすべての人々の意見や立場は平等に取り扱われる必要がある（ダール 1998=2001, 2007=2009）。これが政治的平等の意味である。人々は，たとえ社会的・経済的には不平等であっても，政治的には平等でなければならない。これは民主主義の基本的な前提である。成人のだれもが等しく選挙権を有することは，その端的な表現である。

しかし，経済における，とくに大企業の経済活動の自由は，この意味での政治的平等を侵害する可能性がある（ダール 1985=1988）。第1に，大企業の経済活動の自由は，人々の国家・政府レベルでの政治参加のための能力と機会における重大な不平等をもたらしうる。たとえば，大企業や経営者団体は，より小規模な社会集団や個人としての有権者よりも，その圧力行使活動・アドボカシー活動において効果を上げるための，より多くの政治的資源を有している。さらに，大企業や経営者団体は，政府内に設置される各種審議会・会議へのメンバーの選出を通じて，政策形成過程により直接的に関わることもできる。第2に，企業そのものがその内部統治において非民主的でヒエラルヒー的な仕組みを持っており，したがって，企業レベルにおける「政治」参加のための能力と機会における不平等をももたらしている。このようにして，経済がもたらす社会的・経済的不平等は，政治的不平等にもつながっているのである。

第2の理由は，経済と政治の両立危機という問題である。もともと，政治と経済は異なるメカニズムである。第二次世界大戦後の欧米諸国では，これらの異なるメカニズムを次のようにして両立させた（オッフェ 1988: 第9章）。つまり，一方で，国家がケインズ主義的な需要管理と社会保障政策を行うことで経済を政治化するとともに，他方で，経済の競争原理を取り入れた政党間「競争」を中心とすることで政治を経済化することによってである。

しかし，もともと政治と経済は全く異なるメカニズムである。この点に注目して，クラウス・オッフェやユルゲン・ハーバーマスは，政治・国家と経済との間には，つねに両立不可能性の危機が存在すると述べた（ハーバーマス 1973=2018; オッフェ 1988; Offe 1984）。まず，「経済の政治化」については，国家による経済の規制は，それが行きすぎると経済の原理に抵触する。かといって，市場メカニズムにすべてを委ねるとすれば，経済に由来する諸問題の発生を防止できず，政治の存在理由は見えなくなってしまう。次に，「政治の経済化」に

ついては，政治が政党間の得票最大化競争となることで，有権者・市民と政党との乖離や政治不信の増大などが指摘される。

この問題は，近年，再び議論されるようになっている。**ヴォルフガング・シュトレーク**によれば，1970年代以降の資本主義は，そのグローバル化とともにさまざまな手段を使って危機を先延ばしにしてきた。そのプロセスは同時に，資本の側がかつてのナショナルな福祉国家のもとでの資本主義から脱却しようとするプロセスでもある。そのため，福祉国家のもとで実現されていた人々の社会的権利の保障（社会的正義）と資本蓄積の要請（市場的正義）とを調停することは，ますます困難になっている（シュトレーク 2013=2016）。

経済が問題とされる第3の理由は，**脱政治化**（depoliticization）の問題である（ヘイ 2007=2012）。脱政治化とは，ある事象が，政治，すなわち集合的決定の対象から外れることを指す。経済が，政治による集合決定ではなく，政治の外部で独自のメカニズムに基づいて自立的に作動する領域となる場合，経済は脱政治化している。つまり，脱政治化とは，政治によってコントロールされる範囲が縮小されることである。

政治と経済の異同をテーマとした，第1章第1節「政治と経済」を思い起こしてみよう。そこでは，たとえ意図的ではなくとも，政治を経済学的手法によって分析する合理的選択論に依拠することが，政治の領域を最小限にするべきとする主張，つまり新自由主義的な主張に基礎を与えることになったことを説明した。この場合，合理的選択論に基づく政治分析は，経済現象を脱政治化して理解していることになる。

「脱政治化」の何が問題なのだろうか。本書の言う「規範」の中には，政治の意義や独自性を擁護することが含まれる（→第II部「はじめに」，コラム8-3）。この立場からすると，「脱政治化」は「政治」の意義を軽視することであるがゆえに問題である。

(3) 問題点克服のための規範的アプローチ

ここでは，前項で取り上げた経済がもたらしうる三つの問題，すなわち，政治的不平等，政治と経済の両立の危機，そして脱政治化について，規範的アプローチにおいてどのような対応が可能なのかについて見ていく。

◉ 政治的不平等への対応

第1に，政治的不平等への対応についてである。問題は，経済的不平等が政治的不平等に結びつきうるという点であった。そうだとすれば，考えられる方

策は，経済的不平等が政治的不平等に直結しないような仕組みを考案することであろう。

　まず考えられることは，社会保障を政治や民主主義との関係で捉え直すことである。そのような試みの一つとして，**ジョン・ロールズ**による**財産所有型民主主義**の提案がある（ロールズ 2001=2004: 247-250）（→第6章第3節）。ロールズは，財産所有型民主主義を，福祉国家型資本主義と対比する。福祉国家型資本主義では，富と資本は一部の階層に独占されていることを前提とした上で，人々に対して所得が事後的に再分配される。つまり，失業など，不測の事故や不運のもとにあることが明らかになれば，事後的に福祉政策によって救済される。しかし，財産所有型民主主義では，多くの人々に対して資産と人的資本（教育と技能訓練）が事前に分配される。そのことによって，社会的・経済的平等が適切に達成されるとともに，それを足場として「自分自身のことは自分で何とかできる立場にすべての市民をおく」ことが目指されるのである。要するに，福祉国家型資本主義と財産所有型民主主義との違いは，事後的な再配分か，事前の財産保障かの違いである。ロールズは，このような財産所有型民主主義によって，「社会の小さな部分が経済を支配したり，また間接的に政治生活までも支配してしまう」ことを防ぐことができると主張する。つまり，彼は，事前の財産保障が，少なくとも間接的には，政治的平等を達成することにつながることを期待して，財産所有型民主主義を提案するのである。

　社会保障の意義を政治や民主主義と結びつける議論は，**ユルゲン・ハーバーマス**も行っている。ハーバーマスは，福祉国家の問題点を克服するためには，人々の私的な自由（私的自律）だけでなく，政治参加の機会（公的自律）も同時に実現されねばならないと説く（ハーバーマス 1996=2004: 294-296）。仮に政治参加の機会の保障なしに私的な自由のみが実現されたとしても，それを望ましいとは言えない。なぜなら，それこそが，「行政国家」としての福祉国家による，人々の日常生活への介入と監視の結果だからである（→第6章第3節）。この場合，人々は，福祉国家が「人々のため」として提供する社会保障プログラムに受動的に従うのみとなってしまう。こうした「行政国家」としての福祉国家の問題点を克服するためには，政治参加の機会が保障される必要がある。社会保障は，そのための条件として再定式化されなければならない。

　このように，社会保障を単なる経済的・社会的不平等の是正のための方策としてではなく，政治的平等につながるものとして捉え直そうとする試みの中には，**ベーシック・インカム**（→第6章第3節）を民主主義の条件として位置づ

ける議論もある。**キャロル・ペイトマン**は、「強力な社会的供給」があってこそ、人々は自己統治的な民主的組織に参加することができると述べる。そのような社会的供給の一つが、ベーシック・インカムである。民主的な政治体制では誰もが普遍的に選挙権を保障されるように、ベーシック・インカムもまた、政治参加のための普遍的な権利として保障されるべきなのである。ベーシック・インカムが保障されることで、人々は「英雄的な努力」の必要なしに、政治参加することができるようになる（Pateman 2002, 2006）。

◉ 両立の危機への対応

政治と経済の両立危機の問題については、「政治」をどのレベルで考えるかによって、複数のシナリオを考えることができる。

第1のシナリオは、国家レベルでの民主主義を維持・強化することで、国家レベルでの民主主義と資本主義の両立を再び目指すことである。先に述べたシュトレークは、このシナリオを支持している。たしかに、国家レベルの民主主義、すなわち代表制民主主義がその意義を全く失うと考えるのは早計である。既存の代表制民主主義と議会のあり方、立法府と執政府の関係、政党システムのあり方にもいくつかのタイプがある（→第3章第1節、第4章第1節、第5章第1節）。また、代表制には、民意を反映するだけではなく、民意から離れているがゆえに集合的決定について判断し責任を負うことができるという、それ固有の意義がある（早川 2014）。そうだとすれば、その中から資本主義の変化に対応できる代表制民主主義が生まれてくる可能性もないとは言えない。このシナリオで求められるのは、代表制民主主義の構想を、既存のものに限られない形で検討することである。

第2のシナリオは、国家・政府レベルではなく社会レベルの政治を通じた、経済への対抗である。これを「企業に抗する市民社会」のシナリオと呼ぼう。第2章第2節で市民社会を政治の場として扱った時に、現代の市民社会論には、国家に対してだけではなく、市場原理に対するコントロールという視点も含まれていることを述べた。このシナリオは、市民社会論の有する市場原理への対抗という側面に注目するものである。たとえば、コリン・クラウチは、今日の企業が「社会的責任」を求められていることに注目する。企業は今では、公共的な関心や争点を無視して、私的利潤の追求のみを掲げることはできない。そこに、市民社会における企業批判運動の可能性が生じる。ここでは市民は、労働者としてではなく消費者として、社会に深刻な影響を及ぼしうるような企業活動のコントロールに関与するのである（Crouch 2013）。この消費者としての

抗議活動は,「政治的消費者主義」とも呼ばれる（小川 2012）。西ヨーロッパでは,市民が労働者として政治参加・運動参加することは減少しているが,消費者として商品のボイコット活動に参加する人々は急増している。人々は消費者としてこそ,抵抗運動に参加するのである。このような形で「企業に抗する市民社会」が生成するならば,市場に由来する危機は,社会レベルにおける政治において対応されると言えるだろう。

　最後のシナリオは,政治をトランスナショナルあるいはグローバルなレベルで考え,このレベルでの新たな民主主義の仕組みと市場への規制政策とを構想することである。つまりこれは,グローバルないしトランスナショナルな民主主義と,グローバルないしトランスナショナルな正義との両方の実現を目指すことである。

　まず,**グローバル民主主義**について,**デヴィッド・ヘルド**は,国家を基礎としたこれまでの民主主義と,それが直面する社会的・経済的・政治的実態との間に乖離が生じているとの認識から出発する（ヘルド 1995=2002; 2010=2011）。そこでヘルドは,国家の上下のレベルに多元化・多層化している統治のさまざまな実践を民主的なものにするために,グローバルなレベルでの「法の支配」を新たに確立することを提案する。これが「コスモポリタン民主主義法」と呼ばれるものである。それは,民主主義の基礎理念としての「民主主義的自律」の実現を妨げるような,ローカル,ナショナル,リージョナル（トランスナショナル）,グローバルの各次元を横断して存在する権力の場をコントロールするものでなければならない。

　次に,**グローバル正義論**は,グローバルな資本主義のもとで拡大する先進諸国・富裕国と途上諸国・貧窮国との間の不平等を「不正義」と捉える。このような不平等は,国際諸機関が形成する政策・協定や貧窮国支配層に認められた各種特権によってもたらされている（ポッゲ 2008=2010）。こうしてもたらされる不正義を是正するためには,グローバルなレベルでの社会政策が必要である。具体的には,ODA 政策の改革,トービン税や国際連帯税などのグローバルな税制の創案,企業に対するサンクション（制裁）を伴った規制の実施などが考えられる（伊藤 2010）。

　グローバル民主主義と,グローバルなレベルでの社会政策とが両立するのかどうかは,検討を要する問題である。しかし,もしも民主主義がグローバルなレベルで実現し,そこにおいてグローバルなレベルでの社会政策に関する集合的決定がなされるならば,国家を超えるレベルでの民主主義の再構築を通じた

経済への対応が実現すると言える。

❖ 脱政治化への対応

　最後に，脱政治化への対応として，再政治化を挙げておきたい。つまり，経済の領域を政治の外部とするのではなく，経済もまた，政治によってコントロールされる場として理解していくことである。

　これは，かつての**参加民主主義論**における代表的なテーマであった。今日，参加民主主義と聞いてイメージされるのは，住民投票やミニ・パブリックス（→第2章第2節，第5章第3節），あるいは地域コミュニティへの参加などであろう。しかし，1960年代から80年代の参加民主主義論においては，職場における参加，企業経営における参加，つまり職場民主主義，産業民主主義が重視されていた。たとえば，ペイトマンは，「参加型社会」を実現するためには社会のあらゆる「権威構造」の民主化が必要であると考えた。その際，職場・企業は，多くの人が人生の多くの期間を過ごす場所であり，したがって最も重要な民主化の場なのである（ペイトマン 1970=1977）。ペイトマンがこだわっているのが，単純に財産所有の不平等の問題や市場メカニズムがもたらす問題ではなく，誰が意思決定を行うのかという「政治」の問題であることは重要である。組織は，その意思決定の権限を構成員の多くが有しているほど民主的である。これは，まさにデモスによる統治（クラティア）という意味での民主主義の理解に忠実な議論の仕方である。ペイトマンは，職場や企業もこのような意味で民主主義の場となることが望ましいと考えたのである。これは，経済の領域を再政治化していくことである。

　経済の領域での参加民主主義は，古びた考え方というわけでない。近年，このテーマへの関心の復活が見られる。たとえば，ヘレネ・ランデモアらは，企業と国家との同型性を確認して企業を民主的に統治されるべき対象として見ることを正当化したのち，職場民主主義に対するいくつかの反論を検討している（Landemore and Ferreras 2016）。エリザベス・アンダーソンも，今日の企業において雇用者と労働者との関係を政府のあり方に見立て，その形態は雇用者が労働者を「支配」する「独裁」であると述べている（Anderson 2017）。このように，経済を民主主義によるコントロールの場と見なすことは，再政治化の一つの方向である。

📝 要点の確認

・市場にはそれ固有のメリットがある。1970年代以降，現実政治における新自由主義

やニュー・パブリック・マネジメント（新公共経営）といった考え方は，市場の望ましさを国家・行政の改革に活かしていこうとするものだった。

・しかし，政治学で規範的に経済／市場を考える場合には，政治との関係でその問題点を指摘していくことが多い。具体的には，政治的不平等，政治と経済の両立不可能性，脱政治化といった問題点が挙げられる。

・これらの問題点への対応としては，政治的平等実現のための社会保障政策，政治と経済の新たな両立可能性の模索，職場・産業民主主義の再評価などがある。

第7章の文献ガイド

稲葉振一郎（2017）『政治の理論――リベラルな共和主義のために』中央公論新社。
　　▷経済を政治の場として捉え直すとともに，そこに参加する人々に一定の財産を保障すべきと説く。第3節で述べた政治と経済の関係の再考にとって示唆的な著作。

猪口孝（1983）『現代日本政治経済の構図――政府と市場』東洋経済新報社。
　　▷選挙結果や政党支持，政官関係，公共政策と経済との関係について，データに基づき実証的に分析した，日本の政治経済学の初期のまとまった研究。今日なお参照されることも多い。

新川敏光・井戸正伸・宮本太郎・真柄秀子（2004）『比較政治経済学』有斐閣。
　　▷戦後体制，コーポラティズム，福祉国家など，政治と経済にまたがるいくつかのテーマについて，具体的な実証的研究の成果も含めて，政治学者が解説した，よく知られるテキスト。

長尾伸一・長岡延孝編監訳（2000）『制度の政治経済学』木鐸社。
　　▷P.ホール，P.カッツェンスタイン，P.シュミッターら著名な海外の政治学者の論文の翻訳を集めた論文集であり，第2節で述べた経済を制度で説明する政治経済学的研究の動向を伝える。

ペイトマン，キャロル（1970＝1977）『参加と民主主義理論』寄本勝美訳，早稲田大学出版部。
　　▷翻訳は絶版で入手困難ではあるが，第3節で述べた経済の領域も含めた参加民主主義の重要性を説く，現代の古典。

ホール，ピーター・A.／デヴィッド・ソスキス編（2001＝2007）『資本主義の多様性――比較優位の制度的基礎』遠山弘徳・安孫子誠男・山田鋭夫・宇仁宏幸・藤田奈々子訳，ナカニシヤ出版。
　　▷第1節で取り上げたように，制度の役割に着目して，先進諸国の資本主義を，自由主義市場経済と調整型市場経済とに分類する「資本主義の多様性」論を代表する論文集。

ジェンダー

　ジェンダー（gender）という言葉は今日，高校の教科書にも載っている。ジェンダーとは，生物学的な性を示すセックス（sex）と区別される社会的な性という意味であると習ったことがある読者も多いだろう。だが，政治学の教科書になぜジェンダーの章があるのか，不思議に思う読者もいるかもしれない。ジェンダーは，どのように政治と関係するのだろうか。

　ジェンダーと政治と聞くと，女性政治家の話かと思う人は多いだろう。第 2 〜 4 次安倍晋三政権（2012 年〜）が「女性の活躍」を成長戦略の柱に据えたことを念頭に，女性の働き方に関係する政策の話かと思う人もいるであろう。あるいは，2014 年に東京都議会で，妊娠・出産への支援について質問する女性議員に対して男性議員から，「早く結婚したほうがいいんじゃないか」「産めないのか」などと野次が飛んだ「セクハラ野次」問題が思い浮かんだ人もいるかもしれない。それらはみな，バラバラで別の事柄であるが，つながった問題でもある。

1. ジェンダーの記述

(1)「政治」の場におけるジェンダー

本節では,「ジェンダーと政治」というテーマで扱われてきた問題を, ①女性の政治的代表に関わる問題（本節（2）), ②ジェンダーに関連する政策（本節（3）), の二つに分けて解説する。ただし, 女性が政策決定の場にどれだけ代表されているかという問題と, ジェンダーに関連する政策がどのようなものになるかという問題との間には関係があるので, 両者はつながった問題でもある。

ジェンダーに関連する政策を考える上では, 何が政府の政策として公的に取り組むべきことであり, 何が個人や家族の私的な自己決定の領域に属することなのか, という点が問題となる。したがって, 公私の区分はどこにあるのかという問題を考えることも,「ジェンダーと政治」というテーマの対象となる。この点は, 上記②に関連して論じられる（より詳しくは本章第3節で扱う）。

なお,「ジェンダーと政治」については, そこでの「政治」とは何かという問題も重要である。たとえば, ジェンダーの観点からは, 生計をともにする男女の間で, 時間という希少な資源をめぐる「政治」が行われているという解釈も可能である（→第1章第4節）。しかし, 従来の政治学では, このような争いを「政治」とは見なしてこなかった。本節での「政治」も, 政治学の通常の意味での政治を指している。「政治」自体の問い直しについては, 本章第3節で取り上げる。

さて, 上記①②の問題に入る前に, ここでは, そもそもジェンダーをめぐるクリービッジ（社会的亀裂）は, 他のクリービッジのようには政党システムに反映されにくい, ということを述べておきたい。政治の世界では, 相容れない考えを持つ者同士は, しばしば異なる集団や陣営に属すると考えられ, 希少な資源をめぐって対立関係にあると認識される。ジェンダーも例外ではない。「男には, 女の気持ちはわからない」（または, その逆）と思ったことのある読者もいるのではないだろうか。書店には, 男女の行動様式, 思考形態の違いを説く本が溢れ, 男女の考え方が大きく異なるという説は広く見られる。これらが,「男女」をはじめとするジェンダーがクリービッジの一つであることを示唆している（こうした考えや説が本当に「正しい」のかどうかは, また別の問題である）。

　もしも，人口の過半数を占める女性が，単一のまとまった主体として存在感を発揮すれば，いかなる団体・組織よりも大きなパワーを持つかもしれない。実際，女性参政権導入前後のアメリカでは，女性が単一のブロックとして投票するとの見通しもあった（Costain 1988; Mueller 1988）。しかし，ジェンダーの違いは，階級，人種・民族，地域，言語，宗教といったその他のクリービッジとは異なり，それに基づく大衆政党ができることはなかったのである（Inglehart and Norris 2003: 75）。

　ジェンダーに基づく政党ができない理由は，次のように説明される。男女の考え方は相容れないものだという説が仮に正しいとしても，女性と男性は，同じ家族の構成員であるなど，社会生活のさまざまな局面で利害をともにしている。また，個々の女性有権者は，女性であると同時に，何らかの職業に従事したり，何らかの階級や階層，集団などに所属したり，あるいは何らかの宗教の信者であったりする（第4章第3節で見た重複メンバーシップ）。そのため，選挙において「女性」という統一的な立場は形成されにくく，ジェンダー間の差異や区別は，政党を形成するほどのクリービッジとなることはない，という説明である。

　しかし，人が同時に異なるアイデンティティを生きているということは，ほかの属性から見ても同じことであり，ジェンダーに固有の話ではない。たとえば，この説に従えば，「労働者の中には女性もいれば男性もいるので，労働者政党は結成されない」ということになる。しかし，実際には労働者政党は多く結成されている。むしろ，ジェンダーというアイデンティティが，階級・階層や人種・民族，地域，言語，宗教などに比べてマイナーなものと見なされるために，狭義の政治の場には表出されにくいという可能性のほうが高い。たとえば，かつて妻は夫と同様の投票行動を取ることが多くの国で確認されていた。また，社会主義政党の中には，社会の主要な矛盾である階級間の対立が解消されれば，ジェンダー間の格差や差別の問題もやがて解消されるという想定に立つ党が多かった。これらは，「ジェンダーはマイナー」である可能性を示している。

　ごくまれに，「女性」の立場に依拠した政党が形成されることはある。しかし，選挙で多くの議席を獲得することはない。たとえば，オーストラリアではたびたび女性政党が誕生し，女性の過少代表の問題を既成政党に取り上げさせる上で一定の成功をみた。しかし，女性政党自体が選挙で成功したことはない（Sawer 2002: 11）。スウェーデンでは，社民党の女性候補者擁立が減少したこ

とを問題視して結成されたサポート・ストッキングという女性政党が，1994年選挙前の世論調査で人気を博した。しかし，選挙直前に解散したため，サポート・ストッキング支持層の票は社民党に流れた。社民党は1993年，サポート・ストッキングの動きに対抗して男女の候補者比率を50％にするクオータ導入を決めたので，サポート・ストッキング自身は解散したものの，女性の代表性向上に貢献した（衛藤 2014）。

　多くの場合，女性の政治的代表を増やそうとする主張は，女性政党を作って議席や政権を求めるよりも，既存の政党の中で女性議員を増やし，ジェンダーに関わるテーマを取り上げさせるという方向性を目指してきた。とはいえ，既存の政党の中で，女性は十分に代表されてきたとはいえない。まずその点から見ていこう。

(2) 女性と政治的代表

　ジェンダーと政治に関するトピックで，多くの読者の頭にまず浮かぶのは，女性の政治家だろう。そして定番の話題は，日本における女性議員の少なさである。実際，政治学の教科書などでジェンダーが語られる場合，過少代表は，最も中心的なテーマの一つでる（御巫 2010; 五十嵐・シュラーズ 2012）。

　まず，日本で女性議員がどれくらい少ないのかを確認しておこう。下院で比較すると（日本では衆議院），女性国会議員の比率が最も高いのは①ルワンダ（61.3％）で，以下，②キューバ（53.2％），③ボリビア（53.1％），④アンドラ（50.0％），⑤メキシコ（48.2％），⑥スペイン（47.4％），⑦スウェーデン（43.6％），⑧フィンランド（47.0％），⑨グレナダ（46.7％），⑩ナミビア（46.2％）などとなっており，日本は10.1％で164位，先進国では最低レベルである（列国議会同盟（Inter-Parliamentary Union）ウェブサイト（https://data.ipu.org/women-ranking?month=9&year=2019）2019年10月確認）。

　地方議員についても，日本ではまだ女性議員の比率は低い。2018年現在，都道府県議会で10.0％，市議会で14.7％，町村議会では10.1％にすぎない。しかし，これでも，右肩上がりで増えてきた結果である（『男女共同参画白書 令和元年版』）。

　閣僚や首長などの指導的地位にある女性の数も少ない。たとえば，日本では女性首相はまだ誕生していない。国会の両院の議長としては，衆議院議長に1人（土井たか子，1993〜1996年）と参議院議長に2人（扇千景，2004〜2007年，山東昭子，2019年〜），それぞれ就任している。もちろん，諸外国でも，

首相や大統領になる女性が少ないことが長く指摘されてきた。しかし，近年多くの国で女性リーダーが誕生している（コラム 8-1 参照）。

　閣僚には通常，ある程度当選を続け，経験を積んだ者が就く傾向がある。そのため，議員が少ない状態に手をつけずに，閣僚だけを増やすのは現実的ではない。2014 年に第 2 次安倍改造内閣で，最多タイとなる 5 人の女性閣僚が就任したが，当選回数などの面で「適齢期」の男性議員を多く追い越し，やっかみを生んだと報じられた。同じく 5 名の女性が入閣した第 1 次小泉純一郎内閣（2001 ～ 2002 年）では，うち 2 名が民間人（非議員）であった。安倍政権の内閣改造に対抗すべく行われた民主党（当時）の役員人事では，執行部に女性は入らなかった。閣僚や党幹部の候補になりうる女性は，どの党にも少ないのである。

　もっとも，単に女性議員が増えればよいというわけではないという意見も存在する。たとえば，「小泉チルドレン」（人気の高かった小泉純一郎首相のもとで大量に初当選した議員）や，「小沢ガールズ」（小沢一郎民主党幹事長に擁立され当選した女性議員）といった言葉は，経験が浅く執行部に従順な（女性）議員を揶揄するものであった。1989 年参議院選挙の「マドンナ・ブーム」（土井たか子社会党委員長のもとで女性議員が増えた現象）は，もともと揶揄する側から生まれたネーミングではないが，やはり否定的文脈でも言及された（岩本 2005）。イギリスでも，トニー・ブレア労働党政権成立後，執行部に従順な「ブレアのかわい子ちゃん」と呼ばれる新人女性議員の存在が注目されたことがある（Childs 2002; Lovenduski and Norris 2003）。これらの言葉の背後には，女性議員の量的増加がその資質の考慮を伴わない形で進行しているのではないかという疑念が存在している。

　たしかに，女性を増やすことは，ともするとお飾りや人気取りと見られがちである（ただし，女性は政治家に向かないという偏見が強い社会では，女性の登用が逆に有権者の批判を招くこともありうる）。1989 年の海部俊樹内閣で，それまでに通算で 3 人しかいなかった女性閣僚が一度に 2 人誕生したのは，同年の参議院選挙で自民党が惨敗したことを受けて（また，社会党の「マドンナ・ブーム」に対抗して）のことと見る向きは多い。第 2 次安倍改造内閣での 5 人入閣も，政権が女性管理職比率の引き上げを民間にも要請している手前，「隗より始めよ」ということと同時に，女性の内閣支持率が男性に比べて低いことへの対策という面もあった。

　以上のことから，「女性であれば誰でもよいというわけではない」という主

張はもっともであるように見える。しかし，同様に男性であれば誰でもいいわけでもないし，「かわい子ちゃん」になるのは女性に限ったことではない（「小泉チルドレン」には男性議員も含まれる）。未熟な男性議員が批判や揶揄にさらされる時に，その未熟さの原因が男性であることに帰されることはない点を，問題にすることもできるはずである。つまり，「女性であれば誰でもよいというわけではない」論は，もっぱら女性だけに資質の有無を問うてしまっている可能性がある。そうだとすれば，極端に女性比率が少ない場合には，「当面『女性ならいい』」とした上で，「どのような女性がいいのか」という問題は一定程度女性が増えた時に初めて検討課題とすればよい，という考え方にも一定の合理性があるということになるだろう（大海 2005: 188）。

　とはいえ，「ジェンダーと政治」についての研究では，次のような区別が設けられることがある。つまり，数の上ではたしかに女性が代表されているが実態を伴っていない**名目的（象徴的）代表**と，単に数の上でだけ女性がいるのではなく，実際にその内実を伴っている，すなわち女性の利益が実際に政治的に代表される**実質的代表**という区別である。それでは，女性の実質的代表によって，何が変わるのだろうか。

　第1に，女性議員が増えることにより，政策の内容や優先順位が変わることが期待される。男女の議員で，政策に対する選好が異なるということは，これまでにも多くの調査などを通じて指摘されてきた。一般的に，財政，金融，安全保障などの分野では男性議員が，健康，福祉，教育などの分野では女性議員がより強い関心を示すとされてきた。とくに，ドメスティック・バイオレンス（DV），女性の社会進出，育児，介護などの「女性イシュー」と見なされる政策で，女性議員が多く関心を示す傾向がある。

　第2に，政治の場としての議会のあり方を，女性にとって活動しやすい場に変えることが期待される。議会の雰囲気が変わると，女性議員を目指す女性が増えるという効果も期待できる。本章の冒頭で触れたセクハラ野次のような問題も，議会に女性が増えれば，より起きにくくなるであろう。

　第3に，女性が国会議員や地方議員，閣僚や首長などとして政治の場で活躍することを，子どもを含む多くの人々に示すことを通じて，「男の仕事」「女の仕事」といった性別分業の観念を解体する効果も期待される。

　ただし，第1点目の，男女で政策選好が異なるから女性議員や女性閣僚が増えることは変化をもたらしうるという議論は，微妙な問題を含む。女性には平和主義者が多いから，女性議員が増えればより軍縮が進むとか，女性は男性に

比べてお金にクリーンだから女性議員が増えれば政治腐敗は減るといった期待は，しばしば表明されてきた。しかし，実際にはタカ派の女性もいるし，女性議員は金権スキャンダルと無縁と言うこともできない。それ以上に，こうした期待がある種の本質主義（女性または男性は，本質的にこのような性質を持つと決めつける考え方）に基づいていることには，注意が必要である（岩本 2003）。

　また，女性議員の活動が，女性労働や保育などの「女性イシュー」に囲い込まれることも問題視されてきた（Randall 1987）。たとえば，閣僚ポストでも，男女間で就任するポストに違いがあることが指摘されている。外相や経済関係閣僚，あるいは防衛や治安に関係するポストに女性が就くことはまれである。その一方で，女性が比較的就けるのは，社会問題，健康・福祉，教育などの閣僚ポストが多かった。

　このような現状を考えれば，女性議員が，経済や外交，軍事といった，男性の領域とされがちな分野でも活躍できるようになることは，たしかに好ましいことではある。しかし，それらの「男性向き」と見なされやすい政策に比べて，

コラム 8-1　初の女性の首相にはいつ誰が？

　2019 年現在，日本にはまだ女性首相は誕生していないが，世界を見渡すと，女性が首相や大統領になる国も増えつつある。主要先進国でも，ドイツで 2005 年にアンゲラ・メルケルが首相となり，イギリスでは 2016 年にテリーザ・メイが，1990 年のマーガレット・サッチャーの辞任以来，久しぶりに，女性首相に就任した。アジアでは，以前から女性リーダーが比較的多かったが，近年では，韓国で 2013 年に朴槿恵大統領が，台湾では 2016 年に蔡英文総統が誕生している。

　また，2016 年のアメリカ大統領選では，民主党の大統領候補にヒラリー・クリントンが選出され，2017 年のフランス大統領選では，マリーヌ・ルペンが決選投票に残るなど，大統領にあと一歩のところまでいった女性政治家もいる。

　これらの国々と日本との違いは何だろうか。もちろん，一つの要因に絞ることはできないが，本文で見たとおり，まずは女性議員を増やすことが必要なことだけは確かだろう。

「女性向き」と見なされやすい政策は価値が低いと考えてしまうならば，それは，既存の政治のあり方を所与とした見方でもある。女性議員が増え，活躍するようになることで期待されるのは，男性的な政治文化や既存の秩序・価値観を維持したまま，その中で女性が増えるということであろうか。そうではなく，子育てや介護は経済や外交に比べ重要度の低い政策であるという価値の序列自体の問い直しこそ，展望されるべきことではないだろうか。

(3) ジェンダー政策

　次に，ジェンダーに関連する政策について考えよう。ジェンダーに関連する政策は，女性に関連する政策と同じ意味とされることも少なくない（ほかに，「男性」に焦点を当てる政策もあるが）。しかし，どの政策にも女性（および男性）に関連する面がある。そこで，ここでは社会の中のジェンダーをめぐる規範や秩序により直接的に関わっているような政策を，狭く「ジェンダー政策」と捉え，それらを検討する。具体的には，性別役割分業や家族像，あるいは，何が公的なことであり何が私的なことであるかの線引きに関わるような政策を，「ジェンダー政策」と考えよう。

　社会の中のジェンダー秩序は，歴史的に形成されてきた文化の影響とともに，政策によって維持・再生産されている面もある。男女が一見自発的に取っている行動が政策の影響を受けていたり，また，個人の希望として表明されている選好が，実は現在の政策やそれに基づく社会秩序に適合的だから表明されているものであったりする。逆に言えば，政策を変えると，社会の中のジェンダー秩序が変わる可能性がある。

　政策はときに，より明示的に男女を区別し，異なる役割を与えようとする。またときには，暗黙のうちに男女に異なる行動を取ったり，選好を抱いたりするよう誘導する。さらには，これは家庭内の私的な事柄であるので公的な法規制にはなじまないなどと，政策が「公」と「私」を区分する場合もある。旧民法下の家制度は，その最も明示的な例である。具体的には，通常男性であった戸主（女性からみれば，父・夫・兄弟・息子など）は，家族の入籍・離籍の権限や，居所を指定する権限，家族の結婚や養子縁組に対する同意権など，家族の命運に大きく影響する諸権限を持っていた。そこでは，女性は従属的地位に置かれていた。

　戦後，憲法で男女の平等が定められた。しかし，たとえば雇用をめぐっては，労働法上の男女の異なる扱いをめぐり，「保護」と「平等」についての議論が

長年続けられ，それは政治的対立ともなって現れた（堀江 2005）。社会保障制度や税制が，夫が外で働き妻が専業主婦として家事・育児を担当するという性別役割分業に基づいた特定の型の家族を前提としてきたことは，福祉国家論でよく知られている（→本章第 3 節 (2)）。そのような制度は，人々の意識と行動への作用を通じて，社会の中のジェンダー秩序の再生産に寄与してきたと考えられる。そして，公私の線引きの例としては，家庭内の暴力が，長らく私的なこととされ，法規制を逃れてきたことが挙げられよう。

　これらは，社会政策学や労働経済学，あるいは家族法・労働法・社会保障法などの分野で研究されてきたことである。これらのテーマについての政治学独自の貢献としては，変化を説明するものとしての政治の役割に光を当てるものがある（→本章第 2 節）。

　これらの政策をいわば各論とすれば，総合的にジェンダー平等を目指した政策が，今日では多くの国で行われている。日本では，男女共同参画政策と呼ばれており，1999 年に男女共同参画社会基本法が制定されるなど，男女共同参画社会の実現は，国の重要政策ということになっている。

　女性に関する政策は，男性中心の価値観が支配的な政治の世界では，マイナーなものと見なされがちである。そのため，他の政策領域で行われる施策が，ジェンダー平等のために行われた施策と矛盾をきたしたり，その成果を掘り崩したりすることもある。労働政策の分野でジェンダー平等を推進しようとしても，同時に社会保障や税制の分野では，女性の就労を押しとどめるような政策が行われたこともある（堀江 2005）。そうしたことを防ぐためには，あらゆる政策，施策，事業等にジェンダー格差解消の視点を組み入れる「ジェンダーの主流化（gender mainstreaming）」が必要となる。イギリスのブレア労働党政権が 1998 年に，すべての政策文書や法制上の変更は，それが女性にもたらすインパクトの評価を含んでいなければならず，また公務員は政策形成にあたっては，女性団体に意見を聞くべしとしたのは，その例である（Henig and Henig 2001: 65）。

　もっとも，「ジェンダー平等」であれ，「男女共同参画」であれ，その言葉に込めうる内容には幅がある。つまり，「どんなジェンダー平等か」という問題を，さらに深く掘り下げることもできる。たとえば，よく引かれる指標として，女性の地位を経済，教育，政治，健康の 4 分野で測定する世界経済フォーラムの「グローバル・ジェンダー・ギャップ・レポート」(2019 年) では，日本は 153 カ国中，121 位であった。これは，男女平等についての一つの考え方を示

したものである。

ジェンダー平等はしばしば，研究者によっても，また政府によっても，主に労働市場における女性の機会との関連で定義されてきた。これに対して，ジェンダー平等は，家庭内における家事・育児・介護などのアンペイド・ワーク（無償労働）との関連でも定義されるべきとの考え方もある（Bussemaker and van Kersbergen 1999: 41; Lewis 2009: 16）。たとえば，**ナンシー・フレイザー**は，ジェンダー平等を実現するために三つのルートがあるという議論を展開している（→本章第3節（3））。すなわち，女性の雇用促進を通じてジェンダー公正を図ろうとするモデルと，女性が主に担当している非公式なケア労働を支援することでジェンダー公正を追求するモデル，そして現在の女性のライフスタイルを万人の規範とし，男性がもっとケア労働に参加できることを目指すモデルである（フレイザー 1997=2003）。

これまで日本政府が目指してきたのは，第1の路線に近い。具体的には，社会の指導的な地位の女性を増やすことが中心的な政策として掲げられ，2020年までに指導的立場の女性を30％まで引き上げる数値目標も定められている。

指導的立場にある女性が国際的にみて非常に少ない日本の現状を考えれば，数値目標を設定してそれを引き上げることには意義がある。しかし，もしも指導的地位にある立場の女性が30％という数値目標に達したとしても，男性並みに働くことができる一部の女性とそうではない女性たちが分断されることはありうる。

ここで政治学にとって重要なことは，どのようなジェンダー平等が正しいかということは，あらかじめ決まっているわけではなく，どのようなジェンダー平等を目指すかということ自体が，政治によって決定されるということである。次節では，どのようなジェンダー平等のあり方が選択されるかということも含め，ジェンダーをめぐるさまざまな政治的帰結についての，政治学による説明を見ていく。

❗ 要点の確認

・ジェンダーと政治について記述する際によく取り上げられる話題は，女性の過少代表である。女性議員が増えれば，政策の優先順位が変わることのほか，議会が女性にとって活動しやすい空間に変わることなどが期待できる。

・あらゆる政策には，女性（および男性）に関係する面があるが，性別役割分業や家族像，公私の区分などに関連し，より直接的に社会の中におけるジェンダー秩序に影響する政策を，ジェンダー政策と呼ぶことができる。

2. ジェンダーの説明

(1) 変化することとしないこと

　今日，政治学の経験的な研究において，「変化をどう説明するか」は，ポピュラーな問いの立て方である（→第Ⅱ部はじめに）。しかし，説明においては，「変わらないことの説明」も重要である。たとえば政治文化研究において，土着の政治文化が，宿命的に地域の発展の妨げとなっている面を重視する説明がよくなされていた（→第9章第1節）。また，より新しい潮流として制度に着目した説明を行う理論（**新制度論**）も，主に政策の持続を説明することに関心を持っている。

　ジェンダー研究もまた，ジェンダー秩序がなぜ持続するのかに関心を持ってきた。とくに，男性支配の持続のメカニズムに焦点化した説明図式として，社会学者の江原由美子の議論が重要である。江原は，**アンソニー・ギデンズ**の構造化理論を手がかりに，ジェンダー秩序が再生産されるメカニズムを説明した（江原 2001）。構造化理論は，構造と主体との関係に着目する議論である。ごく単純化していうと，それは，社会現象の原因を個人に求めるか社会に求めるか，主体の行為に求めるか構造に求めるか，という二元論の乗り越えを目指すものである。つまり，主体の行為は構造に規定されるとともに，構造は主体の行為に規定されるという相互作用に着目するのである。この構造化理論を用いて江原は，既存の構造（ジェンダー秩序）のもとでは特定の行為選択傾向が生じること，つまり，個人は一定の枠の中でしか行為できないため，個人の行為を通じて構造（ジェンダー秩序）が再生産されると論じた。

　江原の説明は，社会の中のジェンダー秩序が再生産される側面に力点を置いている。しかし，ジェンダー秩序も変化しないわけではない。その変化の説明の際に注目されるのは，個人レベルである。江原も，ジェンダー秩序の成立の説明を，個人レベルの主体間相互作用に即して行っていた。他方，江原の議論では変化を説明できないと指摘する社会学者も，既存の言説を批判的に解釈することや，夫婦間でケア労働や家事労働についての交渉を行うといった，個人レベルでの実践に変化の展望を見出している（山根 2010）。

　以上，ジェンダー研究における持続と変化の説明の一例を紹介した。ジェンダー秩序の再生産や変化を，個人レベルの相互作用や実践に注目して説明することは，「政治」を広く捉えることと結びついている。つまり，ここでは，「政

治」は，日常生活や「私的」とされる領域に見出されていると言える。このように，「政治」を公私の区分を超えて定義し直すことは，ジェンダー研究の重要な特徴である（→本章第 3 節 (1)）。

ただし，以下では，政治学がこれまで比較的よく議論してきた，より制度的文脈を意識した変化についての説明を取り上げる。具体的には，前節の議論を受け，まず女性の過少代表に関する説明（なぜ少ないか，どうすれば増えるか）について，次いで，ジェンダー政策に変化をもたらす要因について説明する。

(2) 女性の政治的代表についての説明

なぜ女性議員が少ないかを説明するものとして，ここでは，①社会的な理由と，②政治制度に由来する理由の二つを取り上げる（堀江 2004; 五十嵐・シュラーズ 2012）。

まず，社会的な理由について述べよう。政治のような「公的」領域は男性が活動する場であり，女性は家庭のような「私的」領域で活動すべきといった公私区分に基づく，ジェンダーごとに異なる役割期待が強い社会では，女性議員は増えにくい。このことが（女性は政治に向かない，政治的能力が低いといった）有権者の偏見として，女性候補に不利に作用してきた。また，そのような状況のもとでは，有権者の審判を仰ぐ以前に，女性には立候補しようという意欲が育ちにくい。性別役割意識も反映して，官僚や労働組合幹部のような政治家供給源の職業に女性が少ないということもある。

いざ女性が立候補しようと思っても，「家庭の事情」に妨げられることもある。2016 年に神奈川県選出の国会議員・地方議員に行われた調査では，女性の議員が少ない理由として，女性議員が挙げた 1 位は「議員活動と，子育てや介護等家庭生活との両立が難しいため」（76.1％），2 位は「女性の立候補に対し，家族や周囲の理解が得られにくいため」（53.0％）であった（三つまで選択）（かながわ男女共同参画センター「政策・方針決定過程への女性の参画を進めるために（その 2）」2017 年）。男性以上に子育ての責任を負う場合が多い女性は，初当選の年齢が高くなりがちで，議会におけるキャリア形成や，指導的な立場にまで昇り詰める上でも不利が生じる。これに加えて，欧米諸国の場合は，カトリック国で女性の政治進出は遅れ，プロテスタント国で進んでいるといった宗教的な説明もある。

このような状況が変化する兆しは存在する。ロナルド・イングルハートらは，

社会の世俗化が進むことにより，男女間の政治的行動の差はなくなってきたし，今後ますますなくなっていくであろうという見通しを示す（Inglehart and Norris 2003）。日本でも，「女性が増える方がよいと思う職業や役職」の1位は「国会議員・地方議会議員」（58.3%）で，2位が「企業の管理職」47.0%，3位が「閣僚（国務大臣）・都道府県，市（区）町村の首長」（46.1%），である（内閣府「男女共同参画に関する世論調査」2016年）。第2次安倍改造内閣での女性5人入閣で内閣支持率が上昇したことや，小池百合子東京都知事が高い人気を得たことなどを見ても，世論は女性政治家に対し，かなり容認的になってきているといえるのではないだろうか。

　ただし，こうした変化の兆しが女性政治家の飛躍的増加につながるとは限らない。その理由の説明において重要になるのが，政治制度である。政治制度は，それがもたらす慣性により，現状維持の方向に作用しうるからである。ここではとくに選挙制度の効果に注目する。

　一般的には，新たに立候補した者より現職議員のほうが，知名度，資金力ともに勝り，選挙で有利な傾向がある。現職議員の多くが男性であるという状態を所与とすれば，その現職が引退するまでは，女性議員が入り込む余地は制約される。現職が退いても，候補者決定に際し，国会議員の場合，地方政治での経歴などが重視され，地方議員比率においても大きな男女差があるという現状のもとでは，女性にはやはり不利という面がある（御巫 2010）。

　とはいえ，女性の過少代表の程度には，選挙制度による違いもある。つまり，比例代表制のほうが女性を議会に送りやすく，小選挙区制のもとでは女性議員が増えにくいとされる。なお，比例代表制の国の中では，非拘束名簿式より，拘束式名簿式の国のほうが，女性が選出されやすい（岩本 2007）。実際，女性議員比率上位30カ国の大部分は，比例代表制を採用している（衛藤・三浦 2014）。そうだとすれば，1990年代半ば以来，小選挙区制を中心とした選挙制度であることが，日本で女性議員が増えにくい理由を説明すると考えられる（それ以前の中選挙区制時代には，社会的理由が強かったと考えられる）。

　他方，各国の女性議員を増やす上で，大きな役割を果たしてきた制度もある。女性議員比率の高い国の中には，**クオータ制**と呼ばれる制度を導入している国が多い。クオータ（quota）とは割り当てという意味であるが，ジェンダー・クオータ制とは，政治代表における男女の不均衡を是正するために，候補者あるいは議席の一定比率を女性（あるいは男性と女性両方に）に割り当てる制度である（衛藤・三浦 2014: 7）。

　クオータ制は，以下の観点から分類できる。①根拠規定：憲法や選挙法などに規定されている「法制クオータ」と，政党によって自発的に採用される「政党クオータ」，②法的強制力の有無，③割り当ての対象：候補者名簿上で一方の性の比率を割り当てる「候補者リスト」型と，一定の議席を一方の性に割り当てる「リザーブ」型，④割り当ての比率，などである（辻村 2011）。女性議員比率 1 位のルワンダを始め，女性議員比率の上位を占めるアフリカ，ラテンアメリカ諸国の中には，法制クオータを導入している国も多い。他方，ヨーロッパでは，政党クオータを導入している国が多い。女性議員比率 20 位以内のほとんどの国で，何らかのクオータを導入している（五十嵐・シュラーズ 2012; 衛藤・三浦 2014）。

　クオータ制には，有権者の自由な選択を妨げているのではないか，男性に対する逆差別ではないか，といった批判や疑念がある。しかし，政党クオータまで含めれば，それを導入している国は多く，決して特殊な制度ではない。また，1970 年代から政党クオータを採用していたノルウェーの諸政党は，女性議員比率が 40％近かった 1996 年にクオータ制を廃止した（辻村 2011: 89）。クオータは，あくまでも競争的な環境が確立するまでの暫定的な措置と考えるべきである。選挙におけるクオータに限らず，アファーマティブ・アクション（積極的格差是正措置）は一般に，現状ある集団が不利な状態にあるという認識に基づいて行われるものであるから，未来永劫，存続することを想定しているわけではない。

　とはいえ，「女性議員を増やすにはクオータを導入すればよい」ということだけでは十分ではない。より重要なことは，クオータが導入される条件である。三浦まりは，国際比較研究の成果から，クオータの成立条件として，女性運動，政治エリートの戦略的判断，国際圧力，政治文化と規範を挙げている（三浦 2014）。戦略的判断の背後には，もちろん選挙があり，クオータは，多くの国で政党間競争の結果として普及している（Caul 2001; 御巫 2010）。当初，女性議員を増やす試みを行ってきたのは，主に左派政党であった。保守党や自由党は，それが有権者の選択の自由を奪うものだとして反対する傾向があった。だが，女性票の獲得を目指す政党間競争が激しくなると，保守主義・自由主義の政党も追随せざるをえなくなったのである（五十嵐・シュラーズ 2012）。

　なお，日本では，政党は「男女の候補者の数ができる限り均等」になるよう目指すことを盛り込んだ「政治分野における男女共同参画推進法」が 2018 年から施行されている。

(3) ジェンダー政策についての説明

　次に，ジェンダー政策の変化を説明する政治的諸要因を見ていこう。以下では，①政党間競争，②国家フェミニズム，③国際的要因，④フェミニズム運動の四つの要因に整理する。

● ジェンダー・ギャップと政党間競争

　ジェンダーに関わる政策の進展を説明する要因の一つは，政党間競争である。たとえば，日本とフランスの政策形成の違いは，次のように説明される。すなわち，一方のフランスでは男女雇用平等法の制定過程において，左派と右派の政党の間で女性票を取り込もうとする政党間競争が起こったことが，厳しい罰則つきの平等法の実現につながったが，他方の日本ではそうしたことは起こらなかったため，日本の均等法は規制の弱いものになったとされる（御巫 1998）。

　ジェンダーをめぐる政党間競争が起こる背景には，男女の有権者の間に，投票行動（その基礎にある政策選好）の違い，すなわち**ジェンダー・ギャップ**（ここでは投票行動における男女の有権者の差を指す）が存在することがある。男女間の大きなジェンダー・ギャップは，女性イシューへメディアの注意をひきつけ，女性票獲得に向けた政党間競争を高め，政党に女性候補を擁立させる誘因となってきた（Inglehart and Norris 2003）。有権者が政党の行うジェンダー政策に敏感であることは，政策の帰結にも大きな影響をもたらす。ただ，日本ではジェンダー・ギャップは小さかったため，政党が女性票へのアピールを目指すということは起こりにくかった。

　欧米の投票行動研究では，男女の投票行動は3段階にわたって変化してきたとされる。1970年代くらいまでの第1段階においては，女性は男性よりも保守的な政党に投票する傾向があった（ただし，女性議員は左派政党から多く出ていた）。このことの説明は，女性のほうが男性より宗教的であるとか，労働市場への参加が少ないといった要因で行われていた。続く第2期には，投票行動における男女差が縮小し，やがて多くの国で消失した。これは世俗化や近代化の効果と考えられており，またジェンダーに限らず，一般的に有権者と政党の結びつきが弱まる傾向が出てきたこととも関係していよう。このことは，ジェンダー脱編成（gender dealignment）と表現される。脱編成とは，一般的に政党と有権者の結びつきが弱まることを指すが，ジェンダーの面でその現象が起こったということである。しかし，1990年代に（早い国では1980年代後半から）第3期が訪れる。ここでは，第1期とは逆に，女性のほうが左派政党を支持する傾向があるとされる。この過程をジェンダー再編成（gender realignment）と

いい，第3期を現代的ジェンダー・ギャップと呼ぶ論者もいる。女性の保守主義によって特徴づけられた「伝統的ジェンダー・ギャップ」から，女性のほうが再分配や政府による介入への支持が強い「現代的ジェンダー・ギャップ」への移行である（Henig and Henig 2001: chap. 2; Inglehart and Norris 2003: chap. 4; Abendschön and Steinmetz 2014）。欧米での多くの調査で，福祉国家への支出，環境保護，平和・軍縮などに，女性は男性より多くの支持を与えることが確認されてきた。他方，男性は女性より経済を重視する傾向がある（Wängnerud 2000; Inglehart and Norris 2003: 195）。

　逆に，このような女性の投票行動の変化自体が，政党間競争の結果であるとも言える。つまり，労働者階級の左派政党離れなど，より一般的な（ジェンダーに関わらない）政党支持の脱編成が起こる中で，（とくに左派）政党が新たな支持基盤として女性票へのアピールを目指すことで，女性が左派政党を支持し，ジェンダー関連政策の進展がもたらされてきたという面がある（Morgan 2012）。

◉ 国家フェミニズム

　第2の要因は国家である。先ほどの政党による女性票への意識・アピール→女性議員の増加→政策のジェンダー平等的な方向への変化という説明は，あくまで政策変化の可能性を予想するものであった。これに対して，国家という要因は，より直接的にジェンダー政策の変化を説明する。「国家フェミニズム」とは，国家の官僚や組織がよりジェンダー平等推進的な特徴を持っていることを表現するための概念である。

　かつて，フェミニズムの有力な考えの一つに，国家は男性による女性支配を助長する家父長制的なものであるという想定から，国家を敵視する議論があった。他方，北欧のフェミニストのように，国家を利用するという戦略を用いて，一定の成果を挙げるケースも出てきた。国家は必然的に家父長制的であるという想定を離れれば，ジェンダー平等推進のために利用可能な要素が国家の中にも存在すると考えることができる。たとえば，国家の中には，ジェンダーへの関心を明確に有する「フェモクラット（フェミニストの官僚を示す造語）」と呼ばれる官僚が存在し，女性の地位向上に関与する政府機関（ナショナル・マシーナリー）が設置されることがある。後者は，1975年の国連世界女性会議のメキシコ会議以降，多くの国に設置されるようになった。

　国家フェミニズム要因による説明とは，こうしたフェモクラットの存在やマシーナリー設置の有無によって，ジェンダー平等政策推進を説明するものを指

す。つまり，マシーナリーが設置されることで，ジェンダー平等政策が推進される。

マシーナリーの設置は，女性運動のあり方をも説明する。つまり，その設置によって，女性の利益の実現を図ろうとする勢力の存在が政府内に制度化される。そのことによって，政府と社会諸アクターとの間に政策ネットワークが形成されやすくなったり，女性運動が支援されやすくなる，というわけである（Stetson and Mazur 1995; Goetz 2003）。

ただし，マシーナリーと社会諸アクターとの関係は，単純に前者から後者への効果というだけで理解することはできない。両者の間での政策ネットワーク形成は，マシーナリーが，政府内での自らの弱い立場や少ない資源（リソース）を補うために社会内に同盟者を見出す過程としても理解できるからである（Kardam and Acuner 2003: 102）。

フェモクラットやマシーナリーといった概念は，国家を家父長制的な志向性を持つ一枚岩の存在として捉えることは適切ではないことを示している。ただし，マシーナリーには，政府の一機関（しかも多くの場合，周辺的な一機関）にすぎないことによる制約も当然ある。この点で，国際比較に基づくマシーナリーの類型化は参考になる（Stetson and Mazur 1995）。①政策に影響を与えられる程度と，②フェミニズム運動など社会内の勢力に政策へのアクセスを与えられる程度という二つの次元によって，各国のマシーナリーは四つのタイプに分類される。影響力とアクセスが，ともに高いのは，オーストラリア，オランダ，ノルウェー，デンマークといった国々のマシーナリーである。日本の場合，ナショナル・マシーナリーは，1975年に総理府に設置された婦人問題担当室に始まり，1994年に男女共同参画室，さらに2001年に内閣府に設置された男女共同参画局へと変遷してきた。しかし，いずれも期待される省庁横断的な役割を果たしておらず（したがって政策への影響は不十分であり），社会運動との連携も不十分だと評価されている（岩本 2007）。

ナショナル・マシーナリーのタイプの違いはどのように説明できるのだろうか。その違いは，①設立に至る経緯（どのような政権のもとで作られたか，どのような女性運動の圧力のもとで作られたか，など），②組織形態（部門横断的か否か，など），③政治文化における国家という概念（国家に対して，社会的不平等を取り除くことへの期待があるかどうか），④女性運動の形態（穏健派とラディカル派の連携の有無や，両者の活動形態など），によって説明できるとされている（Stetson and Mazur 1995）。

◉ **国際的要因**

　第 3 に，国際的要因も重要である。一国の政策は通常，一国内の政治過程を経て形成されると考えられるが，見方を変えるとグローバルに形成されている面もある。これは，国境を越えた政策伝播や政策波及による説明である（堀江 2010）。

　たとえば，雇用における男女の平等を規定した法律は，先進諸国ではおおむね 1970 年代後半から 1980 年前半の時期に施行されている。日本で男女雇用機会均等法が成立する前年の 1984 年には，世界 18 カ国で同様の法律ができた（堀江 2005: 第 6 章）。このように施行時期が近接している理由は，国際的要因によって説明できる。つまり，国連の「国際女性年」（1975 年）や「国連女性の十年」（1976 〜 1985 年），および女性差別撤廃条約の批准（1985 年）が，各国の法制化の重要なきっかけとなったのである。

　また，女性参政権の国際的普及に関する研究によれば，女性参政権導入には，段階により異なるメカニズムが働き，遅い段階になれば国内の運動の力はほとんど必要なくなるという（Ramirez *et al.* 1997）。国際システムに組み込まれている国は，多くの国が受け入れた規範を受け入れざるをえないからだと考えられる。これは，政策が一国的にではなく，国際的に形成されるという見方に立つ説明であり，世界政体論や世界文化論と言われる議論である（→第 9 章第 1 節）。

　さらに，南北アメリカ大陸諸国におけるドメスティック・バイオレンス（DV）関連政策の波及の分析によれば，政策波及には二つのメカニズムが存在するという。まず，導入が早かった国では，国際的な規範の波が押し寄せる前に，国内女性運動の活動により導入されたのに対し，導入が遅かった国では，国際社会からの影響が大きいという。女性の地位に関する指標における国際的な順位と，DV 関連施策の導入時期に相関はなく，女性の地位が高い国ほど早く DV 関連法が成立しているとはいえないことから，国内の運動以外の国際的な影響が看取されるという（Hawkins and Humes 2002）。もちろん，こうしたことはジェンダー関連政策に限ったことではない。しかし，ジェンダー関連政策は，国内に政策推進力を得にくいことも多く，こうした国際的なメカニズムが，しばしば意識的に利用されてきた。国際的に見て取り組みが遅れている国や，外圧に弱い国ではとくにその傾向がある。

　こうした規範の国際的な普及に重要な役割を果たすのが，国際機関である。とりわけ国連は，ジェンダー平等を重要な政策課題として推進し，また実際に成果を挙げたと自己評価している（山下 2006）。ジェンダー平等の進展には，

コラム 8-2　ジェンダー・バックラッシュ

　日本では 2000 年代に保守系の地方議員から,「ジェンダーフリー」を批判する動きが現れた。矛先は「ジェンダー」という言葉にまで及び, 各地の地方議会では, 条例に「男女はその違いを認め」「男らしさ女らしさを否定することなく」などの文言を盛り込む動きや, さらに「ジェンダー」という語を含む講演や社会教育の中止, あるいはジェンダー関連図書を図書館などから撤去するといったことが起こった。

　地方議会の動きは国会にも波及した。自民党「過激な性教育・ジェンダーフリー教育実態調査プロジェクトチーム」(安倍晋三座長, 山谷えり子事務局長)の文書は,「ジェンダー論は性差を否定し結婚・家族をマイナスイメージで捉え文化破壊を含む概念」だから,「言い換え, 削除するべきだ」と主張し, 2006 年に内閣府は,「ジェンダーフリー」という語は,「混乱を招くので使わない」という通知を自治体に出した。

　こうした現象には, いくつかの解釈が可能であるが (堀江 2011), 背景の一つには, 男女共同参画をしんどく感じる人々の心性もあると思われる。アメリカでも, 1980 年代にバックラッシュ (揺り戻し) の動きが台頭したことを考えれば (ファルーディ 1991=1994), 日本社会において男女共同参画施策が一定の進展を見たことの反映という面もあろう。

EU の役割も大きい。雇用におけるジェンダー平等は, EU レベルの社会政策として, 最も成功した分野と評価されている (Walby 1999)。

　こうした国際的潮流を背景に各国の政治過程は展開し, 国内にはそうした国際的潮流を利用しようとする働きかけが存在する。多くの国で, フェミニズム運動もフェミニスト官僚も,「外圧」を利用して政策形成を行おうとしている (Kardam and Acuner 2003: 101; 堀江 2010)。

　なお, グローバル化の進展により, 政策波及の速度が速くなっている可能性も示唆される。女性参政権と女性に対する暴力への反対の広まる早さにそのことは表れており, 国際機関 (とくに国連) が, それを後押ししているというのである (Finnemore and Sikkink 1998: 909)。そうだとすれば, グローバリゼーションは, ジェンダー平等にとって一つのチャンスと考えられる。とはいえ,

同時にこのことは，特定のタイプのジェンダー平等の普及である可能性もある点には，注意が必要である（土佐 2011）。

◉ **フェミニズム運動**

最後に，国内の社会運動である。社会運動の活動も，ジェンダー政策の形成・変化を説明する。

日本で「フェミニスト」は，当初，女性に優しい男性を指す言葉として普及した。しかし，英語の feminist や feminism は，女性の地位や権利のための主張やその支持者を指す語である。そうした主張に基づく社会運動がフェミニズム運動である。社会運動は署名活動やデモ，抗議集会，あるいは政治家や省庁への請願などの手法で，政治的決定に影響力を行使しようとする。ジェンダーに関するさまざまな政策の形成過程でも，こうした活動は見られるが，資源動員論的に言えば（→第 4 章第 4 節），フェミニズム運動は，多くの国において，こうした点では強力なアクターとはいえない（堀江 2005）。

ただし，社会運動には，そうした利益集団的な活動以外に，より広く社会に働きかけ，社会の常識的な物の見方や，認識の枠組みを変える機能がある。ときにそれは，公と私の間の線引きを，社会の中の支配的なものからずらす，という形となって現れる。

フェミニズム運動は通常，第 1 波と第 2 波の運動に分けて考えられている。参政権など男性と同じ権利を求める戦前の第 1 波フェミニズムに対し，法制度上の平等は実現した後も社会の中に残る女性差別を問題にし，1960 年代以降に登場したのが第 2 波フェミニズム運動である。ジェンダーという語が一般に普及するのも，この運動がきっかけである。

この第 2 波フェミニズム運動の有名なスローガンが，「個人的なことは政治的である（the personal is political）」であった。この標語は，「個人的」「私的」と考えられてきた多くの事柄が，政治的議論の主題でもあり，国家によって規制される対象でもあるということを示すために用いられた。第 2 波フェミニズム運動は，固定的な公私区分に疑問を呈し，従来は私的なこととされていた事柄（セクシュアリティ，育児，ＤＶなど）を公的な場に引き出した（→本章第 3 節 (1)）。

フェミニズム運動のそうした機能がよく確認できるのは，DV が社会的認知を得るに至った過程であろう。現象としては古くからあった DV は，しかし「個人的」なこととして名前すら与えられていなかった。それが昨今ではその存在が社会的に認知され，DV 防止法という法律に規定されるまでになった。

ＤＶ防止法制定以前から，夫婦間にも傷害罪，暴行罪などは適用されたが，「『痴話ゲンカだから』と警官は何もしてくれなかった」「被害届を受け付けてくれなかった」という話が後を絶たなかった。今では，この理屈は通用しない。犬も喰わない「夫婦喧嘩」とされていたものを，それは「暴力」であり，したがって「犯罪」であって，法的な対応が必要なのだということを，フェミニズム運動は認めさせてきた。

セクシュアル・ハラスメントにも，同様の経緯がある。今日，「セクシュアル・ハラスメント」（「セクハラ」）の語が載っていない辞書を探すのは難しい。だが，この言葉が日本社会に普及したのは比較的最近で，1989 年頃である。現象としてのセクハラはずっと前から存在していたにもかかわらず，長くその行為を指す言葉は存在しなかった。ところが，きわめて短時日のうちにその概念は日本社会に定着し，1999 年施行の改正男女雇用機会均等法では，使用者にセクハラ配慮義務を課すようになった。本章の冒頭で触れたように，2014 年に東京都議会では，女性都議に対する「セクハラ野次」問題が起こった。セクハラという概念が存在していなければ，この件が「問題」として報道されたり，野次を飛ばした議員に対する非難がメディアであれほど盛り上がったりしたであろうか。

つまり，概念を作り，名前をつけることが，社会運動の戦術となるのである。それは，既存の社会で常識的であった認識に疑問を投げかけることを可能にする。フェミニズム運動の活動様式として，ロビイングなどの社会運動の通常の活動，出版などを通じた文化創造とともに，言葉を変えることを通じて人々の態度に変化をもたらすことを目指す日常的な政治（everyday politics）を挙げる論者もいる（Weldon 2002: 68-70）。フェミニズム運動は，従来，私的なこととされていた事柄を，「政治」の対象とする認識の転換をもたらすことで，ジェンダー政策の変化につながる多くの成果を挙げてきたのである。

！ 要点の確認

・女性議員が少ない理由を説明する際には，人々の意識にまつわる「社会的」理由と，主に選挙に関連する「制度的」理由が区別される。後者の制度的な側面に関わって，議員数を増やす上で，多くの国で効果を上げている制度は，クオータ制である。

・ジェンダー政策に変化をもたらす要因を説明する際にしばしば取り上げられるものとして，投票行動におけるジェンダー・ギャップに基づく政党間競争，フェミニズム運動の役割，ナショナル・マシーナリーとフェモクラット，そして国際的な規範の波及とそれを利用した国内勢力の戦術などがある。

3. ジェンダーの規範

本節では，規範的な観点からのジェンダーの考え方について説明する。取り上げるテーマは，①「政治」概念の再考と，②公共政策の規範的な検討の二つである。なお，ジェンダーについて考える場合には，「男女」だけではなく**性的マイノリティ**をめぐる諸問題についても考えるべきである（加藤 2017）。ただし，本節の議論は，主に男女を想定したものに限定されている。

(1) ジェンダー論と「政治」の再検討

◉ 公私二元論への批判

ジェンダーについての規範的アプローチの最も重要な特徴は，**公私二元論**に対する批判である。公私二元論とは，公的領域と私的領域とが明確に区分され，かつ，公的領域が男性の領域，私的領域が女性の領域となっていることである。本章第2節で，フェミニズム運動が既存の固定的な公私区分に疑問を呈してきたことを見た。これは公私二元論への挑戦である。

ジェンダー論がまず問題にするのは，近代以降の政治学における公私二元論のあり方である。そこでは，国家と社会が区別され，その区別が政治と経済の区別と重なっていた（→第1章第2節）。この場合，国家と同一視された政治の領域が公的領域，経済・労働の領域が私的領域である。この意味での私的領域における市民たちの自由を守るためにこそ民主主義が必要だ，というのが**自由民主主義**（→第5章第3節）の意味であった。

ジェンダー論は，このような公私区分では，男女の不平等が構造化される仕組みを理解することができないと主張してきた。公私の区別は，一方の自由で平等とされる男性たちによって政治を通じて構成される人為的・作為的な秩序としての公的領域と，他方の自然を根拠とした男性による女性の支配によって特徴づけられる家族としての私的領域との間に存在すると見なければならない。男女の不平等を是正・解消していくためには，このような意味での公私区分をまずは認識し，次いで，変化させていくことを考えなければならないのである。

実際，ジェンダー論は，「自由」や「平等」を説いてきたとされる近代のさまざまな政治思想において，実際には男女の不平等，とりわけ家族における女性の男性への服従が自明視されていることを明らかにしてきた（水田 1973; 1979; オーキン 1979=2010）。たとえば，ホッブズ，ロック，ルソーといった近代

の男性の政治思想家たちは，女性を男性に従属するものとして描いてきた。彼らの議論では，女性はその自然な特性上，男性よりも受動的・依存的であり，有能ではなく理性的でもないとされ，よって，とりわけ家族において男性に従わなければならないとされている。

公私二元論への最も鋭い批判は，**ラディカル・フェミニズム**において見られる。ラディカル・フェミニズムにおいては，「**個人的なことは政治的である**」とのスローガンとともに，既存の公私二元論が批判された（→第1章第2節，本章第2節）。公私二元論が問題である理由としては，家族における父親と母親の性別分業が，そこで育つ子どもたちの性別分業を自明視するアイデンティティ形成をもたらしうること，あるいは，女性がつねに「私的領域」において家庭役割を担う存在と見なされることが，仕事や政治などの公的領域における女性の言動を（男性に）低く見積もらせるように作用することなども挙げられる（オーキン 1989=2013: 212-215）。前者は，人はどのようにしてジェンダー化されたアイデンティティを持つようになるのかについて，重要な仮説を提供している。後者は，女性が職場等で活躍の可能性が開かれているように見えるにもかかわらず現実には適切に評価されないという，いわゆる「ガラスの天井」の問題を指摘している。どちらも重要な問題である。

しかし，ここでは「政治」との関わりという点に絞って，公私二元論の問題点として以下の3点を指摘しておきたい。

第1に，「私的」とされてきた領域にも「政治」が存在する。ケイト・ミレットが男女の性愛関係に男性による女性の支配という意味での政治を見出したことは，その典型であった（→第1章第2節）。また，**上野千鶴子**は，「暴力」という観点から見れば，国家と家族とをその共通性において理解できると言う（上野 2012）。なぜなら，国家における戦争と家族におけるドメスティック・バイオレンス（家庭内暴力）とは，どちらも「暴力」の行使という点で共通しているからである。こうして，暴力という観点から見れば，国家と家族とを別の領域として見る公私二元論的な考え方は意義を持たない，ということになる。

第2に，何が「公的」で何が「私的」であるかの区別は，それ自体，決して「自然」なものではなく，政治的に作られるものである。「私的」なはずの家族のあり方は，国家によって「公的」に形成される家族や婚姻に関わる法によって規定されている（オーキン 1989=2013: 209-211）。たとえば，長らく家族において女性に財産権が認められなかったことは，法によって定められていたためでもある。今日，女性を法的な無能力者とするような規定は，ほとんど存在し

ない。それでも、「国家は結婚，離婚，養育権の設定といった決定的な場面において，家族を規制するために直接の手段を用いることができる」。つまり，「誰が誰と結婚できるのか，誰が法的に誰の子どもなのか，いかなる場合に結婚は解消できるのか」といった問題は，すべて国家による立法によって決められている（オーキン 1989=2013: 211）。このように，国家によって形成される法によって，人々の家族生活のあり方は大きく規定されているのである。

　第3に，現実には公的領域と私的領域とは関連しており，その結果として女性の政治における立場が低く見積もられてしまう。私的領域としての家族において女性が男性に依存すると見なされることは，公的領域においても女性が「他者に依存しなければ生きていけない存在である」と見なされることにつながる。その結果，女性は公的領域における「政治」において，十分に責任のある主体とは見なされにくくなってしまう（岡野 2012: 6）。実際，しばしば女性政治家は，一方の「主婦のくせに政治ができるのか」という批判と，他方の「主婦なのに家庭をおろそかにしている」という批判にさらされがちであった（岩本 2003）。

　そこで，ジェンダーの規範的アプローチにおける大きな問題は，この公私二元論をどのように克服するのかである。一つの考え方は，政治的代表の可能性を再評価することである。本章では，女性の過少代表について解説し（→第1節），クオータ制の意義・効果について説明した（→第2節）。ここから，公私二元論克服のための代表制・議会の重要性を擁護する立場も考えられる（衛藤 2017）。ただし，以下ではより政治そのものを考え直そうとする立場として，ケアの共同性論と，私的領域における「政治」の再構成という二つの考え方を取り上げ，説明する。

◉ ケアの共同性の構想

　公私二元論を克服しようとする議論の一つは，ケアの倫理に基づく共同体の構想である（岡野 2012；キテイ 1999=2010）。これを，**ケアの共同性論**と呼ぼう。この構想では，まず近代的な政治思想の人間像が見直される。人々を「平等な個人」と見なすだけでは，真に自由で平等な社会を作ることはできない。なぜなら，先に見た公私二元論への批判のとおり，とりわけ女性は，現実には私的領域においてケア（家事・育児・介護）役割を担っており，たとえば公的領域における仕事において男性と対等の評価を得ようとしても，ケアを求めている人々（子どもや高齢者）を家に置き去りにするわけにはいかないからである。

　そこで必要なことは，政治理論の基礎にある人間像の見直しである。批判対

象は，近代政治理論において主流の**リベラリズム（自由主義）**である。リベラリズムは，理論の出発点としてであれ，望ましい目標としてであれ，「自立した個人」を想定する政治思想である。しかし，このような自立した個人の想定では，現実にケアする／される関係にある人々を正当に評価することができない。そればかりか，むしろ私的領域におけるケアの関係を捨象した上で，もっぱら公的領域における「自由と平等」を求めることになってしまう。その結果，私的領域においてケアの関係を抱えた人々は，公的領域において実際には平等には扱われなくなってしまうのである。

　これに対して，ケアの共同性論は，人々はそもそも，個人として自立しているのではなく，**依存関係**にあると考える。人々は，人生のある時期（典型的には幼年期と老年期）においては，自分以外の誰かに世話をされるという意味で依存している。他方，また別の時期においては，典型的には子育てや介護という形で，自分以外の誰かの世話をしている。したがって，人々は基本的に依存関係にあると考えられる。

　こうして，ケアの共同性論は，リベラリズムとは異なるやり方で，望ましい政治共同体構成のための構想を提示する。依存関係にある人々は，ケアを通じて，自分の思うようにはならない「他者」に出会い，他者の尊重と自己への謙虚な態度とを学ぶことができる（岡野 2012: 210-218）。その結果，異なる人々が，それでも共存できるような政治共同体を構成することができる。あるべき政治共同体とは，自立した個人たちによって，（たとえば社会契約を通じて）設立されるものではない。そうではなく，依存関係にある人々によって構成されるものなのである。

◎ 私的領域における「政治」の再構成

　公私二元論の克服を目指すもう一つの考え方は，私的領域における「政治」を擁護することである（田村 2009）。本書において政治とは，暴力や支配ではなく，異なる人々の間に発生する紛争を解決する（集合的決定を行う）試みのことである（→第1章第4節）。ジェンダーの政治理論においても，このような政治が探究されてきた。たとえば，**キャロル・ペイトマン**は，「政治的なるものは，共有された価値と共通の関心をともなうのであり，そこでは権力は一つの局面に過ぎない」と述べた（ペイトマン 1989=2014）。また，ジェンダー論が取り組むべき問題は，家族，学校，労働，ポルノグラフィ，中絶，虐待などの社会経済問題ではなく，それとは区別された「政治」の問題であるべきだと主張する論者もいる。その際の政治とは，私的領域に「正義」をもたらすよう

な国家でも，男性によって支配された「公的領域」でもなく，自分の属するコミュニティにおける決定に参加することである（Dietz 1998）。ペイトマンたちが述べる「政治」とは，集合的な問題解決のための決定を行う活動という意味での政治である。ジェンダーの規範的アプローチは，このような意味での「政治」が私的領域にも存在しうると主張することを通じて，公私二元論を克服することもできるのである。

　規範的なアプローチでは，このような意味での「政治」がどのような意味で「望ましい」のかが問題となる。まず指摘できることは，このような政治は，暴力や支配によって問題が解決される（あるいは問題がなかったかのように見せる）よりは，問題解決の方法として望ましいということである。暴力や支配による解決には正統性がないが，「政治」とは，正統性のある問題解決のことだからである（→第1章第4節）。

　しかし，問題は，この「政治」は特定の「正解」をあらかじめ定めるものではないということである。つまり，暴力ではない形で問題解決を行うからといって，その結果がたとえば女性にとってより望ましいものとなるとは限らない。そうだとすれば，結局のところ，政治には意味がないということにならないだろうか。

　この疑問に対しては，本書における政治理解に基づいて，次のように答えることができる。たしかに，「政治」は唯一の「正しい」答えをもたらすわけではない。しかし，政治は，現状が「自然」ではないということ，別の可能性や選択肢があるということを示す。その意味で，「政治」が存在し，「政治」によって問題解決が試みられることは，そうでない状況よりも望ましい，と。

　ラディカル・フェミニズムが明らかにしたように，暴力や支配という意味での政治は，平等ではない関係の中で発生するものである。そのような意味での政治は，男女間の非対称的な関係を力によって固定化するものである。こうして，男女間の対等ではない関係は，当たり前のもの，「自然」なものと見なされるようになる。これに対して，集合的な問題解決としての「政治」は，特定の人間関係のあり方を固定化したり自明視することとは異なる。「政治」が行われるということは，その場に意見や立場の違いがあり，それらが対立する可能性があるということである。そして，そのような対立が暴力や支配とは異なる形で解決されるべきだからこそ，「政治」が行われるのである。

　したがって，もしもこのような意味での政治が行われるならば，その時，これまでは当然と思われていた男女の不平等な関係がその自明性を失い，見直さ

れる可能性が生じていると言える。たとえば，妻が夫婦間での家事の分担のあり方について見直しを求める声を上げたとしよう。そのことで，夫婦間に対立が起こるかもしれない。しかし，家事分担の見直しを求める妻の声は，これまでの家事分担が自明ではないということ，したがって別の分担の可能性があることを明らかにしたのである。繰り返すが，別の可能性があることは，その可能性が望ましいものであることを保証するわけではない。それでも，現状がすべてではなく，別の可能性があると知ることは，望ましい社会形成のための前提条件なのである（盛山 2011）。

(2) 公共政策へのジェンダー論的アプローチ──社会保障政策を事例として

次に，ジェンダー論から見た，公共政策の規範的考察に移ろう。そのベースにあるのは，本節 (1) でも取り上げた公私二元論と性別分業への批判である。ここでは，その批判を公共政策の分析に用いるとどうなるかを述べる。具体的な公共政策として取り上げるのは，社会保障政策，とりわけ**福祉国家**とその改革をめぐる諸議論である。

◉ 男性稼ぎ手型家族を基礎とした福祉国家への批判

ジェンダー論から見た福祉国家の問題は，それが家族における性別分業を前提としている点にある。福祉国家は，性別分業の家族，すなわち**男性稼ぎ手型家族**を前提として発展してきた。**イエスタ・エスピン＝アンデルセン**（1990＝2001）は，就労から離れても一定の生活水準が保障されることを**脱商品化**と呼び，それを指標の一つとして各国の福祉国家を比較した（→第6章第1節）。しかし，ジェンダー論から見た問題は，このような脱商品化指標が家族における性別分業の実態を適切に把握できないことである。社会保障政策は，女性（妻）が男性（夫）の所得に依存することなく，また，女性がもっぱら家族内のケア（育児・介護）に従事するのではない形で構想されなければならないのである。

◉ 複数のオルタナティブ

ひとくちに男性稼ぎ手型家族を乗り越えるといっても，その方向性は一つとは限らない。男性稼ぎ手型家族モデルを乗り越える新たな家族モデルとそれを支える社会保障政策には，いくつかのタイプが考えられる。

政治理論の分野で，男女の関係について男性稼ぎ手モデルよりも望ましい男女の類型を提示したのが，**ナンシー・フレイザー**である（フレイザー 1997＝2003: 第2章）。フレイザーは，男性稼ぎ手モデルよりも平等と考えられる男女関係の

モデルとして，総稼ぎ手モデル，ケア提供者対等モデル，総ケア提供者モデルの三つを提起した。

　まず，**総稼ぎ手モデル**とは，女性も男性並みに「稼ぎ手」となることで性別分業を克服しようとする考え方である。そのためには，女性が経済的に自立できるとともに，家族を養うこともできるような雇用の提供が必要となる。もう一つ重要なことは，ケア（家事・育児・介護）の「脱家族化」である。女性が男性並みにフルタイムで働くことができるためには，従来女性が家族内で「私的」に担ってきたケア活動を，できるだけ家族外で提供されるサービスによって代替することが必要である。こうしたケア活動の脱家族化あるいは社会化によってこそ，誰もが稼ぎ手として就業できるようになる。

　次に，**ケア提供者対等モデル**とは，女性がケア活動を担ったままで，しかしケア提供者としての女性の地位を稼ぎ手としての男性の地位と同等にまで高める，という考え方である。このようにして，ケア提供者の地位を高めることができれば，性別分業は持続しても男性と女性はより平等となるだろう。このモデルの実現のためにはいくつかの政策が必要とされる。そのうち最も大胆なものは，家族内でのケア活動への報酬としてのケア提供者手当てであろう。「ケア提供者等価値」の発想からして，この手当ては，一家の稼ぎ手の所得と等しい金額でなければならない。

　最後に，**総ケア提供者モデル**は，男性を女性並みのケア提供者にすることによってこそ男女間の平等を実現できるとする考え方である。そのためには，「現在の女性のライフパターンを皆にとっての規範にすること」が求められる（フレイザー 1997=2003: 92）。総稼ぎ手モデルと違って，このモデルでは，家族内のケア活動をすべて社会サービスによって代替しようとするのではない。そうではなく，男性もケア活動を女性並みに分担することで性別分業を是正しようとするのである。ただし，フレイザーは，ケア活動がすべて家族内だけで行われるべきと考えているのではない。市民社会や親密圏において，多様な人々によってそれが協働的に担われることも想定されている。

　フレイザーによれば，この三つのモデルのうち最もジェンダー平等的なのは，総ケア提供者モデルである。まず，総稼ぎ手モデルでは，ケア活動を脱家族化することで女性の就業可能性を高めるとしている。しかし，実際には，ケア活動を完全に脱家族化することはできない。このモデルでは，このようにして家族に残されたケア活動は，結局のところ女性の責任になってしまう可能性が高い。なぜなら，このモデルには，すでに稼ぎ手である男性を変化させるという

視点が存在しないからである。次に，ケア提供者対等モデルも，やはり男性の変化という視点を有していないことが問題となる。男性は私的領域においてケア活動を行う責任を持たないし，公的領域においては，女性の仕事はしばしば「女性だけが行う仕事」（マミー・トラック）となり，この領域における男性の中心性は変わらないだろう。このモデルでは，結局のところ，ケア活動は女性の領域，仕事は男性の領域という公私二元論を克服することができないのである。

　以上のフレイザーのジェンダー平等の三モデルの意義は，男性稼ぎ手モデルを超える複数の道筋があることを示したことにある。このことの含意は，政治の重要性である。つまり，ひとくちに「ジェンダー平等」といっても，それには複数の考え方があり，そのうちのどれが選択されるかはまさに政治の問題なのである。

◉ 福祉国家改革への規範的評価──社会的投資か，ケアの再配分か

　フレイザーのジェンダー平等の三モデルを踏まえると，福祉国家改革論をジェンダー論の観点から規範的に評価することができる。ここで福祉国家改革論として取り上げるのは，1990年代後半以降に提起されるようになった**社会的投資論**である（→第6章第3節）。**アンソニー・ギデンズ**やエスピン＝アンデルセンらによって提唱されたこの議論のポイントは，社会保障を事後救済的なものとしてではなく，人々へのエンパワーメントの手段，あるいは，より直截的な言い方では「人的資源」への先行投資として捉え直すことにある（ギデンズ 1998＝1999; Esping-Andersen *et al.* 2002）。社会的投資論は，福祉給付と就労との関連を強化する**ワークフェア**と呼ばれる考え方と同一視されることもある。ただし，ワークフェアが未就労者への強制的色彩が強いのに対して，社会的投資論では，社会保障政策が就労のためのエンパワーメントであることが強調される（→第6章第3節）。社会的投資論は，社会保障の対象として，子どもと女性を重視する点も特徴である。

　このような社会的投資論は，フレイザーのモデルでは，総稼ぎ手モデルを目指すものだということができる。それは，女性の就業を促進することを通じたジェンダー平等を目指しているからである（田村 2011）。また，そのために，ケア活動の脱家族化を目指しているからでもある。ジェンダー論の立場からは，このような政策は女性を経済発展のためのいわば道具として活用しようとしているにすぎないという批判はありうる。とはいえ，男性に限らず誰もが稼ぎ手になることを目指してジェンダー不平等を是正しようとすることは，性別分業

を克服するための一つのルートと考えることができる。

　しかし，総ケア提供者モデルの見方を取れば，社会的投資論は批判の対象となる。女性の就業を促進する政策は欧州諸国における福祉国家改革においても見られたが，そのような政策の結果は，ジェンダー論研究からは批判される。結局，女性の多くは，パートタイム労働者の地位にとどまっており，表れているのは，「総稼ぎ手」ではなく「1と2分の1稼ぎ手家族」(Lewis 2002) だというのである。その理由は，フレイザーが総稼ぎ手モデルを批判したのと同じく，社会的投資論が家族内のケア活動の問題を脱家族化によって解決しようとしていることに求められる。どれほどケア活動を家族外の社会サービスに委ねたとしても，さまざまなサービスをめぐる調整の必要性はなくならず，その役割は，ケア役割を内面化した女性によって担われざるをえない。それゆえ，ケア活動の脱家族化によって，女性のケア役割を完全に代替することはできない (Lewis and Giullari 2005)。重要なことは，男女間でのケア活動の分担を見直していくことなのである。

　したがって，ジェンダー平等の観点からは，「男性を変える」総ケア提供者モデルのほうが望ましいということになる。そのための提案の一つとして，「ケアフェア (carefair)」がある (Kershaw 2006)。ケアフェアは，ケア提供者役割をすべての男性にまで「普遍化」することを表す言葉で，就労義務を強調する「ワークフェア」を逆手にとって，ケア活動の義務を強調するものである。もちろん，ケアフェアについては，ワークフェア以上に，どの程度の強制性が許容されるのか，どのような意味での「義務」なのか，そもそも義務を課すという発想が現代社会において望ましいのか，といった問題をめぐる議論が引き起こされるだろう。これらは規範的問題をめぐる論争点として，さらに議論が深められるべき問題である。

◉ ジェンダー平等か，もう一つの「脱家族化」か

　しかし，総稼ぎ手モデルか総ケア提供者モデルかという対立軸そのものを批判する立場も存在する。それは，本節 (1) で説明したケアの共同性論の立場である。ケアの共同性論からすれば，問題は，社会保障が家族単位，それも基本的に夫婦とその子どもから成る家族単位で考えられ，その結果，この意味での家族を前提にして「ジェンダー平等」が語られてしまうことである。このような家族は，社会学において「近代家族」(落合 1989; 2004) あるいは「ジェンダー家族」(牟田 2009) と呼ばれる。ケアの共同性論は，このような家族を前提とする限り，性別分業をはじめとする女性の困難，男女の非対称性は解消し

ないと考える。なぜなら，このような家族においては，不可避的に「ケアの私事化」および女性の主たるケア提供者化が生じてしまうからである（ファインマン 1995=2003; 牟田 2009）。

　それではどのような社会保障のあり方が望ましいのだろうか。ケアの共同性論は，「家族」でなくとも現実に「依存関係」で結びついた人々を社会保障の単位と考えるべきとする（ファインマン 1995=2003; 牟田 2009）。現実にケアする／されるという関係は，必ずしも血縁によるつながりや性的に結びついた関係とは限らない。さまざまなケア活動に基づく生活上の単位としてのケアの共

コラム8-3　ジェンダーをめぐる規範と政治

　本文では，ジェンダーをめぐる二つのトピックとして，「政治」の再検討と福祉国家改革論とを取り上げた。実は，この二つのトピックの違いは，政治学の規範的アプローチの中の二つのタイプの違いを表している。政治学の規範的アプローチは，一般に政治理論あるいは政治哲学と呼ばれる。その中に，政治そのものについて考察するものと，政治に関わる価値・規範について考察するものとがある。前者を「政治の政治理論」，後者を「規範的政治哲学」と呼ぼう（田村ほか 2017）。「政治」の再検討は政治の政治理論的なトピックであり，福祉国家改革論は規範的政治哲学的なトピックである。

　この二つのタイプの政治理論・政治哲学は，緊張関係に立つ場合もある。福祉国家改革論を例に取ると，規範的政治哲学の場合は，「ジェンダー平等」や「脱家族化」といった概念が何を指しているのか，また，なぜ望ましいのか（望ましくないのか）についての検討を通じて，異なる改革構想の評価を行う。しかし，政治の政治理論から見ると，どの改革構想がよいかは，結局のところ「政治」において決まるものでしかない。このような政治の政治理論からの議論は，どのような価値がなぜ望ましいのかを探究する規範的政治哲学の作業を，「政治」の名のもとに無意味化してしまいかねないのである。

　規範的アプローチ内部の，このような二つの立場の対立は，「政治的リアリズム」論争として知られている（田村 2014b）。ジェンダーに関するトピックにおいても，これら二つの立場の違いは，その議論内容に大きな影響を及ぼすだろう。

同性が，社会保障によって支えられるべきなのである。具体的には，シングル・マザー家族，性的少数者たちによる関係，複数の大人たちと子どもたちによる共同生活などが考えられる。

　規範理論としての重要なポイントは，このようなケアの共同性への保障において，総ケア提供者モデルが目指すような「男性によるケア」は，必ずしも目指すべき目標とはならない，ということである。ケアの共同性論にとっては，男性（夫／父親）がたとえケア活動を行わなくとも，現実に依存関係にある人々が「生き延びることができる」ことが最も重要なのである。したがって，男女間のケアの再配分を通じたジェンダー平等の実現という規範的目標を，ケアの共同性論は必ずしも共有しない，ということになるだろう（田村 2011）。ここには，ジェンダーの規範理論にとって，目指すべき目標・価値は何であるのかという，規範をめぐる対立が存在しているのである。

！ 要点の確認

・ジェンダー論／フェミニズムを踏まえた「政治」概念の再検討は，ジェンダーへの規範的アプローチの代表的なテーマである。そこでは，政治学における公私二元論が批判される。その克服としては，ケアの共同性を基礎とした政治論と，私的領域における「政治」の再構成の二つの方向がある。
・公共政策のジェンダー論的検討も，重要なテーマである。たとえば社会保障政策については，ジェンダー平等の三つのモデルを軸とすることで，社会的投資，ケアの再配分，ケアの共同性論などの，福祉国家改革論を規範的に評価することができる。

第8章の文献ガイド

五十嵐暁郎／ミランダ・A・シュラーズ（2012）『女性が政治を変えるとき──議員・市長・知事の経験』岩波書店。
　　▷日本の女性議員が少ない理由を国際比較に基づいて考察するとともに，インタビューによる女性議員の活動についての事例を集めた書。

衛藤幹子（2017）『政治学の批判的構想──ジェンダーからの接近』法政大学出版会。
　　▷「フェミニスト政治学」を掲げ，家父長制と性別分業を乗り越えるための政治と政治学のあり方を包括的に考察した著作。とりわけ，市民社会概念の再検討と，近年の「議会外代表」論やクオータ制も踏まえた代表制の考察が重要。

大嶽秀夫（2017）『フェミニストたちの政治史──参政権，リブ，平等法』東京大学出版会。
　　▷フェミニズム思想から，参政権運動，第2波フェミニズム，日本のいくつかの政策

形成に至るまで，ジェンダーをめぐる政治が，何を対立軸として展開してきたかを，より広い政治思想のパースペクティブの中に位置づけて解明した書。

岡野八代（2012）『フェミニズムの政治学——ケアの倫理をグローバル社会へ』みすず書房。

▷第3節で言うケアの共同性論の立場に依拠して，近代の政治理論，とりわけリベラリズムにおける主体像の根本的な批判を行い，さらには，依存関係に基づいて秩序像を描き直そうとする野心的な著作。

ペイトマン，キャロル（1989=2014）『秩序を乱す女たち？——政治理論とフェミニズム』山田竜作訳，法政大学出版局。

▷フェミニズムの観点から，支配や暴力に還元されない「政治」を取り出そうとする著作。原著が1989年刊行で，収められている論文には1970年代のものもあるが，ジェンダー論／フェミニズムの立場から，第3節で言う意味での「政治」を考えるとはどういうことかを教えてくれる。

三浦まり・衛藤幹子編（2014）『ジェンダー・クオータ——世界の女性議員はなぜ増えたのか』明石書店。

▷第2節で説明したクオータ制についての国際比較とそれに基づく理論的考察を集めた論文集。日本にとって参考になる諸外国の実践が多数紹介されている。

第9章
文　化

　日本の政治が悪いのは日本人の国民性のせいだ，と思っている人は多いのではないか。国民性とは，ある国民に広く共有される心理的・文化的傾向のことである。「民度が低い」とか，「この程度の国民はこの程度の政治家しか持てない」という表現を耳にすることもある。西洋の罪の文化に対して，日本は恥の文化であるとか，アメリカの個人主義に対して日本は集団主義だ，といった説を聞くこともあるだろう。このように，日本人や日本社会を，国民性や文化によって特徴づける議論に接するのは，珍しいことではない。これらの要素は，政治のあり方とどう関係しているだろうか。

　日本社会は（その一体性と持続性をとりあえず前提とするとしても），歴史上さまざまな政治体制や政治現象を経験してきたが，そのすべてが日本人の国民性を反映しているのだろうか。文化は政治について，何をどのくらい説明できるのだろうか。そして，政治学は文化を，どのように考えたらよいのだろうか。

1.　文化の記述

(1)　文化と政治

　文化は多義的な語である。たとえば，高校の文化祭や文化部の部活動など，「武」と対になる「文」として芸術や学問を文化と呼ぶこともある。日本国憲法 25 条は，国民に「健康で文化的な最低限度の生活を送る権利」を保障しているが，ここでの文化的な生活とは，「人間らしい暮らし」といったほどの意味であろう。

　より広い意味では，文化は，人々の思考を枠づけ，ある社会や集団を他の社会や集団から区別する，歴史的に伝達される意味のシステムを指す。このような文化が政治にとって重要なのは，それが諸個人を集合的アイデンティティへと結びつけ，集団の境界を定義し，それらの内部，およびそれらの間の行為を組織し，他者の行為や動機を解釈する枠組みを与えるからである（Ross 2009）。

　政治学では，**政治文化**（political culture）という概念を用いて，政治と文化の関係を考えてきた。政治文化は，「政治の在り方に大きく影響を与える慣習，規範，価値を基底としている思想と行動の一定のパターン」（猪口 2004: v），「ある人々の共同体において現に存在する記憶とアイデンティティ，規範と価値，信念と選好，行為と慣習の一式」（猪口 2015: 39）などと定義される。

　政治文化についての最も有名な研究は，1950 年代後半から 1960 年代初頭に，アメリカ，イギリス，西ドイツ，イタリア，メキシコの市民に対して行われた面接調査に基づく，**ガブリエル・アーモンドとシドニー・ヴァーバ**によるものである。彼らは，「国民の政治文化とは，その国民の中で特殊に配分されている政治的対象に対する指向のパターン」だという（アーモンド／ヴァーバ 1963=1974: 12）。

　アーモンドとヴェーバは，政治システム，その入力の面，出力の面，および政治システムにおける自分自身の四つについて，それぞれ「認知的指向」（知識や信念），「感情的指向」，「評価的指向」（判断や意見）から，政治文化を明らかにしようとする（アーモンド／ヴァーバ 1963=1974: 12）。つまり政治文化は，「政治システムの総体，そのインプットとアウトプットの局面，および政治的行為者としての自分自身に対する，認知的，感情的，評価的な各指向の異なった種類の頻度分布」であり，「ある政治システムを構成する人々の政治指向の特定の型の発生率」と定義される（アーモンド／ヴァーバ 1963=1974: 15, 29）。

これは，漠然と「これが日本の文化だ」などという場合とは全く異なる，比較や分類のために操作化，つまり概念を分析に用いることができるように変数に変換した，政治文化の定義である。彼らは，政治文化に対する科学的アプローチの確立を目指したのである。

　アーモンドらによれば，アフリカの部族社会などでは，専門化された政治的役割がなく，首長，首領，まじない師といった地位は，政治的，経済的，宗教的役割の混合したものである。そうした社会の成員にとっては，これらの役割への政治指向は，その宗教的，社会的指向から分化していない。こうした社会の政治文化は，「未分化型政治文化」と呼ばれる。未分化型政治文化を持つ人々は，上記四つ（政治システム，その入力の面，その出力の面，政治システムにおける自分自身）のいずれに対しても指向を持たず，政治システムには何も期待しない。それに対して，政治システム自体とその出力局面への指向を持つが，入力過程と積極的参加者としての自己への指向が少ないタイプは，「臣民型政治文化」とされる。政治システムとその出力面にのみ関わる臣民型政治文化は，基本的には受動的なものである。第3の型である「参加型政治文化」は，四つの面すべての指向を持つ（アーモンド／ヴァーバ 1963=1974: 15-17）。

　政治文化は，必ずしも「国民性」という形で現れるわけではない。国民国家の内部に，言語や宗教に基づく文化圏が複数ある国もある。これを国民文化に対する，下位文化と呼ぶこともある。複数の下位文化から成り，教育システムからマスメディア，労働組合など各種の社会制度・社会組織までもが，それぞれの下位文化（「柱」や「区画」とも呼ばれる）ごとに分かれているような多極共存型民主主義（consociational democracy）の諸国（→第3章第1節）においては，「文化」は国民国家の境界とは一致していない。

　文化を共有する単位は，国民国家やエスニック集団以外にもある。たとえば，労働者階級の文化が，資本主義体制下における主流文化への対抗的な価値を体現することがある。もっとも，その意義は両義的である。報酬や労働における満足度の点で，精神労働に劣るとされる肉体労働を自ら選び取る一群の人々がなぜ存在するのかという観点から，イギリスの労働者文化や，その予備軍たちの反学校文化を探ったポール・ウィリスは，これらの文化は，一方では資本主義的な価値観に対抗する側面を持ちつつも，他方で彼らの労働者性を再生産し，肉体労働に自ら進んで入っていく人々を生み出すことで，苦役労働の担い手を供給し，資本主義体制の存続に寄与してもいるという（ウィリス 1977=1996）。

　グローバリゼーションの観点からは，国民国家を超えた単位が共有する世界

文化を考えることもできる。国際関係論で世界政体論や世界文化論などと呼ばれる立場は，同じような制度や政策が多くの国に存在する「同型化」の理由として，たとえば近代化や経済発展にとって必要だったからといった機能主義的な説明ではなく，世界文化の普及を挙げる。グローバル化が，国民国家レベルの文化の差異を相対化し，世界的規模の文化的均質化をもたらすかどうかは，グローバリゼーション論の重要なテーマである。

(2) 持続と変容

　文化をめぐる研究は，その持続性を前提としてきた。政治文化論の関心の一つは，土着の文化が，その国や地域の近代化を妨げていることであった。

　しかし，人々の意識や態度などと呼ばれるものの中には，比較的短期間で大きく変化するものもある。政治に関連が深いものでいえば，たとえば内閣支持率は代表的な例であろう。このように移ろいやすいものを，ある国の政治文化と呼ぶことはためらわれるだろう（とはいえ，内閣への支持が移ろいやすいこと自体を国民性に帰することは，できるかもしれない）。

　つまり，ある特質が「文化」足りうるには，一定程度の時間的継続性が不可欠である。そうした観点から，文化に似た概念と区別することも可能であろう。たとえば「価値」とは，出来事や状況によって変化しやすい「態度」よりも，持続的なものである（リプセット 1996=1999: 27-28; Jo 2011）。短期的に変わる態度が重要でないというわけではないが，文化研究は，むしろより持続的で変わりにくい性質のものを対象としてきた。

　文化が世代を超えて持続するとすれば，それはどのようなメカニズムによるのであろうか。人々が政治的な価値や態度を獲得するプロセスを，**政治的社会化**（political socialization）と呼ぶ（→第2章第3節）。家庭は，政治的社会化の主要な担い手とされ，また学校教育が果たす役割も大きい。学校教育が，しばしば激しい政治的な争点となるのは，政党や政治家が，人々の政治的態度の形成にとって学校教育の影響が大きいと考えるからである。

　文化が持続性をその本質とするなら，それは未来永劫変えられないものなのだろうか。日本的特殊性を突き詰めようとする議論の中には，それが宿命的であるとの響きを醸し出すものもあった。表層的なレベルにおける政治意識が変わったとしても，その基底にある認識や思考のパターンは持続的だとする見方もある。

　しかし，経済発展を随伴して起こった社会の近代化は，職業生活，家庭生活

等さまざまな面において，私たちの生活様式を劇的に変えた。それに伴って，価値観や思考様式に変化が起きていたとしても不思議ではない。

　価値変動と政治の関係については，ロナルド・イングルハートによる**脱物質主義**（post-materialism）をめぐる議論が有名である。彼は，さまざまな社会変動の結果，人々の価値観がより脱物質主義的なものになってきたと主張する。その際にイングルハートは，私たちの持つ欲求は生存にとって切迫した度合いによって階層性を持ち，人はより低い次元の欲求が満たされない限り，それよりも高い次元の欲求を持たないとする心理学者アブラハム・マズローの欲求段階説に依拠する。たとえば，明日食べる物にも事欠くような人が，自己実現の欲求を持つことはないと考えられる。こうした考えを基礎にイングルハートは，第二次世界大戦後，欧米諸国が空前の経済的繁栄を享受して窮乏から脱したことと，全面的な戦争がなかったことが，人々の欲求を，生存そのものからは遠い脱物質主義的なものへと変えたとする。たとえば，「国内秩序の維持」「重要な政治決定に際し発言権を増すこと」「物価上昇との戦い」「言論の自由の擁護」の四つのうち，物質主義的な価値観を持つ人々は1番目と3番目を選ぶ傾向にあり，脱物質主義的な価値観を持つ人は2番目と4番目を選ぶ傾向がある。経済的安定と身体的安全が広がることで，生存や生理的欲求に代わって，尊敬への欲求や知的満足，さらには自己実現のような脱物質主義的な価値観が普及し，政治参加のタイプも，よりエリート挑戦的なものになることが予想される。そして，戦後生まれの若い世代ほど，脱物質主義的な価値観が普及していることが，調査によって確認された（イングルハート 1977=1978）。

　こうした議論は，人々が持つ意識や価値観は宿命的というより可変的であることや，各国の文化はそれぞれに特殊であるというよりは，むしろ共通の基盤の上で，同じような変化を経験しているという可能性を想起させるものであった。

　それに加えて，イングルハートの議論は，政党政治研究にとっても大きな意義を持つ。新たに政党システムに登場した環境政党などの脱物質主義政党が，既存の政党は左右を問わず経済成長を目指している点で同類だとし，経済成長の代わりに環境の保全や生活の質といった争点を掲げることで，そこに新しい対立軸が生まれる。また，経済的対立軸に代わるアイデンティティ・ポリティクスを提起した**新しい社会運動**（→第4章第4節）の台頭も，脱物質主義と結びつけて理解される（イングルハート 1990=1993）。その意味で，イングルハートの脱物質主義テーゼは，価値変容に着目することで，政治的安定よりはむし

ろ，その変容の側面に光を当てたといえる。

（3）政治にとってなぜ文化が重要なのか

　政治学は，なぜ文化について考えてきたのだろうか。たとえば，アーモンド
らの研究の背景には，民主主義を維持しえた英米とは対照的に，その崩壊を招
いたドイツ・イタリアの1920年代から30年代における歴史的経験があった
（Almond 1980）。彼らの研究は，一人ひとりの個人を対象とした面接調査に基
づくものだが，彼らが「回答者に関心を抱くのは，個人としてではなく，複合
した社会システムの構成員としてである」（アーモンド／ヴァーバ 1963=1974:
66）。つまり，彼らが政治文化に着目したのは，政治システムの安定性は民主
主義的な制度にのみ基づくのではなく，それを支える政治文化があればこそ，
という問題関心からであった（→第5章第1節）。制度的には民主化を果たし
た国の中には，「民主主義のハードウェアは持っているが，ソフトウェアは権
威主義」（Harrison 2000: xxx）という国も少なくない。ここでいうソフトウェ
アが政治文化である。民主主義の制度（ハードウェア）を導入しても，旧来の
文化（ソフトウェア）が根強く残っているために，民主主義が定着していない
というのは，政治学を含む戦後日本の社会科学にとっての，最重要テーマの一
つであった。

　文化や価値観の違いは，大きな対立軸として投票行動にも現れることがある。
1960年代前半までの日本における政党支持の基盤を文化政治（cultural politics）
ないし価値政治（value politics）だとした綿貫 譲治は，日本の政治的対立の本
質に影響を与え，投票行動を説明するのは，経済的利益よりも，価値体系の相
違からくる分裂，具体的には近代的価値観だという。経済的動機が投票行動に
影響しないというわけではない。それでも，教育，労働，治安などの争点にお
ける伝統的価値観を，自民党が農村部や旧中間層，高齢者へのアピールに利用
する一方で，それに反発する都市部の若い労働者が社会党支持に向かうといっ
た形で，日本人の政党支持の基盤に伝統的価値観と反伝統的価値観の対立があ
るとしたのである（綿貫 1976）。

　文化が問題とされるのは，民主主義の定着期においてだけではない。むしろ
近年は，グローバル化に伴う異文化との接触により，文化が政治的争点となる
ことは増えているとさえ言える。たとえば，世俗主義（ライシテ）を国是とす
るフランスでは，学校その他の「公的な」場におけるイスラム教徒のスカーフ
の着用が，大きな政治的争点となった。

コラム 9-1　日本人論と日本人の特殊性

　日本的特質の抽出に力を注いだ戦後日本の社会科学は，文化に着目すること
が多かった。そうした議論の問い直しや相対化も，少なからずなされてきたが，
代表的な仕事として，多数の日本人論を分析の俎上に乗せた，杉本良夫とロ
ス・マオアの研究を挙げることができるだろう。日本人論において日本的とさ
れてきた特質が実は他の国民にも当てはまることや，日本人論は日本人全体を
同質のものと見なしがちで，その中における対立の契機が軽視されてきたこと，
実証研究における方法論の欠如など，その批判の論点は多岐にわたる（杉本／
マオア 1995）。

　他方で，日本人は必ずしもユニークとはいえないのではないかという指摘に
満ちた杉本たちの議論が，日本人論のような自国の特殊性への関心に基づく書
籍が，日本では他国とは比べ物にならないほど多く出版されている点に注意を
喚起し，その意味で日本は特異といえるかもしれないと述べている点は興味深
い。ナルシスティックか自虐的かはともかく，自分たちは特殊だと思いたがる
（自意識過剰な？）点において，日本人は特殊なのかもしれない。

　最も甚だしいケースは，米ソ冷戦終焉後，資本主義対共産主義というイデオ
ロギー対立に代わり，新たに文明間の対立が顕在化することを予言したサミュ
エル・ハンチントンの「**文明の衝突**」論である。ハンチントンは，文明
（civilization）と文化は，いずれも人々の生活様式全般を指し，文明は文化を拡
大したものだという。どちらも，価値観，規範，社会制度，何世代にもわたっ
て最も重要視されてきた思考様式を含んでいるが，彼は文明を定義する要素の
中で，最も重要なのは宗教だという。「最も範囲の広い文化的なまとまり」，
「人を文化的に分類する最上位の範疇」などとされ，「人のもつ文化的アイデン
ティティの最も広いレベルを構成している」文明として，具体的に挙げられる
のは，中華文明，日本文明，ヒンドゥー文明，イスラム文明，西欧文明，ロシ
ア正教会文明，ラテンアメリカ文明，アフリカ文明の八つである。軍事的紛争
にまで至る文明間の衝突を予言した彼の議論は，多くの批判も招いたが，大き
な話題を呼び幅広く読まれた（ハンチントン 1996=1998）。

（4）文化論への批判と文化研究の意義

　文化の役割を重視する議論には，多くの批判もなされてきた。文化の概念は曖昧で厳密さに欠け，関連概念との区別も難しく，測定にも問題があるため，分析の単位として不適切であるといった指摘，相対的に安定的なパターンを意味する文化は，変化を説明する上では役には立たないといった指摘，文化による分析は，文化と政治的帰結を結びつけるメカニズムの点で十分に明確ではないなどの指摘がある。たとえ文化的特質の違いが確定できたとしても，それが政治的帰結の違いをもたらしたことを証明するのは困難である。政治文化によってほとんどあらゆる政治現象を説明しようとする論者がいる一方，文化を，他の方法では説明できない事柄を説明する残余範疇と見なす論者もいる（Dalton 1996: 338; Harrison 2000: xxxii; Ross 2009: 152-153）。

　1980年代以降，制度や個人の合理的選択に着目し，因果関係の解明に関心を向ける研究が経験的政治学の主流になり，変数の特定に厳密さが求められるようになると，測定に曖昧さの残る文化論は下火となる。日本の政治文化の特質の解明に大きなエネルギーを割いてきた日本の政治学においても，欧米由来の社会調査が普及したことにより，文化分析が後景に追いやられた面がある（河野 2003: 23）。

　個人を自己利益の最大化を目指す合理的なアクターと考える**合理的選択論**では（→第1章第1節），文化を超えて自己利益の最大化を仮定するので，文化的違いは重視されない。自己利益の最大化に動機づけられている人々が，国によって異なる行動を取るのは，文化の違いによるというよりは，制度の違いによると考えられる。

　55年体制下においては，首相候補としての領袖（ボス）をいただくいくつもの派閥が自民党内に割拠し，政策論議そっちのけでその勢力争いに明け暮れている（ように見えた）ことは，しばしば日本政治の文化的特質のように語られていた。しかし，今日の政治学者の多くは，それを中選挙区制の効果と見なしており，実際，小選挙区制を中心とした選挙制度になって以降，派閥の活動量は低下した（→第3章第2節）。選挙カーから候補者の名前を連呼する選挙運動のスタイルも，政治文化の後進性の現れと思われるかもしれないが，公職選挙法を改正して戸別訪問を解禁すれば，変わるかもしれない。「政治とカネ」の問題も，文化よりはむしろ政治資金規正法によって説明が可能な部分が大きいだろう。文化に由来する非合理的な行動に見えることも，既存の制度的制約のもとで，人々が合理的と思われる行動を取った結果かもしれないのである。

　ある経済学者は，自己利益最大化という人間の合理性から乖離しているという意味で「最適でない」行動のパターンとして「文化」を定義しているという（粕谷 2014: 124, 注7）。これは，歴史的に形成され，伝達されてきた文化が，自己利益最大化という人々の合理的な行動の妨げとなっているという見方である。

　それでは，このように制度や個人の合理性が重視される時代において，政治学における文化研究はその役割を終えたのだろうか。実は，何が利益や利得であるかを文化が決める，という面がある。文化は，政治が生起する文脈を枠づけ，政治的優先順位を決め，人々が価値があると考える対象や，紛争が起こる文脈，政治が行われるルールや，誰がそこに参加するかを定義する。そうすることで文化は，利益とは何か，そしてそれはいかに追求されるかを定義するのである（Ross 2009: 139-140）。

　また，文化を人々の行動に対する非公式の制約といった意味で捉えるなら，制度との違いはきわめて小さくなる。たとえば，経済学における制度研究の泰斗であるダグラス・ノースは，異なる社会に同じ公式のルールを課してもその結果は異なるとし，「公式の制約」に加え「非公式の制約」が重要だという。彼はこの「非公式の制約」を，「社会的に伝達される情報に由来し，われわれが文化と呼ぶ遺産の一部」だとしている（ノース 1990=1994: 48-49）。合理性の想定の単純さを乗り越えるために，合理性の想定を緩めれば緩めるほど，文化的な説明に接近する。合理的アクターは，文化による制約を合理的に計算しつつ行動していると考えることもできる。

　近年，文化と政治をめぐる議論は，新しい局面を迎えているともいえる。1997年に出版された比較政治学のテキストの中で，比較政治への文化論の貢献は，合理的選択や制度論に比べて，はるかに乏しく発展もしていないと書いたマーク・ハワード・ロスは，2009年に出た同書の第2版では，今日では，研究者たちは文化をより真剣に捉えるようになったと，新たな認識を披露している。このことは，政治についての文化的研究の新しい傾向を示すものといえる。文化を態度や価値の観点から定義づけていた伝統的なアプローチに対し，文化をシナリオと言説の観点から見るアプローチへの刷新といえる。これは，社会科学全体における文化論的転換（cultural turn）を反映したものでもある（Ross 2009）。変化を妨げるものとしての文化から変化を促すものとしての文化へと，関心の比重が移動したとも言えるだろう（→本章第2節）。

　さらに言うならば，文化分析には，政治学の方法論的個人主義志向への挑戦という意味もある（Ross 2009）。方法論的個人主義とは，社会的帰結を個人の

意思決定の集積と考える立場のことであり，過去数十年，政治学をはじめとする社会諸科学の少なからぬ部分が，明示的・暗示的に前提としてきた。

　これに対して，文化の役割を重視する立場は，諸個人の意識的な選択や決定，自覚された選好の基底に，それらを枠づけるより集合的な力を想定する。このような文化の規定力に接近するためには，政治的主体としての個人に焦点を当てる方法論的個人主義自体の問い直しが求められる。その結果，従来の政治学者による政治文化研究自体も再審の対象となりかねない。問題となるのは，アーモンドらやイングルハートも援用し，今日ではより一般的になっている面接やアンケートなどの手法である。これらは，文化を理解するために，それをいったん個人に還元する手法である。しかし，文化とは個々人に帰属するものでも，諸個人の価値の集積でもないとするならば，そのように個人に還元するという方法自体の妥当性が問われる（高瀬 1990; 西山 2019; Ross 2009: 154）。

　文化とは共有された価値であるという点に着目するなら，個人を対象とした調査で意見が大きく異なる人同士の間でも，物の見方が共有されていることこそが重要だともいえる。同じ文化を共有している人というのは，同じように考えたり行動したりするというよりは，世界観を共有することにより，むしろ同じような制約を受けているという面に着目すべきだと考えられるからである（Laitin 1988; Ross 2009）。

　その意味で，文化を研究する際に，個人を対象とした調査手法，つまり，人々が明示的に発する「回答」の集積から「文化」を特定する方法とは異なる道が探られてよい。エスノグラフィーやナラティブ分析，儀式や象徴についての文化人類学的研究，集合的無意識をめぐる精神分析学的な研究など，諸個人の選好に還元できない次元にある文化を捉えようとする方法は，いろいろ考えられる。そして，こうした多様な方法論を援用することは，かつて政治学が得意としていたところでもあるのである。

！ 要点の確認

・特定の単位の人々が共有する，政治に影響を与える規範や価値，信念などの体系を政治文化という。
・諸個人の合理性が強調されるようになる中で，政治における文化研究は，相対的に下火になっていたが，近年，新しい文化研究が台頭している。それは，伝統的な政治文化が社会の進む方向性を宿命的に妨げるといった議論とは対極的に，文化の共有を通じた政治の変化を説明しようとするものである。
・文化を考えることは，方法論的個人主義を見直すことにもつながる。

2. 文化による説明

(1) 社会科学における「文化による説明」

政治学に限らず社会科学全般において，「文化」は説明のための重要な一要素とされてきた。その代表格が，**マックス・ウェーバー**である。ウェーバーの代表的著作の一つである『プロテスタンティズムの倫理と資本主義の精神』は，「文化による説明」の試みでもある。この本は，宗教改革後に発展したプロテスタンティズムの「禁欲精神」が，合理的な経済活動を支えるエートス（心性）となり，資本主義の発展を促したと「説明」している（ヴェーバー 1920=1989）。また，この本がウェーバーの『宗教社会学』という壮大な比較研究の一部であることを念頭に置くと，その「文化による説明」としての性格はいっそう明確となる。ウェーバーは『宗教社会学』の中で，儒教や道教が広がった地域と比較して，資本主義発展の要因が「プロテスタンティズム」という宗教であることを突き止めようとしたのである。

ウェーバーは社会における理念の役割について，「『理念』によってつくりだされた『世界像』は，極めてしばしば転轍手として軌道を決定し，その軌道の上を利害のダイナミックスが人間の行為を推し進めてきたのである」（ヴェーバー 1920-21=1972: 58）と表現している。もちろん，「理念」や「世界像」といった文化的要素によって，社会や政治の結果がすべて決まってしまうわけではなく，そのような結果は，あくまで人間の行為によって生み出されるものである。しかし，その結果に至るような道を準備するという点において，文化は重要な役割を持っているとしたのである。

このような系譜を受け継ぎながら，「文化による説明」は現代の社会科学においても発展してきた。マーク・リックバックは，それらの潮流を「文化主義」と呼ぶ。この場合「文化」には，人々の認識や解釈，規範，価値，信念，あるいはイデオロギーなど，「人々の考え方を左右するもの」全般が含まれる。ただしここで重要なのは，これらの「文化」はただ一人によって保有されるのではなく，多くの人々に共有されていることによって初めて影響力を持つ点である（→本章第1節）。その意味で文化は，ただ主観的なものとしてではなく，人々の間で共有された性格，つまり**間主観性**という観点から捉える必要がある。これらを踏まえ，文化主義についてリックバックは，「人々が行為する際の解釈，意味，重要性の間主観的な網の目に関する重厚な描写を通じて，一般的な

物語を越えようとする」特徴があると述べる（Lichbach 2003 : 13）。

　文化主義は，政治学においてもいくつかの潮流に結びついた。本節ではそれを，主に二つに分けて取り上げることにしたい。ポイントは，間主観性，つまり人々の間での文化の共有をどのように考えるかにある。一つは，一定の文化がすでに共有されている状態から出発して，そこからある政治的結果を説明しようとするものである。この潮流においては，それらの文化はすでに間主観的に存在し，人々の行動を規定するものとして捉える点で，構造的な文化把握に基づく。いわゆる「政治文化論」は，この範疇に入るだろう。

　もう一つは，アクターの側から出発して分析しようとするものである。つまりある文化が，生み出された時には少数派であったものの，それがアクターの戦略によって他の人々に拡散され，共有が広がった結果，ある政治的結果が生じたとするものである。この場合には，その共有の過程が一つのポイントとなるため，より動態的な説明になるとともに，一定の「変化」を射程に収めることが可能となる。

(2) 構造的な「文化による説明」

　まずは，構造的な性格を持つ「文化による説明」について取り上げよう。これについては，本書の中でもすでに何度か言及している。とくに民主主義論において，どのような民主主義国家が安定するのか，またよりよく機能する民主主義の条件とは何かを探索する試みの中で，その国家の市民の文化が注目されてきた。

　その典型は，第5章第1節や本章第1節でも取り上げた，**ガブリエル・アーモンドとシドニー・ヴァーバ**による政治文化論である。彼らは，政治文化のあり方が民主主義の安定性にどのように結びついているのかを調査と比較によって明らかにした（アーモンド／ヴァーバ 1965=1974）。とはいえこれらの研究は，各国の政治文化の違いを明らかにしているものの，それがどのように民主主義の安定性につながっているのかを論証できているわけではない。そのため，「説明」というより「記述」という性格が強い（→本章第1節）。

　このような問題点を踏まえ，より「説明」の観点から，民主主義の機能に文化が与えている影響を考えたのが，第5章第2節で取り上げた，**ロバート・パットナム**による**社会関係資本論**である。「信頼，規範，ネットワークといった社会組織の特徴」という社会関係資本の定義には，多分に文化的側面が認められる。パットナムは，この社会関係資本が大きいほど，民主主義制度のパフォ

ーマンス（業績）も良いとして，文化から民主主義の機能を説明したのであった（パットナム 1993=2001）。

このように，「文化による説明」には政治学においても一定の蓄積があるが，もちろんそれは民主主義論に限られない。とりわけ比較政治においては，「同じような制度を持つ国なのに，なぜ異なる政策決定がなされるのか」，また「異なる国なのに，なぜ同じような政策が採用されるのか」といった問題に関し，その国家で共有される文化の違いや，国家間で共通する文化に着目して，その要因を探る研究が行われてきた。

まず，文化に着目して国家間の「差異」を説明するものを取り上げてみよう。ピーター・カッツェンスタインは，日本とドイツの安全保障政策の違いを，対内的政策（治安）と対外的政策（軍事や外交）の両面から分析している。ここで彼が着目するのが，アクターの行動の基準を定義・形成している規範である（カッツェンスタイン 1996=2007: 25）。日本では，共同体の中でインフォーマルに共有された「社会規範」が，普遍的かつフォーマルな「法規範」の解釈を性格づけており，社会規範と法規範とが密接に相互作用している。たとえば，テロリズムや反対運動の封じ込めといった治安政策に関して，日本では社会的かつ共同体的な監視に負う部分が大きい。しかし，ドイツにおいては，これらの治安政策は，もっぱら法規範によって行われる。つまり，法を執行する国家の活動として，テロリストの脅威を封じ込めるのである。

このような対内的安全保障政策の違いは，対外的な安全保障政策の違いにもつながっていく。ドイツの場合には，法規範という普遍性の強い要素に依拠するため，国際的にもその法規範を広げるという形で，積極的に国際安全保障に関与していくことが可能となる。しかし日本の場合は，社会規範という，その共同体でのみ通用するような特殊な規範に依拠するため，それを国際的に広げることが難しい。すなわち，国際的な安全保障政策への関与に対しては，消極的かつ受動的となる。このようにしてカッツェンスタインは，国家間の違いを「規範」という文化的要素から分析したのである。

一方，国家間での共通性を説明する際にも，「文化」に着目する場合がある。異なる制度や歴史を持った国々の間で，同様な政策が同じ時期に採用されることがよくある。経済政策や金融政策においては以前から見られたし，近年では移民・難民政策や女性政策などが例に挙げられる。このような共通化を，政策や制度の「同型化」や，国家間での「波及」と呼ぶが，それらはなぜ生じるのだろうか。**社会学的制度論**と呼ばれる潮流は，慣習や規範，行動の基準といっ

た「文化」に注目し，それらが行為者の認識や解釈に作用して一定の方向へと行動を促進することによって，これらの同型化や波及が生じるという説明を行っている。

　たとえば，ヤセミン・ソイサルは，外国人労働者の社会的権利の同型化はなぜ生じたのかという問題を，「文化」の側面から考えている。第二次世界大戦後，主に西欧諸国においては，外国人労働者に対して，福祉受給などさまざまな社会的権利を国民と同等な形で付与する政策が共通して取られてきた。このような同型化は，なぜ生じたのだろうか。

　ここでソイサルがその要因として挙げるのが，「国境を越えた人権モデル」という国際的言説である。これは，人々の社会的権利を，その国の国民であるかどうかにかかわらず保障すべきという規範に基づく。このような「国境を越えた人権モデル」は，国際的慣習や条約として制度化されるに従い，各国のアクターが政策課題をどう認識するかに対して，適切性（→第2章第4節）の点から影響を与える。このようにしてその規範を追求するアクターが形成され，その戦略が促進されていく。その結果，「国境を越えた人権モデル」という共通の規範に基づく政策形成に向けたアクターの行動が，各国で見られるようになり，その政策の同型化が生じたのである（Soysal 1994）。

　このように，一定の文化を要因として政治的結果を説明する試みは蓄積されており，それはまた，国家間の共通性の説明にも差異の説明にも用いられる。ただし，ここで取り上げたものは，それがある国家の文化であれ，あるいは国際的な規範であれ，すでにある範囲で共有された文化が，各アクターの行動を形成・促進することで，共通性や違いを生むという論理となっている。おおざっぱに言えば，違う文化が共有されている場合には異なる結果が，同じ文化が共有されている場合には同じ結果が生まれるという論理である。

　しかし，このような文化的説明には，国際的であれ国内的であれ，あらかじめ構造的に広がっている文化がアクターの行動を規定するという点で，文化決定論あるいは構造規定的ではないかという批判も投げかけられている。たとえば，ある国際的規範が存在するとしても，各国内ではそれを受け入れるアクターとそれに反発するアクターとがあり，その間で行われる政治によって結果は異なってくるのではないか。その規範を受け入れたアクターが優位であれば結果は共通してくるが，反対するアクターが強ければ違いは残るだろう。また，受容するアクターと反対するアクターとの力関係によっては，同じような政策でもその内容には違いが生じることもありうる。

つまり，これらの「文化による説明」では，ある一定の文化をすでに共有されたものと見なした上で説明を始めるために，それと結果とを直接的に結び付けてしまい，その間にある対立や妥協といった政治的な動きに対する視点が弱くなる場合がある。また，同じような文化を持つ国家で，異なる方向への政策の変化が起きたのはなぜかといったような，「変化」の説明に関しては十分に対応できないという批判もある。

これらの問題について，同じ「文化による説明」を目指しながらも，よりアクターの視点を強調することで，それを克服しようとする議論について見てみよう。

(3) アクターからの「文化による説明」

アクターは，すでに共有されている「文化」からただ受動的に影響を受けるわけではない。アクターが，規範やアイディア，言説といった文化的要素を主体的・戦略的に拡散し，その共有を拡大する，つまり支持者を増やすことによって，目標とした政治的帰結が生み出される場合もある。この場合に重要なのは，「文化」が共有される過程に光を当てることであり，そのことで，新たな制度・政策の形成やその変化を説明することが可能となるだろう。この点に関して，「アイディアの政治」と呼ばれる理論による研究が一定の蓄積を見ている。

ここで「アイディア」とは，ジュディス・ゴールドシュタインとロバート・コヘインによれば，「個人によって保有されている信念」（Goldstein and Keohane 1993: 3）と定義される。かなり具体的な政策アイディアを取り上げる場合もあれば，より抽象的な信念に注目される場合もある。そこには一定の幅があるが，いずれにしろ「アイディアの政治」に共通しているのは，「アイディアは，あるアクターと結びつくときにのみ，政治に影響力を及ぼしうる」（Berman 1998: 219）という視点である。当初はある一部のアクターのみに保有されていたアイディアが，多くのアクターへと共有されていくプロセスが，結果を説明する鍵となってくる。

しかし，共有過程が重要ということだけであれば，強い権力を持ったアクターが影響力を行使し，そのアイディアを押し付ける形で拡大していくこともありうる。この場合，ある制度や政策の形成・変容が生じたと言っても，その要因はそのアクターの持つ権力であって，アイディア自体が重要だったとは言えないだろう。ここで問われるのは，アイディアそのものが，どのように影響力

を持ちえたのかということである。

　この点に関しヴィヴィアン・シュミットは，アイディアには「認知的機能」と「規範的機能」があるとした。認知的機能とは，「現在の諸問題に対して効果的な解決」を提供する機能であり，この機能が発揮されれば，その「正しさ」の面から人々の支持を獲得していくような影響力を持ちうる。また規範的機能とは，「価値の観点からその適切性を証明する」機能であり，この場合には主に「望ましさ」の点から人々の支持を広げていくことになる（Schmidt 2002: 213）。また，前掲のゴールドシュタインとコヘインは，ほぼ同様の機能を，それぞれ「因果的信念」と「原則的信念」と表現している。

　それでは，「アイディアの政治」では，具体的にはどのような「説明」が行われるのだろうか。たとえばマーク・ブライスは，市場を国家がコントロールする制度が，1930 年代に各国において採用された理由について，アメリカとスウェーデンを事例に説明している（Blyth 2002）。大恐慌後，既存の自由主義的な経済政策の正当性が揺らぎ，どのような経済政策や制度が望ましいかについて不確実性が高まっていった。この中で，さまざまな政策アイディアが提起され，それらが競合する状態になる，その中で一定の影響力を持ったのが，ケインズ主義などに基づく「埋め込まれた自由主義」のアイディアであった。これは，市場の働きが無秩序を生み出さないよう，国家が市場をコントロールしながら，経済成長も達成していくというアイディアである。このアイディアの影響力によって，アメリカでは政府と企業との間で，スウェーデンでは政府・企業・労働・農業の間で連合が形成された。その結果，政策変化が実現することになったとされるのである。

　また，ピーター・ホールは逆に，1980 年代において，「大きな政府」を前提とするケインズ主義から，「小さな政府」と結びつくマネタリズムへと政策変化が起きたのはなぜかという問題を，「政策パラダイム」と「社会的学習」の観点から説明した。ここで「政策パラダイム」とは，①政策を導く支配的な目標，②その目標を達成するための技術や道具，③これらの道具のセッティングを意味する。アイディアとの関連で具体的に言えば，「直面する問題がどのように認識され，政策を通じてどのような目標が達成され，このような目標に到達するために，どの種類の技術が用いられるかについて具体化するような，包括的なアイディアのセット」（Hall 1992: 91）ということになる。

　その上でホールは，ケインズ主義からマネタリズムへの変化は，この三つのレベルでのパラダイム・シフトによって生じたと論じる。そのプロセスにおい

て鍵となるのは「社会的学習」である（Hall 1993）。これらのアイディアは，当初はメディアや財政に関する知識サークルといった社会的領域において生み出され議論されてきたが，それが政府の各政策担当者の間で学習されることによって浸透し，実際の政策形成へとつながっていったのである。

　ただし，ここで取り上げた研究は，単に政治過程を明らかにしただけではなく，比較研究としての意味も持っている。つまり，ブライスの場合には，その後の「埋め込まれた自由主義」の強さがアメリカとスウェーデンとの間で異なったことを説明する際に，またホールの場合には，イギリスとフランスの間での経済政策の違いを説明する議論として，「アイディア」の視点は用いられたのである。このように，「アイディアの政治」は，国家間の政策や制度が異なった展開を見せたのはなぜか，という説明にも用いられる。

　その一例としてキャスリン・シキンクは，1950 年代から 60 年代のブラジルとアルゼンチンの経済政策を取り上げ，前者では「開発主義」と呼ばれる経済政策が成功したのに対して，後者では失敗したのはなぜかを説明した。彼女によれば，この両国とも，その指導者が「開発主義」というアイディアに注目していた点では違いはない。問題となるのは，そのアイディアがどのようにその他のアクターに共有されたかという点であった。ブラジルにおいては，開発主義のアイディアが，ナショナリズムと結び付いて展開された。そのため，一国的な工業発展から利益を得る国内の産業団体など，幅広いアクターとの間でアイディアの共有が可能となった。その結果，開発主義的政策を支える連合が形成され，政策の成功につながった。他方，アルゼンチンにおいては，同様のアイディアが海外資本を重んじるコスモポリタニズムと結び付けられて解釈された。そのため，産業団体から反発を受けるなど，国内アクターの間での共有が進まず，失敗したのである（Sikkink 1991）。

　このように，主に政治過程や比較政治学の分野で見られる「アイディアの政治」の潮流は，あるアイディアが人々の間に拡大していくダイナミズムに着目することによって，新たな制度や政策の形成やその変化の説明を試みている。また，そのことによって，国家間での成功・失敗の分岐や政策の違いの説明へも向かっている。しかもこれらは，福祉国家の説明（→第 6 章第 2 節）や，官僚制や地方分権などの政策の説明（木寺 2012）などにも，その射程を広げつつあるのである。

　さらに，このように規範やアイディア，言説といった文化的要素に注目して説明を試みる理論は，国際関係論の分野でも見られる。第 2 章第 4 節で見たコ

コラム 9-2　規範のライフサイクル

　規範ライフサイクル論は，規範が人々の間に受容され拡散するプロセスを，「ライフサイクル」として捉えている。まず，①規範の発生段階では，規範を生み出すアクターが登場し，これらのアクターがその規範の「適切性」をもって他のアクターに説得を試みる。この戦略が成功すると，次第にその規範に共鳴するアクターが増える。それが一定の基準に到達すると，それは臨界点（tipping point）を迎える。

　この臨界点を超えると，その規範は国際的レベルで一気に拡散していく。これが，②規範の拡散である。この段階では，その規範のほうが国際的に優位となりつつあり，他国を模倣したり，その規範を受け入れることで賞賛を受け国際的地位を高めるためや逆に国際的批判を受けるコストを避けるために，ほとんどの国家がその規範を受容していく。その結果，国際条約や国際基準として，その規範はフォーマルな形で制度化される。

　この状態になると，③規範の内部化が生じる。つまり，その規範は適切性の観点からは当然のものとなり，それを遵守しているかどうかが問われる段階となるのである。その規範は，準拠される基準となり，それを政策化し運用するような，官僚・専門家の役割が重要となる。

ンストラクティヴィズムは，国家などの諸アクターの「利益」からでは十分説明できないような国際制度やレジームの形成を，規範という文化的要因から説明しようとする。その代表的な議論が，マーサ・フィンモアとキャスリン・シキンクによる規範ライフサイクル論である。この議論は，国家間での規範の共有が拡大すると，各国の選好や利益観も変容し，一定の国際規範が各国の支持を受ける形で確立することによって，国際的な制度やレジームが形成されるとする（Finnemore and Sikkink 1998）（→コラム 9-2）。

　規範ライフサイクル論においても，新たな国際制度やレジームの「形成」やその「変化」が，規範という文化的要素から説明される。また，その際に重視されるのは，その規範を戦略的に拡散し制度化しようとするアクターの役割であり，また，規範が共有されていくプロセスなのである。この理論などに基づいて，対人地雷禁止条約の締結など，さまざまな国際制度やレジームの形成の

説明が試みられている（足立 2004）。さらに，これらの規範の発生や拡散を担うアクターとして，「知識共同体」と呼ばれる専門家集団に注目する議論もある（Haas 1992）。

このように，「文化による説明」の議論は，さまざまな分野において，ある文化的要素がどのようにして人々の間に拡散し共有されるかというプロセスに注目するという形で展開している。ただし，規範やアイディアといったこれらの文化的要素は間主観的とはいえ，そこに「主観性」が介在するため，それを用いることによってどの程度「客観的」な因果関係の説明が可能になるのかについては論争がある。「比較」という手法を用いることによって分析に説得性を持たせることや（近藤 2007），アイディアを数量化することなどで，より客観的に把握する必要性（曽我 2016）などが提起される一方，解釈主義的な手法を開発する方向へと進む議論もある（Bevir and Rhodes 2016）。「文化による説明」は，このような方法論レベルでの議論を積み重ねながら展開している点にも，留意しておく必要があるだろう。

> **! 要点の確認**
> ・「文化による説明」において「文化」は，人々によって共有されているという点で「間主観性」の観点から把握される必要がある。その「文化」としては，規範，アイディア，言説などが取り上げられる場合が多い。
> ・人々によってすでに共有された「文化」によって，国家間での制度や政策の違い，あるいは逆にその同型化や波及を説明することが可能である。
> ・ある「文化」が，アクターの主体的な戦略によって多くの人々に共有されるプロセスに着目することによって，ある政策や制度の形成やその変化を説明する試みもある。

3. 文化の規範

(1) 「規範」としての文化

政治学において，規範として文化を扱うとはどういうことだろうか。本章の第1節と第2節では，政治文化，社会関係資本，アイディアなど，政治学において「文化」的な要素として取り上げられるものが，政治の記述と説明において，どのような意味・役割を持つのかを説明した。本節では，文化が望ましい政治のあり方とどのような関係を持つのか，あるいは，文化に注目することがどのような意味で政治を考え直すことに役立つのかを検討する。

　これらの問いに，本節では，次のように答えたい。第1に，文化に注目することは，個人主義を基礎とした政治の考え方への対抗を意味するということである（Ross 2009; 西山 2019）（→本章第1節（4））。つまり，政治学において文化を規範理論的に扱うことは，「個人」を出発点ないし擁護されるべき基礎として政治を考えるのとは異なる形で，政治を考えることを意味する。第2に，文化に注目することは，規範的な概念・構想の普遍性への疑義につながるということである。個人に立脚する政治の構想は，文化的な違いを超えて等しく妥当する政治の構想の探究につながっている。そうだとすれば，文化を真剣に受け止めることは，望ましい政治のあり方を，普遍的ではないものとして擁護することにつながるはずである。

　以下では，まず（2）において，個人主義批判の政治理論の諸潮流について説明する。そこでは，文化の重視が，個人主義を批判しつつ，かといって人々の集合性を固定的・単一的なものとして理解するのでもないような政治の考え方に至ることが示される。次に，（3）では，個人主義への批判が規範的概念の普遍性への疑義につながることを説明する。そこで取り上げられる概念は，自由民主主義である。文化を真剣に考慮するならば，自由民主主義の望ましさも再考されなければならないのである。

（2）文化への注目と個人主義への批判

● リベラリズムと正義論

　現代の規範的政治理論における代表的な議論として，ジョン・ロールズの『正義論』（1970=2010）に端を発するリベラリズム（自由主義）ないし正義論を挙げることができる（→第6章第3節）。ロールズなど現代のリベラリストが目指すのは，人々の異質性（多元性という事実）を前提とした上で，それでも，人々が互いを尊重しながら共存することができるような原理を見出すことである。

　その理論が個人主義に立脚していることは，典型的には，『正義論』におけるロールズが，自らの「正義」の原理，とりわけその第2原理である「格差原理」の正当性を論証するために用いた，無知のヴェールという仮説的な前提から見て取ることができる。無知のヴェールとは，自らの社会的地位，階級，身分，あるいは自らの資産や才能，運，知力や体力について，人々が知らないという想定のことである（→第6章第3節）。ロールズは，このような無知のヴェールの想定から出発しても，人々は，彼の提示する正義の原理に合意するは

ずだと論じることで，自らの正義の原理を正当化しようとした。ここで重要なことは，この議論では，「個人」たちが合意するという，社会契約論的な論理構成が取られていることである。無知のヴェールのもとでは，各個人は自分がどのような立場にあるのかわからない。そのため，各個人は，自分が最も不利な立場にある可能性，あるいは最も不利な立場に陥るかもしれない可能性を考え，その場合に生じるリスクを最小化するような選択を行うだろう。その結果として，正義の原理が選択される，というわけである。

◉ コミュニタリアニズム

しかし，このようなリベラリズムの個人像は，**コミュニタリアニズム**と呼ばれる立場から批判される。コミュニタリアニズムによれば，リベラリズムは，個人というものをあまりに，他者やその環境から独立した自立的な存在として，あるいは，自分の置かれた状況や環境を合理的ないし理性的に反省することができる自律的な存在として，捉えすぎている。このようなリベラリズムの個人は，「負荷なき自己」（サンデル 1998=2009）や「アトミズム（原子論的個人主義）」（テイラー 1991=2004）などと呼ばれる。

これに対して，コミュニタリアニズムが提唱するのは，個人を，より状況や環境の中に埋め込まれた存在として捉える見方である。たとえば，**マイケル・サンデル**は，個人とは，何らかの「共同体」（必ずしも「国家」とは限らない）に属し，その共通の価値や目的を自己のアイデンティティの重要な構成要素として内面化した存在であるとして，そのような個人を「位置づけられた自己（situated self）」と呼ぶ（サンデル 1998=2009）。**チャールズ・テイラー**も，個人とは，「重要性の地平」の中にある存在だと説く。個人が選択を行う場合に，それを完全に本人の主体性に基づくものと見なすことはできない。なぜなら，個人の選択に先立って，何が価値あるもので何がそうでないかをあらかじめ区別する，「重要性の地平」が存在するからである（テイラー 1991=2004）。こうしたコミュニタリアニズムの主張は，個人主義を基礎とした規範理論（リベラリズム）に対して，その理論の出発点である「個人」の概念を問い直すものである。個人を，自立的ないし自律的な存在としてではなく，「位置づけられた」存在として理解するべきと主張する点で，コミュニタリアニズムを，文化の観点を重視する規範理論ということができる。

◉ ロールズの変化

コミュニタリアニズムからのリベラリズム批判は，リベラル－コミュニタリアン論争と呼ばれる（ムルホール／スウィフト 1996=2007）。この後，リベラリ

ズムにおいても，その個人主義の想定を一定程度見直し，文化的要因を考慮に入れる試みが生じた（マシード 1990=2014）。

ロールズの議論にも変化がみられる。後の著書『政治的リベラリズム』（Rawls 1993）では，個人主義的・社会契約論的な論理による正義の原理の正当化は行われない。正義の原理は，複数の「理にかなった包括的な教義」の間の「重なり合う合意」によって正当化されるものとされる。正義の原理は，それぞれの「理にかなった包括的な教義」がそれぞれの立場から，つまり異なる理由に基づいて，受け入れることができるものとされる。そのため，同書での正義の構想は，包括的な教義ではなく「政治的」なものであるとされる。

ロールズ自身は，自らの「変化」をコミュニタリアンからの批判に応答するためと述べているわけではない（宮本 2018）。しかし，ここで重要なのは，ロールズの議論が，文化的要因を尊重した正義の正当化論になっていることである。すなわち，彼が重視するようになった「包括的な教義」とは，人々の存在のあり方を規定する「市民社会の『背景文化』」のことなのである（Rawls 1993: 14）。ロールズは，人々が異なった，場合によっては対立する背景文化つまり包括的教義のもとで生きていることを認め，そのような意味で異なる人々が，異なる理由に基づいてであれ，ともに合意できるということこそが，正義の原理の正しさの根拠となると考えるようになったのである。

◉ リベラルな多文化主義論

リベラリズムの中で，最も文化の要素を考慮に入れようとした議論の一つが，**ウィル・キムリッカ**のリベラルな多文化主義論である（キムリッカ 1995=1998）。

キムリッカが目指したのは，異なる人々を個人として尊重しつつも，同時にその文化的差異をも尊重していくことである。もしもこのような考え方に基づく政治体制が実現すれば，人々は，個人として尊重されつつも，その異なる文化への帰属をも認められる形で共存することができるはずである。

キムリッカは，個人の権利や自由は，ある種の文化のもとではじめて実現すると考える。このような文化は，「社会構成的文化」と呼ばれる。社会構成的文化とは，社会生活，教育，宗教，余暇，経済生活（就業）を含む人間の活動のすべての範囲にわたって，さまざまな有意味な生き方を提供するような文化のことである。それは，一定の地理的な空間にまとまって存在し，共有された言語に基づいて成り立っている場合が多いとされる。このような社会構成的文化こそが，各個人にさまざまな選択肢を用意するとともに，その選択肢を各個人にとって有意味なものにしている。したがって，各個人が自由であるために

は，社会構成的文化へのアクセスが十分に保障されなければならない（キムリッカ 1995=1998: 122-124）。社会構成的文化へのアクセスは，民族的マイノリティの人々にも保障されなければならない。その時に保障されるべき社会構成的文化は，もちろんマイノリティの人々自身の文化である。なぜなら，民族的マイノリティは，自分自身の社会構成的文化のもとでのみ，真に有意味な選択を行うことができるはずだからである。

　社会構成的文化の重要性という観点から提案されるのが，「集団別権利」である。それは，①自治権（しばしば連邦制の形態を通じた権限の委譲という形で，国家の中で独自に自治を行う可能性を持つ民族的少数派に保障されるもの），②エスニック文化権（移民によるエスニック・グループや宗教集団と結びついた活動への財政援助や法的保護），そして，③特別代表権（民族的少数派集団やエスニック・グループに対する，議会における議席の確保），の三つである（キムリッカ 1995=1998: 9, 37-48）。三つの集団別権利のうち最初の二つ（自治権とエスニック文化）について，どの権利がどの集団に求められるべきかについては，最終的には政治によって決定されなければならない。第3の特別代表権が必要な理由は，このことに求められる（キムリッカ 1995=1998: 196-197）。

◉ 集団的な差異と正義の再検討

　文化の重要性に注目し，部分的には通常のリベラリズムの個人主義の立場を見直しているとはいえ，リベラルな多文化主義は，なおも個人主義の立場を保持している。キムリッカにおいて，文化はあくまで，「個人の自由」にとって必要なものだからという理由で擁護されるものだからである。その意味で，個人主義は維持されている。

　これに対して，正義の実現を目指しつつ，しかし，個人主義の想定をより見直そうとする立場も存在する。そのような立場の一つとして，**アイリス・ヤング**による正義概念の再検討を取り上げよう。

　ヤングは，ロールズを含めたリベラリズムのように，正義を「財の配分」として理解することに異議を唱える。「財の配分」の問題に還元することができないが，しかし正義の実現が求められるような問題領域が存在するのである。そのような問題領域として，意思決定の構造と手続き，社会における仕事の分業の形態と並んで彼女が注目するのが，「文化」である。ここで文化とは，シンボル，イメージ，意味，習慣，物語など，人々がそれを通じて自らの経験を表現し，他者とコミュニケーションを行うものを指す。このような意味での文

化は，特定の集団に特定の意味付けを与え，ステレオタイプ化するとともに，その集団に属する人々の自己表現を妨げる（Young 1990: 23-24）。たとえば，ある社会の中で広まっている文化は，しばしば，その社会における特定の支配的な集団の経験，価値，目標などの表現である。また，そのような文化は，社会におけるさまざまな事柄についての支配的な集団の解釈や視点を表現している。こうして，支配的な集団は，そうとは意識しないままに，自分たちの経験を，人間そのものを代表するような経験と見なすようになっていく（Young 1990: 59）。このように，財の配分とは異なる，文化を通じた他者の抑圧というものが存在する。ヤングはこれを，「文化帝国主義」による抑圧と呼んでいる。

　注意しなければならないのは，ヤングは単に文化を抑圧としてのみ見ているわけではないという点である。もし文化が直ちに抑圧をもたらすのであれば，その処方箋は文化の廃絶であろう。個人主義の立場からは，このような処方箋が提示されるはずである。人々を集団としてではなく，個人として取り扱うことができれば，人々はステレオタイプや特定の行動を求める集団の規範から解放され，自由に生きることができるようになるに違いない（Young 1990: 46-47）。しかし，ヤングは，このような個人主義の立場に賛成しない。なぜなら，そもそも人々は文化の発生源である社会集団に属している存在だからである。社会集団とは，それが有する文化や生活様式によって他の集団から区別されるような人々の集合体である。同じ社会集団に属する人々は，異なる社会集団との関係の中で，同じような経験や生活様式を持つがゆえに親近感を共有する。この親近感がお互いを結びつけるのである（Young 1990: 42-43）。

　ヤングは，このようにして「人々が社会集団の中にある」というリアリティを重視する。たとえ抑圧される立場であれ，人々が社会集団に属するのは，その集団に同一化することがその人々にとってとても大切なことだからである。人々が異なる社会集団に属することは，不可避的かつ望ましいことなのである。そうだとすれば，正義の実現のためには，集団間の差異を融解させることではなく，抑圧が生じないような形で集団間の差異を再生産し尊重することが必要だということになるだろう（Young 1990: 47）。このように，ヤングは，文化に基づく集団間の差異の重要性を認識しつつ，それが抑圧的にならないようにすることが正義にかなっていると主張する。

　以上のように，ヤングの議論は，人々にとっての集団の重要性を説く点で，個人主義的なリベラリズムと異なっている。他方で，彼女の議論は，コミュニタリアニズムとも異なっている。ヤングは，コミュニタリアニズムの理論家た

ちがしばしば配分的正義の限界を，正義という規範そのものの限界と見なすことに異議を唱える。その理由の一つは，ヤングがリベラリズムと同様に，正義と「善き生」とを区別し，正義を，善き生の多元性を確保するための，社会における制度的条件の水準の問題として考えていることに求められる（Young 1990: 37）。もう一つの理由は，コミュニタリアニズムとの関係で述べられているわけではないが，ヤングが集団を，多層的で交錯したものであり，また，流動的で変化するものとして理解していることに求められる。集団間の差異は，人々の社会関係と社会的プロセスの中で形成されるものである。そのため，社会集団が同質的ということはなく，さまざまな集団的な差異が同じ人々の中で重なり合っていたり，交錯していたりすると考えられる。たとえば，アメリカ社会におけるアフリカ系アメリカ人を，共通の生活を営む一つの統一的な集団として考えることは適切ではない。アフリカ系アメリカ人も，年齢，ジェンダー，階級，地域，国籍などによって異なっており，それらのいずれもが特定の状況のもとでは，人々の集団としてのアイデンティティの源泉となる。つまり，さまざまな集団的要素が，「黒人」である人々の中で交錯しながら共存していると考えるべきなのである（Young 1990: 48）。このように，個人主義を批判しつつも，人々の集合性を固定的・単一的に理解することもしないという点に，ヤングの考え方の特徴がある。

(3) 文化と自由民主主義
◉ 価値の普遍性への疑義

　ここまで，文化に注目する規範的政治理論が，程度の差こそあれ，個人主義に対する批判的視点を有していることを見てきた。重要なことは，文化に基づく個人主義へのこのような批判は規範的な概念・構想の普遍性への疑義につながる，ということである。

　個人主義的な政治理論が，規範的な概念・構想の普遍性を標榜できるのは，その基礎にある「個人」が抽象化・一般化された存在として構成されているからである。そのような「個人」を基礎として擁護される価値は，抽象化・一般化された出発点を持つがゆえに，さまざまな社会的な違いを超えて普遍的に妥当すると考えられる。しかし，文化を出発点とする場合には，このような普遍性を想定することはできない。文化は多様なものだからである。したがって，規範的政治理論が文化に注目することは，規範的概念の普遍性への疑義につながる。

　ここでは,「自由民主主義」という規範的概念を例にとって,文化を考慮に入れた場合に,それがどのようにして擁護されうるのかを見ていく。個人主義とそれに基づく人権の概念は,自由民主主義における「自由」の重要な構成要素である。したがって,もしも文化を擁護することが個人主義への挑戦であるとすれば,それはそのまま自由民主主義の政治原理への挑戦となりうる。コミュニタリアニズムにせよ,キムリッカにせよ,ヤングにせよ,基本的には,自由民主主義の政治原理に立脚する国家・社会を念頭に置いて議論している。しかし,文化の違いを真剣に受け止めた上で,つまり普遍性を断念する立場を取った上で,なおも自由民主主義を規範的に擁護することは可能だろうか。

　「文化の擁護は自由民主主義に対する挑戦なのか」という問題への規範的政治理論の回答は,少なくとも二つある。一つは,「それは挑戦ではない」という回答である。なぜなら,文化概念に依拠した自由民主主義擁護論も可能だからである。もう一つは,「それは挑戦だ」という回答である。なぜなら,文化概念に依拠して,自由民主主義を批判したり相対化することは可能だからである。以下では,前者の例としてリベラル・ナショナリズム論を,後者の例として熟議文化論を取り上げる。

◉ 「文化」による自由民主主義擁護——リベラル・ナショナリズム論

　リベラル・ナショナリズムと呼ばれる理論の基本的立場は明確である。それは,自由,平等,民主主義などの理念・制度が実現するためには,安定したネーションとナショナリズムが必要だ,とする立場を指す。

　たとえば正義の原理について,リベラル・ナショナリズムは,通常のリベラリズムで想定されるような,普遍的な正義の原理だけに基づいた社会的な結束はあまりにも弱いものであり,その安定化・強化のためには,人々に共通の言語や歴史,国民性を共有しているという感覚の育成などが必要であると考える(キムリッカ 2002=2005: 452)。したがって,政治・社会制度のあり方にナショナルな文化の内容が反映されることや,国家における国民性の維持・発展のために特定の言語政策や文化政策を行うことは,ある程度認められるべきだと主張される。

　つまり,リベラル・ナショナリズムは,明確に文化の意義を擁護する立場を取っている。しばしばリベラリズムが文化に囚われない自律的な個人を想定するのに対して(ただし,ロールズについて述べたように,この想定が一定程度見直されている場合もある),リベラル・ナショナリストは,文化を抜きにして人々がまとまることはできないと説く(キムリッカ 2002=2005: 367ff.)。とり

わけ，現実の政治の主たる場がなおも国家であることを認めるならば，その国家は，一般的な正義の原理や統治の原理の共有によってだけではなく，その国家のもとで生きる人々が共有する同胞意識によっても支えられなければならないはずである（キムリッカ 2002=2005: 374）。

ただし，注意すべきことは，リベラル・ナショナリズムは，あくまで「リベラル」な立場だということである。リベラル・ナショナリストは，ナショナリズムがしばしば人々に対して過度に同一化を迫るなど，抑圧的に作用することを知っている。したがって，人々の間の公正さを確保するために，ナショナリズムの要素は一定の制約を受けなければならない。そのような制約が，リベラリズムの「正義」である。正義の原理は，ナショナリズムを基礎として実現されるとともに，それを規制するものでもある。

したがって，先に述べたナショナルな同胞意識も，他のさまざまなアイデンティティよりも絶対的に優先するものではない。ナショナルな次元で同胞意識やアイデンティティを有することは，教条主義的な「ナショナリスト」になることとは異なるのである（ミラー 1995=2007: 78）。そのような意味で，文化的多元性は確保されるべきとされる。とはいえ，ナショナルなレベルで共有される文化は重要である。**デイヴィッド・ミラー**は，それを「公共文化」と呼ぶ。それは，「ある人間集団がどのようにして共に生活を営むかに関する一連の理解」を表すものであり，政治原理（民主主義や法の支配），社会生活上の規範，宗教的信条，言語の純粋さの保持などを含む（ミラー 1995=2007: 第2章）。ただし，ある国家の人々が一元的に公共文化に埋め込まれなければならないわけではない。「リベラルな」公共文化は，それとは異なる特徴を持つさまざまな「私的文化」の存在を許容するものでなければならないのである。

以上のように，リベラル・ナショナリストは，共有される文化という基盤があってこそ，自由で民主的な社会も維持されると考える。自律，平等，そして民主主義など，自由民主主義において重要とされる諸価値は，それを支える共有された「公共文化」があってこそ，実現するのである（施 2009: 71-74）。

もちろん，リベラル・ナショナリズムに対する批判も存在する。代表的な批判は，それを本当に「リベラル」と言えるのかというものである。リベラル・ナショナリズムにおいては，結局のところ，「公共文化」すなわちナショナルな文化にコミットしない／できない人々は，不公正に取り扱われてしまうのではないだろうか（齋藤 2009: 33-34）。このような批判に対して，リベラル・ナショナリストは，「公共文化」は固定的なものではなく，それぞれの「私的文

化」のもとにあるさまざまな集団による熟議を通じた変化に開かれていると答えるだろう（ミラー 1995=2007: 260-261）。そうだとすれば，公共文化の名による少数者への抑圧は回避できることになる。いずれにせよ，リベラル・ナショナリズムが擁護する文化が，ナショナルな次元のものであることをどう見るかは，大きな論点となっている。

◉「文化」による自由民主主義の相対化——熟議文化論

　実は，自由民主主義がある種の文化によって支えられているという議論は，政治学においては，比較的なじみのあるものである。**ガブリエル・アーモンド**と**シドニー・ヴァーバ**の政治文化論は，その嚆矢であった（アーモンド／ヴァーバ 1963=1974）（→本章第1節）。より近年では，民主的な政府のパフォーマンス（業績）の原因を**社会関係資本（ソーシャル・キャピタル）**の概念で説明できるとした，**ロバート・パットナム**の研究が有名である（パットナム 1993=2001）（→第2章第2節，第5章第2節，本章第2節）。

　もちろん，これらの研究でも，文化がつねに自由民主主義と親和的とされているわけではない。アーモンドとヴァーバは，国家を（自由）民主主義型と全体主義型に分け，（自由）民主主義型の国家においては「参加型」の政治文化，全体主義型の国家においては「臣民型」の政治文化が，それぞれ対応すると述べた（もう一つ，アフリカ諸国を念頭に置いた「未分化型」の政治文化もある）（→本章第1節）。しかし，このように述べる時，彼らは，民主主義型の国家と参加型の政治文化が望ましく，全体主義型の国家と臣民型の政治文化は望ましくない，という明確な二分法に依拠していた。つまり，アーモンドとヴァーバにおける文化への注目は，あくまで自由民主主義を支える文化という観点からのものだったのである。

　以上のように，政治学において文化に注目する場合，しばしば自由民主主義と適合的・親和的な文化が肯定的に取り上げられる一方で，そうではない文化，つまり自由民主主義と適合的・親和的ではない文化は否定的に取り上げられる傾向がある。しかし，文化と自由民主主義について，このような論じ方がすべてというわけではない。以下では，自由民主主義を相対化するために文化に注目しつつ，だからといって，そのような文化を否定的に見るのではない研究として，熟議文化論を取り上げる。

　熟議文化論（deliberative culture）は，熟議民主主義論（→第5章第3節）の中で，とくに最近になって研究されているテーマである。その基本的な主張は，熟議そのものは普遍的な理念であるが，その具体的な形態はそれが行われる文

脈に応じて異なる，というものである（Sass and Dryzek 2014）。

　このような主張の基礎にあるのは，熟議民主主義を西洋的な政治原理と見ることは妥当ではないという問題関心である。実際，熟議民主主義に対しては，次の二つの意味で西洋中心的との評価ないし批判がなされることが多い。第1に，代表制民主主義を前提とした民主主義論という意味においてである。熟議民主主義の代表的な考え方の一つとして，**ユルゲン・ハーバーマスの二回路モデル**がある（ハーバーマス 1992=2002/2003）（→第5章第3節 (4)）。これは，国家における意思決定と**公共圏**における意見形成とを区別し，後者における熟議の重要性とその国家への媒介を主張する議論である。ハーバーマスのこの議論は，民主主義における熟議の重要性とともに，熟議民主主義が代表制民主主義を前提とした議論であることをも，よく示すものであった。実際，議会における熟議を主張するものはもちろん，公共圏や市民社会における熟議に注目するものも含めて，多くの熟議民主主義論は，代表制民主主義の諸制度を前提としたものであった。しかし，開発途上国，とりわけ紛争後の諸国に代表制民主主義の諸制度を導入しようとする場合には，それらは現地にとって異質な「西洋的なもの」として表象されることもある。

　熟議民主主義が西洋中心的とされる第2の理由は，それが理性ないし合理性中心的な民主主義論だから，というものである。熟議民主主義の基本的なプロセスは，人々に受け入れ可能と思われる理由の提示とその検討である（→第5章第3節）。このようなコミュニケーションの仕方は，特殊西洋的な伝統に基づくものだというわけである。

　熟議文化論は，文化概念に依拠することで，熟議民主主義のこのような西洋中心性を乗り越え，熟議民主主義には多様な実践や制度形態がありうることを示すことができると主張する。熟議文化論のいう文化とは，人々が共有する意味や規範のことである（Sass and Dryzek 2014）。この意味での「文化」によって，人々の行為は特定の意味を持ったものとして構成される。熟議文化論は，何が「熟議」として意味づけられるかは文化によって異なるのであり，したがって，西洋的な特徴と合致しないような実践を「熟議」として解釈することもできると考える。

　ジェンセン・サスとジョン・ドライゼクが挙げる事例の中から，エジプトの事例を見ておこう（Sass and Dryzek 2014）。エジプトでは，1970年代の原理主義的なイスラム復興の動向の中で，注目されるべき熟議の実践が見られた。宗教原理主義の台頭は，一見したところ，熟議とは相反する動向のように見える。

しかし，必ずしもそうとは言えない。たとえば，カセットテープの登場により，従来，モスクにおいて聴かれるものであったイスラムの講話が録音され，モスク以外の店舗や市場，ストリートや自宅の中など，日常生活のさまざまな場において聴かれるようになった。その結果，講和を録音したカセットテープをかけたタクシーの中で，運転手と乗客の間で，イスラムの教義に関する「深い反省と激しい論議を引き起こす」やり取りが行われるようになった。あるいは，イスラムの敬虔な女性たちの行動も，熟議的な観点から解釈することができる。イスラム復興の中で彼女たちがヒジャブ（ヴェール）を被るようになったことは，彼女たちが（男性に教わるのではなく）女性たちだけでイスラムの教義についての勉強会を開催し，議論を交わした結果である。彼女たちは，イスラム復興を拒否する家族に対しても，彼女たちは勉強の成果を踏まえながら，自らの立場を主張した。この二つの例のうち，とりわけ後者をどのように理解するかは，論争的であるかもしれない。しかし，熟議文化論の立場に依拠することで，西洋とは異なる状況の中でも，たしかに熟議的な特徴を持つコミュニケーションが交わされうる，ということが見えてくるのである。

！ 要点の確認

・規範的政治理論が文化に注目する主な理由は，個人主義的な政治理論への対抗と，価値の普遍性への懐疑である。
・個人主義批判の規範的政治理論として，コミュニタリアニズムがある。その批判を受けて，リベラリズムにおいても，個人主義に立脚しつつ文化を考慮に入れる議論が生まれた。さらに，個人主義への立脚をより見直そうとする試みもある。
・文化による個人主義への批判は，価値の普遍性の懐疑につながる。たとえば，自由民主主義という価値について，普遍性ではなく文化によってそれを擁護する議論（リベラル・ナショナリズム）がある一方で，文化に注目することで自由民主主義の相対化を図る議論（熟議文化論）も存在する。

第9章の文献ガイド

アーモンド，ガブリエル・A／シドニー・ヴァーバ（1963=1974）『現代市民の政治文化――五ヵ国における政治的態度と民主主義』石川一雄ほか訳，勁草書房。
　　▷政治文化論の古典的業績。5ヵ国での実態調査が有名だが，その前提として，文化という曖昧で捉えどころのないものを，科学的に操作化し，国際比較可能な形に定義した功績も大きい。
イングルハート，ロナルド（1977=1978）『静かなる革命――政治意識と行動様式の変化』三宅一郎・金丸輝男・富沢克訳，東洋経済新報社。

▷第1節で触れたように，戦後先進社会における価値変動を脱物質主義として概念化した著作。新しい社会運動をはじめとするニュー・ポリティクスを理解する手がかりとしても重要。

大矢根聡編（2013）『コンストラクティヴィズムの国際関係論』有斐閣。

▷第2節で説明したコンストラクティヴィズムを中心に，安全保障や地球環境といった各テーマで「文化による説明」を試みながら，その可能性を探っている。国際関係論だけでなく，地域研究や比較政治学についても触れられている。

キムリッカ，ウィル（2002=2005）『現代政治理論』新版，千葉眞・岡﨑晴輝訳者代表，日本経済評論社。

▷今日の政治理論・政治哲学の代表的な教科書の一つ。教科書といっても，叙述はかなり詳細であり，また，リベラルな多文化主義論者でもある著者の見解が反映されたものとなっている。第3節で取り上げた，リベラリズム，コミュニタリアニズム，（リベラルな）多文化主義論などの概要を知ることができる。この本を手がかりに，それぞれの論者の本に進むのもよいだろう。

近藤康史（2008）『個人の連帯——「第三の道」以後の社会民主主義』勁草書房。

▷第2節で触れた「アイディアの政治」の観点から，イギリスにおけるブレア労働党政権期の福祉国家の変容を分析した研究書。イギリスだけでなく，ドイツとの比較も行われている。

盛山和夫（2006）『リベラリズムとは何か——ロールズと正義の論理』勁草書房。

▷ロールズを中心に現代リベラリズム論を論じる著作。とくに第Ⅱ部では，現代リベラリズムの諸議論が「文化」にどのように向き合っているのかが，「包括的リベラリズム」と「限定的リベラリズム」の区別を通じて，論じられている。第3節をより深く知るのに有益。

用語・人名解説

あ　行──

アーモンド（Gabriel A. Almond, 1911 ～ 2002）　アメリカの政治学者。本書では，政治文化論の代表的論者として取り上げている。政治文化の違いという観点から民主主義を分類し，「同質的な世俗的下位文化」を持つ英米型と，「断片化された政治下位文化」を持つヨーロッパ大陸型に分類した。また，同様の問題意識から，ヴァーバと比較政治文化研究を行い，『現代市民の政治文化』を刊行した。「ヴァーバ」「政治文化」の項も参照。

新しい社会運動　ポスト産業社会に登場した労働運動以外のさまざまな社会運動の総称。男女平等，環境保護，平和・反戦，反原子力，少数者保護などのテーマを掲げる運動が含まれる。既存の政党や社会運動が十分に対応しようとしない利益や要求を，代表制民主主義の外部での抗議活動を通じて政治過程に表出するとともに，人々の集合的アイデンティティ形成にも重要な役割を果たすとされた。

アリストテレス（Aristotelēs, 384 ～ 322B.C.）　古代ギリシャの哲学者。その研究領域は，あらゆる学問分野にわたる。その中で本書では，彼の政治体制論を取り上げている。アリストテレスは，王政，貴族政，国政，僭主政，寡頭政，民主政から成るという 6 政体論を展開し，そのうち民主主義の堕落形態（衆愚政治）は最も望ましくないとした。

安全保障理事会　国際連合の一機関。紛争状態にある当事者に対して解決へ向けた勧告を行うことや，紛争が悪化しないための措置を紛争当事者に要請することが任務である。その手段として，経済制裁等の措置や軍事的措置を決定する権限を持ち，その決議は加盟国に対して拘束性を持つ。また，手続き事項以外での評決では常任理事国（米英露仏中）が拒否権を持つのも特徴である。

依存関係　ケアの共同性論において中心となる考え。人は人生のある時期において自分以外の誰かに世話をされるし，別の時期においては子育てや介護といった形で誰かの世話をしている。こうした点に注目し，リベラリズムの自立した個人像に見直しを迫る。「ケアの共同性論」「自由主義（リベラリズム）」の項も参照。

ヴァーバ（Sidney Verba, 1932 ～ 2019）　アメリカの政治学者。アーモンドとの共同

研究である『現代市民の政治文化』において，政治文化を「未分化型」「臣民型」「参加型」の三つに分類した。「アーモンド」「政治文化」の項も参照。

ウェーバー（Max Weber, 1864 ～ 1920）　19 世紀の終わりから 20 世紀初頭にかけて活躍したドイツの政治学者・経済学者・社会学者。主著に『プロテスタンティズムの倫理と資本主義の精神』『仕事としての学問　仕事としての政治』などがある。その研究テーマは社会科学のあらゆる領域にわたるが，本書では，政治と国家，正統性，官僚制などについての彼の見解を取り上げている。

上野千鶴子（1948 ～）　日本の社会学者。日本におけるフェミニズム研究・女性学の発展に重要な役割を果たした。著書に『資本制と家父長制』『差異の政治学』などがある。フェミニズムの立場から，公的領域と私的領域とを質的に区別する公私二元論を厳しく批判する。本書では，国家による戦争と家族におけるドメスティック・バイオレンスとは，どちらも「暴力」の行使という点で共通しており，両者を区別する議論は説得的ではないとする，彼女の議論を取り上げた。

ウォルツァー（Michael Walzer, 1935 ～）　アメリカの政治哲学者。政治哲学のさまざまなテーマについて，多くの著作を発表している。コミュニタリアンの一人と見なされることがある。本書では，市民社会について，人々の間で自発的に形成された集団（自発的結社，アソシエーション）を中心に定義した論者として登場する。また，福祉国家について，多様な福祉受給者を画一的に扱い，それぞれのニーズに効果的に対応しない点を問題視した上で，福祉供給の機能を社会レベルへと拡大し，供給主体を複合化する「福祉の社会化」を提起した論者としても取り上げられる。「コミュニタリアン」「コミュニタリアニズム」の項も参照。

エスピン＝アンデルセン（Gøsta Esping-Andersen, 1947 ～）　デンマーク出身の政治社会学者。『福祉資本主義の三つの世界』など，福祉国家・福祉レジームに関する多くの著作を持つ。脱商品化を指標の一つとして，福祉レジームを「三つの世界」に分類した。「脱商品化」「福祉レジーム」の項も参照。

エリート主義論　知識エリートや経済的エリート，または世襲エリートが経済的・政治的・社会的権力をコントロールしているとする考え方。すべての有権者が平等に投票できる民主主義国家でも，一部のエリートが支配する状況が生まれるとする。

か　行――

格差原理　社会的・経済的不平等は，最も不利な立場にある人の期待便益を最大化するように取り決められるべきとする考え方。ロールズが唱える正義論において中心的な原理の一つ。「自由主義（リベラリズム）」「ロールズ」の項も参照。

ガバナンス　政府（ガバメント）以外のアクターも一定の役割を担い，それらのネットワークに基づいて行われる統治のこと。「グローバル・ガバナンス」の項も参照。

カルテル政党　国家から資金提供を受けるなどして，社会的な基盤から乖離していく政党。カルテル政党の出現は，政党が代表制民主主義において担ってきた「社会と国家との架橋」の役割の衰退を示唆しているとされる。

間主観性　人々の間である理解が共有されること。客観的な理解ではないが，個々人の主観が共有されるため，「間主観性」という。

議院内閣制　国民が直接選ぶのは議会議員であり，その議会の信任の上に首相が選任され，執政府である内閣が組織される制度のこと。そのため議会と内閣の権力は融合しているが，議会は内閣に不信任を突きつけることもできるなど，緊張関係もある。

既存集団丸抱え方式　特定の目的によって成員を組織化するのではなく，全人間的な接触によってすでに確立された結合関係を基礎として集団形成を行う方法。かつて，日本の圧力団体の特徴とされた。

ギデンズ（Anthony Giddens, 1938 ～）　イギリスの社会学者。社会学の基礎理論から近代（現代）社会論まで広範なテーマについて論じ，多くの著作を持つ。本書では，彼の議論の中から，家族や親密圏などの私的領域にも，公的領域と同じ民主主義を見出そうとする家族論・親密圏論と，福祉国家改革における社会的投資論を取り上げた。「親密圏」「社会的投資」の項も参照。

キムリッカ（Will Kymlicka, 1962 ～）　カナダの政治学者。『多文化時代の市民権』『現代政治理論』などの著作がある。異なる人々を個人として尊重しつつも，同時にその文化的差異をも尊重していく「リベラルな多文化主義論」を展開した。

拒否点　ある政策提案に対して反対アクターが拒否を示すことのできる制度的ポイントのこと。拒否点の数が多いと，反対アクターの抵抗力も強くなり，政策提案はより通りにくくなる。

クオータ制　クオータとは割り当てという意味である。政治学で取り上げられるジェンダー・クオータ制とは，政治代表における男女の不均衡を是正するために，候補者あるいは議席の一定比率を女性（あるいは両性）に割り当てる制度のことを言う。

グローバル・ガバナンス　現代の国際関係においては，国家だけでなく，国家より上位では国際組織や地域組織，国家より下位では NGO など，さまざまなアクターがそれぞれの役割を担いながら，グローバルなレベルでの秩序形成に寄与している。このような秩序形成・維持のあり方を，グローバル・ガバナンスと呼ぶ。

グローバル正義論　国境を越える次元で，正義概念について正当化を試みる議論のこと。グローバルな資本主義のもとで拡大する先進諸国・富裕国と途上諸国・貧窮国との間の不平等を「不正義」と捉える。

グローバル民主主義　国境を越える次元での民主主義（の構想）のこと。本書で参照した政治学者ヘルドは，その代表的な理論家の一人であり，国家の上下のレベルに多元化・多層化している統治のさまざまな実践を民主的なものにするために，グロ

ーバルなレベルでの「法の支配」を新たに確立することを提案している。「ヘルド」の項も参照。

ケア提供者対等モデル 政治哲学者のフレイザーが，ありうるジェンダー平等のモデルの一つとして提起した用語。女性がケア活動を担いつつも，その女性の地位を稼ぎ手である男性と同じ程度にまで高めることでジェンダー平等が達成される，という考え方。

ケアの共同性論 人々を「自立した個人」ではなく，互いに依存関係にある存在と見ることを基礎として，社会のあり方を考えていこうとする議論。この議論における依存関係とは，たとえば，人は人生のある時期（幼少期や老齢期）において自分以外の誰かに世話（ケア）をされる一方で，別の時期においては子育てや介護といった形で誰かの世話（ケア）を行うような存在であることを指す。しばしば，「自立した個人」を基礎とするリベラリズムへの対案として提起される。「依存関係」の項も参照。

経路依存性 従来行われていた慣行や先行事例が，新たに取りうる政策の種類や範囲を規定するため，政策は従来の経路に依存して決まるということ。

ケインズ主義 イギリスの経済学者ケインズに由来する経済政策の考え方。一般的には，政府による介入的な経済政策によって主に需要を創出・管理するなど，市場関係を通じて経済を政治的にコントロールする仕組みを指す。

権力資源論 福祉国家の形成や発展を説明する理論の一つ。労働者の権力資源，つまりどれくらい政治権力を有するかが，福祉国家の形成や発展の要因であるとする。政治社会学者のコルピやエスピン＝アンデルセンが唱えた。

小泉純一郎（1942〜） 日本の政治家。自由民主党に所属し，2001年から2006年まで首相を務めた。「民間でできることは民間で」をキーワードに道路公団や郵政事業の民営化を行った。また，規制緩和も推し進めた。

公共圏 社会において，主に人々の自由な行動やコミュニケーションによって形成される空間のこと。私的な空間（私的領域・親密圏）と区別される。市民社会とほぼ同義で使われる場合もあるが，区別される場合もある。たとえば，ドイツの社会哲学者ハーバーマスは，「公共圏」を空間・場として，「市民社会」をその空間におけるアクターとして自発的に形成された団体・結社・運動として，区別した。「市民社会」「ハーバーマス」の項も参照。

公共財 非排除性と非競合性を持つ財のこと。非排除性とは対価を支払わない人を排除できないということであり，非競合性とはある人が多く消費しても他の人の消費がその分減ることがないことを意味する。具体例としては灯台や国防がよく挙げられる。

公共選択論 「合理的選択論」の項を参照。

公私二元論 公的領域と私的領域とが明確に区分され，かつ，前者が男性の領域，後

者が女性の領域となっていること。ジェンダー論・フェミニズムは，この公私二元論によって男女の不平等がもたらされていると主張してきた。「公的領域」「私的領域」の項も参照。

合理的選択制度論　「新制度論」の項を参照。

合理的選択論（公共選択論）　人間は効用の最大化を追求するという意味で合理的に行動すると想定する理論。多くの場合，効用の内容として想定されるのは，自己利益である。人々はそれぞれの自己利益の最大化を目指し，いくつかの選択肢に直面した場合には，どれくらい自己利益が満たされるかを基準にして，その間に優先順位（選好）をつけて行動するとされる。そのように行動する人々の間で，すべての利益がつり合った点が，政治的結果になると考える。

コーポラティズム　労働組合の頂上団体，経営者団体の頂上団体，そして政府の代表の三者によって，主に賃金や雇用などの問題について協議する仕組みのこと。「頂上団体」の項も参照。

国際レジーム論　個々の問題ごとにおける国際制度の形成に着目する国際関係理論。この場合の国際制度には，成文化はされていないが各国が遵守せざるをえないような規範やルールなども含まれている。

国民投票　提案された重要な事項に関して，有権者が投票により直接可否を決することができる仕組みのこと。「レファレンダム」とも言われる。

コミュニタリアニズム　個人を，リベラリズムのように自立的・自律的な存在として捉えるのではなく，状況や環境に埋め込まれた存在として捉える考え方。コミュニティによる諸個人の徳性の涵養を重視することにもつながる。福祉国家については，国家が画一的な基準で福祉を供給することは，それぞれのコミュニティの独自性やそれらの間での多様性への無配慮につながると批判的に論じた。

コミュニタリアン　コミュニタリアニズムの立場に立つ論者のこと。「コミュニタリアニズム」の項も参照。

コンストラクティヴィズム　「規範」の役割を重視して国際関係を考える理論。国際関係は「間主観性」，つまりアクター間での共通理解から成り立っていると考え，国家の行動を左右するのは「何が望ましいか」を規定する「適切性の論理」であるとした。「間主観性」「適切性の論理」の項も参照。

さ　行——

再帰的近代化　現代という時代を把握するための用語。社会学者のギデンズやベックが提起した。現代において，これまで当然と見なされてきたことが自明ではなくなり，不確実性や偶然性が高まっている状態を指す。本書では，熟議民主主義の正当化論の一つとして，再帰的近代化の状態にある現代社会における熟議の必要性とい

う議論を取り上げた。

財産所有型民主主義　アメリカの政治哲学者ロールズが提案した民主主義の考え方。福祉国家型資本主義との対比で用いられる。福祉国家型資本主義では，人々は失業など，不測の事故や不運のもとにあることが明らかになれば，事後的に福祉政策によって救済される。しかし，財産所有型民主主義では，多くの人々に資産と人的資本（教育と技能訓練）が事前に分配され，それを足場として「自分自身のことは自分で何とかできる立場にすべての市民をおく」ことが目指される。「福祉国家」「ロールズ」の項も参照。

サッチャー（Margaret Thatcher, 1925 ～ 2013）　イギリスの政治家。保守党に所属し，1979 年から 90 年まで首相を務めた。福祉国家を強く批判したことで知られる。

サバルタン対抗公共圏　フレイザーが提案した概念。女性，労働者，民族的少数者，性的少数者などが，自分たちだけで集まり，自分たちのアイデンティティ，利益，ニーズについて，その外部のより広範な市民社会へと表出・媒介されるのに適合的な言説を見つけるための場のこと。

参加民主主義　一般市民の参加を重視する民主主義のこと。自由民主主義における一般的な参加では不十分であるとし，狭義の政治の領域だけではなく，経済などより広範な領域における参加が必要であるとする。「ペイトマン」の項も参照。

サンデル（Michael J. Sandel, 1953 ～）　アメリカの政治哲学者であり，代表的なコミュニタリアンの一人。リベラリズムの自立的・自律的な個人像を批判して，個人とは何らかの「共同体」に属し，その共通の価値や目的を自己のアイデンティティの重要な構成要素とする「位置づけられた自己」であるとした。「コミュニタリアン」「リベラリズム」の項も参照。

ジェンダー・ギャップ　性差による価値観や社会的役割などの違い。政治学では投票行動における男女の違いがしばしば取り上げられる。

ジェンダーの主流化　あらゆる政策，施策，事業等に，ジェンダー格差解消の視点を組み入れること。

資格任用制　公務員をその専門能力によって評価する制度。猟官制とは異なり，政治的に中立で専門能力の高い公務員制度を構築するために用いられてきた。「猟官制」の項も参照。

資源動員論　社会運動の合理性を前提として，その組織や戦略に焦点を当てた研究のこと。参加者の不満に着目するのではなく，運動を起こすのに必要な資源（リソース）がどのように動員できるかをめぐる動員構造に着目する。

実質的代表　実態を伴っている代表のこと。「名目的（象徴的）代表」の項も参照。

司法政治　司法における，あるいは司法をめぐる政治に注目する視座のこと。

社会学的制度論　「新制度論」の項を参照。

社会関係資本（ソーシャル・キャピタル）　信頼，規範，さまざまな社会的ネットワ

ークのこと。それらの存在が，調整された諸活動を活発にし，そのことによって社
会の効率性を改善できるとされる。アメリカの政治学者パットナムの研究によって，
一躍注目されるようになった。彼のイタリアを事例とした研究によると，社会関係
資本が大きい地域では政治的制度のパフォーマンスが比較的高いという。「パット
ナム」の項も参照。

社会的投資　福祉国家改革論議の中で，社会学者のギデンズや政治社会学者のエスピ
ン＝アンデルセンらによって用いられるようになった用語。社会保障を事後救済
的なものとしてではなく，人々へのエンパワーメントの手段，つまり「人的資源」
への先行投資として捉え直す。人に投資することで経済成長にも寄与するというこ
とも含意している。

社会的包摂　人々を同等な社会的成員として組み込んでいくこと。福祉国家に引き付
けて言えば，貧困や差別などで社会から排除された人々を，単に保護するだけでは
なく，彼らの社会参加と経済的自立を実現することが重要であるとする考え方に結
びつく。

社会保険　国民からの税金に頼るのではなく，雇用主と労働者によって分担された拠
出金を財政の中心とする福祉プログラムのこと。ドイツが，これを採用したさきが
けとされる。

集合行為　公共財を生み出したり共有地を守ったりするために，人々が協力して行動
すること。政治的決定はほとんどの場合この集合行為に関わるが，自分の利益をま
ず考えるという経済的人間像を前提にすれば，集合行為は想定できなくなる。

自由主義（リベラリズム）　社会における価値の多元性を認め，その共存を擁護する
考え方。理論の出発点としてであれ，望ましい目標としてであれ，「自立した個人」
を想定する。そこではまた，国家と社会の区別が強調される。アメリカの哲学者ロー
ルズなど現代のリベラリストが目指すのは，人々の異質性（多元性という事実）
を前提とした上で，それでも，人々が互いを尊重しながら共存することができるよ
うな原理を見出すことである。「ロールズ」の項も参照。なお，国家を超える政治
におけるリベラリズムとは別である。

従属論　マルクス主義に基づく国際関係理論の一つ。先進国と途上国との間での経済
格差や支配 - 従属関係の要因を，各国の能力の違いではなく，世界的な資本主義シ
ステムによって諸国家が中心（センター）と周辺（ペリフェリー）へと構造化され
ている点に求める。

集団理論　「政治」現象を，「社会」集団の相互作用，つまり「圧迫と抵抗」のプロセ
スとして理解する理論。政治学を，国家の諸制度を静態的に研究する学問から，国
家外部の社会集団の行為を動態的に研究する学問へと変化させた。

自由民主主義　個人の自由の保障を軸とする自由主義と，人々の政治参加の保障を軸
とする民主主義という，二つの原理が結びつけられた政治思想。その主な特徴は，

①立憲主義による人権の保障，②政党間競争と普通選挙とに基づく代表制，③「公的領域」としての国家と，「私的領域」としての社会（経済と親密圏の二つの領域を含む）との分離，④公共精神ではなく自己利益を政治行動の基礎とする，である。

住民投票　地方レベルで行われる国民投票のこと。「国民投票」の項を参照。

熟議システム　熟議を特定の実践や制度として理解するのではなく，さまざまな実践や制度の連関として理解していこうとする考え方。その中には，自由民主主義を前提としない熟議システムもありうるという見解が，最近では見られる。「二回路モデル」「ハーバーマス」の項も参照。

熟議文化論　熟議民主主義論における近年の考え方の一つ。熟議そのものは普遍的な理念であるが，その具体的な形態は，それが行われる文脈に応じて異なるとする。「熟議民主主義」の項も参照。

熟議民主主義　1990年代以降に盛んに議論されるようになった民主主義の考え方の一つ。民主主義の核心を，投票ではなく「話し合い」に見出す。また，その話し合いにおける「反省性」と「理由」の正当性の相互検討とを重視する。反省性とは，話し合いの中で人々の意見・選好が変容することを指す。理由の正当性の相互検討とは，話し合いにおいて，他者にも受け入れ可能な理由を述べるとともに，その理由の妥当性について検討することを指す。

シュトレーク（Wolfgang Streeck, 1946〜）　ドイツの社会学者。先進諸国の比較政治経済分析で多くの著作がある。近年，『時間稼ぎの資本主義』などの著作で，資本主義の危機や「終焉」を論じるようになっている。そこでは，1970年代以降の資本主義は，そのグローバル化とともにさまざまな手段を使って危機を先延ばしにしており，その中で人々の社会的権利の保障（社会的正義）と資本蓄積の要請（市場的正義）とを調停することは，ますます困難になっているとされる。

シュミット（Carl Schmitt, 1888〜1985）　20世紀ドイツの公法学者，政治学者。主著に『政治的なものの概念』『現代議会主義の精神史的地位』などがある。本書では，代表的な政治の捉え方の一つを提起した研究者として登場する。

シュンペーター（Joseph A. Schumpeter, 1883〜1950）　東欧生まれの経済学者・政治学者。『資本主義，社会主義，民主主義』において，有権者は指導者集団（エリート）を定期的に選択する役割のみを担い，それが競争的エリートの支配を正統化するという「競争的エリート民主主義論」を展開した。また，不断の技術革新は富の創造とともに，経済構造の革新につながるという「創造的革新」を唱えたことでも有名。

小選挙区制　1選挙区で1人だけが当選する選挙制度のこと。死票が出やすいが，民意を集約しやすいとされる。デュヴェルジェの法則によれば，小選挙区制は二大政党化をうながす。「大選挙区制」「デュヴェルジェの法則」の項も参照。

新自由主義　私的所有権，自由市場，自由貿易を特徴とする制度的枠組みの範囲内で，

企業が自由にその能力を発揮することで人類の富と福利が最も増大する，という考え方。1970年代以降，それまでの福祉国家による経済への規制・介入に代わって広く受け入れられるようになった。

新制度論 アクターに対して制度が及ぼす影響を重視する考え方のこと。代表的なものとして，合理的選択制度論，歴史的制度論，社会学的制度論の三つがある。合理的選択制度論では，特定の制度のもとにあるアクターは，そこで最も「合理的」であるような行動を取るとされる。歴史的制度論では，政策は従来の経路に依存して決まるという「経路依存性」を重視する。社会学的制度論では，慣習や規範，行動の基準といった「文化」に注目し，それらが行為者の認識や解釈に作用して一定の方向へと行動を促進するとされる。

人道的介入 人道的見地から，他国に，その国の同意なしにしばしば軍事力をともなって介入すること。国連は試行錯誤しながら人道的介入を行ってきた。

親密圏 「具体的な他者」との関係によって形成される空間・場のこと。そこでは，愛情だけではなく，他者の生／生命への関心が人間関係を形成する。親密圏には家族も含まれるが，それに限らない。本書では，このような親密圏も政治の一つの場として考える。

制限選挙制 財産や性別，社会的身分などで選挙権を制限する選挙制度のこと。「普通選挙」の項も参照。

政治体制 権力の正統性を確保・持続させるあり方は国家によってさまざまである。それを実現する制度や政治組織の総体を政治体制という。アリストテレス以来，どのような政治体制がありうるのか，また望ましいのかは，政治学の重要なテーマである。本書では，民主主義体制（自由民主主義体制）と，権威主義体制などの非民主主義体制との区別を中心に取り上げた。

政治的機会構造 社会運動の生成や発展，あるいはその成功や失敗を規定する要件のうち，運動の外部に存在するとされるもの。公式の政治システムが挑戦者に対してどれくらい開放的か，政体を支えるエリート間の提携がどれくらい安定しているか，といったことが例として挙げられる。

政治的景気循環 純粋に経済的な理由ではなく，有権者からの支持獲得という政治的な理由で発生する景気循環のこと。

政治的社会化 人々が政治に関する知識，慣習，価値観・イデオロギーなどを獲得ないし内面化していくプロセスのこと。

政治的平等 政治において，そこに関わるすべての人々の意見や立場は平等に取り扱われるべきとする理念のこと。たとえ社会的ないし経済的には不平等であっても，政治においては平等に取り扱われるべきとされる。

政治的有効性感覚 自分の行動が政治的決定に影響を与えているという感覚や信念のこと。

政治文化 政治と文化の関係を考えるための概念。論者によってさまざまに定義されるが，本書で参照したアーモンドとヴァーバによる代表的な研究によれば，政治文化とは，ある時代に国民の間に広く見られる政治についての態度，信念，感性の指向のパターンのことである。

性的マイノリティ 性のあり方において，通常の意味での男女とは異なると見なされる人々のこと。たとえば，レズビアン，ゲイ，バイセクシュアル，トランスジェンダー（あわせて「LGBT」と表現される）などが当てはまる。

政党システム 政党間の関係をシステムとして理解する概念。大きく分けて二大政党制と多党制があるが，そのほかにも政党システムの分類はさまざまある。

政府間組織 複数の国家からの代表によって構成される組織のこと。あくまで国家間の連合という性格が強い。国際連合がその典型とされる。「超国家組織」の項も参照。

世界システム論 従属論を発展させた国際関係理論。「中心－周辺」論に「半周辺」という概念を加えて周辺国の経済発展を説明し，国際関係の構造を国家の枠組みを超えた一つの「世界システム」として特徴づけた。「従属論」の項も参照。

選挙プロフェッショナル政党 世論調査や広報の専門家を軸に，その時々の有権者に受ける争点を中心として政策プログラムを形成し，それらを作成する政党指導部の権限が強化され，くわえて政党リーダーの人気による直接的な支持を獲得しようとする政党。

選別主義 資力調査を通じて，福祉の受給者として貧しい人を選び出し，彼らに最低限の支援を行う福祉国家の性格のこと。イギリスがその代表例の一つとされる。「普遍主義」の項も参照。

総稼ぎ手モデル 政治哲学者のフレイザーが，ありうるジェンダー平等のモデルの一つとして提起した用語。女性も男性並みに「稼ぎ手」となることで性別分業を克服しようとする考え方を指す。

総ケア提供者モデル 政治哲学者のフレイザーが，ありうるジェンダー平等のモデルの一つとして提起した用語。男性を女性並みのケア提供者にすることで男女間の平等を実現できるとする考え方。

増分主義 政策変化はいっきに起こるのではなく，漸進的にしか起こらないという考え方。漸進主義と同義。

族議員 特定分野に関心が高く，関連する政策知識や人脈などを有する議員のこと。たとえば農政分野に詳しい農水族があげられる。特定のテーマに長く関わり続けることで，しばしば官僚よりも大きな影響力を持つとされる。

た　行——

ダール（Robert A. Dahl, 1915～2014）　アメリカの政治学者。主著に『統治するのは誰か』『ポリアーキー』などがある。本書では，権力，多元主義，民主主義における（政治的）平等の意義などを論じた研究者として登場する。「多元主義」の項も参照。

代議制民主主義　直接民主主義とは異なり，人々の政治参加を主に選挙での投票に限定し，選挙で選ばれた代表者が主な政治的決定を担う民主主義のこと。「直接民主主義」の項も参照。

大衆政党　主に労働者層へと選挙権が拡大されていくにともなって現れた，集権的に大量の党員を組織化する政党。党員を動員するためには，一定のイデオロギーや理念が重要となる場合が多い。

大選挙区制　一選挙区で複数の候補が当選する選挙制度のこと。かつての日本の衆議院選挙において中選挙区制と呼ばれていたものも，この選挙制度の一つである。「小選挙区制」の項も参照。

大統領制　執政の長である大統領と議会議員とが，国民から別々に選出される制度のこと。権力分立の視点から，たとえば議会での法案審議への介入の程度など，大統領の議会に対する権限はさまざまに制約されている場合が多い。二元代表制と呼ぶ場合もある。

ダウンズ（Anthony Dwons, 1930～）　アメリカの政治学者。政党の政策位置を説明する「中位投票者モデル」に基づき，政党間競争を理論化した。「中位投票者モデル」の項も参照。

多極共存型民主主義　政治学者レイプハルトが示した民主主義体制の類型の一つ。多元的な社会的基盤を持つ国家において，それぞれの基盤を代表するエリートによって協調的に運営される民主主義のこと。「レイプハルト」の項も参照。

多元主義　政治システムすべてをコントロールできるような，単一の組織的利益や政党，階級，地域，民族集団は決して存在せず，国家の政策は多様なアクター間の交渉や説得を通じて形成されるとする議論。アメリカの政治学者ダールなどが展開した。「ダール」の項も参照。

多数者の専制　民主主義において，多数者が少数者の立場や自由を脅かす危険性を指摘する言葉。政治思想家のトクヴィル，ミルなどによって用いられた。

多数代表制　選挙区の多数を代表することを意味する用語。ただし，選挙区で1位（相対多数）であれば過半数を得なくても当選できる仕組み（日本の小選挙区制など）と，1位になっても絶対多数（過半数）を得なければ当選できない仕組み（フランスの小選挙区制など）がある。「比例代表制」の項も参照。

脱商品化　人々が自身の労働を商品をとして売らなくても，すなわち，何らかの事情

で働くことができなくても，公的な社会的給付を通じて生きていけること。政治社会学者のエスピン＝アンデルセンが，福祉レジームの類型化のための指標の一つとして，この概念を用いた。

脱政治化　ある事象が，政治，すなわち集合的決定の対象から外れること。たとえば，経済が政治による集合的決定ではなく，政治の外部で独自のメカニズムに基づいて自立的に作動する場合，経済は脱政治化していると言える。

脱物質主義　第二次世界大戦後，欧米諸国で経済的安定と身体的安全が当たり前になることで広がったとされる価値観で，尊敬への欲求や知的満足，さらには自己実現といった価値を重視する。アメリカの政治学者イングルハートが唱えたことで有名。

男性稼ぎ手型家族　男性は仕事，女性は家庭（家事・育児・介護）という性別分業を前提とした家族のこと。ジェンダー論では，福祉国家の発展がこのような家族を前提にしたものであったことが批判的に検討される。

中位投票者モデル　政党の政策位置は，最も多くの有権者が存在する中道へとシフトしていくとするモデル。

超国家組織　複数の国家によって構成されつつも，それらの国家の上位に位置する統治機構のこと。いまのところ完全な形では実現していないが，EUは超国家組織を理想として発展してきた。

頂上団体　経営者団体や労働組合といった団体が同一領域に複数ある場合，政治的影響力を高めるためにはその内部の多様な意見を統合し，集約する必要がある。その役割を担うのが頂上団体である。「コーポラティズム」の項も参照。

直接民主主義　代議制民主主義とは異なり，主権者が自ら政治的決定に参加する仕組みのこと。「代議制民主主義」の項も参照。

テイラー（Charles Taylor, 1931～）　カナダの政治哲学者であり，代表的なコミュニタリアンの一人。リベラリズムの自立的・自律的な個人像を批判し，個人の選択に先立って何が価値あるもので何がそうでないかをあらかじめ区別する「重要性の地平」が存在するとした。「コミュニタリアン」「リベラリズム」の項も参照。

適切性の論理　アクターが何を利益と考えるか自体が，間主観的に構成されており，客観的な利益は存在しないこと，そして，それゆえにアクターの行動を左右するのは，その利益を形成するアイデンティティや規範であることを指す用語。「間主観性」「コンストラクティヴィズム」の項も参照。

デュヴェルジェの法則　選挙制度と政党システムとの関係を示す法則。フランスの政治学者デュヴェルジェが提唱した。これによれば，小選挙区制は二大政党を，比例代表制は多党制をもたらしやすいとされる。「小選挙区制」「比例代表制」の項も参照。

闘技民主主義　合意形成を目指すのではなく，健全な対立・競争関係の表出・確立を目的とする民主主義のこと。このような民主主義を通じて，政治的少数派の主張や

要求も正当なものとして承認され，排除の問題を克服できるとする。政治学者のムフやコノリーによって提唱された。

トクヴィル（Alexis de Tocqueville, 1805 ~ 59）　フランスの思想家・政治家。その著書『アメリカの民主主義』において，19世紀のアメリカ社会を観察し，多様な自発的結社を通じた自治が民主主義の形成に寄与していることに着目した。本書では，彼のこの議論を「市民社会」の一つのイメージを提起するものとして取り上げている。

ドライゼク（John S. Dryzek, 1953 ~）　オーストラリアの政治学者。熟議民主主義論や環境政治論で知られており，『熟議民主主義を超えて』（未邦訳）『地球の政治学』などの著作がある。彼の熟議民主主義論は，とくに非制度的な熟議の意義に注目する点に特徴がある。また，熟議文化論などを通じて，非西洋における熟議民主主義にも関心を持っている。「熟議文化論」「熟議民主主義」の項も参照。

な　行——

二回路モデル　国家における意思決定と公共圏における意見形成とを区別しつつ，とくに後者において熟議が重要であり，それは国家に媒介されるべきだとする議論。主にドイツの哲学者ハーバーマスが唱えた。「熟議民主主義」「ハーバーマス」の項も参照。

ニュー・パブリック・マネジメント　公共部門において競争原理や民間企業の業務スタイルを導入して行政の効率化を図ろうという考え方。

ネオ・リアリズム　国家間の勢力均衡から国際秩序が生まれるというリアリズムの前提を維持しつつも，国際関係を一つのシステムとして捉え，それによって国際的な公共財が生み出されるという考え方のこと。「リアリズム」の項も参照。

ネオ・リベラリズム　国際レジーム論の登場を受けてリベラリズムを発展させた国際関係理論。国際制度の役割を強調するだけでなく，制度がどのようにして国家間の協力を生み出すかについて，より洗練された議論を提示した。「ネオ・リベラル制度論」とも呼ばれる。「国際レジーム論」「リベラリズム」の項も参照。

ノージック（Robert Nozick, 1938 ~ 2002）　アメリカの哲学者。リバタリアンの代表的論者の一人として知られる。著書に『アナーキー・国家・ユートピア』など。暴力・窃盗・詐欺・契約破棄から国民を保護することだけが国家の正当な機能であるとする最小国家論に基づき，ロールズの格差原理を批判した。「格差原理」「リバタリアン」「ロールズ」の項も参照。

は　行——

バーク（Edmund Burke, 1729〜97）　イギリスの政治思想家・政治家。主著は『フランス革命の省察』。政治家は地域別の選挙区から選ばれていたとしても，有権者からの信託に基づき，国民全体の利益を追求すべきと主張した。

ハーバーマス（Jürgen Habermas, 1929〜）　ドイツの社会哲学者。その著作『公共性の構造転換』で，近代ヨーロッパにおいて，カフェ，サロン，夕食会などに集まる人々の自由な対話の中から社会や政治に対する批判的な「公論」が生まれてきたと論じた。熟議民主主義の二回路モデルや行政国家・福祉国家批判でも有名。その他の著作として，『コミュニケイション的行為の理論』『事実性と妥当性』などがある。「公共圏」「二回路モデル」の項も参照。

パットナム（Robert Putnam, 1938〜）　アメリカの政治学者。『哲学する民主主義』『孤独なボウリング』などの著作がある。同じ政治制度を採用する国の間でも，社会関係資本の違いによって民主主義の質や政治のパフォーマンスが異なることがあると主張した。「社会関係資本（ソーシャル・キャピタル）」の項も参照。

半大統領制　大統領制とも議院内閣制とも異なり，大統領と首相がそれぞれ政治的権限を持つ制度のこと。「大統領制」「議院内閣制」の項も参照。

ピアソン（Paul Pierson, 1959〜）　アメリカの政治学者。経済の構造的変容にもかかわらず，また政治的指導者が福祉の縮減を選択しているように見えるにもかかわらず，実際には福祉国家はそれほど縮減されていなかったり，あるいは縮減された分野とそうでない分野があったりするのはなぜかという問題に，経路依存性の概念を用いて答えた。「経路依存性」の項も参照。

非決定権力　権力についての考え方の一つ。あるアクターにとって望ましくない政策がある場合，まず「課題として設定させない」形で権力が行使される場合がある。これらの権力は，決定に対して影響力を及ぼそうとして行使されるわけではなく「決定させない権力」として働くため，非決定権力と呼ばれる。

比例代表制　政党への投票で各党の議席数を決定し，その議席数に従って比例名簿の上位から当選者を決定する仕組み。政党の得票数が議席数に反映されやすいが，小党が分立して政権が不安定になるとも言われる。デュヴェルジェの法則によれば，比例代表制は多党制化をうながす。「多数代表制」「デュヴェルジェの法則」の項も参照。

福祉国家　その定義は多種多様だが，最大公約数的に言えば，年金や医療といった，生活や福利に関わる所得保障や社会的サービスを，人々に対して一定程度公的に保障する国家のことを指す。

福祉レジーム　福祉を生み出す主体は国家だけでなく，市場と家族もそれに含まれる。これらの組み合わせのバランスによって，国家の福祉供給が特徴づけられる。政治

社会学者のエスピン＝アンデルセンは，その総合的なあり方を「福祉レジーム」
と呼んだ。「エスピン＝アンデルセン」の項も参照。

普通選挙制　原則として財産や性別，社会的身分などで選挙権が制限されない選挙制
度のこと。「制限選挙」の項も参照。

普遍主義　貧困な労働者だけではなく，より豊かな中間層を含めた幅広い層に社会保
障を給付する福祉国家の性格のこと。スウェーデンがその代表例の一つとされる。
「選別主義」も参照。

フリーライダー　対価を支払わないで公共財を手に入れようとする人のこと。「ただ
乗りする人」とも言う。「公共財」の項も参照。

フレイザー（Nancy Fraser, 1947 ～）　アメリカの政治学者・哲学者。『中断する正
義』などの著作がある。本書では，彼女が男性稼ぎ手モデルよりも平等と考えられ
る男女関係のモデルとして提起した，総稼ぎ手モデル，ケア提供者対等モデル，総
ケア提供者モデルを紹介している。また彼女は，公共圏（親密圏）について，サバ
ルタン対抗公共圏の議論を展開した。「総稼ぎ手モデル」「ケア提供者対等モデル」
「総ケア提供者モデル」「サバルタン対抗公共圏」の項も参照。

フレーミング　複雑な世界を一定の形に枠づけて単純化し，問題の構図や世界のイメ
ージを形成する働きかけのこと。ある状況を不正義だと見なし，本来はこうあるべ
きだという図式を人々に浸透させることができるかどうかが，社会運動の成功の鍵
を握ると考えられる。

文明の衝突　アメリカの政治学者ハンチントンが用いた用語。彼は，米ソ冷戦終焉後，
資本主義対共産主義というイデオロギー対立に代わり，新たに文明間の対立が顕在
化すると予言し，この用語を用いた。

ペイトマン（Carole Pateman, 1940 ～）　イギリス出身の政治学者。参加民主主義論
およびフェミニズム的な政治理論の代表的論者の一人。狭義の政治だけでなく，た
とえば企業・職場といった，より広範な領域における参加の重要性を説いた。また，
フェミニズムの立場から，政治の概念そのものを考え直すべきと主張している。参
加におけるジェンダー平等の観点からベーシック・インカムを正当化する議論も行
っている。「ベーシック・インカム」の項も参照。

ヘーゲル（Georg Wilhelm Friedrich Hegel, 1770 ～ 1831）　ドイツの哲学者。その研
究は多岐にわたるが，本書では，国家と市民社会との関係について論じた学者の一
人として取り上げられている。彼は，市民社会は各個人の特殊な利害でのみ構成さ
れる「欲望の体系」であり，貧困などの社会問題は国家によって解決されるべきと
考えた。国家があって初めて，市民社会に普遍性を打ち立てることができるのであ
って，国家が市民社会の上に立つべきであり，国家なしでは市民社会は存在しえな
いとした。

ベーシック・インカム　すべての人々に，個人単位かつ無条件で基礎的な所得を国家

が給付するという考え方。

ベック（Ulrich Beck, 1944 ～ 2015）　ドイツの社会学者。主著の『危険社会』などを通じて、「リスク社会」概念を提示したことで著名。本書では、社会の中に政治を見出す、彼の「サブ政治」の概念を取り上げている。

ヘルド（David Held, 1951 ～ 2019）　イギリスの政治学者。著作に『民主政の諸類型』『コスモポリタニズム』など。民主主義の歴史的展開を踏まえつつ、主に理念面からその類型化を行い、それぞれの民主主義に共通する要素を「民主的自律性」に求めた。グローバル民主主義論の代表的論者の一人でもある。

包括政党　イデオロギー的主張を抑えることで、活動的な党員の利害表出よりも、できるだけ多くの支持層にアピールすることを優先し、選挙での得票最大化を図ろうとする政党。20世紀後半、イデオロギー対立が弱まる中で現れた。

法多元主義　国家法だけではなく、2種類以上の「法」体系が併存している状況を事実として把握するとともに、それを「望ましいもの」として規範的にも支持する考え方のこと。

ホッブズ（Thomas Hobbes, 1588 ～ 1679）　イギリスの哲学者、政治思想家。『リヴァイアサン』などの著作がある。本書では、権力国家観の端緒となる思想家の一人として、政治社会が存在せずただ個人からなる自然状態を、「万人の万人に対する闘争」として定義し、このような状況を避けるために、国家権力への服従をもって統制することを説いたことを説明している。

本人 – 代理人（プリンシパル・エージェント）モデル　政治家は有権者（本人 – プリンシパル）の代理人（エージェント）、官僚は政治家（本人）の代理人などと仮定し、本人の意向を代理人にいかに代理させるかという観点から政治を見る見方。

ま　行──

マキアヴェリ（Niccoló Machiavelli, 1469 ～ 1527）　イタリア・フィレンツェ共和国の政治思想家。『君主論』などの著作がある。本書では、支配者における倫理性や道徳性よりも、権力的かつ現実的な「支配の技術」の重要性を説いたことで、権力国家観の端緒となる思想家の一人として登場する。

マルクス（Karl Marx, 1818 ～ 83）　ドイツ出身の哲学者・経済学者。その思想体系はマルクス主義と呼ばれ、学界のみならず、現実の政治・社会運動にも大きな影響を与えた。本書では、彼の国家論とその後の（1960年代後半以降の）ネオ・マルクス主義と呼ばれる国家論、さらに、マルクス主義における政治と経済の関係の考え方について説明している。

ミニ・パブリックス　熟議民主主義を実践する制度の一つ。主に無作為抽出で選ばれた人々が集まって、特定のテーマについて、1日～数日間議論をする仕組みの総称

である。具体的には，市民討議会，討論型世論調査，プランニング・セル，市民陪審，コンセンサス会議などがある。「熟議民主主義」の項も参照。

ミラー（David Miller, 1946 〜）　イギリスの政治学者。著書として，『政治哲学』『ナショナリティについて』など。政治哲学のさまざまな問題に取り組んでいるが，とくにリベラル・ナショナリズムの立場を打ち出したことで有名。自由民主主義的な価値を実現するためには，「公共文化」と呼ばれるナショナルなレベルで共有される文化が重要だと論じた。

ミルズ（C. Wright Mills, 1916 〜 62）　アメリカの社会学者。『パワー・エリート』『社会学的想像力』などの著作がある。政府，軍部，企業のそれぞれのトップの密接な結びつきから成るパワー・エリートが，彼ら自身の目的に適合するように国家の政策を形成しており，その意味で国家を支配しているとするパワー・エリート論を展開した。

民主主義の赤字　EU の欧州委員会が，選挙で選ばれていない代表から構成されているにもかかわらず強大な権限を持つことを批判する時に用いられる用語。

無知のヴェール　アメリカの哲学者ロールズが，格差原理の正しさを論証するために用いた仮説的な前提。人々は「無知のヴェール」に覆われると自らの社会的地位，階級，身分，あるいは自らの資産や才能，運，知力や体力について知ることができなくなり，そこから格差原理に合意するとされる。「格差原理」「ロールズ」の項も参照。

ムフ（Chantal Mouffe, 1943 〜）　ベルギー出身の政治学者。著書に『政治的なるものの再興』『民主主義の逆説』など。闘技民主主義を提唱し，リベラリズムや熟議民主主義を厳しく批判する。彼女の闘技民主主義は，自由民主主義を否定するというよりも，それを徹底化するものとして位置づけられる。「闘技民主主義」の項も参照。

名目的（象徴的）代表　実態を伴っていない代表のこと。女性議員の数が多くても，女性の利益が政治に反映されていなければそれは名目的代表と言える。「実質的代表」の項も参照。

や　行——

ヤング（Iris Marion Young, 1949 〜 2006）　アメリカの政治学者。著書として，『正義と差異の政治』（邦訳近刊），『正義への責任』などがある。リベラリズムにおける正義概念が個人主義的であり，集団・文化の持つ意味や，不正義をもたらす構造的要因を軽視していることを批判した。「自由主義（リベラリズム）」の項も参照。

ら 行──

ラディカル・フェミニズム　1960 年代以降に台頭したフェミニズムの一つ。「個人的なことは政治的である」のスローガンとともに，既存の公私二元論を強く批判した。「公私二元論」の項も参照。

リアリズム　国家を超える場での政治を，アナーキー（無政府状態）として捉え，各国家は，他国に負けることなく自らの国益を実現するため，軍事力を中心とする「力」を追求するとする理論。このような「力」の競争は，やがて国家間の勢力均衡をもたらすとされる。

立憲主義　政治における権力行使は法によって制約されるべきとする「法の支配」の考え方に，人権という価値の擁護を組み込んだもの。そのために違憲審査制という仕組みを重視する。この意味での立憲主義は，民主主義と緊張関係に立つと考えられることがある。

リバタリアン　個人の自由や私的所有権を強く擁護し，ロールズの正義論，とりわけ格差原理を批判するリバタリアニズムを唱える人々のこと。福祉国家に否定的であり，しばしば最小国家論を展開する。「格差原理」「ノージック」「ロールズ」の項も参照。

リベラリズム（国家を超える政治における）　国家間の「協力」に注目して，国家を超える政治のあり方を考える理論。国家は経済領域を中心とする相互依存関係にあるため互いに協力することができ，上位の政府なき国際関係においても，一定の秩序形成が可能と考える。

リベラリズム（国内の政治・社会における）　「自由主義（リベラリズム）」の項を参照。

リベラル・ナショナリズム　リベラリズムが掲げる自由，平等，民主主義などの理念・制度が実現するためには，安定したネーションとナショナリズムが必要だとする立場のこと。政治学者ミラーなどが，代表的な論者とされる。「ミラー」の項も参照。

猟官制　選挙に勝って政権に就いた政党が公職の任免権を持つ制度。主にアメリカで用いられてきた。「資格任用制」の項も参照。

ルーマン（Niklas Luhmann, 1927 ～ 99）　ドイツの社会学者。パーソンズを批判的に検討し，オートポイエーシスの概念などに依拠して，法，政治，経済，教育などの社会の部分システムの自律性と相互依存性とを理論化した，独自の社会システム理論を展開した。本書では，国家を権力の観点から定義する議論の一つとして，「政治システム」と国家に関する彼の議論を取り上げた。

レイプハルト（Arend Lijphart, 1936 ～）　オランダ出身の政治学者。主にオランダやベルギーを念頭に置いた多極共存型民主主義論によって有名になった。自由民主

主義体制のあり方を「多数決型」と「コンセンサス型」の二つに分類し，総じてコンセンサス型民主主義のほうが民主主義の質やパフォーマンスについて良好であることを示した。

レーガン（Ronald Reagan, 1911 〜 2004）　アメリカの政治家。共和党に所属し，1981 年から 1989 年まで大統領を務めた。イギリスのサッチャーと同じく「大きな政府」に批判的で，大幅減税を実施した。

歴史的制度論　「新制度論」の項を参照。

レファレンダム　「国民投票」の項を参照。

連邦国家（連邦制）　少なくとも二つの層の政府（たとえば連邦政府と州政府）から構成され，その間での立法権や行政権，財政的権限などの配分が，憲法によって公式に規定されている国家のこと。

ロールズ（John Rawls, 1921 〜 2002）　アメリカの政治哲学者。著書に『正義論』『公正としての正義 再説』など。格差原理を含む正義の概念の正当化に取り組むことで，リベラリズムないしは正義論を再興したことで知られる。また，社会保障を民主主義との関係で捉え直す試みの一つとして，財産所有型民主主義を提案した。「格差原理」「財産所有型民主主義」「自由主義（リベラリズム）」の項も参照。

ロック（John Locke, 1632 〜 1704）　17 世紀イギリスの哲学者，政治思想家。主著に『統治二論』がある。本書では，自由主義（リベラリズム）の代表的な考え方の一つを提起した思想家として登場する。

わ　行――

ワークフェア　社会的に排除された人々を再び社会的に包摂する方策の一つ。市場への参入を前提としており，失業給付を与える代わりに強く就労を促す。

参 考 文 献

日本語文献

アーモンド, ガブリエル (1970=1982)『現代政治学と歴史意識』内山秀夫ほか訳, 勁草書房。

アーモンド, ガブリエル／シドニー・ヴァーバ (1963=1974)『現代市民の政治文化——五カ国における政治的態度と民主主義』石川一雄ほか訳, 勁草書房。

アーレント, ハンナ (1972=2000)『暴力について——共和国の危機』山田正行訳, みすず書房。

愛敬浩二 (2012)『立憲主義の復権と憲法理論』日本評論社。

明石康 (2006)『国際連合——軌跡と展望』岩波新書。

浅野有紀 (2015)「法理論におけるグローバル法多元主義の位置付け」浅野有紀・原田大樹・藤谷武史・横溝大編『グローバル化と公法・私法関係の再編』弘文堂。

アセモグル, ダロン／ジェイムズ・A. ロビンソン (2012=2016)『国家はなぜ衰退するのか——権力・繁栄・貧困の起源』上下巻, 鬼澤忍訳, 早川書房。

足立研幾 (2004)『オタワプロセス——対人地雷禁止レジームの形成』有信堂高文社。

足立研幾 (2009)『レジーム間相互作用とグローバル・ガヴァナンス——通常兵器ガヴァナンスの発展と変容』有信堂。

阿部齊 (1989)『現代政治と政治学』岩波書店。

アマーブル, ブルーノ (2003=2005)『五つの資本主義——グローバリズム時代における社会経済システムの多様性』山田鋭夫・原田裕治ほか訳, 藤原書店。

網谷龍介 (2011)「集団主義的秩序と個人的権利—— EU 社会政策の二つの顔とその相克」田村哲樹・堀江孝司編『模索する政治——代表制民主主義と福祉国家のゆくえ』ナカニシヤ出版。

アリストテレス (1961)『政治学』山本光雄訳, 岩波文庫。

アルベール, ミシェル (1991=1996)『資本主義対資本主義——フランスから世界に広がる21世紀への大論争』小池はるひ訳, 久米宏之監訳, 竹内書店新社。

アンダーソン, ベネディクト (1983=1997)『想像の共同体——ナショナリズムの起源と流行〔増補〕』白石さや・白石隆訳, NTT 出版。

安藤丈将 (2012)「社会運動のレパートリーと公共性の複数化の関係——『社会運動社会』の考察を通して」『相関社会科学』22 号。

イーストン, ディヴィッド (1965=1980)『政治生活の体系分析』上下巻, 片岡寛光監訳, 薄井秀二・依田博訳, 早稲田大学出版部。

イーストン, デヴィッド (1953=1976)『政治体系——政治学の状態への探求〔第 2 版〕』山川雄巳訳, ぺりかん社。

五十嵐暁郎／ミランダ・A. シュラーズ（2012）『女性が政治を変えるとき——議員・市長・知事の経験』岩波書店。

石川真澄（1990）「メディア——権力への影響力と権力からの影響力」『レヴァイアサン』7号。

石田雄（1961）『現代組織論——その政治的考察』岩波書店。

石田雄（1978）『現代政治の組織と象徴——戦後史への政治学的接近』みすず書房。

出雲明子（2014）『公務員制度と政治主導——戦後日本の政治任用制』東海大学出版部。

伊藤光利（1988）「大企業労使連合の形成」『レヴァイアサン』2号。

伊藤恭彦（2010）『貧困の放置は罪なのか——グローバルな正義とコスモポリタニズム』人文書院。

井戸正伸（1998）『経済危機の比較政治学——日本とイタリアの制度と戦略』新評論。

井上彰（2012）「デモクラシーにおける自由と平等」齋藤純一・田村哲樹編『アクセス デモクラシー論』日本経済評論社。

猪口孝（1983）『現代日本政治経済の構図——政府と市場』東洋経済新報社。

猪口孝（2004）『「国民」意識とグローバリズム——政治文化の国際分析』NTT 出版。

猪口孝（2015）『政治理論』ミネルヴァ書房。

猪口孝・岩井奉信（1987）『「族議員」の研究——自民党政権を牛耳る主役たち』日本経済新聞社。

井堀利宏・土居丈朗（1998）『日本政治の経済分析』木鐸社。

今井一（2000）『住民投票——観客民主主義を超えて』岩波新書。

今井一（2011）『「原発」国民投票』集英社新書。

今村都南雄（2006）『官庁セクショナリズム』東京大学出版会。

岩田正美（2008）『社会的排除——参加の欠如・不確かな帰属』有斐閣。

岩本美砂子（2003）「女性をめぐる政治的言説——日本において，女性の政治的代表（婦人参政権・女性政治家）に関して論じられてきたこと」日本政治学会編『年報政治学2003「性」と政治』岩波書店。

岩本美砂子（2005）「女性と政治過程」賀来健輔・丸山仁編『政治変容のパースペクティブ——ニュー・ポリティクスの政治学II』ミネルヴァ書房。

岩本美砂子（2007）「日本における女性政策ナショナルマシナリーの分析——『無私・無謬の官僚』神話と女性政策マシナリーの困難」『三重大学法経論叢』24 巻 2 号。

イングルハート，ロナルド（1977=1978）『静かなる革命——政治意識と行動様式の変化』三宅一郎・金丸輝男・富沢克訳，東洋経済新報社。

イングルハート，ロナルド（1990=1993）『カルチャー・シフトと政治変動』村山皓・富沢克・武重雅文訳，東洋経済新報社。

ヴァーバ，S.／N. H. ナイ／J. キム（1978=1981）『政治参加と平等——比較政治学的分析』三宅一郎・蒲島郁夫・小田健訳，東京大学出版会。

ヴァン・パリース，フィリップ（1995=2009）『ベーシック・インカムの哲学——すべての人にリアルな自由を』後藤玲子・齊藤拓訳，勁草書房。

ウィリス，ポール（1977=1996）『ハマータウンの野郎ども』熊沢誠・山田潤訳，ちくま学芸文庫。

ウィレンスキー，ハロルド・L.（1975＝1984）『福祉国家と平等——公共支出の構造的・イデオロギー的起源』下平好博訳，木鐸社。

ウェーバー，マックス（1919＝2018）『仕事としての学問　仕事としての政治』野口雅弘訳，講談社学術文庫。

ヴェーバー，マックス（1920＝1989）『プロテスタンティズムの倫理と資本主義の精神』大塚久雄訳，岩波文庫。

ヴェーバー，マックス（1920-1921＝1972）「世界宗教の経済倫理 序論」『宗教社会学論選』大塚久雄・生松敬三訳，みすず書房。

ウェーバー，マックス（1921-1922＝1958）『官僚制』阿閉吉男・脇圭平訳，角川文庫。

上田道明（2011）「市民参加の手段としての住民投票，そして議会」畑山敏夫・平井一臣編『実践の政治学』法律文化社。

上野千鶴子（2009）「家族の臨界——ケアの分配公正をめぐって」牟田和恵編『家族を超える社会学——新たな生の基盤を求めて』新曜社。

上野千鶴子（2012）『生き延びるための思想〔新版〕』岩波現代文庫。

ウォーラーステイン，イマニュエル（1974＝1981）『近代世界システム——農業資本主義と「ヨーロッパ世界経済」の成立』Ⅰ・Ⅱ巻，川北稔訳，岩波書店。

ウォーラーステイン，イマニュエル（1983＝1985）『史的システムとしての資本主義』川北稔訳，岩波書店。

ウォルツ，ケネス（1979＝2010）『国際政治の理論』河野勝・岡垣知子訳，勁草書房。

ウォルツァー，マイケル（1983＝1999）『正義の領分——多元性と平等の擁護』山口晃訳，而立書房。

ウォルツァー，マイケル著，デイヴィッド・ミラー編（2007＝2012）『政治的に考える——マイケル・ウォルツァー論集』萩原能久・齋藤純一監訳，風行社。

ウォルドロン，ジェレミー（1999＝2003）『立法の復権——議会主義の政治哲学』長谷部恭男・愛敬浩二・谷口功一訳，岩波書店。

内田智（2019）「現代デモクラシー論における熟議の認知的価値——政治における『理由づけ』の機能とその意義をめぐる再検討」『政治思想研究』19号。

内山融（1999）「マスメディア，あるいは第四の権力？」佐々木毅編『政治改革1800日の真実』講談社。

宇野重規（2011）「再帰性とデモクラシー——もう一つの起源」宇野重規・田村哲樹・山崎望『デモクラシーの擁護——再帰化する現代社会で』ナカニシヤ出版。

宇野重規（2013）『西洋政治思想史』有斐閣。

宇野重規・田村哲樹・山崎望（2011）『デモクラシーの擁護——再帰化する現代社会で』ナカニシヤ出版。

運営委員会（1991）「現代日本社会の構造と特殊性——問題の提起」東京大学社会科学研究所編『現代日本社会 1 課題と視角』東京大学出版会。

エスピン-アンデルセン，イエスタ（1990＝2001）『福祉資本主義の三つの世界——比較福祉国家の理論と動態』岡沢憲芙・宮本太郎監訳，ミネルヴァ書房。

エスピン-アンデルセン，イエスタ（1999＝2000）『ポスト工業経済の社会的基礎——市場・福祉国家・家族の政治経済学』渡辺雅男・渡辺景子訳，桜井書店。

衛藤幹子（2014）「スウェーデンにおける政党型クオータと女性運動」三浦まり・衛藤幹子編『ジェンダー・クオータ――世界の女性議員はなぜ増えたのか』明石書店。

衛藤幹子（2017）『政治学の批判的構想――ジェンダーからの接近』法政大学出版局。

衛藤幹子・三浦まり（2014）「なぜクオータが必要なのか――比較研究の知見から」三浦まり・衛藤幹子編『ジェンダー・クオータ――世界の女性議員はなぜ増えたのか』明石書店。

NHK 放送文化研究所編（2015）『現代日本人の意識構造〔第八版〕』NHK 出版。

江原由美子（2001）『ジェンダー秩序』勁草書房。

遠藤晶久（2009）「業績評価と投票」山田真裕・飯田健編『投票行動研究のフロンティア』おうふう。

遠藤乾（2013）『統合の終焉―― EU の実像と論理』岩波書店。

遠藤乾・鈴木一人編（2012）『EU の規制力』日本経済評論社。

大石裕（2014）『メディアの中の政治』勁草書房。

オーウェル，ジョージ（1949=2009）『1984 年〔新訳版〕』高橋和久訳，早川書房。

大海篤子（2005）『ジェンダーと政治参加』世織書房。

オーキン，スーザン・モラー（1979=2010）『政治思想のなかの女――その西洋的伝統』田林葉・重森臣広訳，晃洋書房。

オーキン，スーザン・モラー（1989=2013）『正義・ジェンダー・家族』山根純佳・内藤準・久保田裕之訳，岩波書店。

大嶽秀夫（1996）『現代日本の政治権力経済権力――政治における企業・業界・財界〔増補新版〕』三一書房。

大嶽秀夫（1994/2013）『戦後政治と政治学〔新装版〕』東京大学出版会。

大西仁（2007）「近代の国際政治と現代の国際政治」加茂利男・大西仁・石田徹・伊藤恭彦『現代政治学〔第 3 版〕』有斐閣。

大森彌（2006）『官のシステム』東京大学出版会。

大矢根聡編（2013）『コンストラクティヴィズムの国際関係論』有斐閣。

岡野八代（2012）『フェミニズムの政治学――ケアの倫理をグローバル社会へ』みすず書房。

岡本三彦（2014）「スイス」網谷龍介・伊藤武・成廣孝編『ヨーロッパのデモクラシー〔改訂第 2 版〕』ナカニシヤ出版。

小川有美（2012）「デモクラシーは新自由主義から抜け出せないのか」『生活経済政策』180号。

奥健太郎（2010）「参議院全国区選挙と利益団体――日本遺族会の事例分析」『選挙研究』25巻 2 号。

小熊英二（2012）『社会を変えるには』講談社現代新書。

小熊英二（2013）「盲点をさぐりあてた試行―― 3・11 以後の諸運動の通史と分析」小熊英二編『原発を止める人々―― 3・11 から官邸前まで』文藝春秋。

小熊英二・上野陽子（2003）『〈癒し〉のナショナリズム――草の根保守運動の実証研究』慶應義塾大学出版会。

小田中直樹（2010）『ライブ・合理的選択論――投票行動のパラドクスから考える』勁草書房。

落合恵美子（1989）『近代家族とフェミニズム』勁草書房。

落合恵美子（2004）『21 世紀家族へ——家族の戦後体制の見かた・超えかた〔第 3 版〕』有斐閣。

オッフェ，クラウス（1988）『後期資本制社会システム——資本制的民主制の諸制度』寿福眞美監訳，法政大学出版局。

オドンネル，ギジェルモ／フィリップ・シュミッター（1986=1986）『民主化の比較政治学——権威主義支配以後の政治世界』真柄秀子・井戸正伸訳，未來社。

小野耕二（1995）『EU 統合の政治学』青木書店。

小野耕二（2000）『転換期の政治変容』日本経済評論社。

小野耕二（2007）「法律学と政治学との交錯領域へ向けて」『法政論集』（名古屋大学）216 号。

小野耕二（2010）「政治学の再検討と紛争処理論の意義」『法政論集』（名古屋大学）237 号。

小野耕二（2011）「『新しい政治学』への展望——『政治変容』と『政治学の変容』との架橋」『法政論集』（名古屋大学）242 号。

小野達也（2014）『対話的行為を基礎とした地域福祉の実践——「主体–主体」関係をきずく』ミネルヴァ書房。

オルソン，マンサー（1965=1983）『集合行為論——公共財と集団理論』依田博・森脇俊雅訳，ミネルヴァ書房。

カー，E. H.（1945=2011）『危機の二十年——理想と現実』原彬久訳，岩波文庫。

カーティス，ジェラルド／石川真澄（1983）『土建国家ニッポン——「世界の優等生」の強みと弱み』光文社。

柿崎明二（2008）『次の首相はこうして決まる』講談社現代新書。

カザ，グレゴリー・J.（1995=1999）『大衆動員社会』岡田良之助訳，柏書房。

カザ，グレゴリー・J.（2006=2014）『国際比較でみる日本の福祉国家——収斂か分岐か』堀江孝司訳，ミネルヴァ書房。

粕谷祐子（2014）『比較政治学』ミネルヴァ書房。

カッツェンスタイン，ピーター・J.（1996=2007）『文化と国防——戦後日本の警察と軍隊』有賀誠訳，日本経済評論社。

加藤秀一（2017）『はじめてのジェンダー論』有斐閣。

加藤秀治郎（2003）『日本の選挙——何を変えれば政治が変わるのか』中公新書。

加藤淳子（1997）『税制改革と官僚制』東京大学出版会。

加藤雅俊（2012）『福祉国家再編の政治学的分析——オーストラリアを事例として』御茶の水書房。

金田耕一（2000）『現代福祉国家と自由——ポスト・リベラリズムの展望』新評論。

蒲島郁夫（1988）『政治参加』東京大学出版会。

蒲島郁夫（1990）「マス・メディアと政治」『レヴァイアサン』7 号。

蒲島郁夫・竹下俊郎・芹川洋一（2010）『メディアと政治〔改訂版〕』有斐閣。

上川龍之進（2005）『経済政策の政治学——90 年代経済危機をもたらした「制度配置」の解明』東洋経済新報社。

加茂利男・大西仁・石田徹・伊藤恭彦（2007）『現代政治学〔第 3 版〕』有斐閣。

香山リカ（2006）『テレビの罠——コイズミ現象を読みとく』ちくま新書。

カルドー，メアリー（2003=2007）『グローバル市民社会論――戦争へのひとつの回答』山本武彦ほか訳，法政大学出版局。

川崎修（2010）『「政治的なるもの」の行方』岩波書店。

川崎修・杉田敦編（2012）『現代政治理論〔新版〕』有斐閣。

川出良枝・山岡龍一（2012）『西洋政治思想史――視座と論点』岩波書店。

キーン，ジョン（2009=2013）『デモクラシーの生と死』上下巻，森本醇訳，みすず書房。

北山俊哉（2003）「土建国家日本と資本主義の諸類型」『レヴァイアサン』32号。

キテイ，エヴァ・フェダー（1999=2010）『愛の労働あるいは依存とケアの正義論』岡野八代・牟田和恵訳，白澤社。

木寺元（2012）『地方分権改革の政治学――制度・アイディア・官僚制』有斐閣。

ギデンズ，アンソニー（1992=1995）『親密性の変容――近代社会におけるセクシュアリティ，愛情，エロティシズム』松尾精文・松川昭子訳，而立書房。

ギデンズ，アンソニー（1998=1999）『第三の道――効率と公正の新たな同盟』佐和隆光訳，日本経済新聞社。

キムリッカ，ウィル（1995=1998）『多文化時代の市民権――マイノリティの権利と自由主義』角田猛之・石山文彦・山﨑康仕監訳，晃洋書房。

キムリッカ，ウィル（2002=2005）『現代政治理論〔新版〕』千葉眞・岡﨑晴輝訳者代表，日本経済評論社。

ギャスティル，ジョン／ピーター・レヴィーン編（2005=2013）『熟議民主主義ハンドブック』津富宏・井上弘貴・木村正人監訳，現代人文社。

キャンベル，ジョン・C.（1977=1984）『予算ぶんどり――日本型予算政治の研究』小島昭・佐藤和義訳，サイマル出版会。

ギルピン，ロバート（1987=1990）『世界システムの政治経済学』佐藤誠三郎・竹内透監修，大蔵省世界システム研究会訳，東洋経済新報社。

久米郁男（1998）『日本型労使関係の成功――戦後和解の政治経済学』有斐閣。

クラウス，エリス・S.（2000a）「日本の首相――過去，現在，未来」藤井禎介訳，水口憲人・北原鉄也・真渕勝編『変化をどう説明するか――行政篇』木鐸社。

クラウス，エリス（2000b=2006）『NHK vs 日本政治』村松岐夫監訳，後藤潤平訳，東洋経済新報社。

河野勝（2003）「日本政治の分析視角」平野浩・河野勝編『アクセス 日本政治論』日本経済評論社。

古賀敬太（2004）「国家」古賀敬太編著『政治概念の歴史的展開 第一巻』晃洋書房。

五野井郁夫（2012）『デモとは何か――変貌する直接民主主義』NHK出版。

コノリー，ウィリアム・E.（1991=1998）『アイデンティティ／差異――他者性の政治』杉田敦・齋藤純一・権左武志訳，岩波書店。

小林哲郎（2011）「『見たいものだけを見る？』――日本のネットニュース閲覧における選択的接触」清原聖子・前嶋和弘編『インターネットが変える選挙――米韓比較と日本の展望』慶應義塾大学出版会。

小林良彰（1994）『選挙制度――民主主義再生のために』丸善。

小林良彰（2005）「問われる選挙報道の責任と意義――置き去りにされた政治課題の議論を」

『新聞研究』652号。

コヘイン，ロバート（1984=1998）『覇権後の国際政治経済学』石黒馨・小林誠訳，晃洋書房。

コヘイン，ロバート・O.／ジョセフ・S. ナイ（2001=2012）『パワーと相互依存』滝田賢治監訳，ミネルヴァ書房。

小堀眞裕（2012）『ウエストミンスター・モデルの変容——日本政治の「英国化」を問い直す』法律文化社。

今防人（1987）『コミューンを生きる若者たち』新曜社。

近藤康史（2007）「比較政治学における『アイディアの政治』——政治変化と構成主義」日本政治学会編『年報政治学2006-Ⅱ　政治学の新潮流——21世紀の政治学へ向けて』木鐸社。

近藤康史（2008）『個人の連帯——「第三の道」以後の社会民主主義』勁草書房。

近藤康史（2009）「構成主義的政治理論の三層モデル——イギリス労働党のEU政策を事例とした試論」小野耕二編著『構成主義的政治理論と比較政治』ミネルヴァ書房。

近藤康史（2010）「福祉・社会保障の公共性と政治理論」齋藤純一編著『公共性の政治理論』ナカニシヤ出版。

近藤康史（2013）「比較政治学との対話——国際的収斂と国家間差異との間で」大矢根聡編『コンストラクティヴィズムの国際関係論』有斐閣。

斉藤淳（2010）『自民党長期政権の政治経済学——利益誘導政治の自己矛盾』勁草書房。

齋藤純一（2000）『公共性』岩波書店。

齋藤純一（2008）『政治と複数性——民主的な公共性にむけて』岩波書店。

齋藤純一（2009）「制度による自由／デモクラシーによる社会統合」齋藤純一編『社会統合——自由の相互承認に向けて』岩波書店。

齋藤純一（2012）「デモクラシーにおける理性と感情」齋藤純一・田村哲樹編『アクセス　デモクラシー論』日本経済評論社。

齋藤純一・田村哲樹編（2012）『アクセス　デモクラシー論』日本経済評論社。

坂井豊貴（2015）『多数決を疑う——社会的選択理論とは何か』岩波新書。

坂井亮太（2018）「『多様性が能力に勝る定理』（The Diversity Trumps Ability Theorem）——政治への援用とその意義」『早稲田大学高等学院研究年誌』62号。

阪口正二郎（2001）『立憲主義と民主主義』日本評論社。

坂本治也（2017）「市民社会論の現在——なぜ市民社会が重要なのか」坂本治也編『市民社会論——理論と実証の最前線』法律文化社。

佐々木毅・金泰昌編（2002）『中間集団が開く公共性』東京大学出版会。

佐藤誠三郎・松崎哲久（1986）『自民党政権』中央公論社。

サンスティーン，キャス（2017=2018）『#リパブリック——インターネットは民主主義になにをもたらすのか』伊達尚美訳，勁草書房。

サンデル，マイケル・J.（1998=2009）『リベラリズムと正義の限界〔原著第二版〕』菊池理夫，勁草書房。

ジェソップ，ボブ（1990=1994）『国家理論——資本主義国家を中心に』中谷義和訳，御茶の水書房。

塩原勉編（1989）『資源動員と組織戦略——運動論の新パラダイム』新曜社。

篠原一（1977）『市民参加』岩波書店。

篠原一（2004）『市民の政治学——討議デモクラシーとは何か』岩波新書。

篠原一編（2012）『討議デモクラシーの挑戦——ミニ・パブリックスが拓く新しい政治』岩波書店。

シャットシュナイダー，エルマー・E.（1942=1962）『政党政治論』間登志夫訳，法律文化社。

シュトレーク，ヴォルフガング（2013=2016）『時間かせぎの資本主義——いつまで危機を先送りできるか』鈴木直訳，みすず書房。

シュミッター，フィリップ／ゲルハルト・レームブルッフ編（1979=1984）『現代コーポラティズムI——団体統合主義の政治とその理論』山口定監訳，高橋進・辻中豊・坪郷実訳，木鐸社。

シュミット，カール（1932=1970）『政治的なものの概念』田中浩・原田武雄訳，未來社。

シュンペーター，ヨーゼフ（1942=2016）『資本主義，社会主義，民主主義』I，II巻，大野一訳，日経BP社。

庄司克宏（2007）『欧州連合——統治の論理とゆくえ』岩波新書。

城下賢一（2016）「農協の政治運動と政界再編・構造改革・自由化——一九八〇年代以後の農協農政運動団体の活動分析」宮本太郎・山口二郎編『リアル・デモクラシー——ポスト「日本型利益政治」の構想』岩波書店。

ジョンソン，チャルマーズ（1982=2018）『通産省と日本の奇跡——産業政策の発展 1925-1975』佐々田博教訳，勁草書房。

新川敏光（2011）「福祉国家変容の比較枠組」新川敏光編著『福祉レジームの収斂と分岐——脱商品化と脱家族化の多様性』ミネルヴァ書房。

新川敏光・井戸正伸・宮本太郎・真柄秀子（2004）『比較政治経済学』有斐閣。

新藤宗幸（2012）『政治主導——官僚制を問いなおす』ちくま新書。

スウィフト，アダム（2006=2011）『政治哲学への招待——自由や平等のいったい何が問題なのか？』有賀誠・武藤功訳，風行社。

須賀晃一（2010）「市場が生み出す公共性——フェアな競争の場としての市場」齋藤純一編『公共性の政治理論』ナカニシヤ出版。

杉田敦（2013）『政治的思考』岩波新書。

杉田敦（2015）『権力論』岩波現代文庫。

杉本良夫／ロス・マオア（1995）『日本人論の方程式』ちくま学芸文庫。

スコッチポル，シーダ（2003=2007）『失われた民主主義——メンバーシップからマネージメントへ』河田潤一訳，慶應義塾大学出版会。

鈴村興太郎（1993）「競争・規制・自由」伊丹敬之・加護野忠男・伊藤元重編『企業と市場』有斐閣。

ステパン，アルフレッド／シンディ・スカッチ（1994=2003）「大統領制と議院内閣制に関する比較研究」ユアン・リンス／アルトゥロ・バレンズエラ編『大統領制民主主義の失敗——その比較研究』中道寿一訳，南窓社。

ストーカー，ジェリー（2006=2013）『政治をあきらめない理由——民主主義で世の中を変えるいくつかの方法』山口二郎訳，岩波書店。

盛山和夫（2000）『権力』東京大学出版会。

盛山和夫（2011）『社会学とは何か――意味世界への探求』ミネルヴァ書房。

世耕弘成（2006）『プロフェッショナル広報戦略』ゴマブックス。

施光恒（2009）「リベラル・デモクラシーとナショナリティ」施光恒・黒宮一太編『ナショナリズムの政治学――規範理論への誘い』ナカニシヤ出版。

セン，アマルティア（2002）『貧困の克服――アジア発展の鍵は何か』大石りら訳，集英社新書。

曽我謙悟（2016）『現代日本の官僚制』東京大学出版会。

ダール，ロバート・A.（1961=1988）『統治するのはだれか――アメリカの一都市における民主主義と権力』河村望・高橋和宏監訳，行人社。

ダール，ロバート・A.（1971=2014）『ポリアーキー』高畠通敏・前田脩訳，岩波文庫。

ダール，ロバート・A.（1985=1988）『経済デモクラシー序説』内山秀夫訳，三嶺書房。

ダール，ロバート・A.（1991=2012）『現代政治分析』高畠通敏訳，岩波現代文庫。

ダール，ロバート・A.（1998=2001）『デモクラシーとは何か』中村孝文訳，岩波書店。

ダール，ロバート・A.（2007=2009）『政治的平等とは何か』飯田文雄・辻康夫・早川誠訳，法政大学出版局。

ダウンズ，アンソニー（1967=1975）『官僚制の解剖――官僚と官僚機構の行動様式』渡辺保男訳，サイマル出版会。

田尾雅夫（2000）「市民と行政のパートナーシップ」水口憲人・北原鉄也・真渕勝編『変化をどう説明するか――行政篇』木鐸社。

高瀬淳一（1990）「比較政治文化論――政治文化概念の再検討」砂田一郎・藪野祐三編『比較政治学の理論』東海大学出版会。

田口富久治（1969）『社会集団の政治機能――その理論と実際』未来社。

田口富久治（1989）「ケインズ主義的福祉国家の危機と再編」田口富久治編『ケインズ主義的福祉国家――先進6カ国の危機と再編』青木書店。

田口富久治（1993）『政治学講義』名古屋大学出版会。

武川正吾（2007）『連帯と承認――グローバル化と個人化のなかの福祉国家』東京大学出版会。

武川正吾（2012）『政策志向の社会学――福祉国家と市民社会』有斐閣。

建林正彦（2004）『議員行動の政治経済学――自民党支配の制度分析』有斐閣。

建林正彦・曽我謙悟・待鳥聡史（2008）『比較政治制度論』有斐閣。

谷口将紀（2015）『政治とマスメディア』東京大学出版会。

田村哲樹（2008）『熟議の理由――民主主義の政治理論』勁草書房。

田村哲樹（2009）『政治理論とフェミニズムの間――国家・社会・家族』昭和堂。

田村哲樹（2011）「労働／ケアの再編と政治の位置」仁平典宏・山下順子編『ケア・協働・アンペイドワーク――揺らぐ労働の輪郭』大月書店。

田村哲樹（2014a）「熟議と参加――リベラル・デモクラシーを超えるのか」小野紀明・川崎修編集代表『政治哲学と現代』岩波書店。

田村哲樹（2014b）「政治／政治的なるものの政治理論」井上彰・田村哲樹編『政治理論とは何か』風行社。

田村哲樹（2015）「『民主的家族』の探究――方法論的ナショナリズムのもう一つの超え方」

『法政論集』（名古屋大学）262 号。

田村哲樹（2017）『熟議民主主義の困難——その乗り越え方の政治理論的考察』ナカニシヤ出版。

田村哲樹・松元雅和・乙部延剛・山崎望（2017）『ここから始める政治理論』有斐閣。

だめ連編（1999）『だめ連宣言！』作品社。

タロー，シドニー（1998=2006）『社会運動の力——集合行為の比較社会学』大畑裕嗣監訳，彩流社。

辻清明（1969）『日本官僚制の研究〔新版〕』東京大学出版会。

辻中豊（1988）『利益集団』東京大学出版会。

辻中豊（2012）「はじめに」日本政治学会編『年報政治学 2012-Ⅱ 現代日本の団体政治』木鐸社。

辻中豊・森裕城編（2010）『現代社会集団の政治機能——利益団体と市民社会』木鐸社。

辻村みよ子（2011）『ポジティヴ・アクション——「法による平等」の技法』岩波新書。

恒川惠市（2006）「民主主義体制の長期的持続の条件——民主化の紛争理論に向けて」恒川惠市編『民主主義アイデンティティ——新興デモクラシーの形成』早稲田大学出版部。

坪郷實（2009a）「比較・政治参加の視点」坪郷實編『比較・政治参加』ミネルヴァ書房。

坪郷實（2009b）「日本政治の再構築——自治体の再構築と政治参加」坪郷實編『比較・政治参加』ミネルヴァ書房。

テイラー，チャールズ（1991=2004）『〈ほんもの〉という倫理——近代とその不安』田中智彦訳，産業図書。

デュヴェルジェ，モーリス（1951=1970）『政党社会学——現代政党の組織と活動』岡野加穂留訳，潮出版社。

寺師正俊・河島茂生（2007）「サウンドの媒介力と都市」吉見俊哉・北田暁大編『路上のエスノグラフィ——ちんどん屋からグラフィティまで』せりか書房。

ドーソン，リチャード／ケネス・プルウィット／カレン・ドーソン（1977=1989）『政治的社会化——市民形成と政治教育』加藤秀治郎・青木英実・中村昭雄・永山博之訳，芦書房。

トクヴィル，アレクシス・ド（1835, 1840=2005, 2008）『アメリカのデモクラシー』第一巻上下，第二巻上下，松本礼二訳，岩波文庫。

徳山喜雄（2014）『安倍官邸と新聞——「二極化する報道」の危機』集英社新書。

土佐弘之（2011）「比較するまなざしと交差性——ジェンダー主流化政策の波及／阻害をどう見るか」『日本比較政治学会年報』13 号。

ドッド，ローレンス・C.（1976=1977）『連合政権考証——政党政治の数量分析』岡沢憲芙訳，政治広報センター。

長尾伸一（2000）「訳者解説」長尾伸一・長岡延孝監訳『制度の政治経済学』木鐸社。

長尾伸一・長岡延孝編監訳（2000）『制度の政治経済学』木鐸社。

中北浩爾（2012）『現代日本の政党デモクラシー』岩波新書。

中澤秀雄（1999）「『抗議レパートリー』の変容と『社会運動』の形成——1920 年代小作争議研究への社会学的視角」社会運動論研究会編『社会運動研究の新動向』成文堂。

中澤秀雄（2004）「争議のサイクルとレパートリーからみる社会変動」曽良中清司・長谷川

公一・町村敬志・樋口直人編『社会運動という公共空間――理論と方法のフロンティア』成文堂。

中澤秀雄・樋口直人（2004）「社会運動と政治――政治的機会構造と住民運動」大畑裕嗣・成元哲・道場親信・樋口直人編『社会運動の社会学』有斐閣。

西澤由隆（2004）「政治参加の二重構造と『関わりたくない』意識―― Who said I wanted to participate?」『同志社法学』55 巻 5 号。

西山真司（2019）『信頼の政治理論』名古屋大学出版会。

日本労働者協同組合連合会編（1997）『AARP の挑戦――アメリカの巨大高齢者 NPO』シーアンドシー出版。

丹羽功（2017）「利益団体論――市民社会の政治的側面」坂本治也編『市民社会論――理論と実証の最前線』法律文化社。

ノージック，ロバート（1974=1992）『アナーキー・国家・ユートピア――国家の正当性とその限界』嶋津格訳，木鐸社。

ノース，ダグラス・C.（1990=1994）『制度・制度変化・経済成果』竹下公視訳，晃洋書房。

野口雅弘（2011）『官僚制批判の論理と心理――デモクラシーの友と敵』中公新書。

野口雅弘（2012）「参加と動員の変容とデモクラシー」齋藤純一・田村哲樹編『アクセス デモクラシー論』日本経済評論社。

ハーヴェイ，デヴィッド（2005=2007）『新自由主義――その歴史的展開と現在』渡辺治監訳，森田成也・木下ちがや・大屋定晴・中村好孝訳，作品社。

バーク，エドマンド（1973）『エドマンド・バーク著作集』第二巻，中野好之訳，みすず書房。

パーソンズ，タルコット（1969=1974）『政治と社会構造』下巻，新明正道・金沢実訳，誠信書房。

バーテルソン，イェンス（2001=2006）『国家論のクリティーク』小田川大典・青木裕子・乙部延剛・金山準・五野井郁夫訳，岩波書店。

パーネビアンコ，アンジェロ（1982=2005）『政党――組織と権力』村上信一郎訳，ミネルヴァ書房。

ハーバーマス，ユルゲン（1973=2018）『後期資本主義における正統化の問題』山田正行・金慧訳，岩波文庫。

ハーバーマス，ユルゲン（1981=1987）『コミュニケイション的行為の理論』下巻，丸山高司ほか訳，未來社。

ハーバーマス，ユルゲン（1985=1995）『新たなる不透明性』上村隆広・吉田純・城達也訳，松籟社。

ハーバーマス，ユルゲン（1990=1994）『公共性の構造転換――市民社会の一カテゴリーについての探求〔第 2 版〕』細谷貞雄・山田正行訳，未來社。

ハーバーマス，ユルゲン（1992=2002/2003）『事実性と妥当性――法と民主的法治国家の討議理論にかんする研究』上下巻，河上倫逸・耳野健二訳，未來社。

ハーバーマス，ユルゲン（1996=2004）『他者の受容――多文化社会の政治理論に関する研究』高野昌行訳，法政大学出版局。

橋場弦（1997）『丘のうえの民主制――古代アテネの実験』東京大学出版会。

バジョット，ウォルター（1867=2011）『イギリス憲政論』小松春雄訳，中央公論新社。

長谷川公一・町村敬志（2004）「社会運動と社会運動論の現在」曽良中清司・長谷川公一・町村敬志・樋口直人編『社会運動という公共空間——理論と方法のフロンティア』成文堂。

長谷部恭男（2004）『憲法と平和を問いなおす』ちくま新書。

秦正樹（2013）「若年層の政治関心に与える政治的社会化の効果——学校と家庭における政治教育に注目して」『六甲台論集（法学政治学篇）』60巻1号。

畠山弘文（1989）『官僚制支配の日常構造——善意による支配とは何か』三一書房。

パットナム，ロバート・D.（1993=2001）『哲学する民主主義——伝統と改革の市民的構造』河田潤一訳，NTT出版。

パットナム，ロバート・D.（2000=2006）『孤独なボウリング——米国コミュニティの崩壊と再生』柴内康文訳，柏書房。

パットナム，ロバート・D.編著（2002=2013）『流動化する民主主義——先進8ヵ国におけるソーシャル・キャピタル』猪口孝訳，ミネルヴァ書房。

濱本真輔（2016）「団体–政党関係の構造変化——希薄化と一党優位の後退」辻中豊編『政治変動期の圧力団体』有斐閣。

ハミルトン，ジェームズ（2008）「売れるニュース——メディア競争とニュースの内容」サミュエル・ポプキン／蒲島郁夫／谷口将紀編『メディアが変える政治』東京大学出版会。

早川誠（2014）『代表制という思想』風行社。

ハンチントン，サミュエル・P.（1991=1995）『第三の波——20世紀後半の民主化』坪郷實・中道寿一・藪野祐三訳，三嶺書房。

ハンチントン，サミュエル（1996=1998）『文明の衝突』鈴木主税訳，集英社。

ピアソン，クリストファー（1991=1996）『曲がり角にきた福祉国家——福祉の新政治経済学』田中浩・神谷直樹訳，未來社。

樋口直人（2004）「未来の『予言者』としての社会運動——『リスク社会』の啓示」大畑裕嗣・成元哲・道場親信・樋口直人編『社会運動の社会学』有斐閣。

樋口直人（2014）『日本型排外主義——在特会・外国人参政権・東アジア地政学』名古屋大学出版会。

ピトキン，ハンナ（1967=2017）『代表の概念』早川誠訳，名古屋大学出版会。

平島健司（2004）『EUは国家を超えられるか——政治統合のゆくえ』岩波書店。

平野浩（2007）『変容する日本の社会と投票行動』木鐸社。

広瀬道貞（1993）『補助金と政権党』朝日文庫。

ファインマン，マーサ・A.（1995=2003）『家族，積み過ぎた方舟——ポスト平等主義のフェミニズム法理論』上野千鶴子監訳，速水葉子・穐田信子訳，学陽書房。

ファルーディ，スーザン（1991=1994）『バックラッシュ——逆襲される女たち』伊藤由紀子・加藤真樹子訳，新潮社。

フィシュキン，ジェイムズ・S.（2009=2011）『人々の声が響き合うとき——熟議空間と民主主義』曽根泰教監修，岩木貴子訳，早川書房。

フィッツパトリック，トニー（1999=2005）『自由と保障——ベーシック・インカム論争』武川正吾・菊池秀明訳，勁草書房。

プーランツァス，ニコス（1978=1984）『国家・権力・社会主義』田中正人・柳内隆訳，ユニテ。

ブキャナン，ジェイムズ・M.／リチャード・E. ワグナー（1977=1979）『赤字財政の政治経済学——ケインズの政治的遺産』深沢実・菊池威訳，文眞堂。

藤谷武史（2015）「グローバル化と公法・私法の再編——グローバル化の下での法と統治の新たな関係」浅野有紀・原田大樹・藤谷武史・横溝大編『グローバル化と公法・私法関係の再編』弘文堂。

フランク，アンドレ・グンナー（1969=1976）『世界資本主義と低開発——収奪の〈中枢—衛星〉構造』大崎正治ほか訳，柘植書房。

フリーマン，ジョー（1975=1978）『女性解放の政治学』奥田暁子・鈴木みどり訳，未來社。

フレイザー，ナンシー（1997=2003）『中断された正義——「ポスト社会主義的」条件をめぐる批判的省察』仲正昌樹監訳，御茶の水書房。

フレイザー，ナンシー（2008=2013）『正義の秤——グローバル化する世界で政治空間を再想像すること』向山恭一訳，法政大学出版局。

フレイザー，ナンシー／アクセル・ホネット（2003=2012）『再配分か承認か？——政治・哲学論争』法政大学出版局。

ヘイ，コリン（2007=2012）『政治はなぜ嫌われるのか——民主主義の取り戻し方』吉田徹訳，岩波書店。

米商務省編著（1972=1972）『日本株式会社——米商務省報告』中尾光昭訳，毎日新聞社。

ペイトマン，キャロル（1970=1977）『参加と民主主義理論』寄本勝美訳，早稲田大学出版部。

ペイトマン，キャロル（1989=2014）『秩序を乱す女たち？——政治理論とフェミニズム』山田竜作訳，法政大学出版局。

ベック，ウルリッヒ（1994=1997）「政治の再創造——再帰的近代化理論に向けて」ウルリッヒ・ベック／アンソニー・ギデンズ／スコット・ラッシュ『再帰的近代化——近現代における政治，伝統，美的原理』松尾精文・小幡正敏・叶堂隆三訳，而立書房。

ベック，ウルリッヒ／アンソニー・ギデンズ／スコット・ラッシュ（1994=1997）『再帰的近代化——近現代における政治，伝統，美的原理』松尾精文・小幡正敏・叶堂隆三訳，而立書房。

ベビア，マーク（2012=2013）野田牧人訳『ガバナンスとは何か』NTT 出版。

ヘルド，デヴィッド（1995=2002）『デモクラシーと世界秩序——地球市民の政治学』佐々木寛・遠藤誠治・小林誠・土井美徳・山田竜作訳，NTT 出版。

ヘルド，デヴィッド（1996=1998）『民主政の諸類型』中谷義和訳，御茶の水書房。

ヘルド，デヴィッド（2010=2011）『コスモポリタニズム——民主政の再構築』中谷義和訳，法律文化社。

ベントリー，アーサー・F.（1908=1994）『統治過程論——社会圧力の研究』喜多靖郎・上林良一訳，法律文化社。

ペンペル，T. J.／恒川惠市（1979=1984）「労働なきコーポラティズムか——日本の奇妙な姿」高橋進訳，フィリップ・シュミッター／ゲルハルト・レームブルッフ編『現代コーポラティズムⅠ——団体統合主義の政治とその理論』山口定監訳，木鐸社。

ホール，ピーター・A.／デヴィッド・ソスキス編（2001=2007）『資本主義の多様性——比

較優位の制度的基礎』遠山弘徳・安孫子誠男・山田鋭夫・宇仁宏幸・藤田奈々子訳，ナカニシヤ出版。

星浩・逢坂巌（2006）『テレビ政治――国会報道からTVタックルまで』朝日新聞社。

ポッゲ，トマス（2008=2010）『なぜ遠くの貧しい人への義務があるのか――世界的貧困と人権』立岩真也監訳，生活書院。

ポランニー，カール（1944=2009）『大転換〔新訳〕』野口建彦・栖学訳，東洋経済新報社。

堀江孝司（2004）「ジェンダーと政治――男の政治を変える」畑山敏夫・丸山仁編『現代政治のパースペクティブ――欧州の経験に学ぶ』法律文化社。

堀江孝司（2005）『現代政治と女性政策』勁草書房。

堀江孝司（2010）「越境する政策と国際的な規範――女性政策をめぐる国境を越える政治」加藤哲郎・小野一・田中ひかる・堀江孝司編『国民国家の境界』日本経済評論社。

堀江孝司（2011）「社会変動のなかの「ジェンダーと政治」――ミクロ政治，バックラッシュ，男女共同参画」畑山敏夫・平井一臣編『実践の政治学』法律文化社。

堀江孝司（2012）「福祉政治と世論――学習する世論と世論に働きかける政治」宮本太郎編『福祉政治』ミネルヴァ書房。

本多勝一（1984）『事実とは何か』朝日文庫。

マーチ，ジェイムス・G.／ヨハン・P.オルセン（1989=1994）『やわらかな制度――あいまい理論からの提言』遠田雄志訳，日刊工業新聞社。

前田健太郎（2014）『市民を雇わない国家――日本が公務員の少ない国へと至った道』東京大学出版会。

マクファーソン，クロフォード・B.（1966=1967）『現代世界の民主主義』粟田賢三訳，岩波新書。

マクファーソン，クロフォード・B.（1977=1978）『自由民主主義は生き残れるか』田口富久治訳，岩波新書。

マシード，スティーヴン（1990=2014）『リベラルな徳――公共哲学としてのリベラリズムへ』小川仁志訳，風行社。

待鳥聡史（2012）『首相政治の制度分析――現代日本政治の権力基盤形成』千倉書房。

マッカーシー，ジョン／メイヤー・ゾールド（1977=1989）「社会運動の合理的理論」片桐新自訳，塩原勉編『資源動員と組織戦略――運動論の新パラダイム』片桐新自ほか訳著，新曜社。

真渕勝（1989）「大蔵省主税局の機関哲学」『レヴァイアサン』4号。

真渕勝（1994）『大蔵省統制の政治経済学』中央公論社。

真渕勝（2010）『官僚』東京大学出版会。

丸山眞男（1952=1983）『日本政治思想史研究』東京大学出版会。

丸山眞男（1954=2014）「政治権力の諸問題」丸山著，松本礼二注『政治の世界 他十篇』岩波文庫。

丸山眞男（1959=1996）「開国」『丸山眞男集 第八巻』岩波書店。

三浦まり（2014）「日本におけるクオータ制成立の条件」三浦まり・衛藤幹子編『ジェンダー・クオータ――世界の女性議員はなぜ増えたのか』明石書店。

御巫由美子（1998）「雇用平等法制定プロセスの国際比較」山脇直司ほか編『現代日本のパ

ブリック・フィロソフィー』新世社。

御巫由美子（2010）「ジェンダーの政治学」賀来健輔・丸山仁編『政治変容のパースペクティブ——ニュー・ポリティクスの政治学Ⅱ〔第2版〕』ミネルヴァ書房。

水田珠枝（1973）『女性解放思想の歩み』岩波新書。

水田珠枝（1979）『女性解放思想史』筑摩書房。

道場親信・成元哲（2004）「社会運動は社会をつくる？」大畑裕嗣・成元哲・道場親信・樋口直人編『社会運動の社会学』有斐閣。

ミヘルス，ロベルト（1911＝1974）『現代民主主義における政党の社会学——集団活動の寡頭制的傾向についての研究』Ⅰ・Ⅱ巻，森博・樋口晟子訳，木鐸社。

三宅一郎・西澤由隆・河野勝（2001）『55年体制下の政治と経済——時事世論調査データの分析』木鐸社。

三宅一郎・綿貫譲治・島澄・蒲島郁夫（1985）『平等をめぐるエリートと対抗エリート』創文社。

宮本太郎（2008）『福祉政治——日本の生活保障とデモクラシー』有斐閣。

宮本太郎（2013）『社会的包摂の政治学——自立と承認をめぐる政治的対抗』ミネルヴァ書房。

宮本太郎（2016）「利益政治の転換とリアル・デモクラシー」宮本太郎・山口二郎編『リアル・デモクラシー——ポスト「日本型利益政治」の構想』岩波書店。

宮本太郎／イト・ペング／埋橋孝文（1996＝2003）「日本型福祉国家の位置と動態」イエスタ・エスピン＝アンデルセン編『転換期の福祉国家——グローバル経済下の適応戦略』埋橋孝文監訳，早稲田大学出版部。

宮本雅也（2018）「安定性から読み解くロールズの転回問題」井上彰編『ロールズを読む』ナカニシヤ出版。

ミラー，デイヴィッド（1995＝2007）『ナショナリティについて』富沢克・長谷川一年・施光恒・竹島博之訳，風行社。

ミリバンド，ラルフ（1969＝1970）『現代資本主義国家論——西欧権力体系の一分析』田口富久治訳，未来社。

ミルズ，C. W.（1956＝1969）『パワー・エリート』上下巻，鵜飼信成・綿貫譲治訳，東京大学出版会。

ミレット，ケイト（1970＝1985）『性の政治学』藤枝澪子・加地永都子・滝沢海南子・横山貞子訳，ドメス出版。

牟田和恵（2009）「ジェンダー家族のポリティクス——家族と性愛の『男女平等主義』を疑う」牟田和恵編『家族を超える社会学——新たな生の基盤を求めて』新曜社。

ムフ，シャンタル（1993＝1998）『政治的なるものの再興』千葉眞・土井美徳・田中智彦・山田竜作訳，日本経済評論社。

ムフ，シャンタル（2000＝2006）『民主主義の逆説』葛西弘隆訳，以文社。

ムフ，シャンタル（2005＝2008）『政治的なものについて——闘技的民主主義と多元主義的グローバル秩序の構築』酒井隆史監訳，篠原雅武訳，明石書店。

村松岐夫（1981）『戦後日本の官僚制』東洋経済新報社。

村松岐夫（1994）『日本の行政——活動型官僚制の変貌』中公新書。

村松岐夫・伊藤光利・辻中豊（1986）『戦後日本の圧力団体』東洋経済新報社。

ムルホール，スティーヴン／アダム・スウィフト（1996=2007）『リベラル・コミュニタリアン論争』谷澤正嗣・飯島昇藏訳者代表，勁草書房。

モーゲンソー，ハンス・J.（1978=2013）『国際政治――権力と平和』上中下巻，原彬久監訳，岩波文庫。

最上敏樹（2001）『人道的介入――正義の武力行使はあるか』岩波新書。

本秀紀（2012）『政治的公共圏の憲法理論――民主主義憲法学の可能性』日本評論社。

本秀紀（2016）「民主主義の現在的危機と憲法学の課題」本秀紀編『グローバル化時代における民主主義の変容と憲法学』日本評論社。

森裕城・久保慶明（2016）「圧力団体政治の前段階――有権者調査と利益団体調査の分析」辻中豊編『政治変動期の圧力団体――なぜ自民党政権が復活したのか』有斐閣。

森政稔（2014）『〈政治的なもの〉の遍歴と帰結――新自由主義以後の「政治理論」のために』青土社。

矢澤修次郎（2003）「社会運動研究の現状と課題」矢澤修次郎編『社会運動』東京大学出版会。

安田浩一（2012）『ネットと愛国――在特会の「闇」を追いかけて』講談社。

山口二郎（1987）『大蔵官僚支配の終焉』岩波書店。

山口二郎（2016）「日本医師会における政治戦略の変化」宮本太郎・山口二郎編『リアル・デモクラシー――ポスト「日本型利益政治」の構想』岩波書店。

山口智美・斉藤正美・荻上チキ（2012）『社会運動の戸惑い――フェミニズムの「失われた時代」と草の根保守運動』勁草書房。

山口定（1989）『政治体制』東京大学出版会。

山口定（2004）『市民社会論――歴史的遺産と新展開』有斐閣。

山下泰子（2006）『女性差別撤廃条約の展開』勁草書房。

山田陽（2015）「熟議は代表制を救うか？」山崎望・山本圭編『ポスト代表制の政治学――デモクラシーの危機に抗して』ナカニシヤ出版。

山田真裕（2016）『政治参加と民主政治』東京大学出版会。

山根純佳（2010）『なぜ女性はケア労働をするのか――性別分業の再生産を超えて』勁草書房。

ラクラウ，エルネスト（1990=2014）『現代革命の新たな考察』山本圭訳，法政大学出版局。

ラクラウ，エルネスト／シャンタル・ムフ（1985=2012）『民主主義の革命――ヘゲモニーとポスト・マルクス主義』西永亮・千葉眞訳，ちくま学芸文庫。

ラムザイヤー，J. マーク（2011）「司法」平野浩・河野勝訳，平野浩・河野勝編『アクセス日本政治論〔新版〕』日本経済評論社。

ラムザイヤー，J. マーク／フランシス・ローゼンブルース（1993=1995）『日本政治の経済学――政権政党の合理的選択』加藤寛監訳，川野辺裕幸・細野助博訳，弘文堂。

ラムルム，オルファ（2004=2005）『アルジャジーラとはどういうテレビ局か』藤野邦夫訳，平凡社。

リッター，ゲアハルト・A.（1991=1993）『社会国家――その成立と発展』木谷勤ほか訳，晃洋書房。

リプスキー，マイケル（1980=1986）『行政サービスのディレンマ——ストリート・レベルの官僚制』田尾雅夫・北大路信郷訳，木鐸社。

リプセット，シーモア・マーティン（1996=1999）『アメリカ例外論——日欧とも異質な超大国の論理とは』上坂昇・金重紘訳，明石書店。

リンス，ユアン・J.／ステパン，アルフレッド（1996=2005）『民主化の理論——民主主義への移行と定着の課題』荒井祐介・五十嵐誠一・上田太郎訳，一藝社。

リンドブロム，チャールズ・E.／エドワード・J. ウッドハウス（1993=2004）『政策形成の過程——民主主義と公共性』藪野祐三・案浦明子訳，東京大学出版会。

ルークス，スティーヴン（1974=1995）『現代権力論批判』中島吉弘訳，未來社。

ルーマン，ニクラス（1983=2003）『手続を通しての正統化〔新装版〕』今井弘道訳，風行社。

ルーマン，ニクラス（2000=2013）『社会の政治』小松丈晃訳，法政大学出版会。

ルグラン，ジュリアン（2007=2010）『準市場 もう一つの見えざる手——選択と競争による公共サービス』後房雄訳，法律文化社。

ルソー（1762=1954）『社会契約論』桑原武夫・前川貞次郎訳，岩波文庫。

レイプハルト，アレンド（1977=1979）『多元社会のデモクラシー』内山秀夫，三一書房。

レイプハルト，アレンド（2012=2014）『民主主義対民主主義——多数決型とコンセンサス型の36 カ国比較研究〔第 2 版〕』粕谷祐子・菊池啓一訳，勁草書房。

レームブルッフ，ゲルハルト／フィリップ・シュミッター編（1982=1986）『現代コーポラティズムⅡ——先進諸国の比較分析』山口定監訳，高橋進・辻中豊・藪野祐三・阪野智一・河越弘明訳，木鐸社。

ロウィ，セオドア（1979=1981）『自由主義の終焉——現代政府の問題性』村松岐夫監訳，木鐸社。

ロールズ，ジョン（1999=2010）『正義論〔改訂版〕』川本隆史・福間聡・神島裕子訳，紀伊国屋書店。

ロールズ，ジョン著，エリン・ケリー編（2001=2004）『公正としての正義 再説』田中成明・亀本洋・平井亮輔訳，岩波書店。

ロック，ジョン（1690=2010）『完訳 統治二論』加藤節訳，岩波文庫。

渡辺治（1991）『企業支配と国家』青木書店。

渡辺博明（2002）『スウェーデンの福祉制度改革と政治戦略——付加年金論争における社民党の選択』法律文化社。

綿貫譲治（1976）『日本政治の分析視角』中央公論社。

英語文献

Abendschön, Simone and Stephanie Steinmetz（2014）"The Gender Gap in Voting Revisited: Women's Party Preferences in a European Context," *Social Politics*, 21（2）.

Åberg, Martin and Sandberg, Mikael（2003）*Social Capital and Democratisation: Roots of Trust in Post-Communist Poland and Ukraine*, Ashgate.

Aldrich, John H.（2011）*Why Parties?: A Second Look*, The University of Chicago Press.

Almond, Gabriel A.（1980）"The Intellectual History of the Civic Culture Concept," in Gabriel A. Almond and Sidney Verba（eds.）*The Civic Culture Revisited*, Sage.

Anderson, Elizabeth (2017) *Private Government: How Employers Rule Our Lives (and Why We Don't Talk about It)*, Princeton University Press.

Bachrach, Peter and Morton S. Baratz (1962) "Two Faces of Power," *American Political Science Review*, 56(4).

Beck-Gernsheim, Elisabeth (1998) "On the Way to a Post-Familial Family: From Community of Need to Elective Affinities," *Theory, Culture and Society*, 15(3/4).

Berman, Sheri (1998) *The Social Democratic Moment: Ideas and Politics in the Making of Interwar Europe*, Harvard University Press.

Bevir, Mark and Rhodes, R.A.W. (2016) *Routledge Handbook of Interpretive Political Science*, Routledge.

Beyme, Klaus von (1996) "Party Leadership and Change in Party Systems: Towards a Post-modern Party State?," *Government and Opposition*, 31(2).

Blyth, Mark (2002) *Great Transformations: Economic Ideas and Institutional Change in the Twentieth Century*, Cambridge University Press.

Bryce, James (1921) *Modern Democracies*, 2 Vols, Macmillan.

Bussemaker, Jet and Kees van Kersbergen (1999) "Contemporary Social-Capitalist Welfare States and Gender Inequality," in Diane Sainsbury (ed.) *Gender and Welfare State Regimes*, Oxford University Press.

Caul, Miki (2001) "Political Parties and the Adoption of Candidate Gender Quotas: A Cross-national Analysis," *Journal of Politics*, 63(4).

Childs, Sarah (2002) "Hitting the Target: Are Labour Women MPs 'Acting For' Women ?" in Karen Ross (ed.) *Women, Politics, and Change*, Oxford University Press.

Cohen, Jean L. (1985) "Strategy or Identity: New Theoretical Paradigms and Contemporary Social Movements," *Social Research*, 52(4).

Cohen, Jean L. and Andrew Arato (1992) *Civil Society and Political Theory*, MIT Press.

Conover, Pamela Johnston and Donald D. Searing (2005) "Studying 'Everyday Political Talk' in the Deliberative System," *Acta Politica*, 40(3).

Conover, Pamela Johnston, Donald D. Searing, and Ivor M. Crewe (2002) "The Deliberative Potential of Political Discussion," *British Journal of Political Science*, 32(1).

Costain, Anne N. (1988) "Women's Claims as a Special Interest," in Carol M. Mueller (ed.) *The Politics of the Gender Gap: The Social Construction of Political Influence*, Sage.

Crouch, Colin (2013) "From Markets vs States to Corporations vs Civil Society?" in Armin Schäfer and Wolfgang Streeck (eds.) *Politics in the Age of Austerity*, Polity.

Dahl, Robert A. (1957) "The Concept of Power," *Systems Research and Behavioral Science*, 2(3).

Dalton, Russell J. (1996) "Comparative Politics: Micro-behavioral Perspectives," in Robert E. Goodin and Hans-Dieter Klingemann (eds.) *A New Handbook of Political Science*, Oxford University Press.

Dalton, Russell J. and Martin P. Wattenberg (2000) "Unthinkable Democracy: Political Change in Advanced Industrial Democracies," in Russell J. Dalton and Martin P.

Wattenberg (eds.) *Parties without Partisans: Political Change in Advances Industrial Democracies*, Oxford University Press.

De la Porte, Caroline and Philippe Pochet (2002) "Introduction," in Caroline De la Porte and Philippe Pochet (eds.) *Building Social Europe thorough the Open Method of Co-ordination*, P. I. E-Peter Lange.

Dean, Mitchell (1999) *Governmentality: Power and Rules in Modern Society*, Sage.

della Porta, Donatella (1996) "Social Movements and the State: Thoughts on the Policing of Protest," in Doug McAdam, John D. McCarthy, and Mayer N. Zald (eds.) *Comparative Perspectives on Social Movements: Political Opportunities, Mobilizing Structures, and Cultural Framings*, Cambridge University Press.

Dietz, Mary G. (1998) "Context is All: Feminism and Theories of Citizenship," in Anne Phillips (ed.) *Feminism and Politics*, Oxford University Press.

Dryzek, John S. (2000) *Deliberative Democracy and Beyond: Liberals, Critic, Contestations*, Oxford University Press.

Dryzek, John S. (2006) *Deliberative Global Politics: Discourse and Democracy in a Divided World*, Polity.

Dryzek, John S. (2010) *Foundations and Frontiers of Deliberative Governance*, Oxford University Press.

Dryzek, John S. and Patrick Dunleavy (2009) *Theories of the Democratic State*, Palgrave Macmillan.

The Economist Intelligence Unit (2016) *Democracy Index 2015: Democracy in an Age of Anxiety*.

Elster, Jon (1986) "The Market and the Forum: Three Varieties of Political Theory," in Jon Elster and Aanund Hylland (eds.) *Foundation of Social Choice Theory*, Cambridge University Press.

Elstub, Stephen, Selen A. Elcan, and Ricardo Fabrino Mendonçal (eds.) (2018) *Deliberative Systems in Theory und Practice*, Routledge.

Erk, Jan and Wilfried Swenden, (2010) "The New Wave of Federal Studies," in Jan Erk and Wilfried Swenden (eds.) *New Directions in Federalism Studies*, Routledge.

Esping-Andersen, Gøsta, Duncan Gallie, Anton Hemerijck, and John Myles (2002) *Why We Need a New Welfare State*, Oxford University Press.

Estévez-Abe, Margarita (2008) *Welfare and Capitalism in Postwar Japan: Party, Bureaucracy, and Business*, Cambridge University Press.

Evans Peter B., Dietrich Rueschemeyer, and Theda Skocpol (eds.) (1985) *Bringing the State Back In*, Cambridge University Press.

Featherstone, Kevin and Claudio M. Radaelli (ed.) (2003) *The Politics of Europeanization*, Oxford University Press.

Fenno, Richard F., Jr., (1973) *Congressmen in Committees*, Little Brown & Company.

Finnemore, Martha and Kathryn Sikkink (1998) "International Norm Dynamics and Political Change," *International Organization*, 52(4).

Fleckenstein, Timo (2011) *Institutions, Ideas and Learning in Welfare State Change: Labour Market Reforms in Garmany*, Palgrave.

Gamson, William A. and David S. Meyer (1996) "Framing Political Opportunity," in Doug McAdam, John D. McCarthy, and Mayer N. Zald (eds.) *Comparative Perspectives on Social Movements: Political Opportunities, Mobilizing Structures, and Cultural Framings*, Cambridge University Press.

Gitlin, Todd (1980) *The Whole World is Watching: Mass Media in the Making & Unmaking of the New Left*, University of California Press.

Goetz, Anne Marie (2003) "National Women's Machinery: State-based Institutions to Advocate for Gender Equality," in Shirin M. Rai (ed.) *Mainstreaming Gender, Democratizing the State?: Institutional Mechanisms for the Advancement of Women*, Manchester University Press.

Goldstein, Judith and Robert O. Keohane (1993) *Ideas and Foreign Policy: Belief, Institutions and Political Change*, Cornell University Press.

Grootaert, Christiaan and Thierry van Bastelaer (2002) *The Role of Social Capital in Development: An Empirical Assessment*, Cambridge University Press.

Haas, Peter M. (1992) "Introduction: Epistemic Community and International Policy Coordination," *International Organization*, 46(1).

Haggard, Stephen and Mathew D. McCubbins (2001) "Introduction: Political Institutions and the Determinants of Public Policy," in Stephen Haggard and Mathew D. McCubbins (eds.) *Presidents, Parliaments, and Policy*, Cambridge University Press.

Hall, Peter A. (1986) *Governing the Economy: The Politics of State Intervention in Britain and France*, Oxford University Press.

Hall, Peter A. (ed.) (1989) *The Political Power of Economic Ideas: Keynesianism across Nations*, Princeton University Press.

Hall, Peter A. (1992) "The Movement from Keynesianism to Monetarism: Institutional Analysis and British Economic Policy in the 1970s," in Sven Steinmo, Kathleen Thelen, and Frank Longstreth (eds.) *Structuring Politics: Historical Institutionalism in Comparative Analysis*, Cambridge University Press.

Hall, Peter A. (1993) "Policy Paradigms, Social Learning, and the State: The Case of Economic Policymaking in Britain," *Comparative Politics*, 25(3).

Hanson, Stephen E. (2010) *Post- Imperial Democracies: Ideology and Party Formation in Third Republic France, Weimar Germany, and Post-Soviet Russia*, Cambridge University Press.

Harrison, Lawrence E. (2000) "Why Culture Matters," in Lawrence E. Harrison and Samuel P. Huntington (eds.) *Culture Matters: How Values Shape Human Progress*, Basic Books.

Hawkins, Darren and Melissa Humes (2002) "Human Rights and Domestic Violence," *Political Science Quarterly*, 117(2).

Hay, Colin (2006) "(What's Marxist about) Marxist State Theory?", in Colin Hay, Michael Lister, and David Marsh (eds.) *The State: Theories and Issues*, Palgrave Macmillan.

Henig, Ruth and Simon Henig (2001) *Women and Political Power: Europe since 1945*, Routledge.

Hindmoor, Andrew (2006) *Rational Choice*, Palgrave Macmillan.

Hirschl, Ran (2009) "The Judicialization of Politics," in Robert E. Goodin (ed.) *The Oxford Handbook of Political Science*, Oxford University Press.

Hodson, Delmot and Imelda Maher (2001) "The Open Method as a New Mode of Governance: The Case of Soft Economic Policy Co-ordination," *Journal of Common Market Studies*, 39(4).

Hood, Christopher (1991) "A Public Management for All Seasons?" *Public Administration*, 69(1).

Immergut, Ellen M. (1990) "Institution, Veto Points, and Policy Results: A Comparative Analysis of Health Care", *Journal of Public Policy*, 10(4).

Inglehart, Ronald and Pippa Norris (2003) *Rising Tide: Gender Equality and Cultural Change around the World*, Cambridge University Press.

Iversen, Torben (2005) *Capitalism, Democracy and Welfare*, Cambridge University Press.

Jo, Nam K. (2011) "Between the Cultural Foundations of Welfare and Welfare Attitudes: The Possibility of an In-between Level Conception of Culture for the Cultural Analysis of Welfare," *Journal of European Social Policy*, 21(1).

Kardam, Nüket and Selma Acuner (2003) "National Women's Machineries: Structures and Spaces," in Shirin M. Rai (ed.) *Mainstreaming Gender, Democratizing the State?: Institutional Mechanisms for the Advancement of Women*, Manchester University Press.

Katz, Richard S. and Peter Mair (1995) "Changing Models of Party Organization and Party Democracy: The Emergence of the Cartel Party," *Party Politics*, 1(1).

Kavanagh, Dennis (1997) *The Reordering of British Politics*, Oxford University Press.

Kershaw, Paul (2006) "Care*fair*: Choice, Duty, and the Distribution of Care," *Social Politics*, 13(3).

Key, V. O., Jr. (1964) *Public Opinion and American Democracy*, Knopf.

Kirchheimer, Otto (1966) "The Transformation of the Western European Party Systems," in Joseph La Palombara and Myron Weiner (eds.) *Political Parties and Political Development*, Princeton University Press.

Knight, Jack and James Johnson (2011) *The Priority of Democracy: Political Consequences of Pragmatism*, Princeton University Press.

Korpi, Walter (1980) "Social Policy and Distributional Conflict in the Capitalist Democracies: A Preliminary Comparative Framework", *West European Politics*, 3(3).

Krasner, Stephan D. (1983) "Structural Causes and Regime Consequences: Regimes as Intervening Variables," Stephan D. Krasner (ed.) *International Regimes*, Cornell University Press.

Laitin, David D. (1988) "Political Culture and Political Preferences," *American Political Science Review*, 82(2).

Landemore, Hélène (2012) "Democratic Reason: The Mechanisms of Collective Intelligence in Politics," in Hélène Landemore and Jon Elster (eds.) *Collective Wisdom: Principles and Mechanisms*, Cambridge University Press.

Landemore, Hélène and Isabelle Ferreras (2016) "In Defense of Workplace Democracy: Towards a Justification of the Firm-State Analogy," *Political Theory*, 44(1).

Lewis, Jane (2002) "Gender and Welfare State Change," *European Societies*, 4(4).

Lewis, Jane (2009) *Work-Family Balance, Gender and Policy*, Edward Elgar.

Lewis, Jane and Susanna Giullari (2005) "The Adult Worker Model Family, Gender Equality and Care: The Search for New Policy Principles and the Possibilities and Problems of a Capabilities Approach," *Economy and Society*, 34(1).

Lichbach, Mark I. (2003) *Is Rational Choice Theory All of Social Science?*, The University of Michigan Press.

Lipset, Seymour Martin (1959) "Some Social Requisites of Democracy: Economic Development and Political Legitimacy," *American Political Science Review*, 53(1).

Lipset, Seymour Martin and Stein Rokkan (1967) "Cleavage Structures, Party Systems and Voter Alignments: An Introduction," in Seymour Martin Lipset and Stein Rokkan (eds.) *Party Systems and Voter Alignments: Cross-National Perspectives.*, Free Press.

List, Christian and Robert E. Goodin (2001) "Epistemic Democracy: Generalizing the Condorcet Jury Theorem," *Journal of Political Philosophy*, 9(3).

Lovenduski, Joni and Pippa Norris (2003) "Westminster Women: The Politics of Presence," *Political Studies*, 51(1).

Mahoney, James and Kathleen Thelen (2009) "A Theory of Gradual Institutional Change," in James Mahoney and Kathleen Thelen (eds.) *Explaining Institutional Change: Ambiguity, Agency, and Powor*, Cambridge University Press.

Maier, Charles S. (1987) *In Search of Stability: Explorations in Historical Political Economy*, Cambridge University Press.

Mansbridge, Jane (1999) "Everyday Talk in the Deliberative System," Stephen Macedo (ed.) *Deliberative Politics: Essays on Democracy and Disagreement*, Oxford University Press.

McAdam, Doug (1996) "Conceptual Origins, Current Problems, Future Directions," in Doug McAdam, John D. McCarthy, and Mayer N. Zald (eds.) *Comparative Perspectives on Social Movements: Political Opportunities, Mobilizing Structures, and Cultural Framings*, Cambridge University Press.

McNay, Lois (2014) *The Misguided Search for the Political: Social Weightlessness in Radical Democratic Theory*, Polity.

Mishra, R. (1999) *Globalization and the Welfare State*, Edward Elgar.

Moe, Terry M. (2006) "Power and Political Institutions," in Ian Shapiro, Stephen Skowronek, and Daniel Galpin (eds.) *Rethinking Political Institutions: The Art of the State*, New York University Press.

Morel, Nathalie, Bruno Palier, and Joakim Palme (eds.) (2012) *Towards a Social Investment Welfare State?: Ideas, Policies and Challenges*, Policy Press.

Morgan, Kimberly (2012) "Promoting Social Investment through Work-Family Policies:

Which Nations Do It and Why?" in Nathalie Morel, Bruno Palier and Joakim Palme (eds.) *Towards a Social Investment Welfare State? Ideas, Policies and Challenges*, Policy Press.

Mosca, G. (1939) *The Ruling Class*, McGraw Hill.

Mueller, Carol M. (1988) "The Employment of Women: Polling and the Women's Voting Bloc," in Carol M. Mueller (ed.) *Politics of the Gender Gap: Social Construction of Political Influence*, Sage.

Müller, Wolfgang C. and Kaare Strøm (eds.) (1999) *Policy, Office or Votes?: How Political Parties in Western Europe Make Hard Decisions*, Cambridge University Press.

Mutz, Diana C. (2006) *Hearing the Other Side: Deliberative versus Participatory Democracy*, Cambridge University Press.

Neumann, Sigmund (ed.) (1956) *Modern Political Parties: Approaches to Comparative Politics*, University of Chicago Press.

Niskanen, William A., Jr. (1971) *Bureaucracy and Representative Government*, Aldine Transaction.

Niskanen, William A. (1973) *Bureaucracy: Servant or Master?: Lessons from America*, Institute of Economic Affairs.

Offe, Claus (1984) *Contradictions of the Welfare State*, MIT Press.

Offe, Claus (1985) "New Social Movements: Challenging the Boundaries of Institutional Politics," *Social Research*, 52(4).

Parkinson, John and Jane Mansbridge (eds.) (2012) *Deliberative Systems: Deliberative Democracy at the Large Scale*, Cambridge University Press.

Pateman, Carole (2002) "Self-Ownership and Property in the Person: Democratization and a Tale of Two Concepts," *Journal of Political Philosophy*, 10(1).

Pateman, Carole (2006) "Democratizing Citizenship: Some Advantage of a Basic Income," in Erik Olin Wright (ed.) *Redesigning Distribution: Basic Income and Stakeholder Grants as Cornerstones for an Egalitarian Capitalism*, Verso.

Peceny, Mark (1999) "The Social Construction of Democracy," *International Studies Review*, 1(1).

Pierre, Jon (2015) "Can Political Science Address the Puzzles of Global Governance?" in Gerry Stoker, B. Guy Peters, and Jon Pierre (eds.) *The Relevance of Political Science*, Palgrave.

Pierson, Paul (1994) *Dismantling the Welfare State?: Reagan, Thatcher and the Politics of Retrenchment*, Cambridge University Press.

Pierson, Paul (1996) "The New Politics of the Welfare State," *World Politics*, 48(2).

Polsby, Nelson W. (1975) "Legislatures," in Fred I. Greenstein and Nelson W. Polsby (eds.) *Governmental Institutions and Processes*, Addison-Wesley.

Przeworski, Adam, Michael E. Alvarez, Jose Antonio Cheibub, and Fernando Limongi (2000) *Democracy and Development: Political Institutions and Well-being in the World, 1950–1990*, Cambridge University Press.

Ramirez, Francisco O., Yasemin Soysal, and Suzanne Shanahan (1997) "The Changing Logic of Political Citizenship: Cross-National Acquisition of Women's Suffrage Rights, 1890 to 1990," *American Sociological Review*, 62(5).

Randall, Vicky (1987) *Women and Politics: An International Perspective*, 2nd ed., The University of Chicago Press.

Rawls, John (1993) *Political Liberalism*, Columbia University Press.

Riker, William H. (1975) "Federalism," in Fred I. Greenstein and Nelson W. Polsby (eds.) *Governmental Institutions and Processes*, Addison-Wesley.

Rosenau, James N. (1995) "Governance in the Twenty-first Century," *Global Governance*, 1 (1).

Ross, Fiona (2000) "Interest and Choice in the 'Not Quite so New' Public of Welfare," in Maurizio Ferrera and Martin Rhodes (eds.) *Recasting European Welfare State*, Frank Cass.

Ross, Mark Howard (2009) "Culture in Comparative Political Analysis," in Mark Irving Lichbach and Alan S. Zuckerman (eds.) *Comparative Politics: Rationality, Culture, and Structure*, Second Edition, Cambridge University Press.

Ruggie, John Gerard (1982) "International Regimes, Transactions, and Change: Embedded Liberalism in the Postwar Economic Order," *International Organization*, 36(2).

Sass, Jensen and John S. Dryzek (2014) "Deliberative Cultures," *Political Theory*, 42(1).

Sawer, Marian (2002) "The Representation of Women in Australia: Meaning and Make Believer," in Karen Ross (ed.) *Women, Politics, and Change*, Oxford University Press.

Scharpf, Firtz W. (2000) "Interdependence and Democratic Legitimation", in Susan J. Pharr and Robert D. Putnam (eds.) *Disaffected Democracies: What's Troubling the Trilateral Countries?*, Princeton University Press.

Schmidt, Vivien A. (2002) *The Futures of European Capitalism*, Oxford University Press.

Shugart, Matthew S. and John M. Carey (1992) *Presidents and Assemblies: Constitutional Design and Electoral Dynamics*, Cambridge University Press.

Shugart, Matthew S. and Stephen Haggard (2001) "Institution and Public Policy in Presidental Systems," in Stephen Haggard and Mathew D. McCubbins (eds.) *Presidents, Parliaments, and Policy*, Cambridge University Press.

Sikkink, Kathryn (1991) *Ideas and Institutions: Developmentalism in Brazil and Argentina*, Cornell University Press.

Skocpol, Theda (1992) *Protecting Soldiers and Mothers: The Political Origins of Social Policy in the United States*, Harvard University Press.

Soysal, Yasemin N. (1994) *Limits of Citizenship: Migrants and Postnational Membership in Europe*, The University of Chicago Press.

Steinberger, Peter (1999) "Public and Private," *Political Studies*, 47(2).

Stepan, Alfred (2001) "Towards a New Comparative Politics of Federalism, (Multi)Nationalism, and Democracy: Beyond Rikerian Federalism," in Alfred Stepan, *Arguing Comparative Politics*, Oxford University Press.

Stetson, Dorothy McBride and Amy G. Mazur (eds.) (1995) *Comparative State Feminism*, Sage.

Strom, Kaare (1990) "A Behavioral Theory of Competitive Political Parties", *American Journal of Political Science*, 34(2).

Tamura, Tetsuki (2014) "Rethinking Grassroots Participation in Nested Deliberative Systems," *Japanese Political Science Review*, 2.

Taylor-Gooby, Peter (2005) "Paradigm Shifts, Power Resources and Labour Market Reform," in Peter Taylor-Gooby (ed.) *Ideas and Welfare State Reform in Western Europe*, Palgrave.

Therborn, Göran (1984) "The Prospect of Labour and the Transformation of Advanced Capitalism", *New Left Review*, 145.

Truman, David B. (1951) *The Governmental Process: Political Interests and Public Opinion*, Knopf.

Tsebelis, George and Jeanette Money (1997) *Bicameralism*, Cambridge University Press.

Tullock, Gordon (1967) "The Welfare Costs of Tariffs, Monopolies, and Theft," *Western Economic Journal*, 5(3).

Walby, Sylvia (1999) "The New Regulatory State: The Social Powers of the European Union," *British Journal of Sociology*, 50(1).

Walzer, Michael (1988) "Socializing the Welfare State", in Amy Guttman (ed.) *Democracy and the Welfare State*, Princeton University Press.

Warren, Mark E. (1996) "What Should We Expect from More Democracy? Radically Democratic Responses to Politics," *Political Theory*, 24(2).

Watts, Ronald L. (2008) *Comparing Federal Systems*, 3re ed., McGill-Queen's University Press.

Weir, Margaret and Theda Skocpol (1985) "State Structures and the Possibilities for "Keynesian" Responses to the Great Depression in Sweden, Britain, and the United States," in Peter B. Evans, Dietrich Rueschemeyer, and Theda Skocpol (eds.) *Bringing the State Back In*, Cambridge University Press.

Weldon, S. Laurel (2002) *Protest, Policy, and the Problem of Violence against Women: A Cross-national Comparison*, University of Pittsburgh Press.

Wendt, Alexander E. (1999) *Social Theory of International Politics*, Cambridge University Press.

Whittington, Keith E., R. Daniel Kelemen, and Gregory A. Caldeira (2009) "Overview of Law and Politics: The Study of Law and Politics," in Robert E. Goodin (ed.) *The Oxford Handbook of Political Science*, Oxford University Press.

Wängnerud, Lena (2000) "Testing the Politics of Presence: Women's Representation in the Swedish Riksdag," *Scandinavian Political Studies*, 23(1).

Young, Iris Marion (1990) *Justice and the Politics of Difference*, Princeton University Press.

Young, Iris Marion (2000) *Inclusion and Democracy*, Oxford University Press.

事項索引

人名索引

執筆者紹介

田村 哲樹（たむら てつき）

1970 年生まれ。名古屋大学法学部を卒業。名古屋大学大学院法学研究科博士後期課程修了，博士（法学）を取得。名古屋大学准教授などを経て，

現在：名古屋大学大学院法学研究科教授。専門は政治学，政治理論。

主著：『熟議民主主義の困難――その乗り越え方の政治理論的考察』（ナカニシヤ出版，2017 年），『熟議の理由――民主主義の政治理論』（勁草書房，2008 年），『ハーバーマスを読む』（ナカニシヤ出版，2020 年，共編）など。

近藤 康史（こんどう やすし）

1973 年生まれ。名古屋大学法学部を卒業。名古屋大学大学院法学研究科博士後期課程修了，博士（法学）を取得。筑波大学教授などを経て，

現在：名古屋大学大学院法学研究科教授。専門は政治学，比較政治。

主著：『分解するイギリス――民主主義モデルの漂流』（ちくま新書，2017 年），『社会民主主義は生き残れるか――政党組織の条件』（勁草書房，2016 年），『個人の連帯――「第三の道」以後の社会民主主義』（勁草書房，2008 年）など。

堀江 孝司（ほりえ たかし）

1968 年生まれ。一橋大学経済学部を卒業。一橋大学大学院社会学研究科博士後期課程修了，博士（社会学）を取得。首都大学東京准教授などを経て，

現在：東京都立大学人文社会学部教授。専門は政治学，社会政策学。

主著：『現代政治と女性政策』（勁草書房，2005 年），*Amorphous Dissent: Post-Fukushima Social Movements in Japan*（Transpacific Press, 2020, 共編著），『脱原発の比較政治学』（法政大学出版局，2014 年，共編著）など。

アカデミックナビ
政治学

2020年1月20日　第1版第1刷発行
2023年3月20日　第1版第2刷発行

著者　田村哲樹
　　　近藤康史
　　　堀江孝司

発行者　井村寿人

発行所　株式会社　勁草書房

112-0005 東京都文京区水道2-1-1　振替　00150-2-175253
（編集）電話 03-3815-5277／FAX 03-3814-6968
（営業）電話 03-3814-6861／FAX 03-3814-6854
本文組版 プログレス・港北出版印刷・中永製本

©TAMURA Tetsuki, KONDO Yasushi, HORIE Takashi　2020

ISBN978-4-326-30283-3　　Printed in Japan

<出版者著作権管理機構 委託出版物>
本書の無断複製は著作権法上での例外を除き禁じられています。
複製される場合は、そのつど事前に、出版者著作権管理機構
（電話 03-5244-5088、FAX 03-5244-5089、e-mail: info@jcopy.or.jp）
の許諾を得てください。

＊落丁本・乱丁本はお取替いたします。
　ご感想・お問い合わせは小社ホームページから
　お願いいたします。

https://www.keisoshobo.co.jp

テキスト・シリーズ　アカデミックナビ

　アカデミックナビは，新しい世紀に必要とされる教養を身につけるために企画した，勁草書房の新しいテキスト・シリーズです。本シリーズが目指すのは，専門化が進み細分化された学問分野をあらためて体系化し，初学者にわかりやすく伝える現代のスタンダード・テキストです。そのため，これまでに勁草書房が刊行してきた人文科学各分野から特に重要なものを選び，それぞれの分野の第一人者が必要なポイントを懇切丁寧に解説し，用語解説やＱ＆Ａなどで当該分野の全体像をイメージできるように工夫します。本シリーズは，初学者がアカデミズムの世界を航海する際の最適な指針となることを目指します。

●内容のコンセプト

わかりやすく
初学者にもわかりやすく，共通教育課程（1~2年）のテキストとして最適なレヴェル。

バランスよく
特定の立場に偏らず，その分野全体に広く目を配り，汎用性が高く標準的。

ポイントをしぼって
特に重要な点のみを丁寧に説明しつつ，その分野の全体像を伝える。

体系的に
各章が整合的に構成されており，最初から最後までスムースに読み進められる。

●既刊
子安増生編著『心理学』A5 判 2970 円　25115-5
大瀧雅之『経済学』A5 判 2970 円　50445-9

●今後の刊行予定ラインナップ
『統計学』，『教育学』，『社会学』，etc.

勁草書房